金鎧傢俬…物有所值…金鎧傢俬…物有所值…

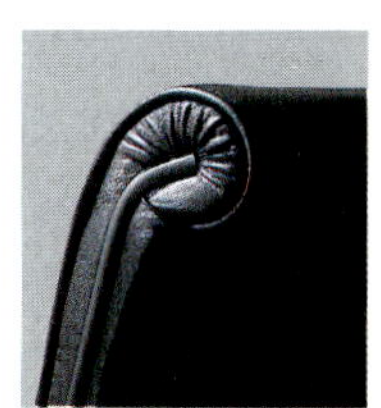

獨家代理下列名廠傢俬：

- Cazzaro, 意 大 利
- Comet, 新 加 坡
- Diethelm, 新 加 坡
- Duchino, 意 大 利
- Grammer, 德 國
- Knoll, 歐 洲 ／ 美 國
- Kokuyo, 日 本
- Krueger, 美 國
- Meco, 意 大 利
- Offital, 意 大 利
- Sedoff, 意 大 利
- Sitmatic, 意 大 利
- U-Plan, 新 加 坡

金木室内设计工程公司为一间提供专业室内装修工程公司。金木创办於1982年，已经营装修工程业务十年有多，而金木更因施工迅速，质量良好而驰名於室内工程界。

李兆雄先生为本公司的创办人，从事室内装修工程已有十八年以上经验，向来积极发展业务，锐意提高工作效率及质量要求，最近更计划拓展海外及大陆市场，而近期已在上海、哈尔滨、成都成立分公司专门承接大陆宾馆、酒店、写字楼等工程。

金木公司服务范围广泛，承接工程包括各大公司写字楼、高级时装店、酒楼、酒廊、银行、学校、会所及住宅等等。

就以近期完成之古加希商场例：因哈尔滨天气关系，金木公司只能用四个月时间，就要把一座古旧之大楼（见图），翻新为一座高级之名店百货公司。而完工后，业主、租户及同行都深表赞赏。

古加希广场未翻新前之外观

古加希广场完工后之外观

古加希广场大堂

古加希广场名店商场照片

上海商贸中心之部份图片。

此商贸中心媲美香港之会议展览中心，而上海交易会亦安排在此举行。

金木公司在短短两个月时间完成此工程。在设计、用料、工程管理方面尽展所长，效果令业主十分满意。

演讲厅

入口大堂

会议室

珠海市卡拉OK及跨国集团在国内之办事处。

珠海大都会卡拉OK

卡拉OK入口大堂

卡拉OK房位置

卡拉OK餐饮大堂

卡拉OK客房

卡拉OK客房

会德丰发展（中国）有限公司广州办公室

联合集团有限公司上海办事处

近期参与之工程

—联合地产之香港办公室—48,000sqft
—会德丰集团之广州分公司—11,180sqft
—至祥置业之办公室—12,000sqft
—汉口中心之商场G/F—48,000sqft
—红山半岛之俱乐部—10,000sqft
—应鸣控股公司办公室—10,000sqft
—北海融资有限公司—10,000sqft
—南星汽车公司在香港之奔驰汽车展示厅—1,500sqft
—雷诺汽车之展示厅—1,200sqft
—哈尔滨古加希广场（5层高）—135,000sqft
—上海市虹口区曲阳路之上海商务中心—20,000sqft
—联合地产在上海、大连、深圳及烟台之分公司

在香港之部份工程照片

德国奔驰汽车陈列室

法国雷诺汽车陈列室

应鸣控股有限公司

联合中国国际

FORNASETTI

ICEBERG

BAZAAR

CHRISTIAN DIOR

金木
RAN
CONTRACTING

金木室內設計工程公司
RAN CONTRACTING
香港地址：香港湾仔庄士敦道一三七至一三九号新盛商业大厦十五楼
电话：(852) 2834 0830 (3 Lines) 传真：(852) 2834 8970
哈尔滨联络地址：哈尔滨道里区田地街91号后4楼（全层） 电话：0451—4616432

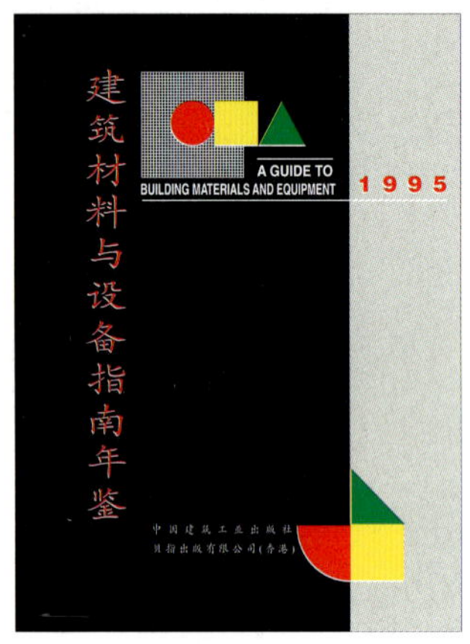

(京)新登字035号

建筑材料与设备指南年鉴1995
A GUIDE TO BUILDING MATERIALS AND EQUIPMENT 1995

主编：蒋协炳
　　　廖淑勤

副主编：李慧欣

出版发行：中国建筑工业出版社
地　　址：中国北京西郊百万庄
邮编：100037
电话：01-8393395
传真：01-8319576

贝思出版有限公司（香港）
香港柴湾嘉业街18号
明报工业中心B座607-608室
电话：852-2897-1688
传真：852-2897-2888

开本：787 X 1092毫米　1/16
印张：26
插图：950
字数：101,700字

1995年3月第1版　第1次印刷
广州金羊彩印有限公司印制
定价：120元
经销：新华书店

ISBN 7-112-02588-5
TU · 1971(7673)

编者的话

在改革、开放总方针的指引下，中国的建筑业呈现一派前所未有的兴旺景象，目前，全国固定资产投资在建筑的已超过40000亿元人民币。一个个大型工程，一幢幢新型建筑、高层建筑，如雨后春笋般地展现在神州大地，其建设速度之快，分佈之广，为世人瞩目。

出版《建筑材料与设备指南年鉴1995》，就是要为中国建筑业的蓬勃发展贡献一份力量。

《年鉴》编辑走访了中国大陆、香港地区和台湾省的名建筑师，以了解他们对发展建筑业的看法。在“厂家巡礼”中，展现了诸多厂商在市场产品流通中所扮演的角色！《年鉴》罗列了各式各样的建筑材料及设备产品的资料，还列出了不少空间设计的示例及中国和世界各地展览会的资料。作为一本工具书，《年鉴》的内容具备实用和参考价值。

《年鉴》的编辑工作比较紧促，尽管编辑人员做了不少细致的工作，但仍会有疏漏或错误，希望读者能予谅解，并来函指正，我们会于下一辑的年鉴中予以更正。

《建筑材料与设备指南年鉴1995》编辑部

1995.3.1

目录

建筑材料与设备指南年鑑1995是一部
从事建筑设计行业人士必备的工具书，
内容包罗万有，不但为你介绍建筑界最新的资讯，
最实用的资料，也有富启发性的
文章以备参考。
建筑材料与设备指南年鉴
A GUIDE TO
BUILDING MATERIALS AND EQUIPMENT
1995

厂家巡礼

厂　家　巡　礼

建筑材料与设备指南年鉴1995是一部
从事建筑设计行业人士必备的工具书，
内容包罗万有，不但为你介绍建筑界最新的资讯，
最实用的资料，也有富启发性的
文章以备参考。
建筑材料与设备指南年鉴
A GUIDE TO
BUILDING MATERIALS AND EQUIPMENT
1995

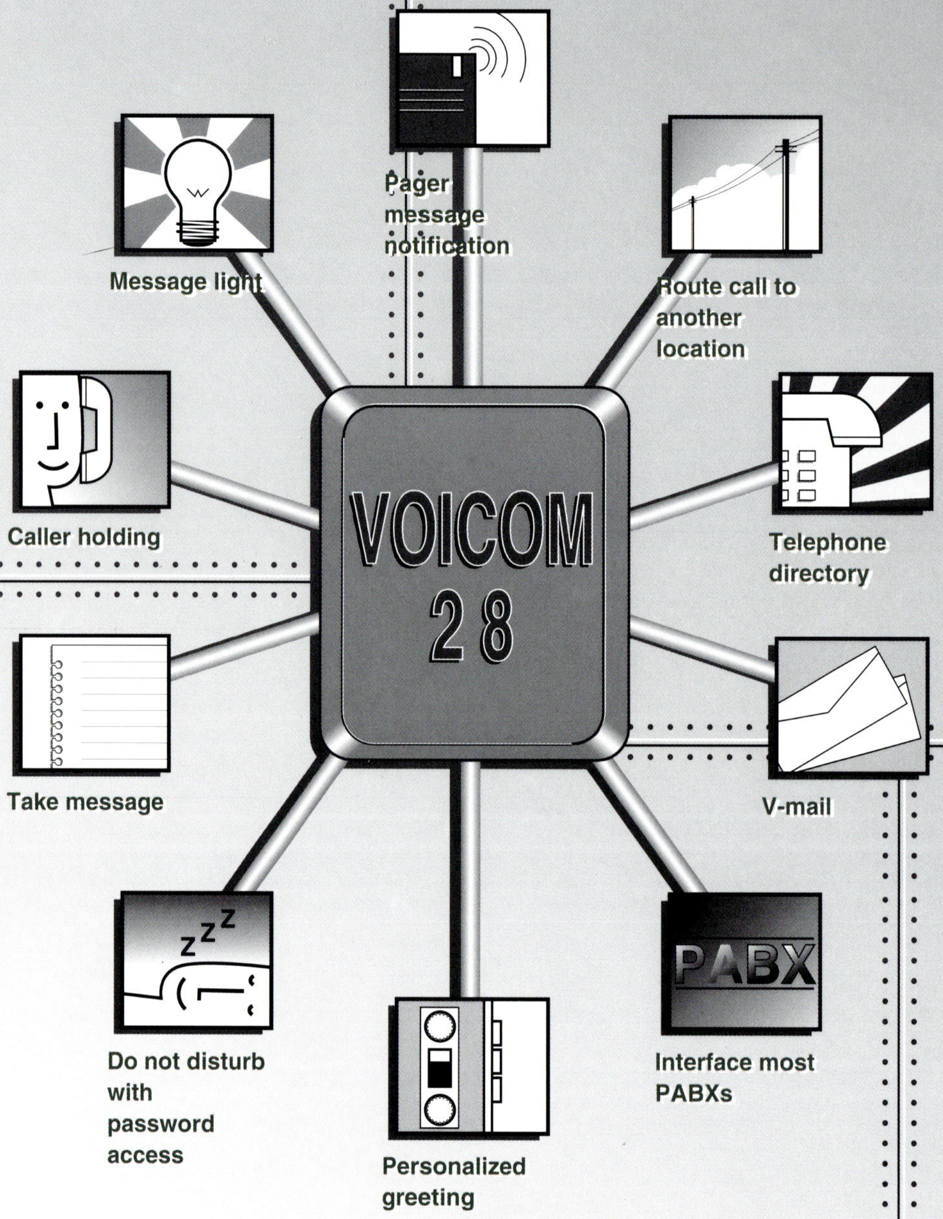

厂家巡礼

北京新型建筑材料总厂

BNBM 座落在北京北部，距市区 15 公里。

在中国国内的新型建材生产厂家中，建立于 1979 年的北京新型建筑材料总厂，以其 2.8 亿元的资产总额、75% 的市场占有率和 3 亿元的营业额，稳稳地占据著新型建材业“老大”的位置。

北京新型建筑材料总厂（Beijing New Building Materials Company，简称BNBM），隶属中国新型建筑材料集团公司，是目前我国建设规模最大的新型建材基地。它位于北京市德胜门外西三旗，在北京新技术开发试验区内，占地近 1 平方公里，是国家大型一类企业。公司法定代表人宋志平。

BNBM 以构筑“全国最具规模的技工贸综合产业集团”为战略目标，以高起点、高技术、高效益为宗旨，在国内最早从德国和瑞典引进具有国际先进水平的成套设备，其中包括年生产 2000 万平方米纸面石膏板、15000 吨轻钢龙骨和16300 吨岩棉的三条主要生产线，生产三大主要产品：“龙”牌石膏制品、轻钢龙骨制品和岩棉制品。

质量和信誉——BNBM 永远的追求

追求质量和信誉，是 BNBM 的企业信条。

BNBM 注重产品的质量，靠著高素质的员工和严格的质量管理，三大产品中的五项产品荣获国家银质奖，岩棉产品屡次通过多国认可，其中包括中国的 ZC 认可、英国的 LR 认可、德国的 SBG 认可、挪威的 NBA 认可等。BNBM 认为：“质量就是生命！……产品质量一旦出了问题，将直接关系到企业能否生存下去，……象对待生命一样对待质量”。正因他们把质量放在第一位，所以“龙”牌成了当今中国装饰材料产品的第一品牌。

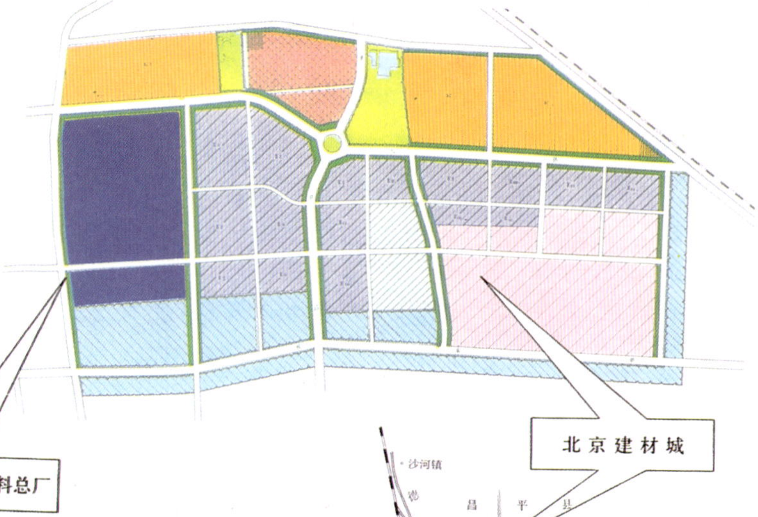

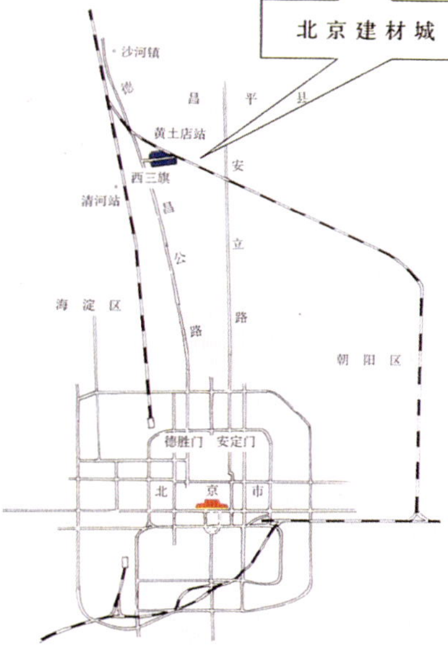

BNBM 地理位置。

石膏板生产线。

轻钢龙骨生产线。

岩棉生产线。

BNBM 注重员工素质的提高。质量，从广义上讲，除指产品质量外，还包括了人的质量。员工的素质不高，你不可能指望有源源不断的优质产品，BNBM 正是意识到了这一点。BNBM 不断改善工作环境、生活环境、学习环境，提高员工素质，增加员工修养，进行员工培训，他们把“追求国际一流水平、培养一流的技术和管理人才、建设一流的企业文化”当作厂子的奋斗目标。经过多年的不断提高，BNBM 现有的 2000 余名职工中，具有大中专以上学历的已达 800 人左右，高级技术与管理人才不断增加，员工素质越来越高。

装饰石膏板生产线。

BNBM 注重新产品的开发，先后开发出 GRC 板、纤维水泥板、墙纸材料、化学建材产品等，与三大产品共同形成1)石膏制品：包括普通纸面石膏板、防火石膏板、防水石膏板、石膏吸音板、装饰石膏板、浇铸石膏板、嵌缝石膏、粘接石膏；2)岩棉制品：包括岩棉半硬板、岩棉毯、岩棉管壳、岩棉吸音板、岩棉吸声体、岩棉砖、岩棉复合板、GY 板；3)轻钢龙骨制品：包括各种规格的隔墙及吊顶龙骨；4)纤维水泥制品：包括玻璃纤维增强水泥制品（GRC、轻质 GRC）、纤维水泥波形瓦、纤维水泥压力板（柏特板）；5)墙纸材料：包括各种花色的壁纸、尼龙绸涂塑布；6)化学建材制品：包括各种内外墙涂料、瓷砖粘接剂和各种粘接剂等六大系列产品。

计算机管理的总调度室。

BNBM 注重科研工作，不断改进生产工艺、攻克技术难关，研制和开发适销对路的新产品，承担并圆满完成了五项国家“六五”、“七五”攻关项目。BNBM 还成立了百思得研究所以及奥德、筑根、万思达三个技术开发公司，运用市场机制推动科研成果转化为商品，为企业今后的发展打下坚实的基础。

BNBM 拥有自己的铁路专用线，与国家铁路相连。

BNBM 注重产品的销售和售前、售后服务。BNBM 以销售为“龙头”，从派人直接推销到采取经销、联营方式，在全国各地

龙牌产品系列。

建立龙牌系列产品的销售网点，现已在沿海及内地主要城市建有 22 家独资和联营公司，有经销点 110 家，形成了全国性的经销网络，产品行销全国。同时，在保证产品质量的基础上，他们还为用户提供全方位的优质服务，确保每一位用户在 BNBM 都能满意而归。

实行现代化管理

BNBM 的管理方式：既进我门，请依我管，生产之中来不得半点自由怠漫的作法。

现代企业离不开现代化的管理，BNBM 投资 200 余万元购买设备，培训专业人员，在全厂实现了计算机联网，并在厂内配备了工业电视对生产现场进行监控。

BNBM 有直属企业、公司 20 余个，如何使它们搞活搞好？BNBM 在保持一定的统一协调、集中管理的基础上，向下属企业、公司放权，给予它们一定的经济和人事权力，充分调动下属单位的积极性，使它们具有很大的自主权，从而取得了不俗的成绩。

在生产现场的管理上，BNBM 学习日本的先进管理经验，推行“5S管理”，即整理、整顿、清扫、清洁和提高素养。因此，当你走进 BNBM 的厂房时，会觉得很干净，很有条理。在这种环境下工作，无疑是心情舒畅的，生产效率和产品质量也有所提高。

龙牌商标。

BNBM 非常重视产品的质量管理，严把产品质量关。在重要的生产工序中，都进行质量检验，使产品在走下生产线后，尽量保证是合格品。正因如此，BNBM 的产品才能在众多竞争对手中保持优势。

在竞争中永远取胜

“我们不是消灭竞争对手，而是在竞争中永远取胜”，这是 BNBM 从老板到员工时常说的一句话。在市场竞争日益激烈的情况下，BNBM 又如何打算，如何在今后也取得这场竞争的胜利呢？

BNBM 的老板，现年仅 38 岁、首届中国 500 家企业创业者入选者之一、全国优秀青年企业家之一、BNBM 法定代表人宋志平在厂内的一次讲话中是这样设计 BNBM 的未来的：

首先，改变 BNBM 的产权结构，使之成为国家控股的股份公司，并达到股票上市。必须看到，股票上市吸纳资金确是企业快速发展的捷径；

其次，充分利用现有的人力、物力、财力，吸引外资，开发新产品，扩大生产规模，通过与国外大财团和大工业集团合作，引进资金、引进技术、引进管理，使企业迅速成长；

最后，充分利用高新技术产业带动工贸的发展，兵分三路：一争取国家攻关项目，二争取科技中心在 BNBM 落成，三争取兴办物流中心，迅速发展技工贸事业。

BNBM 对今后发展的大思路很清楚，目标很明确，全厂员工也都尽心尽力，相信这些设想都会一一实现。

金紘工程有限公司

为酒店、娱乐场所提供高素质设备和服务

公司简介

金紘工程有限公司创于 1984 年，直属于金紘国际有限公司（初名为金紘洋行），其总公司为东茗国际（控股）有限公司。金紘工程有限公司的业务广泛，主要包括三个层面：一，设计及安装宾馆、酒店的床头集控板；二，代理经销世界各国名厂专业灯光、音响；三，承办各类型建筑物音响及影视系统工程。

床头集控板——提高酒店客房素质

床头集控板是酒店房间的灵魂所在，它控制了房间的各项功能：电灯、收音机和电视机的开关，与服务员联络的按钮。酒店房间除了要有好的室内设计，还要有高素质的床头集控板，才称得上是高级酒店。

金紘工程有限公司是香港数一数二为酒店提供专业床头集控板设计的公司，曾承办香港假日酒店、凯悦酒店、香格里拉酒店和丽嘉酒店的工程，其素质已为业内人士公认。金紘工程有限公司的总经理王哲明说："设计安装酒店床头集控板是项充满挑战性的工作，我们不但要设计适合个别酒店的功能系统，还要和酒店设计师合作，研究出一个有内外美的床头柜。""我们最早参与，最迟完工。我们必须在工程开首时参与设计，待所有装修工程完工后我们才安装系统。""虽然如此，我们仍觉得此乃很有意义的工作，我们将来也会朝这个方向主力发展我们的业务。"

在我国，金紘也有很广的市场，近年甚多为星级酒店进行楼层改造，这包括广州白天鹅商务楼层的客房，采用全新低压轻触式控板；东方宾馆的东方乐园，控板镀金；还有上海锦江饭店的工程，都是成功的例子。

除了为酒店度身订造集控板外，金紘也提供经济实用的标准集控板，以高科技制造，配合旧有的线路网络，只要更换旧有插头便可装上，适合中国市场。

中国改革开放，酒店业逢勃发展，一些酒店的素质已达国际水准。在对酒店的要求越来越高时，床头集控板的素质也要相应提高，金紘在这方面提供了理想的选择。

金紘的业务主要集中在酒店工程上，在设计床头集控板时，酒店有时也会请金紘同时提供酒店会议室、大厅和卡拉OK房的音响、视听和保安系统。例如在白天鹅酒店，金紘就同时参与多功能宴会厅和国际会议中心的工程，提供圆桌会议所需的系统：如无线麦克风和八国语言即时传译；又提供花园酒店R层饮宴厅各种音响和卡拉OK设备。

金紘为香港香格里拉酒店设计的床头集控板

除了为酒店度身订造控板外，金紘也提供经济实用的标准控板，以高科技制造，配合旧有的线路网络，只要更换旧有插头便可装上，适合我国市场

宏图府多功能
宴会厅

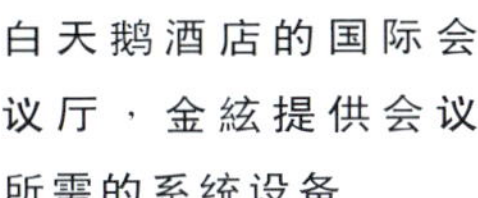

白天鹅酒店的国际会议厅，金紘提供会议所需的系统设备

代理名厂灯光、音响系统

金紘代理经销欧、美、日等国的名厂高级专业灯光、音响，代理牌子超过 20 种，单单音响器材就超过 100 款。中国自改革开放以来，娱乐事业大大兴旺起来，自1992 年开始，金紘开始发展中国的娱乐事业，代理音响、灯光、视频和录象等系统，营业额相当大，而且业务日益拓展。

承办各类型建筑物音响及影视系统工程

为了推广代理的名厂牌子，金紘也承办一些大型、有代表性的音响及影视系统工程，以宣传这些代理牌子，包括剧院、音乐厅、体育馆、宴会厅、酒吧、夜总会和迪斯科，其中以夜总会和卡拉OK占了大比数。这些夜总会式的娱乐场所多集表演、迪斯科和卡拉OK于一身，因此牵涉的工程相当庞大。

例如广州梦都娱乐世界，可说是广州最好的夜总会；而于 1994 年初落成的东莞帝豪歌剧院更为西方杂志 World Disco Tech Review介绍，成为第一次西方杂志介绍我国工程的范例，所用的多是金紘代理的产品。此外，还有于 1995 年初落成的北京隆博广场的娱乐中心，内里的娱乐设施，也是金紘费尽心思的成果。

金紘致力为客户提供高素质的设计服务，引进新设计新意念，更把国外先进的科技带入中国，是酒店和娱乐事业不可缺少的好帮手。

于 1994 年初落成的东莞帝豪歌剧院曾被西方杂志 World Disco Tech Review介绍，成为第一次西方杂志介绍中国工程的范例，所用的多是金紘代理的产品

金紘曾承办的工程：

香港地区

香港丽嘉酒店
港岛香格里拉酒店
九龙香格里拉酒店
金域假日酒店
中环 38 夜总会
深湾遊艇会
富丽华酒店
港丽酒店

台湾地区

台湾三育圣经学院
台湾鱼池教会

中国大陆

北京隆博娱乐广场,东莞帝豪歌剧院
深圳雅园宾馆卡拉 OK，深圳富临酒店
青岛华美大酒店卡拉 OK，惠州金华酒店卡拉 OK
上海锦江饭店，上海皇城夜总会
上海雅园酒楼卡拉 OK
广州白天鹅酒店，广州花园酒店
广州东方乐园，广州梦都娱乐世界

国外

曼谷香格里拉酒店
西本岛凯悦酒店
南斯拉夫凯悦酒店

金紘工程有限公司

香港柴湾工业城第一期 1901-02 室
电话：28988111
传真：25560846 ／ 25580073

《建筑技术及设计》内容简介

《建筑技术及设计》是中国建筑技术发展研究院编辑出版的刊物，每月一期。

《建筑技术及设计》旨在推广国内外建筑新技术、新产品、新工艺、新材料的理论研究文章，及建筑设计新思想。

主要栏目：

专题探索—探讨建筑设计技术与装饰意念

展览巡礼—介绍各国展览动向和路线

产品細说—介绍最新建筑设计物料施工技术等

工程档案—国内外建筑科技成果展示

人物专访—各国建筑设计界专家访问录

作为专业技术定期刊物、准确、及时，经常系统地宣传，介绍国内外建筑新技术、新材料、新工艺、新潮流、新趋势，通过读物的发行，希望能促进建筑设计及装修整体水平的提高。

《建筑技术及设计》将会以极高档的质素制作。本刊无论对内容、设计、分色、印刷各方面的要求都极严格。全刊以大16开全彩色印刷，每本约厚100页。

《建筑技术及设计》内容和风格有其特殊性，本刊将广泛介绍国内外先进建筑技术及设计思想，聚集国内外优秀设计论文，为我国广大建筑设计工作者提供信息和资料。

请即向各地邮局查询　邮发代号82-680

MOEN® 美国摩恩公司

高级系列水龙头、厨用水盆及水管配件

厂家巡礼

精心的设计、优异的功能、一流的品质是摩恩MOEN产品自1937年以来领导美洲、享誉世界的关键所在。

美国摩恩公司MOEN Incorporated是当今全球最大的高级水龙头及各类水管配件的专业制造商之一，是世界著名的跨国公司“美国牌公司American Brands Inc.”的子公司。在美国，摩恩公司拥有三家大型水龙头专业工厂，四家各类水管配件工厂及一家厨用水盆专业生产厂。摩恩公司水龙头日产量高达五万只，而四家水管配件工厂在美国均处于其本行业的领先地位。

美国摩恩公司是世界上第一个研制成功并生产出单把手冷热混和水龙头的专业厂家。自第一个单把手冷热混和水龙头于1937年问世以来，摩恩产品现已发展成各类档次、适应于各种需求的系列产品。广泛用于高级酒店、别墅、公寓、商务办公楼及各类公用建筑。在美国本土及加拿大地区内的水暖器材行业及其普通居民中，摩恩产品几乎妇孺皆知；摩恩品牌（MOEN龙头）亦是整个北美知名度与社会公众的指名购买率最高的品牌。在世界上，摩恩产品因其精湛的技术、先进的工艺、完美的销售服务倍受世界各地用户的偏爱并享有极高的声誉。

摩恩公司的世界总部

摩恩——现代水龙头发展的先驱者

人们对那些伟大的发明家历来怀有无限崇敬的心情，人们永远感激那些发明家，正是有了他们，社会才得以进步，人类才更加文明。

1937年，艾尔·摩恩AL.MOEN还只是一个美国大学里机械工程系的学生。一天，他在调节旧式双把手龙头的水温时不慎烫伤了手，就在这一瞬间，智慧的火花迸发了——为什么不能把冷热水利用单一手般先混和好然后通过水嘴送出来呢？于是，一种能够将冷热水同时混和送入单一水嘴的单把手水龙头问世了。今天，在世界各地，无数的水龙头都应用了艾尔·摩恩先生这独一无二的专利，他的发明给人们的生活带来了极大便利。因此，人们把摩恩和他的水龙头与爱迪生和他的电灯，贝尔和他的电话相提并论。人们感谢艾尔·摩恩先生，感谢他那无与伦比的、使世界上水龙头和水暖器材工业发生革命性变化的伟大发明，本公司世界总部的地址亦以他的名字命名，以纪念他为现代文明所作的贡献。

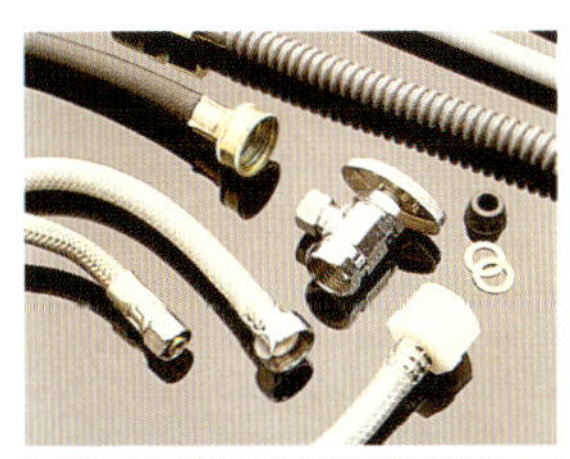

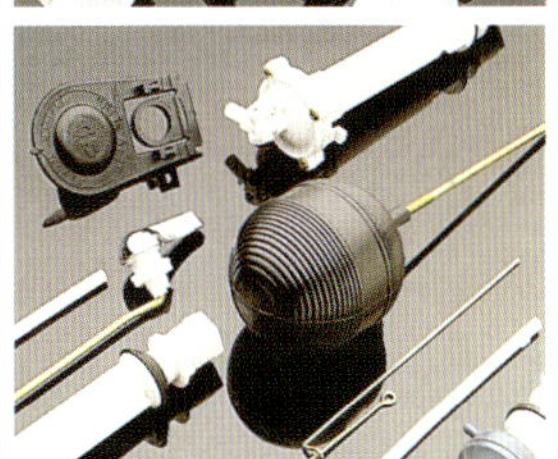

国际著名杂志“FORTUNE”，将摩恩水龙头列为本世纪“美国100项最优秀的产品之一”，并指出“生产这个超级产品的公司一旦出现，世界就在他的脚下，他的竞争对手将望尘莫及”。

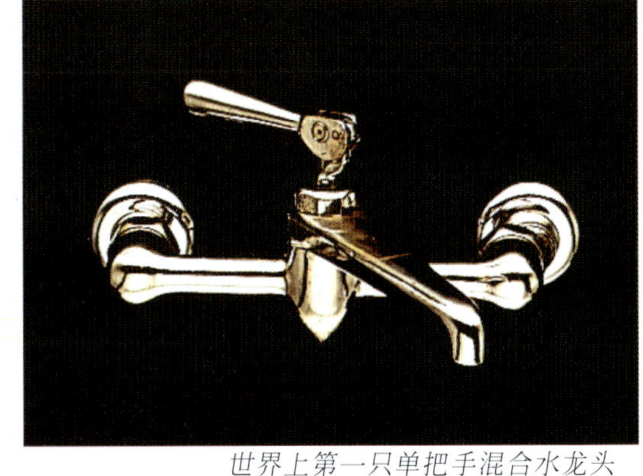

世界上第一只单把手混合水龙头由摩恩公司生产

摩恩现代单把手水龙头

摩恩心轴——简单、可靠、便利

人的日常生活离不开水，用水自然离不开水龙头。而水龙头开关水的心脏则是心轴。水龙头的心轴决定著水龙头的功能可靠性及使用寿命。人们最早使用的心轴是压缩式心轴，靠阀门的螺旋升降开关水。此类心轴因其功能差、不可靠、寿命短而被逐渐淘汰。当今世界上最常见的心轴有三种：摩恩轴筒式心轴，陶瓷片心轴及球体心轴。

摩恩心轴，与其它心轴相比，有以下特点：

- 专利性：这一产业革命性的心轴自发明以来，在世界各地一直受到专利保护，只有摩恩公司在美国生产制造。这就保证了摩恩心轴的质量及可靠性。
- 整体性：整个心轴为一体，易于安装、维修、更换。
- 流量大：在低水压工作状态下，亦能正常使用。
- 寿命长：轴套用特殊非金属材料制成，对水及温度敏感性小，耐老化，耐磨损。
- 易操作：装有摩恩心轴的龙头，手皈运动明确，操作容易简便，手感舒适轻松。
- 水密封：中国市场五年不漏水不滴水保证。

摩恩单把手冷热混和水龙头，有如下特优功能：

·温度记忆功能：在您所喜欢的把手位置上关闭水龙头之后，当您在同样的把手位置再次打开的时候，您马上就会享受到同样的水温；

·温度调节范围大：其他的单把手水龙头的把手旋转范围仅达90°，而摩恩水龙头把手对水温的调节可在180°内进行，易于调到称心如意的水温；

·背对背安装时可简化配管：大部分宾馆的卫生间都是背对背设计，由于背对背卫生间水龙头的进水交叉，使一般水龙头在安装时配管十分复杂，而摩恩产品无需复杂配管，只要将心轴旋转180°即可；

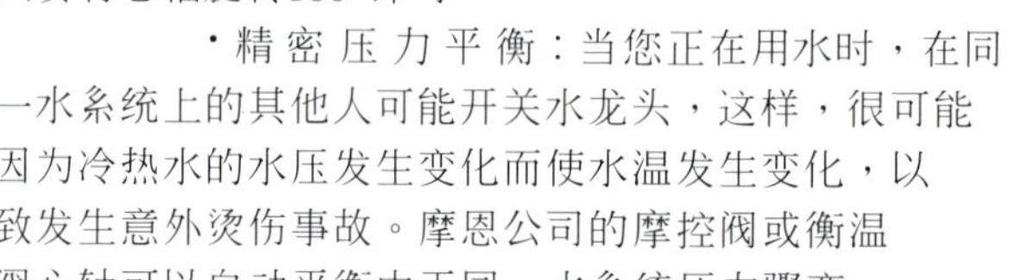

·精密压力平衡：当您正在用水时，在同一水系统上的其他人可能开关水龙头，这样，很可能因为冷热水的水压发生变化而使水温发生变化，以致发生意外烫伤事故。摩恩公司的摩控阀或衡温阀心轴可以自动平衡由于同一水系统压力骤变引起的温度变化，使温度变化控制在1°C之内。

摩恩单把手轴筒式心轴

除此以外，摩恩龙头产品均装有泡沫控流器，它可以在不同的水压下，给予相对均衡的有力水流，以达到高水压状态下，水流不飞溅，节约用水，节省能源。摩恩产品亦具有良好的通用性，可用很多牌品的洁具配套安装。

中国市场——摩恩产品东方服务的重点

美国纽约格兰酒店(Grand)

在94年下半年正式进入中国市场之前，摩恩公司经过了两年的时间，走访了中国各地的一些著名酒店，卫生洁具的生产厂和经销商，对中国市场进行了认真地调查，对中国用户所关心的问题进行了认真地了解，调查发现：

· 中国的改革开放政策使中国的经济飞速发展，商务活动的增加促进了高级酒店、旅馆业的高速发展，同时，人们消费水平的提高使得家居美化需求潜力很大。
· 酒店、宾馆、居家卫浴设备，同世界发达国家一样，从奢侈产品向基本产品过渡。
· 中国尚不能生产适合人们需求的高级可靠的水龙头及水管配件。
· 现在进口产品销售与服务脱节，形成只销售而无服务或少服务的状态。
· 中国各地供水水压偏低，且水质差。

中国市场的特点正是摩恩产品特优功能所能解决的问题。加之，用户至上、服务第一是摩恩公司的一贯经营方针。为了更好地服务中国市场，摩恩公司制定了以下中国市场政策：

· 分销方式：摩恩产品将通过摩恩公司在中国指定的特约经销商直销工程项目，并进入批零市场，以便使摩恩产品减少中间环节，以最短途径到达用户手中；
· 质量保证：对于摩恩产品的用户，根据给水系统的完善程度及安装使用情况，摩恩公司将给予不少于五年的不漏水不滴水保证。在保证期内，摩恩公司将通过分销商免费提供配件服务；
· 销售服务：摩恩公司将通过其特约经销商向用户免费提供安装指导服务，零配件供应服务，维护维修指导服务；
· 市场管理：摩恩公司在中国的主要城市设有办事处或联络处以监督摩恩的市场政策得以执行及提供完善销售服务。

在世界各地选用摩恩龙头的部份著名酒店：

墨西哥凯悦酒店(Hyatt)

韩国汉城Lotte酒店

日本喜来登酒店(Sheraton)

中国北京建国饭店(Jianguo)

厂家巡礼

三 项目规则 滨江东发展—广州

浦 建筑设计 京信大厦—北京

设 室内设计 天海楼国宾馆—珠海

计 C.P. DESIGNS 佳景乐园—澳门

海上乐园—海南

国际大厦—珠海

葡京酒店—澳门

西武百货—香港

每间公司都有每间公司的专长，三浦设计有限公司的专长，在样样皆专。一般人以为“设计”就是室内设计或建筑设计，然而三浦的设计并不限于此，从投资计划到市场销售，三浦都能为客户“设计”妥当。

前言

三浦设计有限公司于 1986 年成立，是一间以香港为基地，服务泛亚太平洋区之专业设计及营建规划公司。自创办以来，以提升社会及经济效益为宗旨，致力推广高素质的生活空间，通过严格控制品质、工期及成本因素，为客户提供优质的设计服务。

综合服务

三浦设计有限公司致力为客户提供高素质、多元化的综合服务。名为设计公司，三浦的服务范围绝不限于建筑和室内设计，从项目规划、建筑设计、室内设计至施工管理，三浦都提供完整的一条龙服务。在项目规划方面，在充分了解客户的需求后，提供策略发展、建造可行性的报告方案、发展意见、立项报建、谈判协商等服务；在设计方面，提供小区规划、建筑、机电、室内设计、照明效果、环境园林设计、招牌设计、市场推广和技术支援等服务；在管理方面，提供建造和工程管理、工地监督等服务。不论是概念的还是实践的，三浦都能应付自如，务求为客户提供最完整最完美的设计服务。

独一无二的建造方案

在云云的综合服务中，三浦为客户所提供的项目可行性方案，可算相当突出，

而滨江东路建造方案更可说是其中的表表者。

该方案资料齐全，构思完备。整个方案包括一.项目概述：广州市简介，房地产市场，项目进展说明，地段资料说明；二.建造规划：分段分期发展，建造规划设计，建造程序预计，项目成本分析和项目成本估算；三.项目规划：项目程序计划，企业组织计划，投资估算及经济评价和综合论证。

这种方案对帮助投资者认清目标，了解市场是非常有益有用的，现时能提供这种专业服务的公司，实在寥寥可数。

精英云集

三浦既提供广泛的设计服务，在各方面必须有精英坐阵不可。三浦不断吸纳海内外专业人士，每年定期派中层管理人员到海外深造，与在北京、台北和马尼拉之海外联网公司举办交流训练计划，三浦成功地组织了一班极有活力、掌握高技术和富有经验的专业人材，以应付三浦所提供之全面综合服务。

除此之外，三浦的资讯网络遍布台北、马尼拉、澳门及中国，于各地都有联网公司及管理中心，不断接收及分析海内外重要资讯，紧靠市场，因此能随时为客户提供国际间最新最快之物业市场动向，及未来建筑技术发展的资料。

三浦曾参与多项大型工程项目的设计工作，包括专利免税品店、国际五星级酒店及日本大型综合百货商场。三浦更积极争取与国际级发展商、各级设计及工程专业单位共同作业的经验，并不断透过合作，深化技术，提升管理水平。

大门开启迎客户

三浦欢迎客户在工程的任何一个阶段向公司寻求服务。无论是包办整个发展的规划，还是在工程进行途中发现有任何需要，三浦的专业人士都随时乐意提供有关的服务。

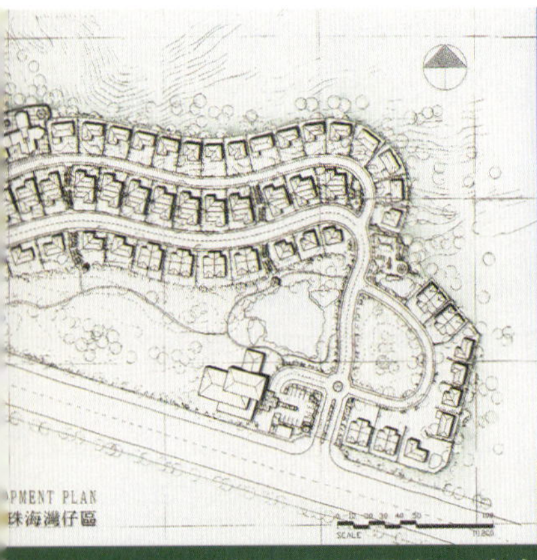

湾仔西区酒店—珠海

综合大楼—珠海

绵绣花园—东莞

天翔科技中心—江门

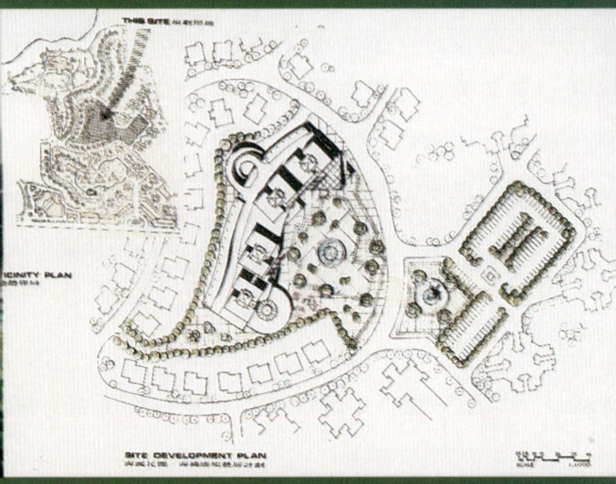

海湾广场—珠海

新丽华酒店—澳门

长荣国际酒店—台中

河内酒店—河内

华苑酒店—香港

东方轩酒家—广州

新同乐酒家—香港

BURBERRY'S—香港

大浪湾规划发展—珠海

玫瑰园酒店—仰光

投资大厦—珠海

综合大楼—澳门

华亭酒店—马尼拉

西区机场酒店—珠海

长荣俱乐部—台中

西川日本餐厅—香港

京信大厦—北京

Established in Hong Kong in 1986, C.P.Designs Ltd. is dedicated, through stringent quality, cost and time control, to providing quality services in Project Planning ,Designing, and Construction Management, to its clients throughout the Asian Pacific region.

Strong planning skills, design identity, and a full-service staff enable C.P.Designs to direct a project from initial planning through occupancy. Besides offering integrated architectural, engineering and interior design solutions, master plans, site planning services and feasibility studies are performed with a focus on the practical and economical potential of the project design.

Among all services, feasibility studies are very outstanding, it helps the client to understand the investment situation and to clarify aims.

The study of Bin Jiang East Road Development Project is a good example to illustrate the comprehensiveness of C.P.Design's feasibility studies. It includes 1.The Project Background: Introduction to Guangzhou, Real estate development and market, development progress, site information; 2.Development Planning: Site and construction phasing, proposed plans, construction program, project cost analysis, project cost summary; 3.Project Planning: Project program, incorporation plan, financial plan, consolidated project interest.

Few companies nowadays provide this service but C.P. Designs is one of the few.

C.P.Designs offers the most update information to clients. Through the network of associate companies and management centres in Taipei, Manila, Macau, and China, C.P.Designs devote major efforts on the accessing and analysing of the latest information on the most volatile international property markets and the latest development on architectural construction technologies.

C.P.Designs has outstanding practical experience. Aiming at improving and further developing technical skills and expertise, C.P.Designs has obtained valuable practical experience through participating jointly with international developers and specialists in major design projects, which include the Duty Free main shop in Guam, international five-star hotels , and a major Japanese department store in Hong Kong.

Professional services need professional staff.Through regular successful recruitment of local and overseas professionals ,the organising of overseas individual training programmes for middle managers, and exchange training programmes with associate companies in Beijing, Taipei, and Manila, C.P.Designs has now a highly motivated, skilled and experienced team of professionals in various fields of expertise.

马尼拉办事处

7505 Santillan Street
Makati,
Metro Manila
Philippines
Tel: (63-2) 853365
Fax: (63-2) 8133644

香港办事处

三浦设计有限公司
香港湾仔洛克道33号福利商业中心11楼
电话：(852) 28610699
传真： (852) 28612100

C.P. Designs Ltd.
11/F., Fook Lee Commercial Centre,
33 Lockhart Road, Wanchai, Hong Kong.
Tel: (852) 28610699 Fax: (852) 28612100

台北办事处

11/F., 75 Nanking E. Road, Sec. 4
Taipei,
Taiwan,
R.O.C.
Tel: (886-2) 5456011
Fax: (886-2) 5452126

澳门办事处

澳门上海街
中华总商会大厦
14楼G-K座
电话：(853) 786699
传真： (853) 781457

成都办事处

中国四川省成都市羊市街
西廷线抚琴区
33栋双玺大厦
电话：(86-28) 7777168
传真： (86-28) 7771168

北京办事处

中国北京市
朝阳区东三环北路甲2号
京信大厦
电话：(86-1) 4663366
传真： (86-1) 4661861

珠海办事处

中国广东省珠海市
银都桂花北路
珠光花园C座304
电话：(86-756) 8873298

江门办事处

中国广东省江门市
堤东路31号天翔科技大厦3楼
电话：(86-750) 3384855
传真： (86-750) 3361415

上海办事处

中国
上海市高安路11号
电话：(86-21) 4718400
传真：(86-21) 4718400

励致产品多元化发展
为客户提供优质服务

励致洋行新增设的长沙湾展示中心。

励致积极开拓中国市场。其中设於广州的家具展示中心。

设计廊为室内设计师提供舒适的洽谈、工作间。

良好的办公家具设计能提高员工的工作效率。事实证明，办公室家具排列井然、组合灵活，能方便员工之间的沟通，加上设计配合人体机能，更有助提高工作效率。香港著名办公室家具代理及制造商励致国际集团有限公司深谙此道，所以一直循此方向，积极开拓香港及中国家具市场。

励致成立于 1987 年，以代理优质进口办公家具为主，其在香港的业务一直有稳定的增长，每年营业额更有大幅增长，表现极为理想。为了扩展香港业务的发展，并扩阔客户的层面，除原有的香港湾仔陈列室外，励致亦在香港长沙湾增设陈列室，为九龙区工贸楼宇的客户提供服务；此外，还同时在湾仔开设设计廊，为香港室内设计师提供最新设计资讯。而新设在香港铜锣湾利舞台广场的〝名家名傢〞则主要销售由欧美名师设计的沙发系列和其他装饰配件，借此开拓家用家具市场。

在不断扩展香港市场之余，励致同时积极开拓中国业务。近几年国内经济起飞，带动市场对高档办公室家具的需求大增。面对潜力优厚的中国市场，励致已在广州、上海和深圳等大城市开设展示中心；另外也计划在北京开设展示中心和办事处，扩阔销售网络。励致在国内的销售对象主要为在当地投资设厂或设立办事处的香港工商机构或外资集团，亦有发展迅速的国家企业，这些机构相继涌现，对优质办公室家具的需求日益增加，为励致在中国的业务带来可观的增长。

名家名傢带出现代居室傢俬新典范。

励致国际集团有限公司客户择录

香港地区	中国大陆
西敏寺银行	IBM 中国有限公司上海分公司
和记传讯有限公司	上海申银证券公司
东亚安泰保险集团	上海国际信托投资公司
法国国家巴黎银行	中化国际物业有限公司
香港上海汇丰银行	中国工商银行上海分行国际业务部
香港中华煤气有限公司	巴西驻上海总领事馆
香港文汇报	北方电讯（亚洲）有限公司—北京、上海及广州办事处
香港科技大学	北京 AT&T
香港电讯	美孚石油（亚太）有限公司上海办事处
捷成洋行	美国总统轮船公司（广州办事处）
渣打证券有限公司	强生（中国）有限公司
瑞士银行	新鸿基中国工业投资有限公司
瑞安集团	诺基亚—麦拉菲尔技术服务站
卫星电视	霍尼韦尔中国公司上海办事处
鹏利保险（百慕达）有限公司	

香港中华煤气有限公司采用组配式家具，办公室环境井然和谐。

西敏寺银行占五万多平方呎的办公大楼，全选用由加拿大进口的 SMED 办公家具。

强生（中国）有限公司在上海的办公室。

上海申银证券公司的办公室桌椅，全由意大利进口，由励致提供。

Vantage System 屏风备有木质、贴布、玻璃、透空及挂轨面板，组装灵活，外型美观。

Vantage System 屏风备有多种高度，适合不同需要。

此外，为使业务趋向多元化发展，励致已由纯家具代理商转变为代理及生产商，并已在珠海自设厂房，生产办公室家具。现时珠海厂房的板饰木家具厂、屏风及办公椅加工厂已投入生产，产品包括木椅、木装办公桌及屏风等；而另一所专门生产钢制家具的厂房亦在兴建中，即将投入生产。

励致业务多元化的另一个方向是增加产品的生产种类，其设于广州的厂房，主要生产酒店家具，已计划于今年中正式投产，产品多元化发展，有助提升励致在市场上的竞争能力，争取更大的客户网络。

法国 Uniclass
文件贮柜。

意大利 FREZZA Delta Due 行政人员办公桌系列 。

SMED 系列优质木制组配式办公室家具。

RONEO Erop 职员办公桌 。

名家名傢的 Melandas 真皮沙发，出於英国著名 Designline Studio 的设计。

励致生产的家具系列，除以其辖下牌子命名外，并获得欧洲最具代表性的家具供应商 Samas Group 授权在国内生产及销售属下一系列牌子的家具。励致代理的产品均为外国名牌，包括英国的 Samas Roneo-Evance、法国的 Roneo、加拿大的 Smed、意大利的 Frezza 等，款式多样化，美观实用。励致利用组合家具的概念，由办公椅、桌、文件柜、屏风以至活动墙壁间隔等，均以精密组装设计，使整个组合可灵活运用，而且拆卸容易，可节省空间，适合现代寸金尺土的办公室面积。

除了优质产品外，励致亦为顾客提供免费电脑绘图、专业产品的介绍及产品模拟示范服务等，针对不同办公室间隔及业务推广而设计，希望能配合客户公司工作的需要，又能塑造一种独特的风格。此外，良好的售后服务也是吸引顾客的条件之一，励致设有专业部门，负责为部分产品提供免费安装及维修保养服务，自然加增了客户的信心。

LUSSO 高级真皮座椅。

美时家具 信誉昭著
创意质量 领导同侪

巩固香港家具市场 致力拓展中国网络

美时于1977年在香港成立，在短短十多年间发展成规模庞大的家具供应商、代理商及生产商，在1992年更成为首间在香港联合交易所上市的家具公司，业务能迅速拓展，全赖美时一贯要求优质产品及著重专业服务，以致客户乐于使用。

美时香港展厅

美时代理超过 30 多种来自世界各地的高级名牌办公室家具系列，如德国Sedus大班椅、Dauphin办公椅、意大利Faram 及 Frezza 大班桌和日本 Uchida 文件柜等等；经销的家具种类繁多，计有座椅、办公桌、大班桌、会议桌、文件柜、系统屏风、地毯，以至各式家居摆设，货品多达 1.5 万种，为客户提供极多元化的选择，一应俱全的配套。

1986年，美时率先进军中国市场，先后在主要城市，如深圳、蛇口、中山、广州、上海、天津和北京等地设立办事处（兼设八间陈列室）；分销点更遍及中国18个城市，其中包括：海口、昆明、杭州、椒江、苏州、武汉、徐州、无锡、上海、南京、西安、济南、青岛、天津、北京、大连、哈尔滨及长春。如此庞大的销售网络，可确保美时的服务妥善快捷。

Mux President 大班台

Ring 大班台

屏风家具系统

自设厂房 积极进取 发展迅速

随着中国经济的急速发展，三资企业、个体户等大量涌现，令国内市场对办公室及家用家具的需求激增。因此美时集团对国内市场极具信心，预计在未来两年内，国内市场的销售额占集团总营业额，将由1993 年度不足一成的比例增长至五成左右。 为应付国内市场需求，美时集团不断扩展生产及销售网络。

首先，美时于1991 年在中国东莞塘厦镇斥资开设面积达五万多平方米的厂房，聘用逾千员工，直接生产 Wedgewood 办公桌系列及 System-N 及 System-E 的屏风家具系统。所有的产品物料、生产机器及零件均由德国、奥地利、美国及意大利等地原装进口，确保产品达到国际水平。为配合集团的长远发展策略，美时将继续扩展国内的厂房面积，以提高生产力及国内存货量。

此外，美时更致力开拓国内潜质优厚的高档家用家具市场，于1994年下半年开始在上海、广州、蛇口及中山等销售点推出全线家用家具系列，为客户提供品味高雅的家居用品。完善稳健的销售网络亦为美时取得法国名牌方块地毯 Tecsom 的中港澳独家代理权，令集团的产品种类更加齐备。

美时更计划开设新陈列室，并将以上海为主要的发展目标，除了已有的虹桥及浦东两个据点，亦会在古北新区合资兴建美时商厦，将增辟家具陈列室，又于 1994 年 12 月及 1995 年4月分别在广州及深圳两地增辟大型家具陈列室，以进一步巩固南中国市场的发展基础。美时现在在国内的展厅总面积已超过五千平方米。

家用家具 — 饭厅系列

美时客户：上海国际信托投资公司

沙发、茶几

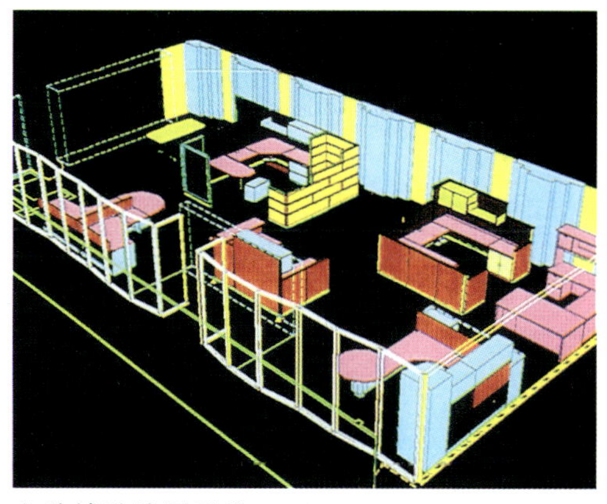

电脑辅助绘图系统

美时客户：上海久事公司

会议桌、椅

美时客户：中国银行（广州分行）

屏风家具系统

专业服务 品质取胜 客户显赫

美时办公室家具概念，深受有计划扩充企业、著重企业形象的商家欢迎。美时家具系统的设计意念，令公司可以利用更快捷方便而经济的方式，重新摆设其办公室，而物料配件亦质优时尚，外型美观实用。

美时向以“力争完美，尽取美时”为目标，在销售各式优质家具之余，更竭诚为客户提供完善的专业服务，包括全国首创的五至十年产品保用、免费模拟示范、座椅暂借服务、电脑辅助设计、大型工程配套服务、专业谘询及安装、家具迁组服务、翻新服务及防污处理等。此外，美时自设产品发展部门，聘设专业设计师，不断设计及改良各系列的产品质素，精益求精。

现时，香港大部分具规模的公司，特别是银行和地产公司均为美时的尊贵客户。至于在国内，美时的产品已成为大部分跨国企业及三资企业的首选，不少著名的国内机构亦乐于选用美时代理的办公室家具，例如：上海国际信托投资公司、上海光大银行、农业银行深圳分行、中国建设银行深圳分行、深圳特区经济发展公司、深圳中国平安保险公司及上海外汇调剂中心等。

高宝集团有限公司

——提供价廉物美的工程服务

永基花园商场外观

前言

每一幢成功的建筑物，都是很多专业人员努力艰苦奋斗的成果。除了建筑师、发展商外，建筑物的工程承办商也担当很重要的角色。以下介绍的公司就是以承办工程为业务主线的。

高宝集团有限公司属下有高宝企业有限公司、高宝营造工程有限公司和高宝（中国）有限公司，于1991年成立，这间年轻的公司虽然员工不多，但其活力和所提供的专业知识，和大型企业不相伯仲，而高宝的执行董事黎天翔先生，更对承办中国工程项目有丰富经验。

高宝营造工程有限公司

高宝营造工程有限公司提供的服务多元化，主要为客户提供设计和承办工程的服务。其客户遍布海内外各地。承办的工程包括办公室、高级商店和住宅。

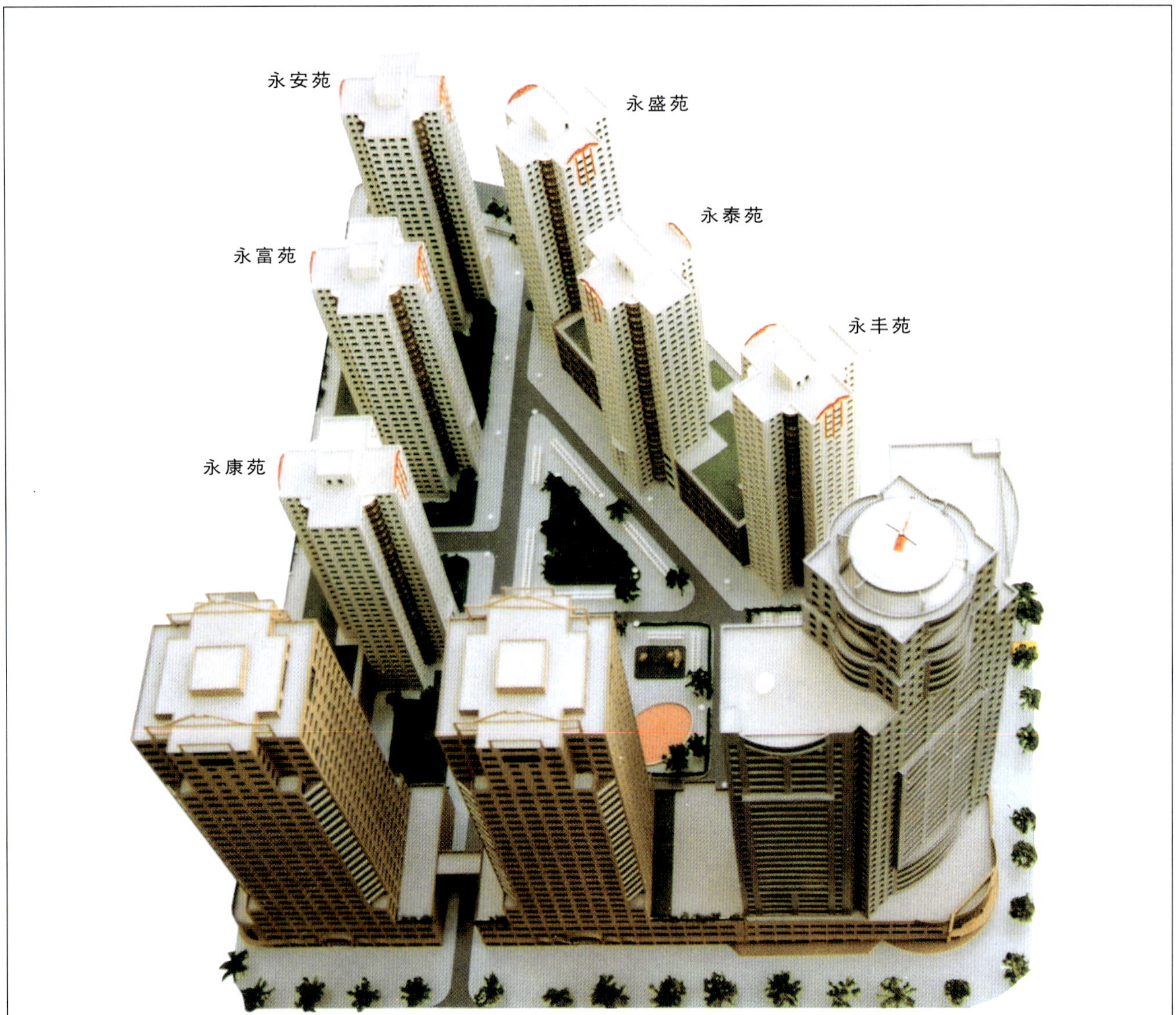

永安苑

永盛苑

永泰苑

永富苑

永丰苑

永康苑

永信大厦A座

永信大厦B座

永基商贸中心

永基花园商场

高宝善于与海外客户合作，太古广场的黑玫瑰餐厅就是一个成功的好例子。高宝的工作效率充分体现在位于九龙弥敦道的孟君珠宝和荃湾的冠南华珠宝的工程中，孟君珠宝只得两星期的工程时间，这个工程在高宝全体人员的紧密合作下，配合精湛的技术，得以完满完成。而 Loewe 时装集团的工程更是在一星期内就完工！这使高宝成为这间（Loewe）公司在海外(包括塞班岛、吉隆坡、关岛、汉城、新加坡和台湾省)发展的特约承办商。

高宝（中国）有限公司

随著中国改革开放，高宝也积极参与中国的建筑发展。例如承办了占地0.3万平方米，位于深圳武警六支队

六福轩海鲜酒家的透视图

六福轩海鲜酒家

永基花园商场

永基花园商场

内院的六福轩海鲜酒家的装潢工程，酒家上面为一六层宾馆，露天玻璃天幕的设计融入了欧陆色彩。而天津永基花园的工程更是高宝近年的力作。作为这个工程的工程总监，高宝负责设计、出图、施工、监察和验收工程。永基花园位于三大直辖市之一的天津，占地 3.7 万平方米，共建九幢高级商住大厦，是中外合资天津永基房地开发有限公司发展的庞大项目。九幢大厦中，其中一幢为商贸中心，两幢为多功能智慧型写字楼；其余六幢为高级住宅；基座为商场旺铺，是天津 95 年的重点工程。承办这个工程，一再证明高宝的实力。

高宝不但提供高素质的工程服务，还参与设计。在永基花园的工程里，高宝提供的服务包括外墙抹高级喷瓷涂料、基座铺玻璃幕墙、大堂入口的墙身和地面铺大理石、安装高级密封间格和内藏灯箱的吊顶等；在机电方面，高宝负责把中央式冷暖气直接输送至每单位、装设名厂高速电梯和公共电视天线及电话插座、装设访客通话机及紧急求救系统等。

高宝一向强调工程上的跟进工作。展望未来，高宝拟在工程完工后为购置单位之人士或公司提供个别的室内设计及保养服务。高宝成立高宝（中国）有限公司，也是拓展这方面市场的部处。

高宝企业有限公司

高宝集团另一间属下的公司：高宝企业有限公司，专营建筑材料，包括吊顶、木地板、木皮、大理石、瓷砖和间格板。并独家代理来自新加坡的铝合金吊顶：MELCON，分别有方块型、浮搁式和嵌入式等。这间专营建筑材料的公司为高宝在承办工程上提供不少方便，工程每收事半功倍之效：正因高宝集团集工程与建材供应于一身，令它能为客户提供价廉物美的工程服务。

小结

优良的建筑工程必须有优良的承办商和优质的建筑材料，高宝的两间公司，分别提供高水准的工程服务和高素质的建筑材料，两者的配合，令高宝承办的工程在财政预算、时间控制和质量监管各方面都有上佳的水准。

高宝集团有限公司
地址：香港湾仔谢菲道 178-180 号，北方商业大厦 5 楼　电话：(852)25986038　传真：(852)25986308

新励集团——墙纸专家

公司简介

新励洋行于 1970 年成立，在主席王新之的不断努力下，20 多年来，新励已发展成一个拥有 16 间公司的大集团。集团经营的业务广泛，主要经营墙纸，也经营房地产、石油、地毡、装饰布等业务。新丽墙纸有限公司成立于 1971 年，总代理批发高档的欧美名厂墙纸；家居创造有限公司，提倡自己动手裱墙纸；欧美墙纸有限公司投资国内墙纸生产、房地产等项目。

新丽墙纸总代理名厂墙纸

新丽墙纸有限公司代理世界最高素质的墙纸。新丽是波顿迪轲国际 (Borden Decor International)的总代理，波顿迪轲是全美国排名第 78 位的跨国集团。墙纸品种繁多，网络遍布全球，属下有 6 间墙纸厂，分别是美国的哥伦比亚（Columbus Coated Fabric），主要制造商用墙布；加拿大的阳光(Sunworthy)和德国的波格仕（Borges），以生产家用墙纸为

新丽墙纸于香港湾仔的陈列室，这是新丽创业的第一间陈列室。

新丽墙纸于香港中环的陈列室。

主；至于英国，则有皇冠(Crown)、翔杰(Shand Kydd)和势多利(Storeys)。新丽也代理其他名厂墙纸，如德国的罗氏（Rasch），罗氏是全球单一墙纸制造厂中规模和销售量最大的，年产量达 3000 万卷以上，德国的 Marburg 则以不断创新闻名：例如泡沫状的凹凸墙纸、防火沙粒墙纸、无需对花的墙纸和能够化解的环保墙纸等，都由这间墙纸厂发明。此外，新丽也代理法国最大的墙纸厂 Essef；英国以设计闻名的 John Wilman，以及天堂鸟（King Fisher）和五月花（Mayfair）等等。王先生表示，新丽能多年屹立不倒，其成功的一大原因，就是只代理如上述的优质产品。每年新丽都有专人远赴外国考察，留意国际市场动态、走向，引进适合市场需要和品味的优质墙纸。

新丽墙纸于香港九龙的陈列室。

蓝宝石(Sapphire)，色调柔和。

皇者风范(Royal Silk)富有现代感。

爱丽金丝(Elegance)色彩比较强烈。

(左) 天堂鸟(Reflections)色彩较柔。

(左下) 儿童墙纸奇妙乐园(Wonderland)。

(下) 派来大使(Paradise)富有欧洲风格。

新丽在中国的发展

新丽于 1980 年开始在中国发展，其业务主要分两方面：一，引入国内接受的国外先进墙纸；二，合资设厂生产高质“新力牌”墙纸。

现时新丽在中国已推出了 6 本进口墙纸样本，市场反应相当理想。第一本是蓝宝石(Sapphire)，来自英国皇冠，墙纸的色彩经过重新调节，以适合国内环境；其中追踪套印令墙纸花纹突出，是这一系列墙纸的特色；不但增加墙纸的立体感和美感，也有掩饰墙壁不平滑的功能。皇者风范(Royal Silk)是新丽在 1993 年初推出的第二本样本，来自英国目前在国际名列前矛的设计师 John Wilman 尊威门手笔，John Wilman 风格富有现代感。第三本于 1993 年中推出，来自德国的波格仕(Borges)，名为爱丽金丝(Elegance)。这系列墙纸色彩比较强烈。第四本派来大使(Paradise)来自德国罗氏

（Rasch），于 1994 年中推出，款式富有欧洲风格，价钱比较昂贵。第五本和第六本皆来自英国 King Fisher，于 1994 年末推出，分别是色彩较柔和的天堂鸟(Reflections)和色彩丰富的儿童墙纸奇妙乐园(Wonderland)，其中最特别的就是萤光纸，关上灯后墙纸上的星星就会亮起来，适合孩子在夜间使用；无批期之分，对存货商相当有利。

以往，中国要订国外墙纸需花时三个多月，新丽墙纸在中国分别成立了珠海新丽墙纸有限公司和上海新丽墙纸有限公司，存货充足。分别为珠江流域一带和华东区域提供快捷质优的服务。新丽一向以批发为主，在国内一向较素色的墙纸中，引入这系列色彩丰富、胶面、富有丝质感、容易贴、容易清洁的墙纸，新丽墙纸相当受欢迎。

1988 年，新励集团的欧美墙纸有限公司与山东省外贸公司和珠海石油公司（集团）合资，成立珠海新力墙纸工艺制品厂有限公司，在中国设厂制造墙纸内销和外销。新力采用先进的生产技术，为当时亚洲第一间能够生产追踪套印墙纸的制造厂。所有原料均由国外进口，保证稳定的优良素质，但制成品则比进口的便宜。王先生表示，新力墙纸的每个设计都是购回来的，绝无抄袭，且不断更新设计款式，“最重要是令墙纸有生命力。”王先生说。

展望未来

面对现在价格合理、中档、高质量的墙纸供不应求的情况下，新丽已于珠海购入一块 3 万平方米的用地，作为新力本年年末迁往的新厂址。预计生产量将由现在的 200 万卷增加到 1000 万卷以上，无论在品质、设计和颜色方面都首屈一指。

新丽在上海装潢总汇、上海东方商厦百货公司和上海心族商厦内皆有专柜展示墙纸，并设有现货供顾客选购。新丽将于 6 月底前在全国各
店／专柜，进一步把墙纸

虽然现在已有六本样
进步的意志，将于短期内
者风范Ⅱ，派丽大使Ⅱ和
些新样本：包括 Essef 和
会有更多更新的选择。

新丽在我国的墙纸专柜。

地协助顾客成立 20 间墙纸专卖
新概念向中国人士推广。

本畅销，但新丽抱著不断更新
更新样本，推出蓝宝石Ⅲ，皇
天堂鸟Ⅱ；此外，还会引进一
美国两本商用墙布，，顾客将

新励集团旗下的 16 间公司

香港：

新励洋行
新丽墙纸有限公司
家居创造有限公司
华鲁新丽股份有限公司
欧美墙纸有限司
香江石油有限公司
Asiana Ltd., Hong Kong

美国：

Asiana Inc., U.S.A.

中国投资企业：

珠海新丽墙纸有限公司
珠海新力墙纸工艺制品厂有限公司
珠海经济特区壳牌石油产品供应中心
珠海经济特区壳牌明珠路加油站
珠海东海制衣装饰品有限公司
上海新丽墙纸有限公司
惠阳石油气有限公司
武汉汉新石油有限公司

新励集团：

香港黄竹坑道 34 号华明大厦 15 楼
电话：2555-7323
传真：2873-5452

亨特集团
——为空间带来建筑内外美

集团背景

亨特集团(Hunter Douglas Group)始创于1919年，是一个由百多家公司组成的庞大集团，总部设于荷兰鹿特丹，从事建筑装饰材料、先进窗饰等的制造，产品行销全球五大洲八十多个国家。

亨特集团多年来在世界市场屹立不倒，并不断扩张，关键在于他们采取了本地化政策：每间分公司都在当地落地生根，以自负盈亏的方法，在产品设计研究方面，不断推陈出新；在市场管理方面按市场特性而运作；并以当地的专业人员，从事当地的业务。这样，每个国家的亨特公司都能因应当地市场的需要，提供合适的建材和室内装饰。

产品系列

亨特属下有不少商标，其中引入我国的，是"乐思龙®"(Luxalon®)条状金属吊顶及外墙板系列和"乐思富®"(Luxaflex®)窗饰系列，两者都是建筑设计的国际公认名牌。

方格型吊顶。

V100型垂直吊顶。

84R 型条状吊顶。

方块板吊顶。

150F 型户外吊顶。

三明治外墙。

乐思龙建筑产品包括室内用条状、方格、垂直和方块吊顶组合；户外隔阳百　铝板组合；户外专用吊顶组合、铝质户外吊顶及外墙板；外墙铝板和外墙隔热金属夹板。户外吊顶组合及外墙板系列均经过乐思龙独有之“耐色光®”（Luxacote®）烘漆处理，可以抵抗恶劣天气、风沙、潮湿和酸雨侵蚀破坏。

亨特是全球最大的窗帘生产商，乐思富窗饰产品包括迪雅风琴帘、百摺帘、纤巧型贵族帘、标准型贵族帘和垂直帘。其中风琴帘独特风琴式设计中空隔热层，使室内保持恒温，冬暖夏凉，节省空调费用。

由此可见，亨特产品囊括室内外建筑和室内装潢的建材，为建筑物带来独特的内外美。

“迪雅”风琴帘。

亨特在中国的经营方针

亨特产品的品质优良耐用，早在 1980 年初已有建筑师、安装公司带入中国。亨特（中国）有限公司的董事长柯伟明先生有丰富的中国市场经验，在 1992 年下半年度，更决定拓展中国市场；1993 年初，亨特（中国）有限公司在香港成立，全权负责开拓中国市场及策划业务方针。该公司还附有两所全资附属的子公司：一是亨特建材（上海）有限公司，于 1994 年初开始投产；一是亨特建材（深圳）有限公司，于 1995 年初投产；两者皆为独资公司，并都设有厂房和写字楼，全部员工均在中国聘请。

柯先生以取难不取易的方针，目标是长远在中国发展：例如不设办事处而正式设立公司，又如选择富有挑战性和潜力的上海开设第一间公司，都反映了亨特独特的经营眼光。上海地理环境优越，人才众多，具有很大的影响；而深圳沙头角与香港邻近，当然也是亨特设厂的理想地点。

两年来的发展状况

亨特以身作则，上海及深圳的厂房及办公室全部用亨特本身的装潢材料建成，作为实例展示，其中上海厂房的两个弧形组成的遮蓬，透光节省能源，不渗水又能抵抗强风，有相当突出的示范作用，从而将世界高水平的装潢设计引入中国。

亨特抓紧中国的庞大项目，展示实力，并成为多项国内大型工程的材料供应商，协助该项目的产品在使用及施工上的设计及技术指导。例如广东省珠海国际机场候机楼、上海市的六个地铁车站工程等。亨特的专业人员在上海地铁项目上用了一年多的时间参与设计，以及指导安装乐思龙的金属吊顶；其中四个获得了上海市的最高建筑奖：白玉兰奖，而人民广场地铁站更获提名参加全国最高建筑奖项：鲁班奖。此外，亨特也为上海火车站对面的心族－名品商厦供应外墙铝板，效果触目。至于在江苏省宜兴市华地广场的外墙铝板，也令客户相当满意。

亨特上海。

“乐思富®”百摺帘。

亨特上海。

上海心族商厦“乐思龙®”外墙板。

江苏省宜兴华地广场，采用的也是“乐思龙®”外墙板。

上海地下铁人民广场站。

展望未来

柯先生承认，亨特产品是行内最昂贵的产品，但亨特充满信心，深信凭着集团深厚实力及基础和不断提高产品及服务素质，目标成为国内的一家专业及进取企业，一定可平衡价钱上的差别，同时令客户深感物有所值。亨特在中国将逐渐加强各厂房的生产能力，以我国的制品配件取代入口配件，并在国内其他地区开设特许加工及代理商，令地区服务水平提高及降低经营成本。亨特已在广东惠州成立了全国第一家特许生产商——雅利高建材（惠州）有限公司，用“乐思龙®”牌子在当地生产吊顶墙板。柯先生总结说：“95 年的目标，就是加添新品种，发展进口加工和增加外销。”

中国区域总部

亨特（中国）有限公司
香港新界沙田小沥源路 8-10 号
捷和实业大厦 2 楼
电话：(852) 26378111
传真：(852) 26372500

北京办事处：

中国北京市
朝阳区
工人体育场内
工体宾馆 3010 室
邮编：100027
电话：(86-1) 501 6655 x 3010
传真：(86-1) 501 2368 x 3010

深圳公司

亨特建材（深圳）有限公司
营业部：
中国深圳市
东门南路 48 号
食出大厦三楼 305 室
电话：(86-755) 2236324
传真：(86-755) 2283035

厂址：

中国深圳市沙头角保税区
第十九幢工业大厦一层
邮编：518081
电话：(86-755)5557068
传真：(86-755)5554369

上海公司

亨特建材(上海)有限公司
营业部：
中国上海市东湖路 70 号
东湖宾馆 4 号楼 101 室
邮编：200031
电话：(86-21)415 8158 x 14101 - 3
传真：(86-21)415 8158 x 14105

厂址：

中国上海浦东新区杨思工业小区
胡巷张家宅 80 号
邮编：200126
电话：(86-21) 874 5833
传真：(86-21) 874 3994

兆峰王国——兆峰陶瓷简介

兆峰陶瓷概念有限公司是由兆峰陶瓷集团与 6 间主要基金机构组建成立的，其股本金为19.2 亿港元。6 间主要基金机构是：

—万国宝通银行属下的花旗亚洲企业投资公司；

—汇丰直接投资管理有限公司所管理之各项基金；

—美国宝信资产管理有限公司；

—Search China Ventures Limited（兆亚中国创业有限公司）；

—邵氏资产管理有限公司属下的中国投资公司；

—新鸿基中国发展基金有限公司。

兆峰陶瓷概念有限公司的附属公司 — 兆峰创建有限公司、兆峰陶瓷(中国)集团有限公司及兆峰策略有限公司，在中国还设有 14 间销售分公司，分别位于北京、上海、天津、深圳、青岛、武汉、佛山、广州、合肥、长沙、成都、沈阳、洛阳及郑州。

兆峰陶瓷概念有限公司在国内的独资及合资经营企业所生产的陶瓷产品包括：马赛克、长条外墙砖、玻化砖、彩釉地砖、内墙砖、麻石砖、西式瓦、卫生洁具等。其产品种类繁多、规格齐全。

兆峰陶瓷一向以生产高质量、新款式的陶瓷产品为己任。它在中国投资的独资与合资经营企业均采用世界上最先进的陶瓷设备生产线，并引进先进的管理方式及陶瓷工艺与技术；兆峰陶瓷更斥巨资在北京设立了一间现代化的陶瓷产品研究实验所，专门负责提供陶瓷产品的测试及新产品的研究与开发。

兆峰陶瓷旨在竭尽全力地发展中国陶瓷工业，并以其稳固的基础，庞大的规模，建立起一个"陶瓷王国"。

玻化砖

马赛克

兆峰陶瓷日照莲峰有限公司

兆峰创建有限公司

兆峰陶瓷淄博锦川建筑陶瓷有限公司

"陶瓷王国"之阵容

企业名称	股份比例	地区	年产量
玻化砖			
兆峰陶瓷（合肥）瓷质砖有限公司	独资	安徽省	150万平方米
兆峰陶瓷(日照)莲峰陶瓷有限公司	占 70%	山东省	150 万平方米
兆峰陶瓷(莱芜)玻化砖有限公司	占 70%	山东省	150 万平方米
兆峰陶瓷(佛山)装饰板材有限公司	占 60%	广东省	75 万平方米
兆峰陶瓷淄博青龙有限公司	占 55%	山东省	150 万平方米
兆峰陶瓷(南阳)华澳有限公司	占 55%	河南省	150 万平方米
兆峰陶瓷(自贡)瓷质砖有限公司	占 50%	四川省	150 万平方米
包头鹿峰陶瓷有限公司	占50%	内蒙古	75 万平方米
张家口景峰陶瓷有限公司	占 50%	河北省	150 万平方米
		合计：	1,200 万平方米
彩釉地砖			
兆峰陶瓷(合肥)新材有限公司	占 75%	安徽省	300 万平方米
兆峰陶瓷(合肥)芳草有限公司	占 75%	安徽省	300 万平方米
兆峰陶瓷(合肥)丽都有限公司	占 72%	安徽省	300 万平方米
唐山三圆陶瓷有限公司	占 67%	河北省	150 万平方米
兆峰陶瓷淄博锦川建筑陶瓷有限公司	占 50%	山东省	300 万平方米
兆峰陶瓷(郑州)彩釉砖有限公司	占 50%	河南省	300 万平方米
		合计：	1,650 万平方米
内墙砖			
兆峰陶瓷(潍坊)内墙砖有限公司	独资	山东省	600 万平方米
淄博宏峰建筑陶瓷有限公司	占 80%	山东省	300 万平方米
兆峰陶瓷(合肥)安泰有限公司	占67.7%	安徽省	300 万平方米
		合计：	1,200 万平方米

“陶瓷王国”之阵容

企业名称	股份比例	地区	年产量
外墙砖			
兆峰陶瓷（安徽）外墙砖有限公司	独资	安徽省	200 万平方米
兆峰陶瓷(重庆)二丁挂有限公司	占 75%	四川省	150 万平方米
兆峰陶瓷（烟台）三峰有限公司	占 70%	山东省	200 万平方米
河南长峰陶瓷有限公司	占 67%	河南省	200万平方米
		合计：	750 万平方米
釉面马赛克			
兆峰陶瓷(烟台)三峰有限公司	占 70%	山东省	100 万平方米
宜兴丰利瓷业有限公司	占 67%	江苏省	100 万平方米
河南长峰陶瓷有限公司	占 67%	河南省	100 万平方米
兆峰陶瓷（佛山）装饰板材有限公司	占 60%	广东省	100 万平方米
		合计：	400 万平方米
麻石砖			
兆峰陶瓷（佛山）嘉兆有限公司	占 60%	广东省	100 万平方米
		合计：	100 万平方米
西式瓦			
兆峰陶瓷（烟台）西式瓦有限公司	占 70%	山东省	1000 万件
		合计：	1000 万件
卫生洁具			
兆峰陶瓷（北京）洁具有限公司	占 78%	北京市	300 万件卫生洁具
		合计：	300 万件
色料、釉料、原料			
兆峰陶瓷（重庆）制釉有限公司	占 75%	四川省	色料 200 吨
			釉料 200 吨
兆峰陶瓷（合肥）原料有限公司	占 75%	安徽省	原料 100 万吨
		合计：	色料 200 吨
			釉料 200 吨
			原料 100 万吨

都思乐—淋浴门

衛生洁具和配件

HANSA—水龙头

如蒙垂询，请向以下地址联络

兆峰陶瓷概念有限公司

地址：香港新界沙田白鹤汀街 10-18 号

新城市商业大厦 908 - 912 室

电话：00852-26012278　26019030

传真：00852-26924476　26090165

兆峰创建有限公司

地址：深圳市人民南路

天安国际大厦 C 座 20 楼　邮政：518002

电话：0755-2289466(转各部)

传真：0755-2175191

兆峰策略有限公司

地址：香港新界沙田白鹤汀街 10-18 号

新城市商业大厦 608-609 室

电话：00852-26019030

传真：00852-26948239

兆峰陶瓷（中国）集团有限公司

地址：北京市朝阳区化工路 5 号　邮政：100023

电话：01-7717774 转 4802-4804

传真：01-7784079

北京分公司	上海分公司	郑州分公司
深圳分公司	青岛分公司	长沙分公司
广州分公司	洛阳分公司	沈阳分公司
佛山分公司	成都分公司	合肥分公司
天津分公司	武汉分公司	

VOICE MAIL SYSTEMS

YOUR COMMUNICATION PARTNER

多功能自动电话留言系统，直接图文传真信箱。适用于各大酒店、办公室。

应用电脑对话及图文传真技术，并配合电话系统，本系统可作为自动电话接线生，自动将客户来电转驳到所属分机或任何预先设定之电话号码，当电话繁忙或没有回应时，电话自动转驳到留言系统，以便留言。图文传真亦可依以上途迳作转驳或记录。使用者更可随时地听取留言，或收取图文传真，方便快捷。

贝思科技有限公司

香港柴湾嘉业街18号
明报工业中心B座6楼607-608室
电话: (852)2897 1688
传真: (852)2897 2888

COMMUNICATION DIAGRAM

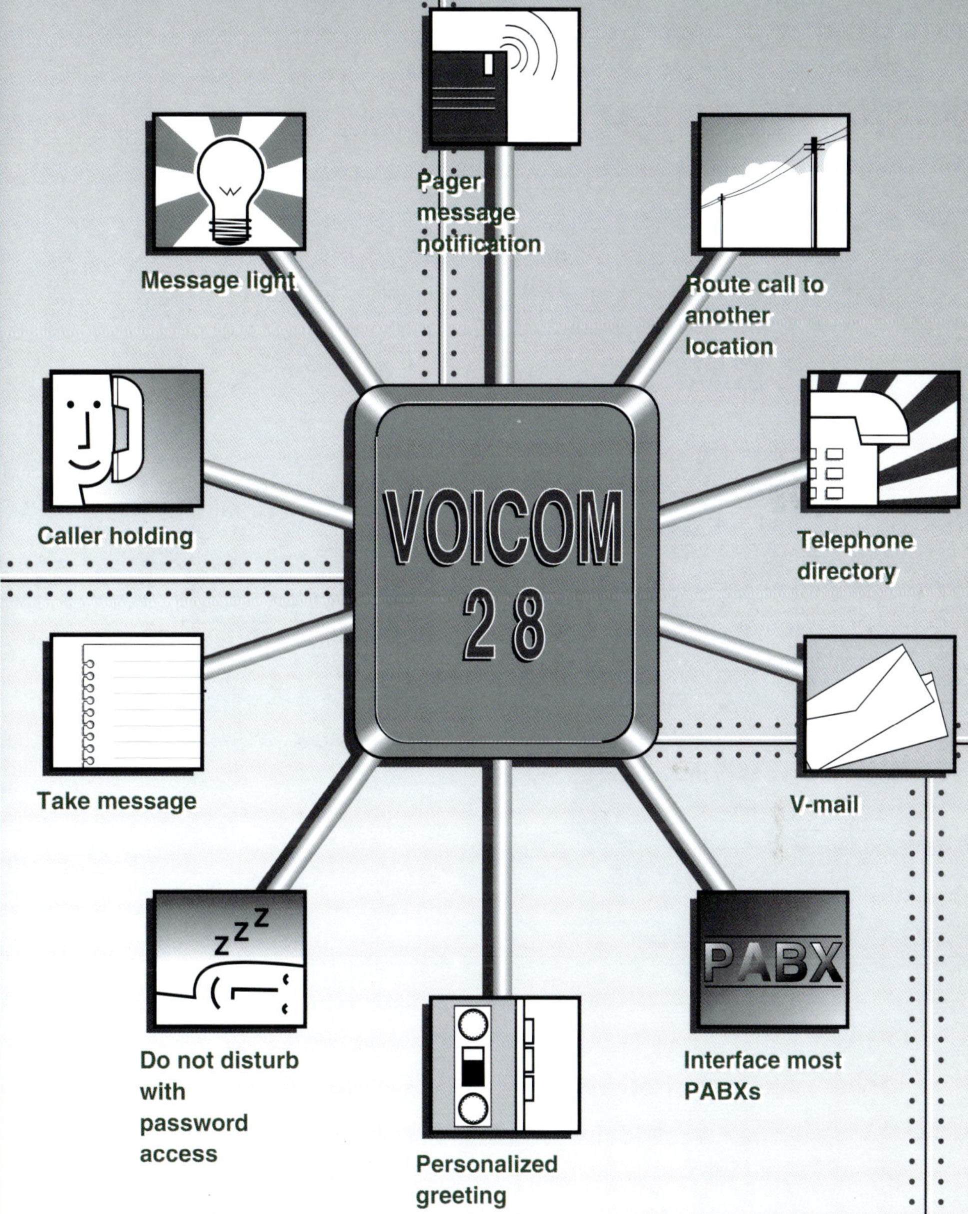

VOICOM 28

Pager message notification

Message light

Route call to another location

Caller holding

Telephone directory

Take message

V-mail

PABX

Do not disturb with password access

Personalized greeting

Interface most PABXs

SPECIFICATION

Ports:	4-28 port per cabinet, upto 6 cabinets within one digital bus, totaling 168 ports.
No. of users:	50-10,000 users
Mailboxes:	Up to 100,000
Internal memory:	1,000-4,300 30 second message blocks
Optional memory sub-system:	3,000-210,000 30 second message blocks
Optional mirrored memory sub-system:	35,000-138,000 30 second message blocks
PBX Interface:	4/8 port per unit (optional)
Ambient conditions:	Temperature 0-40˚c, relative humidity 10-90% without condensation
Power source:	110V, 200V, 220V, 240V, AC 1- 10%
Dimension:	H46cm x W31cm x D38cm per cabinet
Weight:	40kg (max) per cabinet

Specifications are subject to change without notice, please consult your agent.

名师走谈

名 师 走 谈

马国馨

中国年富力强的建筑设计大师

全国设计大师马国馨。

马国馨，出生于1942年，1965年北京清华大学建筑系毕业。1981—1983年在日本东京丹下健三都市建筑设计研究所研修，1991年在清华大学建筑历史与理论专业获工学博士学位。现为北京市建筑设计研究院副总建筑师，兼任中国建筑师学会常务理事兼副秘书长，建筑理论与创作学术委员会副主任委员，中国建设文化艺术协会研讲艺术专业委员会副会长、国际建筑师协会体育、休憩和旅游工作组委员和《建筑学报》、《空间结构》、《华中建筑》等杂志的编委。

在设计工作中，马国馨曾多次主持和负责国家和北京市的重点工程和项目，如北京国际俱乐部（1972）、某国宾馆游泳馆和多功能羽毛球馆（1973）、前三门大街规划设计（和平门—宣武门）（1976）、毛主席纪念堂（1977）等。其中毛主席纪念堂获得全国科学大会特别奖（1978）、群众喜爱的“具有民族风格的新建筑”第5名（1994）。

国家奥林匹克体育中心。

奥林匹克体育中心体育馆内景。

1984—1990年间马国馨承担了第十一届亚运会可行性研究和国家奥林匹克体育中心的规划设计工作。尤其是后者做为召开第十一届亚运的骨干工程，我国的大型综合体育中心，在规划和设计中技术先进、功能合理、构思新颖：

一. 在满足复杂的功能要求，使用合理的前提下，建筑造型上有明显的特征性和标志性。

二. 在建筑群体和个体的处理上，既力求表现出鲜明的时代感，同时又具有强烈的中国特点，使这组建筑既是现代的，又是中国的。

三. 在注重建筑设计的同时，注重内外环境的设计，通过水面、雕塑、各种建筑小品的处理，使整个建筑组羣浑然一体，呈现出较高的文化品位，令人耳目一新，成为北京地区新的城市景观。

四. 注重经济性，既满足亚运会时的使用，也考虑将来可能举办奥运会时的发展，同时兼顾比赛以后的长期使用，充分发挥其社会效益和经济效益。

五. 在设计中大量采用新工艺、新技术、新材料和新设备，通过工程实践，推动相关行业的开发和生产。

六. 通过亚运会的实践检验显示了我国的设施水平和设计能力，为我国承办其他大型国际比赛创造了条件。

国家奥林匹克体育中心获得了国家、建设部和北京市一系列的奖励，还曾获得中国建筑学会的优秀创作奖，国际体育、休憩和娱乐设施协会的银奖（1994）。

国家奥林匹克体育中心一角。

北京西客站比较方案之一。

此外，他还曾经手了一系列大型工程的方案设计。1990—1991年间参加了北京西客站比较方案的三轮设计，为最后方案的综合和确定提供了思路。1991—1993年间为我国申办 2000 年奥运会的工作，承担了包括主会场在内的北京体委新建的五个大型场馆的设计方案。如可容纳 8 万观众的奥林匹克体育中心主体育场方案；占地 46 公顷，包括综合体育馆、游泳馆、网球比赛场的 21 世纪体育中心。1993 年承担廊坊京津花园别墅区的规划，其总用地为 45 公顷，其中规划各种类型的别墅共 430 栋，还有公寓、商业服务中心、俱乐部、学校、行政办公等建筑。从 1993 年起又在进行首都机场航站区新候机楼的设计工作。

在现代条件下的设计工作，由于功能要求的复杂，建筑技术的发展，使得建筑设计较多地脱离个人色彩，更多地依靠集体的协作，各专业的努力，通过不断的分析，综合、优化、筛选，最后得出比较理想的设计成果。而建筑创作的过程是一种从无到有的全面过程。一般说来建筑创作应该包含三个创作过程，它们是在相关连而又缺一不可的。

申办奥运会主会场方案模型。

京津花园规划模型。

北京首都机场航站楼扩建模型。

第一个创作过程包括建筑方案的构思过程，这是一个在观念上从无到有的创作过程，也是创作中最为人们重视的关键环节，被视为创作的生命或灵魂。但仅有此还远远不够，还必须有第二个创作过程，即必须把构思中的空间实体用二维的施工图纸表现出来，这是构想出来的东西能否真正转化为现实的十分重要的中介环节，但实践证明，这还不是建筑创作的终结，还有第三个创作过程，那就是通过施工人员把施工图纸转化为物化实体的过程，这里也包含了进一步的修正、发展、完善，图纸的构想要在实践中进一步得到检验。

除去建筑设计工作以外，马国馨还在国内外的杂志刊物上先后发表过学术论文六十余篇。由于工作各方面的成绩，马国馨曾先后受到国家人事部、国家教委、北京市、全国总工会等的表彰。1994年被建设部授予“全国设计大师”的称号。

访问及稿件整理：蒋协炳

名师走谈

蔡镇钰博士

追求天人合一的理想

蔡镇钰博士一帧生活照，是否隐喻了他的建筑创作观及宇宙观？

蔡镇钰博士 1936 年出生于江苏常熟市的书香门第。时值吕彦直“中山陵方案”入选后 10 年，中国建筑界开始脱离次殖民地式“挟洋风以自重”的自卑心态，转而开拓创新发扬民族风格的时代。其父为著名的“虞山画派”继承人。蔡博士自小耳濡目染，中学毕业后进入东南大学建筑系，深受一批当时中国最优秀的建筑师杨廷宝、刘敦桢等前辈的教诲和器重。从他替家乡常熟设计的一个小型汽车站中，我们不难看出早期环境对他今天沉稳、含蓄的个人风格的影响，1959年蔡赴莫斯科建筑学院建筑系深造；1963年27岁的蔡镇钰获得苏联建筑学副博士学位回国。蔡博士现为华东建筑设计研究院总建筑师，1994 被建设部授予“全国设计大师”称号。

上海电信大楼设计之初，国内建筑业经过 10 多年的封闭，正处于十分落后的状况。开放伊始缺乏城市设计及法规管理。不少项目各自为政或要求规划让路，致使今天不少重要地段布局混乱。而蔡博士的设计布局中却较多考虑到环境因素，他首次打破国内通信建筑长期沿用长条形平面，采用筒中筒结构高层建筑方案使之与发展中的人民广场相协调，这在当时却是迈出了突破性的一大步。大楼追求富有民族传统的建筑文化精神与现

蔡博士在家乡常熟小城的汽车站设计，图为背立面。

汽车站候车室内顶棚細部。

颇受好评的上海电信大楼，70 年代设计。简洁的造型与細部赋予建筑物一种谦和儒雅的气质。顶部空廊处理不仅是一种视觉与空间上的过渡，将电信发射设备置于其间，同时反映作者“天人合一”理想的探索。

代化技术相结合，比例匀称优美。主配楼间的尺度关系、顶部、細部的水平与竖直线条都经过周密考虑，力求妥贴。依当时有限的物力财力，能够赋予该建筑如此蓬勃的生命力及谦和、儒雅而处变不惊的个性，实在令人赞叹不已。同样在曲阳新村规划设计，上海迎宾馆方案，新上海市政中心方案中也可以看到他借鉴古典构图原则，却又适应现代化快节奏社会的探索。

蔡博士留苏时正值赫鲁晓夫执政初期，政治和文化发展正处于转折点。就建筑业来说，一些西方新技术、新观点的引入使得对建筑形象的创造方面有较多自由之探索。70 年代后期中国开放以后，蔡博士也多次赴欧美做短期考察。基于对西方现代建筑的感性认识及对传统中国建筑文化的理解，30 年来他不断探索寻找中国建筑的根，在实践中力图表达既有时代气息而又有民族风格地方特色及人情味的创作观。蔡博士认为，建筑首先是一种文化现象，而建筑创作正是建筑文化相交融渗透和不断创新的过程，如古代中国引入印度墓塔 Stupa 并加以改革而成为独特优美的中国塔式 Pagoda，在此

电信大楼营业厅内,尺度的控制恰如其分，传统平闇顶棚同时又富有现代照明和通风的功能。

上海迎宾馆方案

"陆家嘴金融贸易区"规划方案，右为东方明珠广播电视塔。

建筑的生命力得到更新。中国建筑中的鲜明的哲学性，"步移景异"的空间序列性高度技术化及与文学，绘画艺术融为一体等先进的方面，作为有文化渊源的本国建筑师借鉴与继承起来，显然应更为得天独厚。再从塔式上讲，近代西洋建筑师在南京灵谷寺塔的设计中由于没能领悟中国宝塔"笋形曲线"的精华而导致一种呆板塔式的诞生；而现代一些境外建筑师所想表达的中国主题却不经意发出东洋味来，这也间接说明日本建筑业在继承发扬本国文化上走得很快。在大量汲取外来文化的同时，如果迷失了"根"，则本国建筑文化亦会逐渐消退，在这一点上我们潜在的危机不容忽视。80 年代以来国内的都市和建筑，大量是仿效外国的建筑设计风格，初期全玻璃幕墙的引入对国内建筑技术的推动作用不小，但肤浅的搬用抄袭却又丧失了魅力；前一阵流行的观光电梯则常因无景可观而成为人们的观景对象。近几年最为时髦的则是KPF式的符号……时髦本身无生命力，是无法积累的。经历而构成自己的文化去汇入空间史册的，在多元文化发展的今日，也有不同层次的建筑

获"80 年代上海十佳建筑"奖的曲阳住宅小区。图为行政中心侧立面的马赛克饰面。

上海市政中心方案

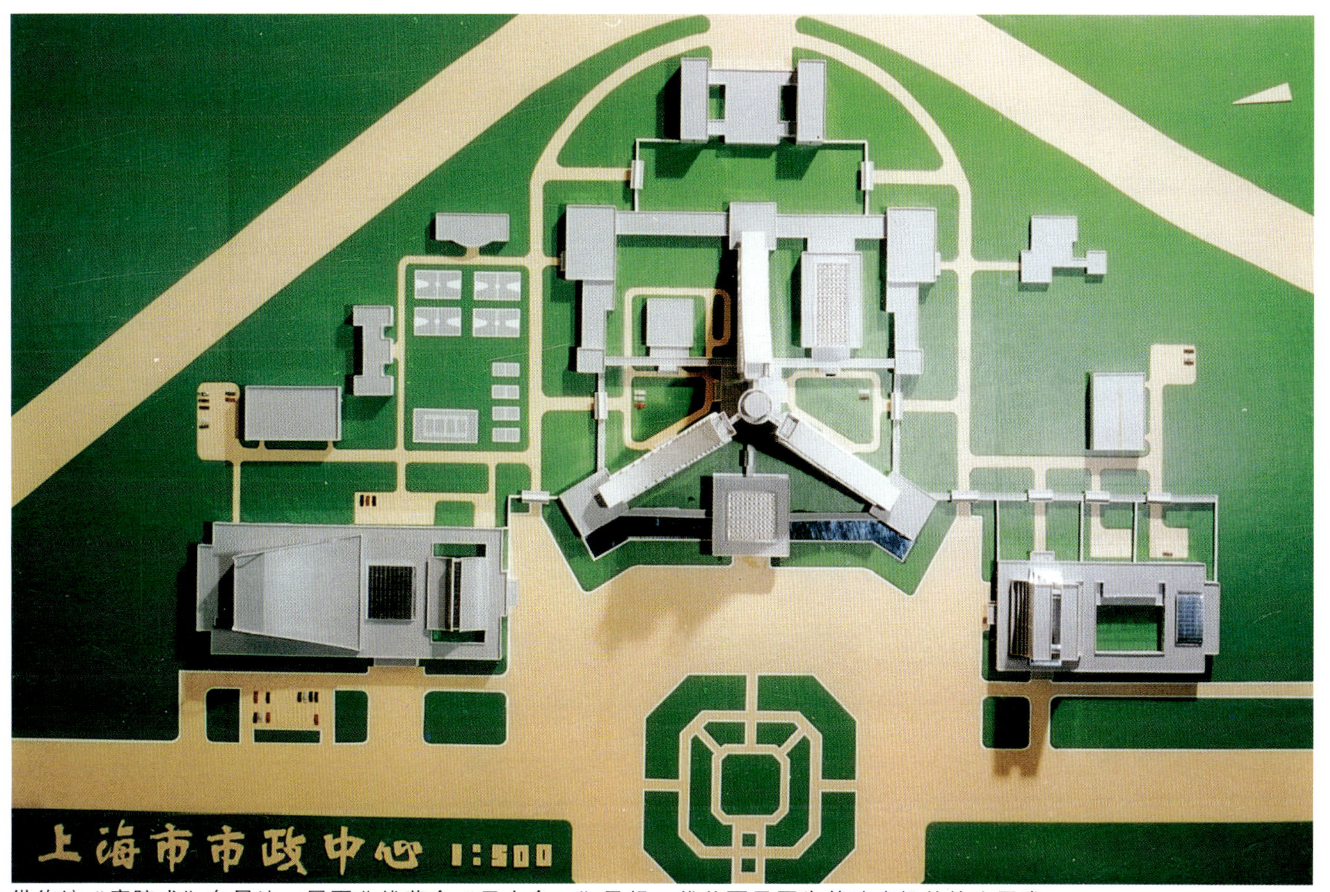

借传统“廊院式”布局法，屋面曲线蕴含“天人合一”思想，优美而又不失其政府机关的庄严感。

观。在一些风景区开发实例中，洋人喜欢我们的建筑更富有民族特色而农民中却有许多是喜欢洋房的；发展典雅艺术的同时也不排斥五秒内连播三次广告的“快餐文化”共存。过分索强的堆积“主义”“风格”正如五六十年代盛行以大屋顶作为民族形式的符号一样，将陷建筑师于“现货贩卖店”伙计的可悲境地，“民族的才是世界的”，我们所要的并非洋径滨，而是要基于传统的创新，追求经久不衰的建筑生命力与艺术魅力。

“陆家嘴地区规划”方案，是近几年来蔡博士着重研究的一个实例，因其关系到今后整个上海城市发展的方向和较长时期的发展规模和现代化程度的水平，作为金融贸易中心既有独立的功能要求，又必须体现出对周围环境在时空上的延续性，经多方论证和比较才选中该方案并开始实施。规划设计充分考虑政策和投资对近远期城市发展的影响，交通组织采用环状与放射状结合的道路网，在用地划分上则更多考虑城市空间及人的感受，建筑群与绿化带相互渗透，建筑高度从核心区向路边依次跌落。大部分高层建筑都能眺望黄浦江面和外滩景观。核心区以塔式超高层为主，大楼间高低错落，以造成通透开敞的空间效果。电视塔、金融中心和信息大楼以强列的时代感与外滩历史建筑形成鲜明的对比，给人以时间上和空间上的动感。三组高层建筑群向外滩半圆围合，形成整个上海城市东西轴线景观之高潮。在总结过去国内外城市建设中只顾短期效应和局部利益的经验和教训中，这方案强调了“人的意志力量”—即城市作为一种意愿行动的因素。

近年来，蔡博士着力于研究人类进入后科学时期所更要着重考虑的场所的时间因素，即人的生命时间轴与建筑特征相对话，而赋予建筑的四维特征。我国古代便有道家所谓“天人合一”的哲学与风水理论，然而由于封建的“嫡传”意识并以一些迷信色彩使这类理论的研究成为少数人的专利；而这少数人所掌握的定论中大量是今天科学还无法解释，亦或有些根本是谬误的。后科学时期概念从物理学转向其它科学，直接影响到对建筑各要素，如空间形态、材料的研究。建筑理论已不仅是日照、地耐力之类的问题，而是在人与宇宙间的能量交换中如何更多吸收宇宙的能量、如何减少甚至避免对建筑与人的不利影响。最近日本兵库县地震对人类城市的打击更督促我们加快这方面的研究，破解风水的密码并加以发展将成为下一世纪建筑理论探索中的热点之一。

访问及稿件整理：梁诗莹

名师走谈

钟华楠：

阴阳与文化保存

著名建筑师钟华楠，后面是他部分的作品。

著名建筑师兼作家钟华楠有许多嗜好兴趣，当中包括对建筑师的个性、历史传统的保存，中国文化的研究。

钟先生研究建筑师的性格塑造，灵感来自易经。易经提出宇宙万物（包括人类）都可以“阴”、“阳”分之，而钟先生则认为，人的所有行为，均由其“阴”（被动）“阳”（主动）性格因素所引起的。“阴阳”定理，不但反映日月位移变迁，更证明建筑师性格均衡于阴阳两端。香港的建筑师多属“阳”性，部分原因是大厦业主与发展商多属“阳”性。“政府由多人组织运作，而无个人性格，故属中性。”

钟先生将这项信念延展至现代主义，后现代主义，以及建筑学的后现代主义。

可以说，现代主义者是“属阳”建筑师，而历史学者及风俗文化研究者是“属阴”建筑师。尽管建筑师的个性可能因“阴”或“阳”太重而受影响，他们却应灵活充分运用其阴与阳两面特质，发挥潜能。钟先生巧妙地列出现代建筑师需要如何面对其工作上所遇上的具体障碍：

流通性：包括人流、货品、水电、发射物等，以满足一般建筑物的规定。

建筑师的性格	
主动因素（阳）	**被动因素（阴）**
前瞻、展望将来	怀旧、沉缅于历史传统
以科学、逻辑为本	以感性、道德为本
世界观念	部族观念
动力源自理性分析	动力源自思想状态与感觉
对音乐一般并不热衷	热衷于音乐，尤其是戏剧及歌剧
宇宙万物可以一套定律解释	相信可以用哲学解释自然现象
有问题一定要解决	有问题一定要解决
命运由个人能力操纵	个人能力不足以控制命运
"我就是现在的自己"	"我就是以往的自己"
擅于推广个人拥有的资源	不擅于推广自己拥有的资源
衣着讲究、仪表出众、受人欢迎	衣着随便，不注重公众形象
较喜欢阅读实用技术丛书	较喜欢阅读小说

建筑师对设计／生活的处理方式	
主动因素（阳）	**被动因素（阴）**
现代技术及工艺型	传统型
重视功能、流通、计划、建设、结构等；重视程序、国际潮流、趋势风气	重视意象，整体化；重视地区概念，尤于本土风俗习惯、节日，重视本土特色
灵感来自国际现代设计	灵感来自本土风俗设计
丰富的具体物质环境	倾向于灵性
热爱西方艺术及生活方式	热爱研究民间传说、本土艺术及生活方式
对音乐并不热衷	热衷于音乐，尤其是各国民族音乐、戏剧及歌剧

尽量扩大实用面积，以免将来用户追究。

消防条例：要遵守消防条例，建筑物的图则方会获批核。

结构：绘图定则时考虑了上述因素，结构工程遂可按图施工。

楼宇设施：对建筑师来说，这是最不重的，留给楼宇设施工程师吧！

钟先生表示，解决了上述几项之后，"建筑师已很自然地忘记了自己做种种这些背后的原因了。然后，建筑师便会凭自己以往的经验，决定如何考虑客户的喜好，以及凭他在杂志或旅游时的所见所闻而处理该建筑图则。"在这个过程中，建筑师很容易便会在他人的文化传统魅力的影响下，忘记了自己的文化传统了。

对文化保存的态度

钟华楠曾写道："香港政府力求以无甚收益，无甚重要的公开市场（模式）来简化行政区域，如屯门、大埔的市场。香港很多地方色彩特色，都在时代进步的名义下渐渐消失了。"

钟先生承认，这样便引致一些富有殖民地色彩的建设、地方节日、新界菜市场，甚至云吞面档，都逐渐式微。如此一来，"香港在 20 年后，将会变成一个文化死城。"

钟先生承认，要倡议保存香港的历史建筑物并非易事，他比喻就像是向传统的父母提及道德问题一样。

“保留”（维持原状）与“保存”（维持原状并加以改进）是有所不同的。香港市民认为“保留”就是保护历史文物（如极力保留乡村古斋，最终却将之用作博物馆。）“在建筑学来说，要保存历史建筑或乡村古屋而又同时要它们成为有空气调节，照明充足的博物馆兼行政办事处，是不可能的。”钟先生表示，“村屋是私人居所，而博物馆却是公开的展览场所。”

他提出风靡欧美的“旧屋翻新”概念。实质上是要把古旧的建筑物加以修葺（甚至可能重新装修过）而成为可赚取收益的物业，例如将旧火车站改成购物商场及餐厅。

就以旧九广铁路火车站来说，现时只有钟楼仍然保存下来。钟先生认为，这在文化中心的设计来说，是“错失良机”。“其实旧火车站不但可以成为文化中心大楼的一部分，而且可以借古今文化融合令那里更富文化气质。”

“关心自己个人身分本系，如祖先族根的人，很自然亦会关注社区的本身特色，包括他们自己乡镇城市的社区环境及建筑物。”天后庙与新界渔村社区或宁静的农村息息相关，就是香港人重视过往历史，并将之与未来联系的好例子。

香港山顶道 40-42 号：Sky Court。

Sky Court 内部 。

钟先生表示，另外一件同等重要的事，就是保护大自然的环境。"香港政府不同部门在工作优先次序方面缺乏协调，又没有足够受过训练的人手，因此这些部门都各自为政。" 更糟的是，城市规划委员会到 80 年代初期，会员中才有一名建筑师。

"与其他规划人士比较，建筑师有一点独特长处，" 钟先生道，"可以将最终使用者的反应向制订政策的人士反映。随着1997来临，我希望会看到越来越多有政治意识的专业人士，而越来越少专业人士变身为政治人物。"

港湾道公园。

香港半山的高级住宅楼宇。

中国情意结

钟华楠是中国建筑学会的海外名誉理事，在 1980 至 1987 年间，曾于中国多所大学讲课，故此，他全神贯注于中国研究，并不难理解。

在中国，"建筑师" 一词亦可以指 "工程师"。不过，钟先生认为，两者应该分界清楚。他觉得，中国城乡经济正蓬勃发展，不过缺乏城市规划的人才。这些乡村委实需要建筑师、工程师、技术人员以及城市规划员，带领他们踏入 21 世纪。钟先生认为，现时应该优先进行改革建设的是这些乡村，而非大酒店。

钟先生也相信，国内建筑师如能多认识香港及世界各地的事物，会裨益不少。曾任香港建筑师学会副会长的钟先生，极力支持认可国内建筑师的资格。长远来说，他希望中国建筑师能获得世界公认的地位。

名师走谈

何弢博士：

建设一个演绎传统的现代化中国

何弢是唯一一位在中国有执业资格的国外建筑师。他于 1984 年与友人在北京合创第一家及唯一被中国政府批准与国内专家合营的私人大地建筑事务所(国际)，成为中国建筑设计事务体制改革的试点单位。自此被中国政府委任负责厦门、青岛及杭州三个主要城市之规划设计。1993 年，北京联华建筑事务所（甲级民办设计院）特聘何弢为合作建筑师及副总经理，可以在国内外接洽设计任务，并与联华创办人金瓯卜先生共商要事。何弢于1994 年 9 月成立何弢中国建设有限公司，提供全面投资建设服务。

一 · 重建苏州水都

苏州古城有 2500 年的悠久历史，以小桥流水、园林名胜、粉墙黛瓦，构成了其特有的古城格局；其中水和苏州的关系可说最密切：戒幢律寺西园那大型水景园，或是拙政园、留园等大型山水园都是充分表现水的特色的园林，后二者更成为国家重点保护的文物单位。

水和苏州的关系如此密切，何弢博士和苏州的关系又甚密切；何弢和水的关系，自然也是十分密切的。何弢的办公室本身就是建在码头上，"码头是建筑物和水的结合：码头要动，否则受船碰撞就会崩塌。苏州是水都，无水就不是苏州，今天苏州大部分的水道，在发展的过程中已被盖没了，剩下一些现有的水道，面对严重的环境污染问题，要重振苏州的声誉，水道的处理是最重要的项目。"

何弢是苏州古城保护研讨基金会的积极参与者。这个基金的发起人是香港环球集团主席叶仲午先生和苏州

苏州水道复兴工程。何弢说：如要重振苏州的声誉，水道的处理是最重要的项目。

市领导。叶先生首先捐出人民币 100 万元作为首期资金。基金的目标之一是邀请国内外专家研究如何改善苏州的水道及环境，使传统文物和现代化结合，尽量发展社会、环境与经济的效益，成为古城保护与重建的一个新模式。

二、传统——活的文化

"使古城的传统文物和现代化结合"，"使传统的建筑精神与现代化的功能及设备结合"，并不是什么新奇的说法。然而问题也许是：什么是传统，什么是现代化。为了避免这些词汇流于空泛和陈腔滥调，何弢对传统和现代化都有更深入的探索和了解。

何弢利用了瑞士心理学家卡尔·荣格的学说去解释传统。他认为传统是集体潜意识和个人潜意识相互作用的结果。集体潜意识（collective unconsiousness)是一种人生存在这个世界上千年万年一直流传下来的潜意识，如人人都怕黑、怕蛇、畏高等，那是一种潜意识的心理作用，甚至形成为一种遗传因子。个人潜意识(individual unconsiousness)是指个人童年的潜意识回忆、心理。因天时地利的关系可能渐渐形成了中国特殊的集体潜意识，但风土里，每一个地区都有不同的风土人情，那可以算是个人潜意识。这可能是文化，传统的根源之一。把不同的风土人情（个人潜意识）和中国的大气候（集体潜意识）结合起来，就是中国人的传统和风土人情，那是一个整体的气质。

苏州爱建环球商城，占地 43000 平方米，预计 1997 年 5 月落成。

就以苏州为例，何弢最近负责的爱建环球商场就充分体现他对传统的重视：

"我很重视当地特色，北京、上海和苏州的建筑物都各不相同，苏州古城有其 2500 年独特的传统，周围都有很多有传统特色的建筑物。于是我兴起了一种历史使命感，我认为这 2500 年实在很有潜质，当我兴建位于古城中央的爱建环球商场时，我就想：如何在设计的形式上，与苏州地方特色的建筑材料、色彩与尺度协调，好让这潜质复甦起来？"

"于是我研究苏州的古建筑，从历史里领悟到很多新东西，配合现代化的需求，我重新组合一个新的建筑形式，但这个新的形式不是我创的，而是我师古人。制成品是一个既有现代化更有传统感觉的建筑物：商场有电梯，结构用混凝土，外墙有粉墙黛瓦。"

"可是，把传统的一些元素硬搬来现代的效果必定十分突兀，就像是一个不懂普通话的人硬生生的模仿说普通话一样。所以何弢说："对传统必须消化，懂了语言的原则后还需要懂得运用。在爱建环球商场这工程上我得到了苏州市领导的一个很大的恭维：以往走这条路的人很多，就以写字打比喻，你写的不但能成字，而且能成诗。"

不是每一个人都能正确地把握到传统的真义。过去，很多人都会把现代和传统对立起来，认为传统就是过去，而理解传统或理解过去的历史，就要消除现在的我，而设身处地于过去的历史之中。其实，这并不可能，因为我们对过去历史的理解必然受我们现在历史的条件所限制。我们无论怎样努力，也不可能完全脱离现代意识，真正回到过去的历史中去。我们所处的社会、历史、时代和文化传统，都决定性地影响了我们对历史传统本身的意识。所以，20 世纪现代诠译学者伽达默认为，传统是活的，应把过去和现在视为互相关联的统一体，传统是我存在于其中的文化环境的主要成分，所以并不是非我、异己的东西，我看传统也就不是我这个认识主体去看我之外的一个客体。

何弢所理解的传统正是活的传统，保留苏州文物是从点、线、面三方面去重建，而不是什么都不拆，把传统古董化、僵化和木乃伊化。西方的罗浮宫演变成博物馆；圣彼得大教堂仍是教堂，都继续有生命，传统的东西在现代不断演绎下继续活着。何弢就成功改建过香港的西港城，使它成为香港人和游客川流不息往来的饮食购物地方。"谁说传统是动不得的东西？它不知经历过多少变动，才到我们手中，为何不让它活下去？为何要僵化传统？"我们把传统理解为活的，就能明白所谓传统，本身也是不断变化的，对我们今天说来是传统的，在历史上某一时刻却曾经是很时新的东西。所以，现代就是传统在现阶段的存在，我们所谓现代文化必然是保存和发扬了传统文化中许多成分形成的。现代的西港城建基于以往的上环菜场；同样，现代的苏州也应建基于历史源远流长的苏州古城。传统要活起来就得改造，这个改造有两个层次：第一，创作地对传统的再演绎；第二，技巧地加入现代化的元素。

"每个时代都不断在演绎文化，汉朝便是周朝现代化的苏州，唐朝便是隋朝现代化的苏州；13 世纪马可波罗看的苏州就写得挺美，但 20 世纪的苏州面临大变，虽然现在的苏州仍保持了一些古城的风貌，可是在现代化过程中，高楼大厦、玻璃幕墙如雨后春笋，2000 多年以来都能保持的苏州现在很容易就会毁在我们手中，所以我很紧张，我希望根据苏州本身重新演绎苏州的传统：建筑风格是传统的，但建筑方法是现代的。"

三·活出一个有中国特色的现代化

何弢在讨论传统时不断把现代化与之相提并论，一再证明传统和现代化互为作用的论点。演绎传统必须加入现代化的元素，然而，不少人对现代化存在误解，以为照抄西方就是现代化，这只不过是表面的西方化。何弢认为，这种看法必须纠正过来，才能实现一个有中国特色的现代化：

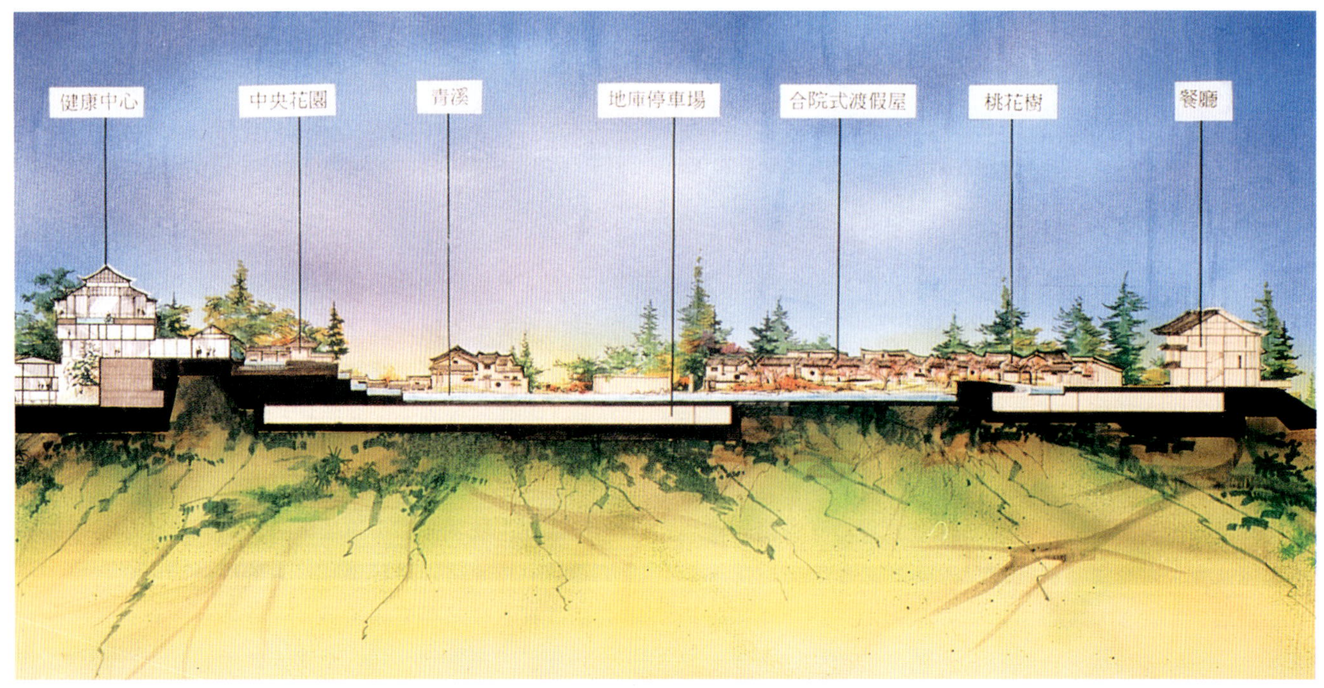

预计于 1997 年落成的青龙山渡假村，设有渡假屋、餐厅、健康中心、停车场花园等，占地 19000 平方米。

北京信达金融中心大厦，中国人民建设银行北京总行，占地 72000 平方米，预计 1997 年 5 月落成。

"现代化不是一种形式，而是一个过程，是一个不断把人类生活方式及环境变得更舒适的过程。从古到今，人类都不断在现代化。很多人把现代化和西方化混淆，一说起现代化，就想起西方的建筑形式，其实那只是西方化而已。我很同意邓小平所说的话：现代化必须是中国式的现代化，即有中国精神和符合国情的现代化。西方有其可取之处，但我反对那些要把中国传统砍掉、抛弃的人，要把整个美国、整个古罗马搬来中国是很肤浅的看法。西方化到了极点时就会没落，为何我们仍要西方化？举八卦的泰卦和否卦为例：阴在上，阳在下为泰：䷊；阳在上，阴在下为否：䷋，阳气上升，阴气下沉，因此，否卦是阴阳各走极端的，就像是盲目地用西方的科技教我们如何现代化一样，根本和我们国情不配合；泰卦是阴阳协调交流的，就像我们先把需要和要求一一列出，然后才到西方找寻适合的科技和我们的国情需要配合。我们应取泰弃否，告诉西方国家我们需要甚么，而不是倒转来。"

西刹海四合院一期。

"我们需要符合国情的现代化建筑物，而不是西方式的现代化建筑物。我们应以最经济的方式，实事求事地解决功能上的问题。朴实一点，就自然美。搞到古灵精怪，天花龙凤，非新、奇、特不可，那只是好高鹜远、标奇立异而已。美是朴实的。我们不用追求外国现在流行的潮流、风格、材料，更不用比高，中国地大物博，不必以摩天大厦解决问题，搞好国家经济才是要务。现在中国人有一种错误的观念，以为建筑物建得越高就越有能力，完全没有考虑有没有如此必要的问题。如果为了要表扬高而去建一百层楼，而实用经济所需的要求只要三十层便够用，那余下的七十层用来干吗？不错，建一千层也可以，问题是有没有如此必要。建筑不是科技问题，而是一个解决实实在在功能及经济上的问题。曾经有一位业主，有一块很美的地，以为没有高度限制很好，殊不知没有指标反而不利，因为不知道多大多高的发展，才适合经济的需求。中国现在最需要的并不是高楼大厦、炒房地产，而是为国民建设。这是中国现时最大的建设问题。城市现代化带来了老百姓的搬迁问题：工厂要搬，宿舍要搬，才能现代化，把人赶出马路并不能解决问题。我们最需要的是公屋，应向现在国有的城市住宅试点发展，并请外商投资，从长远一点来看，不但没有风险，更有钱赚。目前的情况是到处盖楼房、盖商场，这种现象是不合经济原则、且行不通的，因为国民经济还未达到那个购买的能力。宏观调控一开始，这种建筑物便很容易空置了。" "我们成立的古城保护研究基金会也是以了解国情为出发点，我们于3月中和一位美国麻省理工学院的教授到苏州做基本研究，看怎样改善水道的质量及如何保护当地文物，使旧面貌复甦，这都是实践符合国情现代化的表现。"

正像一个人要经历生老病死一样，传统文化也有某些成分会随历史的变迁而过时、死亡。我们把传统理解为活的文化，并不是说凡过去存在过的，现在都依然还有存在的价值，恰恰相反，传统既是活的文化，正好把传统区别于纯粹的过去，它把文化中一切腐朽的成分都剔除而保持其活力与生机。同样，在现代化的过程中，我们也不能盲目地将凡是看上去现代的东西都搬用过来，从而失去自己的特色。

四．中国建筑师的使命

建筑师是实现建筑的主脑人物，要真正做到传统和现代化的结合，建筑师肩负重任。他必须有这方面的充分学养和技能，才能胜任。

建筑师直接影响生活起居，他的工作能提升人的生活素质，给人带来希望、刺激、灵感。建筑师应令人生活得开心点。谈及建筑师的使命，何弢依然坚持建筑师

何弢剪影——不是艺术家

在谈及他个人的时候，何弢强调自己不是一个不求实的艺术家，而是一个有艺术细胞、实事求事、强调经济效益的人。

"我不是中学毕业后就立即念建筑，把建筑看成一门技术行业的人。我对城市问题，如何发展、如何筑道、如何配合经济社会环境都很感兴趣。我认为建筑不单纯是技术问题，而是必须和人类文化、文明、传统挂勾。很多人误会我是艺术家，其实艺术在我的生命中只是一种精神。我是一个通材的人，我有这种气质，也有这种技术，我懂建筑、画画、雕刻、音乐等。对于世界未来的发展、饥饿的问题、核的问题、污染、能源短缺等问题我都很关心。闲时我还研究心理学、神学、宇宙论、哲学、文学。艺术家只是我其中的一部分，我不只空谈理想，而是很实事求事，并不是那些不修边幅、不负责任的艺术家。"

何弢眼中的中国房地产

全世界都发现中国是一个很大的市场，尤其是香港，最善于搞地产，把握机会发展。这会不会是中国计划经济的一部分呢？何弢认为，开放市场吸引到很多人来投资，那是计划之中的；但弄到现在如此，相信就不是计划之中了。中央政府设立了很多开发区，给这些开发区很好的开发条件，如地价很便宜，但很多开发区得到这么多优惠条件却不开发，反而用它来投机炒地皮，令房产过热，这不是计划之中的。这种市场经济混水摸鱼的现象，像香港那种极度市场经济的地方可能行得通，但在中国，仍用计划经济去推测如何发生，有什么会发生，预计到会这么蓬勃，但后果则预计不到，政策开缩收缩，就是仍未了解市场经济运作的表现。市场经济和计划经济各有好处和弊病，只要不走极端就可。

不应把自己文化的根砍掉，那是一个开放后的问题，相反，应正视、表现当地的环境文化。

西方过分自我主义的结果就产生了后现代主义那些强调建筑师自己诠释历史的建筑，但何弢认为，建筑师应压制自我，表现低调，意识到过去、现在、未来延续着的时间感。

然而，压制自我、表现低调并不等于没有创作的地位。何弢认为，中国现代建筑要健康蓬勃地发展，首先就是要提高建筑师在建筑界的地位。这就牵涉到体制的问题。

五 · 新体制的需要

何弢体验到中国在开放前后的变化，认为勘察设计体制改革就是重新思考和定义建筑师在社会上的地位和角色：

"在未开放前的计划经济中，旧体制是行得通的，当时设计院属于很多不同的单位，负责设计所属系统内的办工楼、工厂、宿舍等等。计划经济中，供求是一样的东西，都在计划之中；在这个体制里的建筑师，单位需要甚么就建甚么，建筑师并不参与施工，施工由另一个单位负责，有问题才请建筑师解释，施工单位取图后权力很大，可更改材料、颜色以适合施工单位的速度、经济指标。此外，业主要改得改，建筑师的身分和责任一般都不大，这在施工、监工和管理都有样板房和一定标准的情况下是行得通的。"

"然而，现在推行有社会主义特色的市场经济，经济和市场需求挂勾，供求的观念就不同了，变成有求才有供。外商投资，需求很大，建筑师不能参与施工期间的处理，以致在时间、经济、质量方面都要解决很多问题。加上现代化多了很多科技上、机件上复杂的东西，如玻璃幕墙、高科技设备的需求等，一般设计单位的工作人员往往缺乏这方面的经验，境内外设计单位又缺乏沟通，问题就更多了。"

"我们联华要做的，就是要一改这个现象。负责人要监管公司所有的工作人员，强调大家互相沟通，以补封闭多年领悟力有出入的不足。联华的建筑师必须保证建筑物能在构思、设计到施工各阶段都连接下来，在质量、设计和经济上由开始至终了都完全负责、控制。这是在计划经济到市场经济、到这竞争激烈的社会上，建筑师必须改变的角色。"

访问及稿件整理：林达生、廖淑勤

名师走谈

李祖源：创造现代中国建筑

李祖源对中国建筑设计在现今世界有独特看法，他在台北美术博物馆以“建筑本身”（Architecture in Itself）为主题的展览，其创作动机就是要将这个看法实实在在的表现出来。本文透过与李祖源的一席访问，说出李氏对中国建筑的看法。他认为现今世界里中国建筑必须跳出红漆柱和瓦屋面的设计。

建筑是一种表现文化的方式，而建筑造形比其他艺术造形更要考虑公众的因素：一幢建筑物的规模、质料和細部功夫往往影响周围的人，包括使用建筑物和过路的人。人除了感应到建筑物焕发的美外：也能感应到建筑物本身存在的效果，因而建筑师的一个责任就是控制建筑的用途及其本身存在的效果。事实上，在大型商用楼宇来说，第一项要符合的就是功能方面的要求。

李氏在 1966 年毕业於Princeton ，随后在美国工作 10 年。期间，李氏学到为综合楼宇画详图的复杂技巧、面对不同性质的谘询以及管理工程的方法。李氏感到当年积累的经验为他今日应付自己事务所的大型工程打下基础。

李氏认为充分了解商业建筑的基本元素，先决条件是将个人目标提升至追求风格的水平。在这个水平，设计师要面对文化的问题，好像象征主义、使用某种质料在历史上的含义以及整体的恰当性。这个问题有国际性的一面，商业建筑所牵涉的功能和技术许多已经国际化，但设计的表达方式是本土的事，需要设计师对本土的文化有一定的认识。

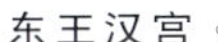
东王汉宫。

东王汉宫。

李祖源在台北的事务所已开业 10 多年，期间他看到自己的设计发展。用简单的话来形容，那是一个“摹仿—演绎—创造”的过程，意思是发展恰当的现代中国建筑的合成过程牵涉三个步骤：首先直接摹仿一个富象征性和实用性的传统部分，接着将该部分修改以配合较特别的现代要求，最后创造出一个全新的部分，这部分是传统形象和现代功能一次真正有益的、有创造性的合成。

上面所说的过程可用来形容单项工程的设计，也可以用来形容多年内几个工程的意念形成过程。为了能更好地欣赏这个过程，让我们研究李氏几个工程，并看看他认为重要的几个现代中国建筑部分的发展过程。

第一个最容易办别的部分是屋顶，当 20 世纪世界各地多层建筑物尝试“中国化”时，屋顶可说是处理得最差的部分。

矮建筑物的传统屋顶造形，连精妙的曲线和长长的飞檐，均由建筑物的复杂梁柱结构衍生出来。现代的水泥板建筑物就没有这种可以自然衍生造形的元素。不过，屋顶除了有实际用途外，仍然有很大的象征价值。但当屋顶的造形与建筑物的整体造形和结构扯不上自然关系时，这些象征就变得有点滑稽。演绎传统的现代造形越是自然地衍生自建筑物的整体设计，其象征价值就越丰富越真实。

在 1982 年完成的大安国宅工程中，李氏引用了传统庭院居所的屋顶造形，作为一组 20 层高外墙镶砖的楼宇的屋顶。虽然这款屋顶设计令人立刻把该些楼宇视为“中国式”，但这些造形却不能完全教人相信那是自然出自建筑物的整体设计。12 幢高楼在体积构成方面做得不错，高层的圆形花园式窗口像画框一样将周围建筑物的景色衬托得很精致。

3 年后在东王汉宫位宅工程中，李氏采用了稍为不同的造形，但手法却更成熟更和谐。他用传统的瓦屋面来调节整个综合建筑的庞大规模，每个单位均有一个瓦面上盖的阳台，天台则用作花园（这种设计是针对在早期工程中对李氏浪费天台地方的批评），置了植物和铺瓦片的凉亭。此外，每幢楼的高矮不同，令这个庞大的综合建筑看来起伏有致，赛得上环绕台北的羣山。

现代的城市虽然有 10 层以下的矮建筑物，但它们均是规模庞大的。有了这些规模上的转变（例如支柱之间的距离、窗口的大小、支柱的高度），就得重新演绎中国的屋顶，才能将这种造形与现代学术大楼、礼堂、政府大楼和运输中心融合一起。

李氏参加台北火车站设计比赛的设计充分表现出李氏的大胆演绎精神，屋顶的正梁分为两根过大的平衡横梁，以便天然光透入幽暗的人山人海的地方和表现（而非传统的）结构技术，类似的屋顶造形曾应用在一所图书馆上，而两款设计均由李氏早期设计的一个艺术学院造形演变而成。该所艺术学院的顶正梁只有一段是分叉的。

大安国宅

传统上，中国甚至东方建筑设计造形的一个基本来源是摹仿大自然的元素。李氏近期展出的设计上的“白云青山”背景是明显的例子，李氏在台湾筹建的20多幢建筑物上所作的不同层面的演绎均源自大自然。

李氏对光线的敏感表现以及他在建筑物内外运用光线的工夫抽象地显示出他对大自然的推崇。光给人生命的感觉，而人类不论直接（用以照亮要做的工作）或间接（用以照亮周围的环境）都需要光。李氏刻意追求进步，许多时运用光线不单造出较理想的室内环境，建筑物外表也很可观。

三商大楼。

86 层高之综合多用途大楼——模型。

李氏也依赖大自然的特殊元素来寻找造形上的灵感。已经有数百年历史的西式多层高楼有几种不同的屋顶。后现代主义设计已令人觉得这些不同的屋顶是合理的设计手法，包括实实在在的翻制传统的建筑造形（如金字塔、庙宇、亭台楼阁），从多种古老建筑风格（如维多利亚式、哥德式、古典式）引伸出抽象的装饰性造形，以及忠实的或经过演绎的现代机器形象。

李氏认为这些高楼的造形，灵感来自大自然，他近期展出的设计提出一个有关大型建筑设计程序的看法，这看法并不罕见但很吸引人：李氏许多工程均有多个不同的造形设计并制成模型，这些模型协助建筑师决定采用那个设计。计划在高雄筹建的 86 层高综合大楼就分别有模型和绘图显示不同式样的屋顶，这些屋顶造形大部分是基于花朵的形状设计出来的。

三商大楼之顶楼室内。

其中一个与西方处理手法差异较大的顶部设计，侧面看去是向外逐渐变大而非向内逐渐缩小的。虽然这种设计并非因结构而自然形成，但一个设计是否恰当需视该设计的规模而定。向外打开的顶部还有一个象征意义，就是表示向上苍敬拜，所以屋顶的形状是宽阔、柔顺、接受式的，而不是尖細、挑衅和离间式的。

李氏一直参与大型建筑工程，盖建不同形式的楼宇，从矮的学术大楼或民用建筑至世界级的高楼大厦

（包括台北一幢 126 层高的大厦设计）；而中间的中小型商用楼宇提供不少机会，应用一些既可以解决建筑设计普遍存在的难题，又可同时兼顾大型建筑造形问题的设计。

最近在台北东北部一个发展中的国际商业区内落成的两幢办公大楼是好例子。位于敦化北路的宏国大楼和民生东路的富邦金融大楼有相似的建筑特点，两幢大厦的规模相若，外衣均是石块与金属混合料质，而且都集新（现代的合成形金属板条）旧（传统的石块建筑）于一身。

宏国大楼低层的精巧石块加上向内减缩的高层的丰富曲线，焕发激人心动的气质；外墙的石块和金属互相交错组成的复杂图案，给人深奥微妙的感觉，教人每次观看均有新的发现。凭着一股近乎紊乱的力量，这幢大厦有亚洲现代建筑物所无的独特气质。一如李氏其他工程一样，在这幢大厦的设计过程中，也需要找出应付上述各项挑战的方法。大厦在 2/3 的高度楼面面积缩至最小，然后在最高 5 层再向外扩展。

不单只是顶部，李氏设计整幢建筑物雕塑似的外型的灵感，也是从花蕾的自然外貌得到的：大楼圆匀、坚强、包容式的外形，仿如母亲的怀抱。

光线从一个室内天井透进大厦内，大厦的规模令这个透光方法效果很好。虽然这种设计造成各层面积不统一，但幸好大楼能保持比例和标准，故能弄点有意思的配置。

富邦金融大楼。

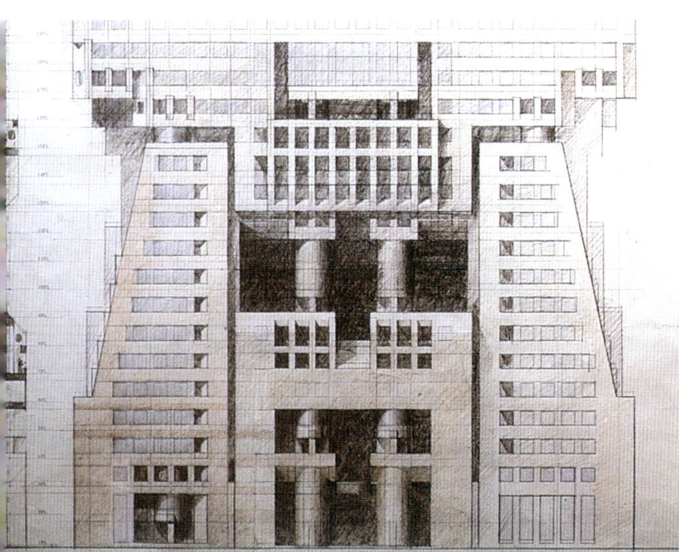

宏国大楼之立视图。

宏国大楼的多元化内部间隔和复杂的外貌令大厦有一种魅力，是其他办公大楼很难找得到的。李氏将中国 2000 年文化内的设计元素结合，以行动表示他的设计是最好的现代中国建筑设计。在宏国大楼，李氏不单改善了工作环境，还在合乎经济发展的前题下，为使用大厦的人甚至居住城市的人提供一个真正的环境。这幢办公大楼的地位已被提升至"圣堂级的办公地方"（temple of work）。

李氏认为现代中国建筑的前景乐观，他建立了一个设计方法的架构，并以此设计出堪称现代中国建筑的建筑物。这个架构的理念和实力全决定于李氏风格的未来发展，其他设计师对之所表示的欣赏，以及随后设计同业的反应。

访问及稿件整理：陈明庄

名师走谈

吴佐之：设计之源在几何

在香港，无人不知位于香港中区的中银大厦，也无人不知这幢大厦出自华裔建筑师贝聿铭之手。事实有许多幕后功臣却鲜为人们知晓。在中银大厦早期建筑设计阶段时，吴佐之建筑师是贝氏设计小组的重要成员，任建筑设计主任之职；当时他是贝氏事务所的资深高级设计师。吴氏在贝氏事务所任职达 15 年之久，曾多次襄助贝氏从事过许多重大工程。1984 年他辞职自行开业，如今吴氏在香港与美国德克萨斯州达拉斯两地皆设有办公室。

虽然吴氏在 1984 年离开了贝氏的事务所，但是他并未脱离中银大厦的工程。中国银行在中银大厦占用 37160㎡ 的空间，1986 年中银当局决定委托吴氏负责银行楼层的室内设计。初时吴氏以达拉斯办公室为根据地，以后设立香港办公室，两个办公室共同执行这项无与伦比的室内设计工程。

中国银行选吴氏这位美籍设计师负责室内设计诚乃明智之举。吴氏丰富的大工程经验证实他足堪重任。在贝氏事务所，他有多年的大尺度工程经验；自行执业后，各种规模不同、类型各异的工程，更强化了他在建筑、景观与室内设计专业方面的综合能力。

简洁的几何形是吴氏的设计特点，这全是多年来在贝氏事务所训练熏陶的成果。举例而言，中银大厦的室内设计采用 1.33m 作为模矩来规范尺寸，1.33m 这个尺寸是贝氏设计中银大厦的模矩基准。中银大厦的帷幕墙以 1.33㎡ 为标准，每层楼高 4m 恰是 3 个模矩，柱距 8m 恰是 6 个模矩，立面的结构斜撑跨越 13 层，形成一个 52m 的大面，52m 正好是 39 个模矩。由这些数据不难明白其设计的原则所在。

吴氏另举了一件贝氏的作品与中银大厦的几何性相

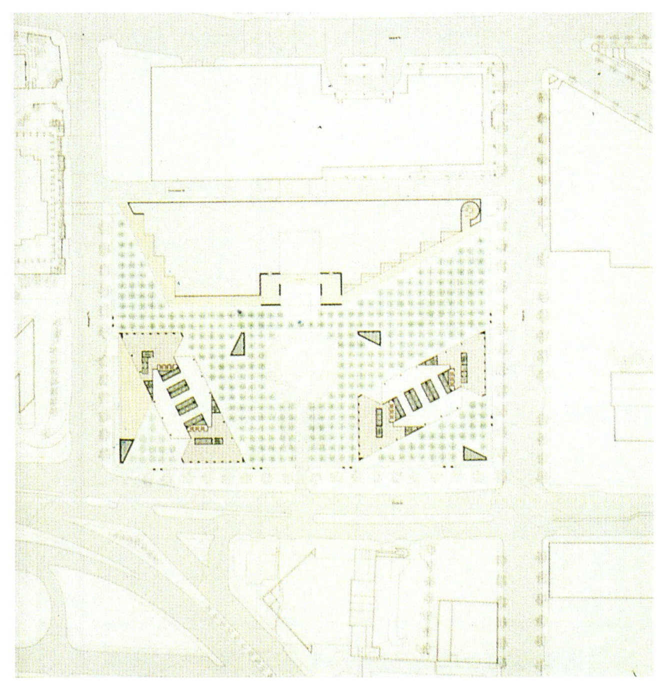

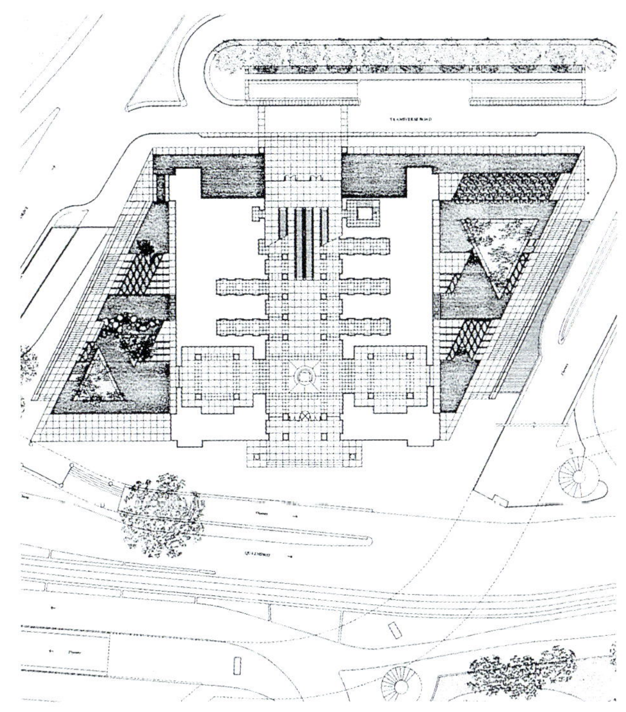

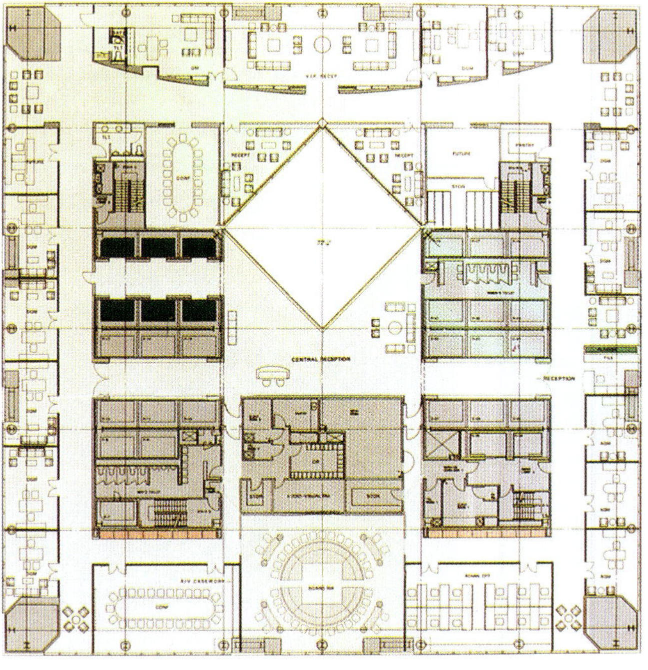

左上：
联盟银行大厦地面层平面图。

上：
中国银行大厦地面层平面图。

左：
中银大厦：布置图（Executive Floor）。

互比较，来佐证贝氏设计的特点。位在德克萨斯州达拉斯的喷泉地联盟银行大厦（Allied Bank Towers at Fountain Place）是一幢 60 层楼高的办公大厦，该建筑物由贝氏的拍档亨利古柏（Henry Cobb）负责，吴氏在 1980 - 1982年间担任该项工程的资深设计师兼协调工程要职。这幢大厦颇似中银大厦，平面也呈正方形，但是各层平面随高度的增加，面积退缩而不等，形成一个颇具戏剧性的晶状体造型。中银大厦是将正方形对角分割成四个等面积的三角形，随楼层的增加而有不同的楼地板面积，"节节高升"为中国银行的设计意念。联盟银行大厦的投资地产商企图为达拉斯创造一个媲美巴黎埃菲尔铁塔的地标性建筑物，亨利古柏将盒子对切出两个三角斜坡，中央部分则切出一个"雨落水"的尖顶，成功地为达拉斯的天空增添了一幢雕塑性的建筑物。这两幢建筑物的平面设计观念相同，差异在立面的变化，但两者都是几何形的建筑物。

通常贝氏事务所的设计都全面满足业主的需求，可以说由内到外，由底至顶无一不考虑周详。以联盟银行大厦的户外空间而言，设计有许多喷泉与都市景观：室外空间有落瀑，杉树与变化多端的喷泉，给酷热的德克萨斯州天气带来清凉。如今喷泉地是达拉斯市中心最吸引人的都市空间。

在中银大厦人们可以体会到相似的景观设计，水景与树木在細致的花岗岩建筑物基座体衬映之下，恰好与光滑的玻璃幕墙做了尺度性与质感的对比。

中银新厦：以八卦的卦文为地毯图案的元素。

喷泉地联盟银行大厦。

观察建筑师成长的历程，通常多半是由小规模工程开始，渐次地参与大工程。回顾吴氏的建筑生涯，颇有趣地发现多年来他在贝氏事务所皆以从事大工程为主。他自行开业后，这些大工程的经验被引用在规模大小不一的各种工程上。1984 - 1986 年，吴氏曾与三位美国建筑师共同成立联合事务所Woo James Harwick Peck & Associates，他担任设计部总裁。其间他设计了一家银行，一所静修院；此外，还在墨西哥设计了三幢度假别墅。

他的作品有一个共同的特性：无论平面或剖面，几何性强烈。

德克萨斯州第一储贷银行（First Texas Savings & Loan Bank）是一幢面积 0.6 平方米，一层楼高的建筑物，中央有一个金字塔屋顶。金字塔屋顶具有双重功能，一则塑造显眼的造型，其次采用美元上的金字塔图案来创造企业的形象，三则能使室内大堂的空间高度增加，经营出不同凡响的空间气度。建筑物外墙采用模矩化的金属板。这个银行设计可以因应其他土地的不同条件略做修正而重复地建造，这属原型设计（prototype）的观念。该建筑物曾荣获德克萨斯州建筑学会1986年年度建筑与室内设计双料荣誉大奖。

位于达拉斯湖畔的蒙瑟雷静修院是一个围绕正方内庭的建筑组群。内庭与自然环境相呼应，建筑物全部一层楼高，高耸的斜屋顶与覆壁板的外墙是当地很传统的

德州达拉斯的喷泉地联盟银行大厦。

德州第一储贷银行。

泰伦郡法院办公大楼新貌，是吴佐之和艺术家 Richard Hass 之作品：

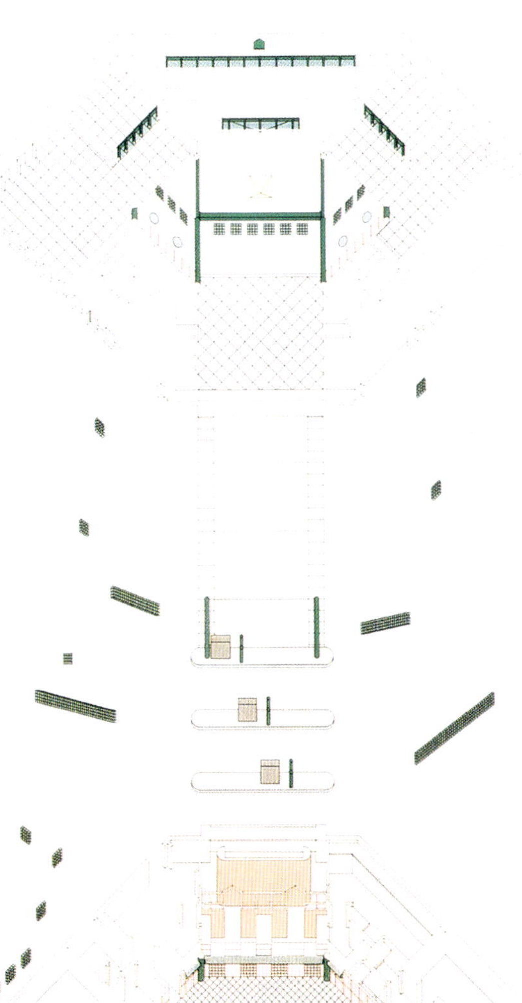

银行之剖透图。

法院办公大楼旧貌。

吴氏在德州的居所（1984 年盖建）。

达福蒙雷静修院。

墨西哥渡假别墅。

建筑手法。窗型则是摩登的正方形或钻石形，餐厅的窗户以格子组台设计成十字架，整项工程由设计平面图、立面到室内设计都洋溢了几何形的风格，1989年曾获美国建筑学会达拉斯分会年度建筑设计佳作奖。

奖项

Dallas Chapter AIA
Design Honor Awards
1985，1986

Texas Society of Architects：
Architectural Honor Awards
1985，1986

Texas Society of Architects：
Interiors Honor Awards
1985，1986

BMW Award for Design Excellence
1986

Dallas Chapter AIA Citation
Award 1989

承办工程

香港中银大厦，1990年完工

Tarrant County Civil Courts
Building，
Fort Worth，Texas
1988年完工

Mobil Dallas Research Laboratory，
Farmers Branch，Texas
1988年完工

Dr. Lipscomb House，Cedar Hills，
Texas
1988年完工

City of Dallas Fire Station No. 9，
Dallas，Texas
1989年完工

力氏亚洲银行，
香港中银大厦.1990年完工

1977年吴氏夫妇到墨西哥约克滩（Yucatan）渡假，当地明媚的风光吸引了他们，于是在当地购置了一块土地，计划自行设计建造一幢度假别墅。邻地的主人知道他是建筑师，便委托他设计一幢度假别墅。3年之间，吴氏先后在约克滩完作了三幢别墅，而他自己的别墅却始终要待来日才得实现了。

这三幢别墅的设计手法相同，但是却各有其个别的特质。吴氏试图将当地传统的马雅建筑意象以现代手法演绎阐述。室内外白色的石灰墙是当地的建材，厚墙与拱门营建出建筑物的体量感，面向海洋或背对丛林的窗户与开口框出了戏剧性的景致。第三幢别墅曾荣获1986年美国建筑师学会达拉斯分会年度建筑荣誉大奖。

基于吴氏的才能与他对贝氏建筑的精通，1986年中国银行当局特别认定吴氏是中银大厦室内设计的最佳人选，委托他设计包括32515 m^2 的办公空间，两层高级主管办公室，员工餐厅与位于最高两层的公寓暨宴客厅。吴氏在尊重贝氏设计的对称性与几何性原则下，创造了流通的办公空间，又特别关注借景，使得每层楼都是北向海景、南向山岚。标准办公室的地毯设计采用中国八卦的卦文为图案，对称地依循建筑物的格子系统铺设。

中国银行大厦是许多杰出设计师合作的成果，过去数年间，吴氏付出了极多的心血与时间在这幢香港最高的建筑物上。无论建筑或是室内设计，他的几何性设计理念具体地落实于现在的中银大厦中。如今东南亚地区建筑业蓬勃发展，吴氏希望在亚洲地区有机会再度施展才华。

这体现在吴氏近年积极柘展的中国业务上。上海金苑大厦由美国吴佐之建筑师事务所负责设计，总用地面积 6810 平方米，建筑总面积为 25000 平方米，建筑物包括一幢 30 层高的住宅大厦和 3 层商场。金苑大厦位于上海徐汇区，邻近领事馆、五星级宾馆和文化中心。徐汇区为上海有名的老住宅区，大部分是 2 至 3 层楼的旧式洋房。吴氏要在这里建造一个 30 层楼的现代化豪华公寓，对邻近街廓和旧有住宅洋房会造成很大影响，因此，在设计过程中，吴氏把住宅大厦和商场分开，三层楼的商场邻接道路配合现在邻房之高度，而三十层高之住宅大厦则退至基地中央，各有独立的进出口，目的就是使在环境优雅的街廓上不会有高楼的压迫感。大厦基地内康乐设施一应俱全，所有住户单位朝南，平均单位面积 232 平方米。

彩虹岛由美国潘吴建筑师事务所设计，吴氏负责主要的建筑规划。潘吴建筑师事务所是潘冀建筑师事务所的美国分所，由潘冀与吴佐之合作，吴氏为总经理。彩虹岛位于上海淀山湖支湖汾湖旅遊渡假区之滨，位于上海大观园旁，用地总面积为 500 亩；第一期规划面积为 100 亩，包括 88 个花园洋房和公共设施：俱乐部、网球场、游泳池、遊艇码头及了望台。吴氏希望每户能有私

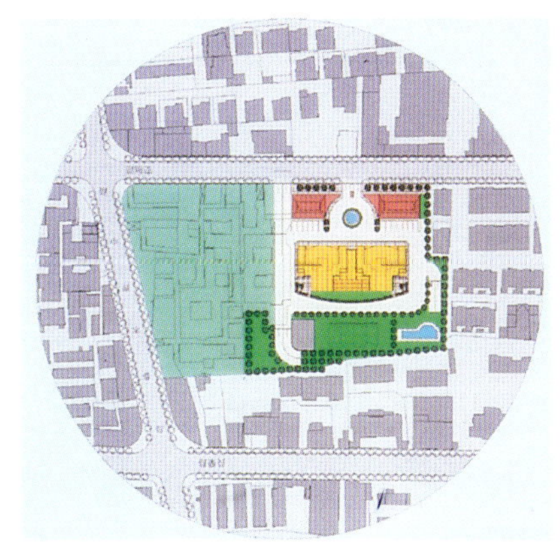
金苑大厦位置图。

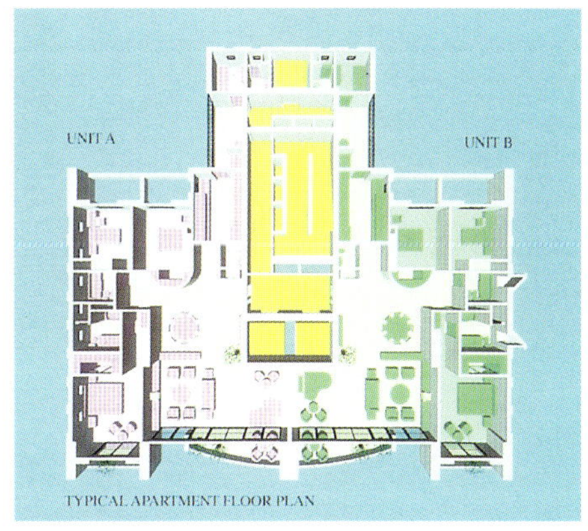

金苑大厦平面图。

金苑大厦设计独特之处，就是它把周围环境考虑在内，把三层商场和高层大厦分割，使整个发展与邻近街廓和旧式洋房融合在一起。

整个彩虹岛的发展模型。建筑师以人工河道引入基地，令每一幢平房都能享有私人遊艇码头和面对水景。

彩虹岛内的别墅。

海口龙格中心。

人遊艇码头和面对水景，因此以人工河道引入基地，配合江苏鱼米水乡的田园景色，加上欧美式的花园洋房，符合业主销售与现代生活之需求。

此外，海口龙格中心也是吴氏的近作，由美国潘吴建筑师事务所设计，总用地面积 5200 平方米。海南岛是中国的夏威夷，海口市有极好之城市规划，完全以椰树绿化，甚有南国之风。基地四层楼为商业中心，两栋 24 层住宅大厦分为对角，每层四户三梯，采用风车型平面，使每户都有二向之采光通风，以配合热带气候和视觉景观。

作为这三个工程的主要设计师，吴佐之把过去丰富的经验配合中国的实际环境，融汇贯通地进行规划设计。

访问及稿件整理：陈明庄

空间设计参考

商用设计:办公室

办公室在空间安排上的设计指引

资料由 M.Moser Associates 提供

由穆氏(M.Moser)这个简洁的指引中可知，格栅在平面布置中的作用是相当重要的。以下对办公室工作空间所作的安排，乃根据工作空间的面积与职级身分成正比的前提来构思，至于布置和装备方面，亦是按照职位的高低次第来安排：职位越高级，工作空间的布置便越为豪华。只要找到称合职级身分的设计模式，即可再按公司人数的多寡来将模式复制，组成一个适体的办公室。

分类

1	文员	2.24平方米
2	助理工程师	2.24平方米
3	工程师＼分部经理之秘书	2.52平方米
4	行政助理＼技术员	3.2平方米
5	行政助理＼技术员	4.0平方米
6	高级工程师	6.3平方米
7	经理＼主管＼研究员＼分析员	6.5平方米
8	分部经理	7.54平方米
9	部门经理	9.28平方米
10	经理＼主管＼研究员＼分析员	9.9平方米
11	行政人员	12.7平方米
12	行政人员	12.7平方米
13	地区总裁	22.7平方米
14	地区总裁	22.7平方米

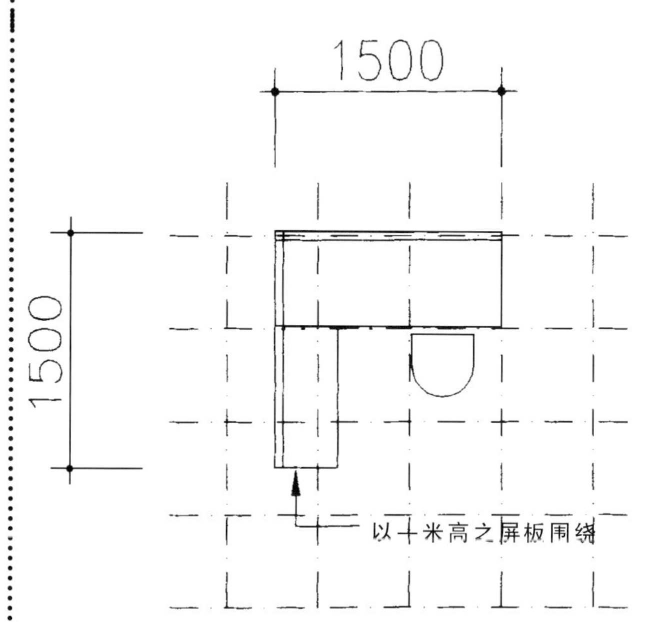

2.24 平方米

文员

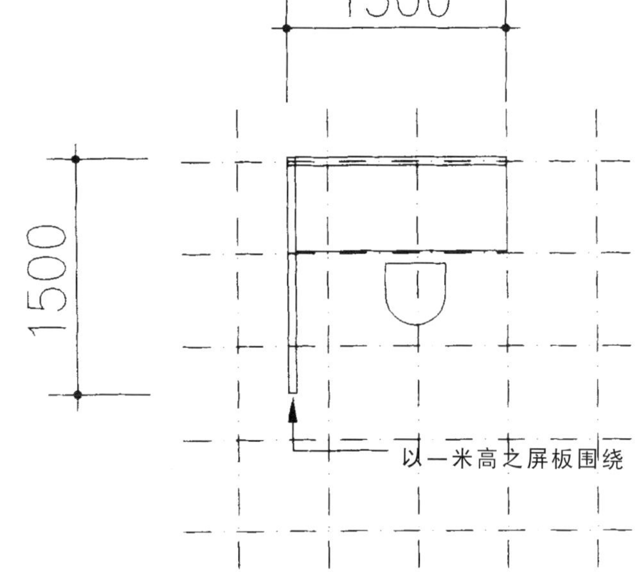

2.24 平方米

助理工程师

商用设计:办公室

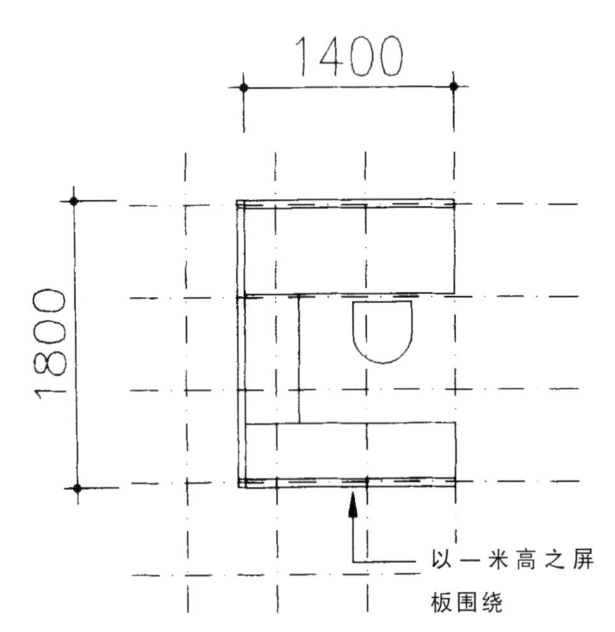

2.52 平方米

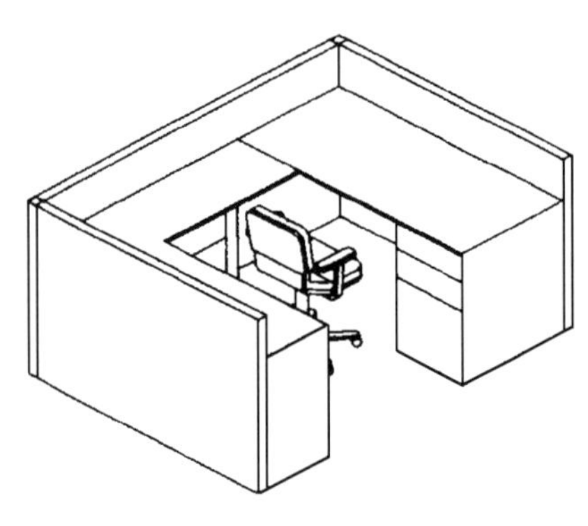

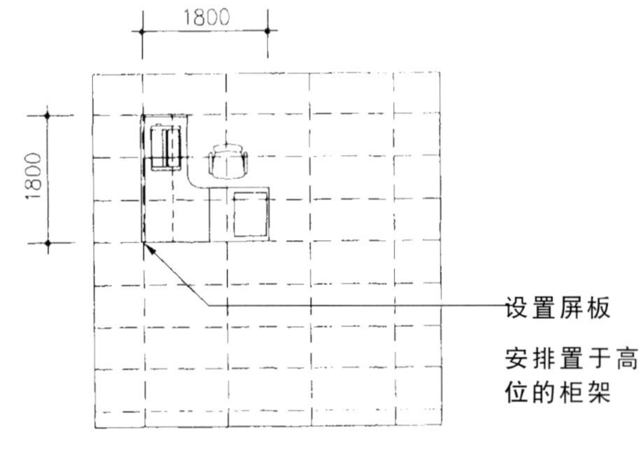

3.2平方米

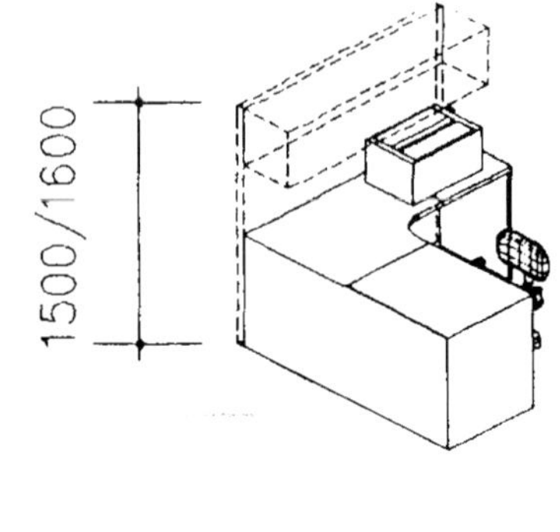

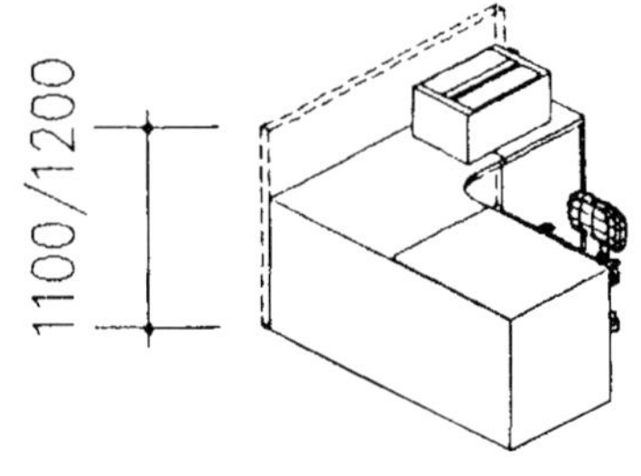

工程师\分部经理之秘书

行政助理\技术员

商用设计:办公室

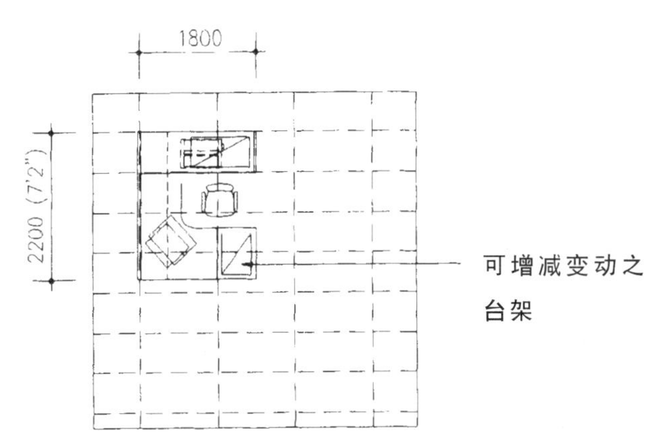

4.0 平方米

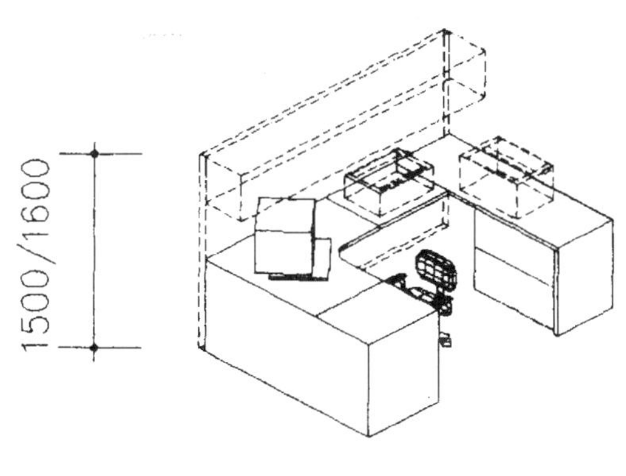

行政助理\技术员

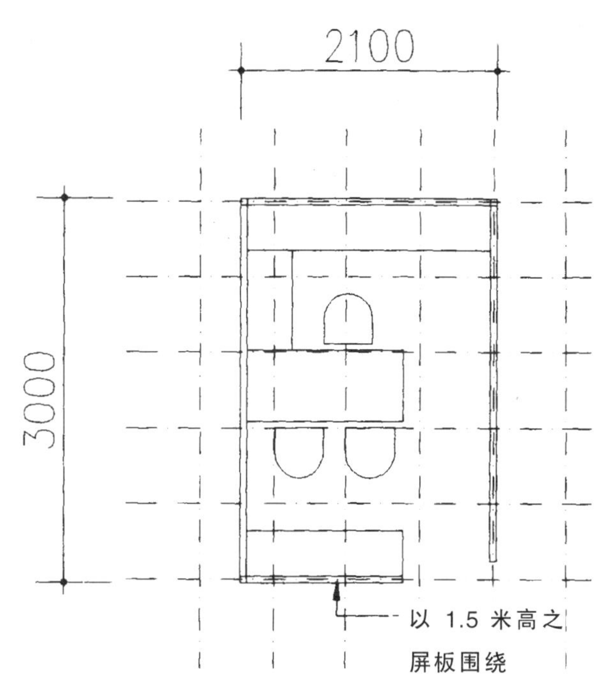

6.3 平方米

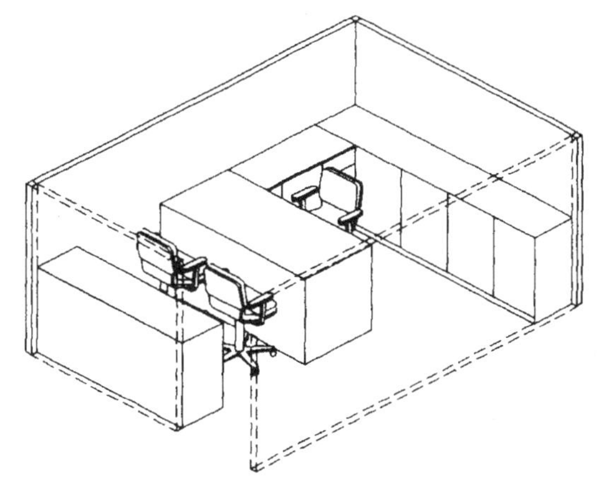

高级工程师

商用设计:办公室

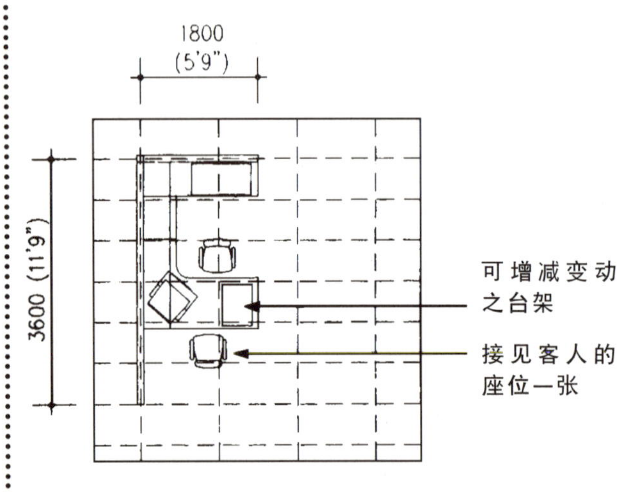

6.5 平方米

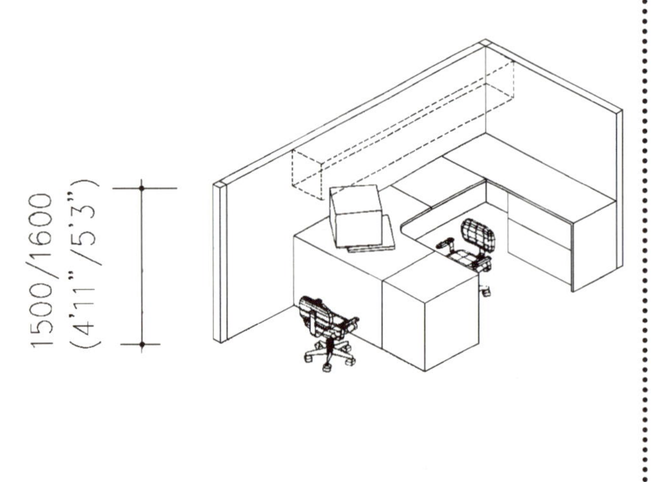

经理\主管\研究员\分析员

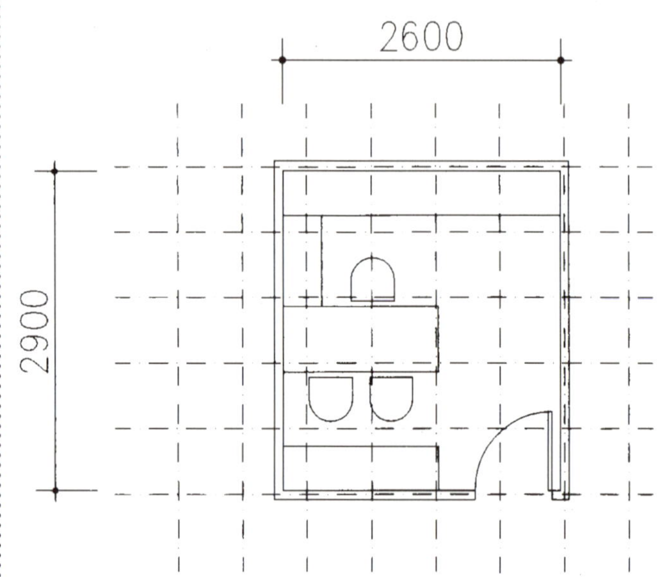

7.54 平方米

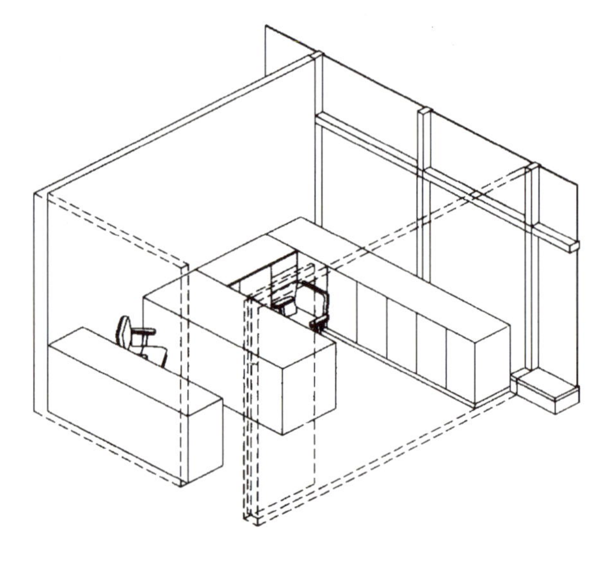

分部经理

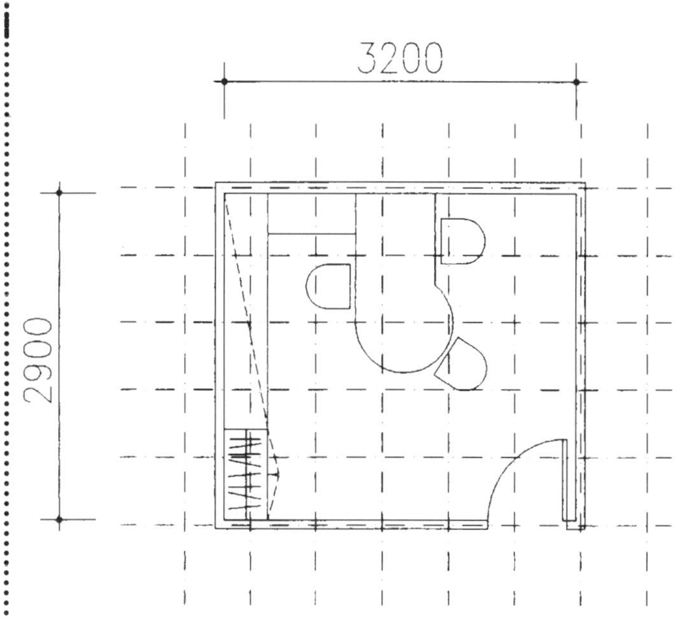

9.28 平方米

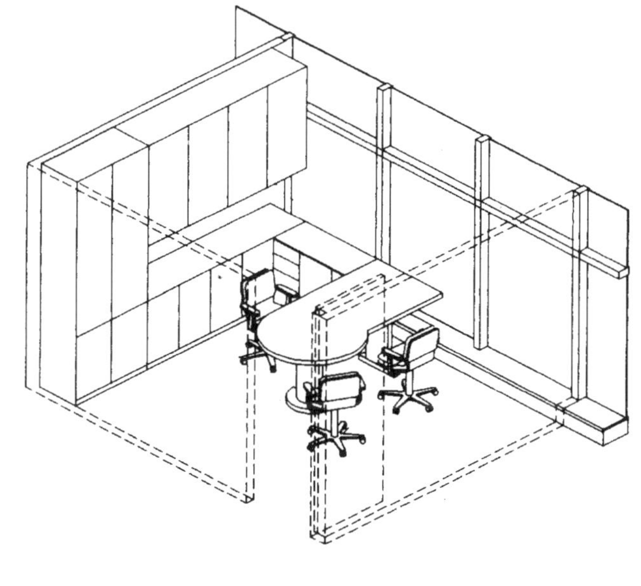

部门经理

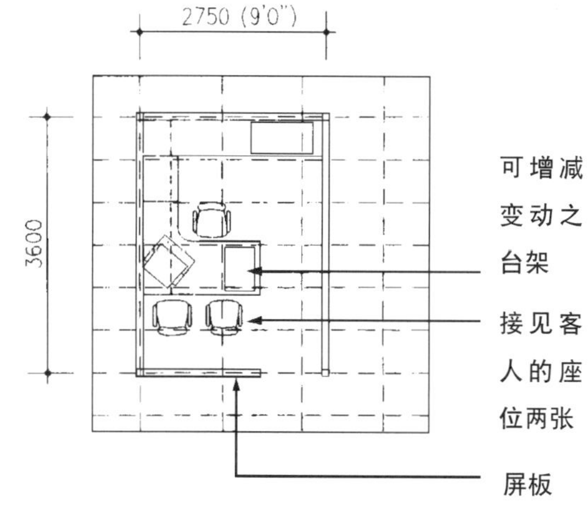

9.9 平方米

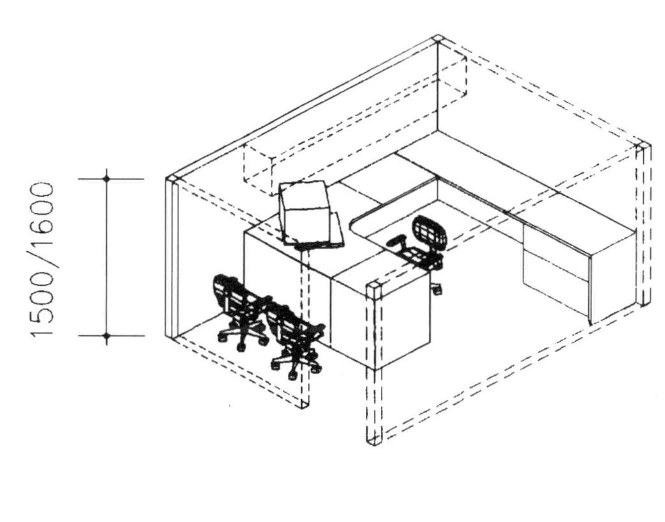

经理＼主管＼研究员＼分析员

商用设计：办公室

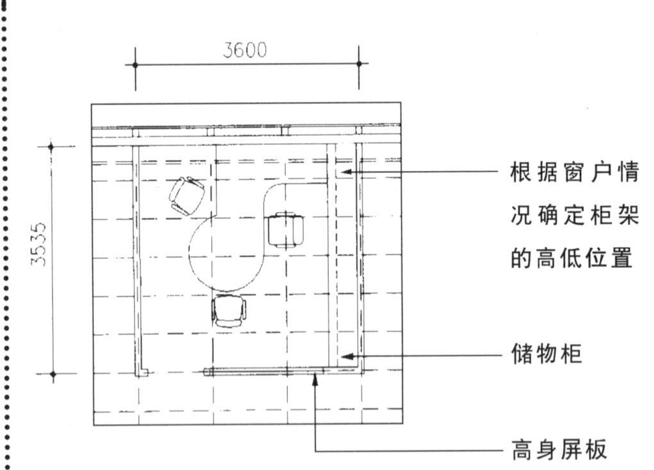

12.7 平方米

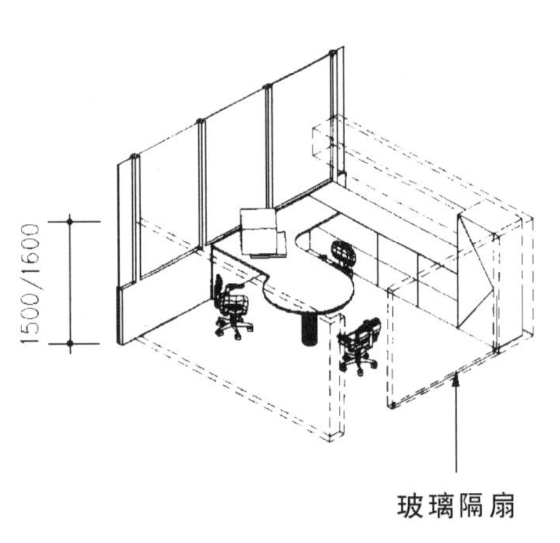

行政人员

3600 (11'9")

3535 (11'7")

根据窗户情况确定柜架的高低位置

高身柜架

如环境许可，可安装玻璃隔扇

12.7 平方米

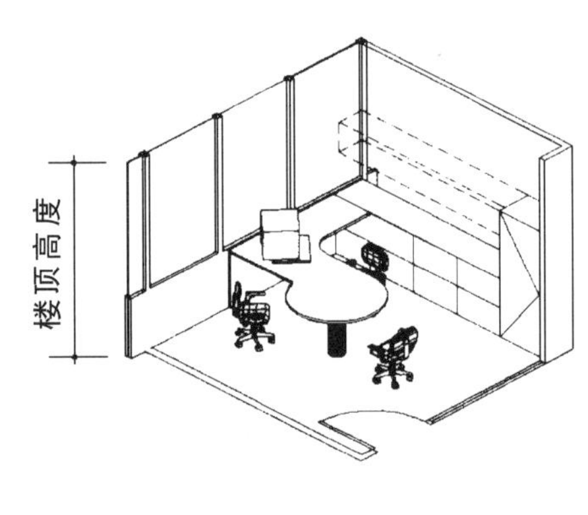

行政人员

商用设计:办公室

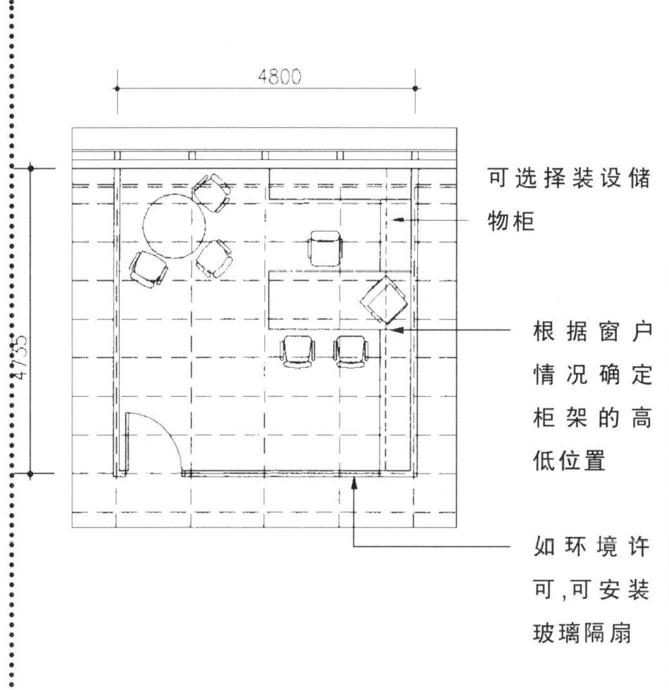

22.7平方米

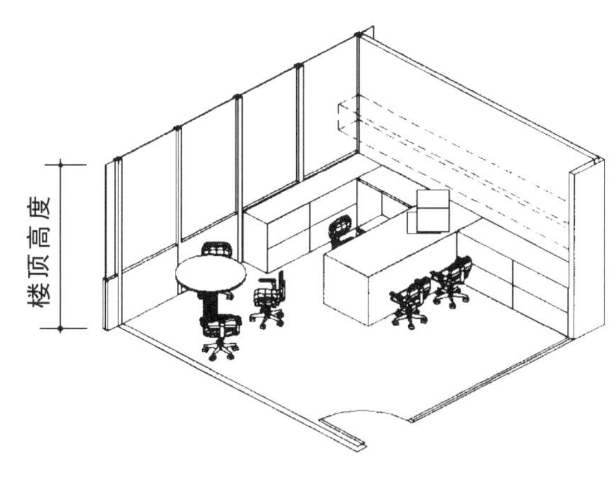

地区总裁

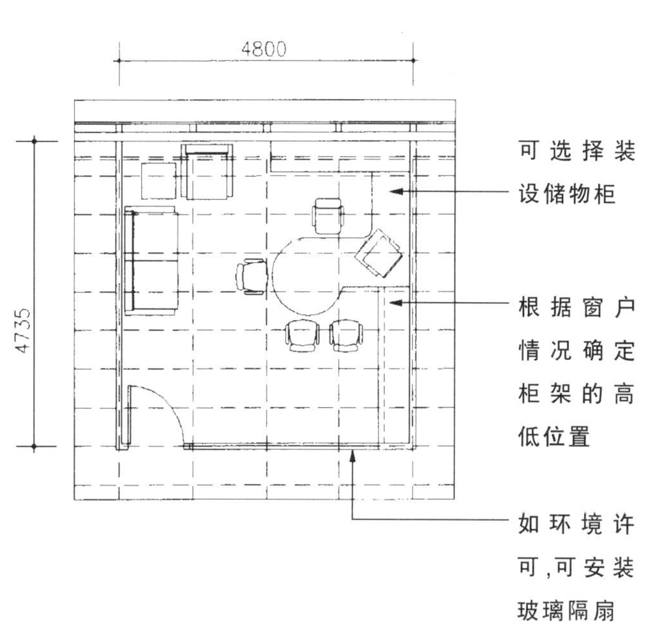

22.7平方米

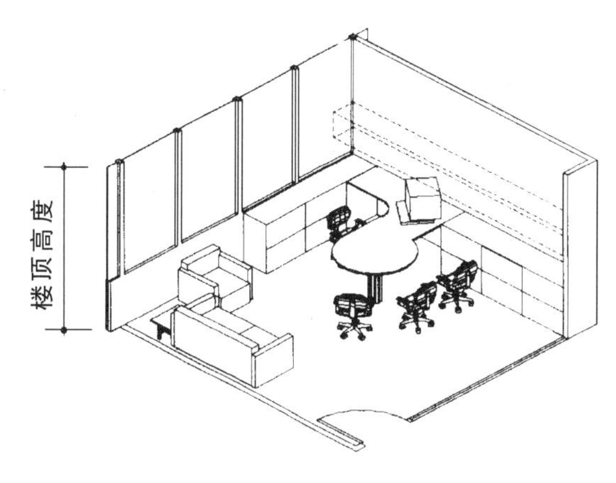

地区总裁

空间设计参考

饮食店在空间结构上的安排指引

资料由 Holey Young Association 提供

空间预设 (不包括煮食备菜的地方)

一般餐馆

按餐馆种类之不同，安排每一顾客有 1.3 至 1.9 平方米之使用面积；并应设置可供陈列示范菜式之桌架、烤炉及宽阔的台椅。

自助式餐厅

顾客之使用面积为每人 1.4 至 1.7 平方米，并需提供充足的流通空间，特别是有足够的地方供清理台面的手推车通过。

快餐店

顾客使用面积为每人 0.9 至 1.2 平方米，食物款式有一定的限制，服务主要于售卖柜台进行，由客人自行提取食物。

咖啡室

安排顾客 1.2 至 1.4 平方米的使用面积。此乃属有侍应生接待之咖啡室。

专门性饮食店

空间安排的变动很大，按服务之不同，可设定示范煮食、烧烤的地方，甚至可安排地方设置鱼缸、舞池、酒吧及具特别效果的装饰。

设计考虑之要点

弹性——在座位安排上需具多样性的变化，例如一张餐桌可供 2 至 4 人坐，或是一组餐桌可供 6、8 及 10 人使用。

服务用的流通空间——建议宽度不少于 900 毫米，若走廊同时供顾客及传菜手推车使用，则最好有 1350 毫米之宽度。

侍应生服务台——位置应设于不碍客人的地方。

环境气氛——装饰、灯光皆为整体设计的一部分。

舞池面积——每对舞伴之使用面积为 1 至 3.5 平方米。

空间设计参考

餐桌之大小尺寸

餐桌之大小尺寸按餐馆之种类而定，一般而言，二人台最少需为600x600,四人台为 600x1100。下列是标准的餐桌尺寸图示。

二人

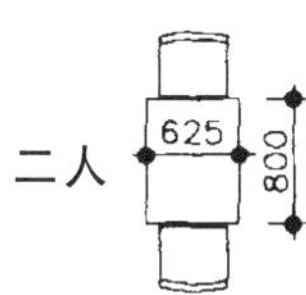

二人

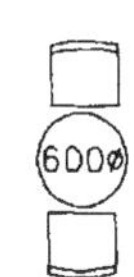

十人

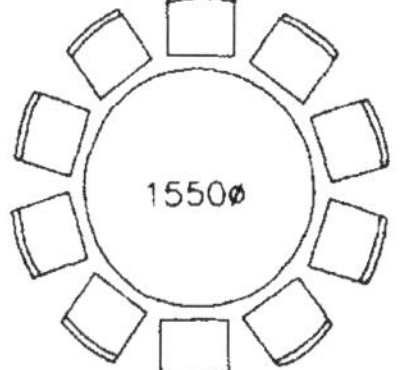

四人

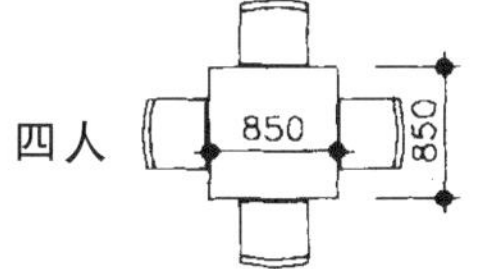

三人

四人

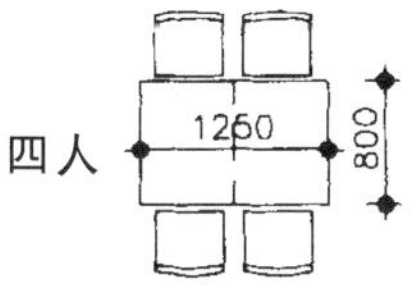

十人

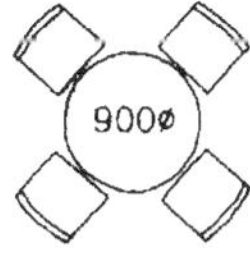

十二人

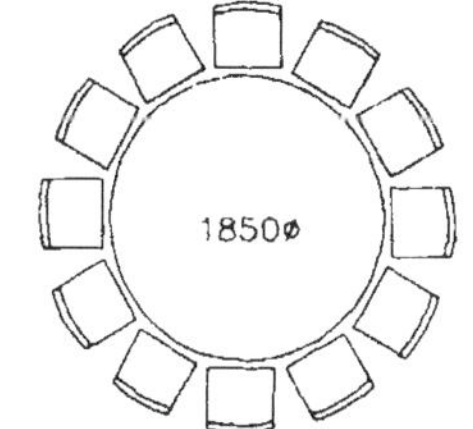

六人

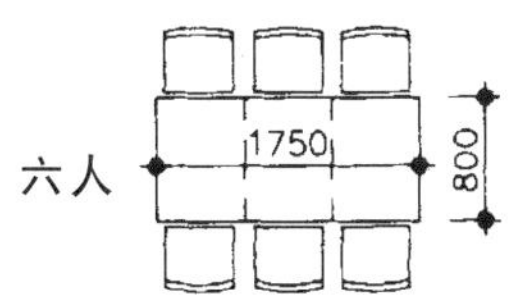

五人

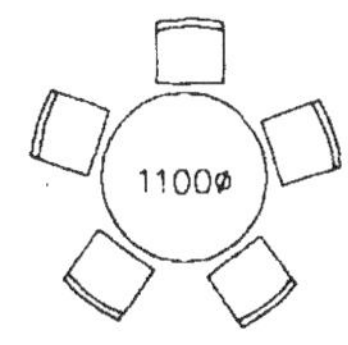

十四人

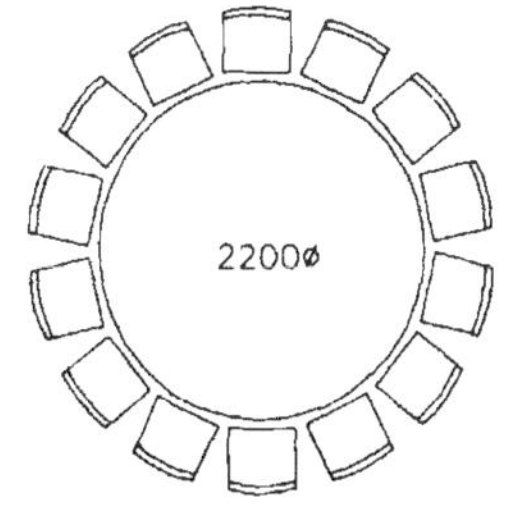

八人

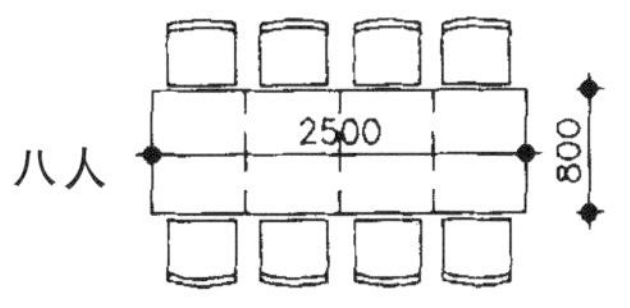

六人

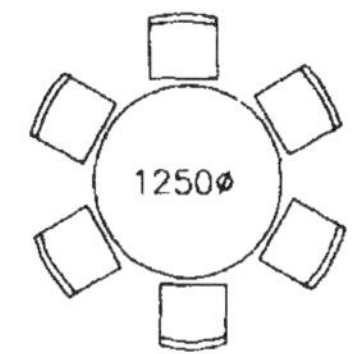

十二人

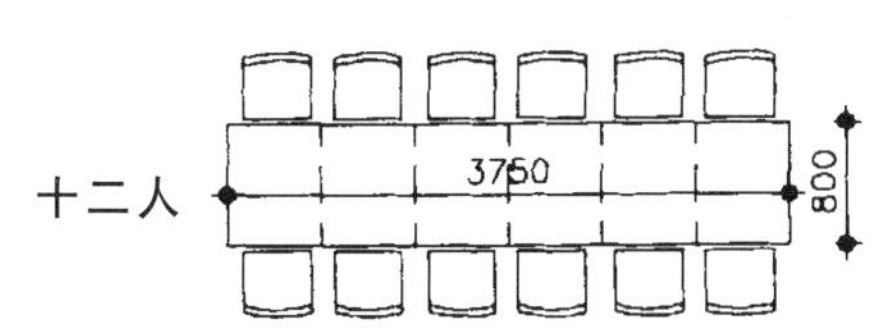

八人

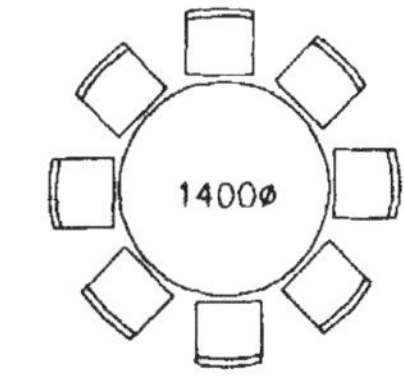

十六人

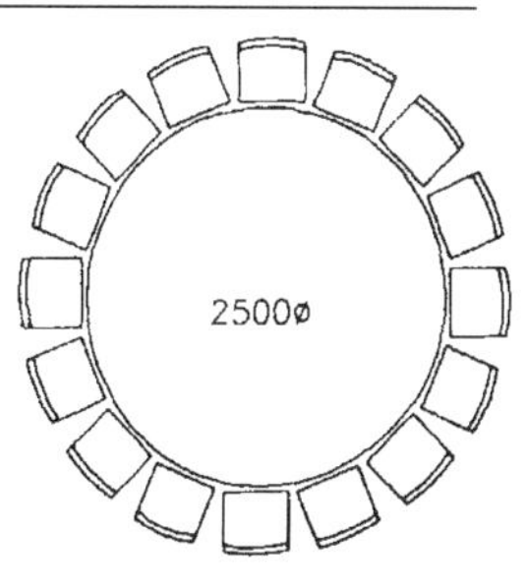

空间设计参考

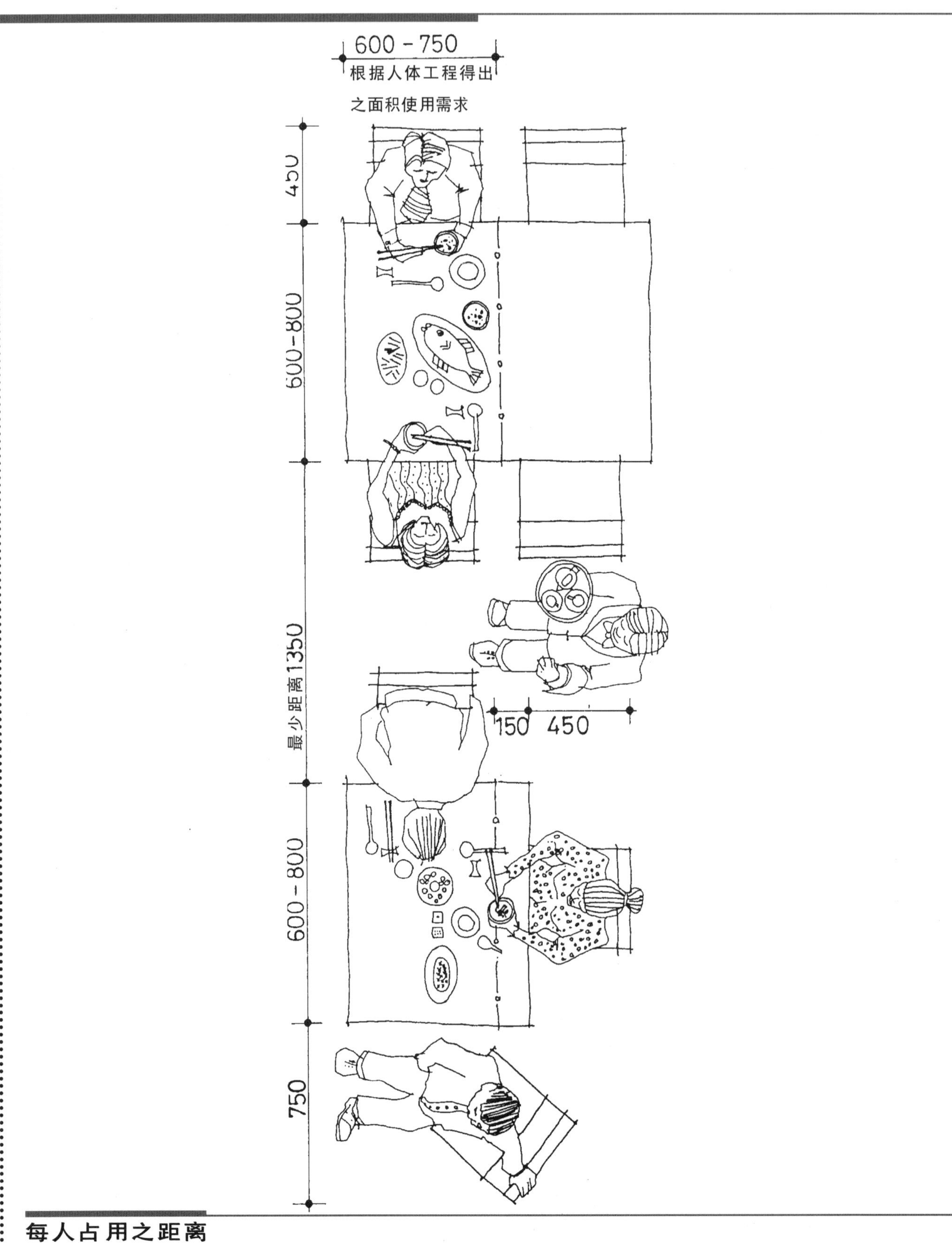

每人占用之距离

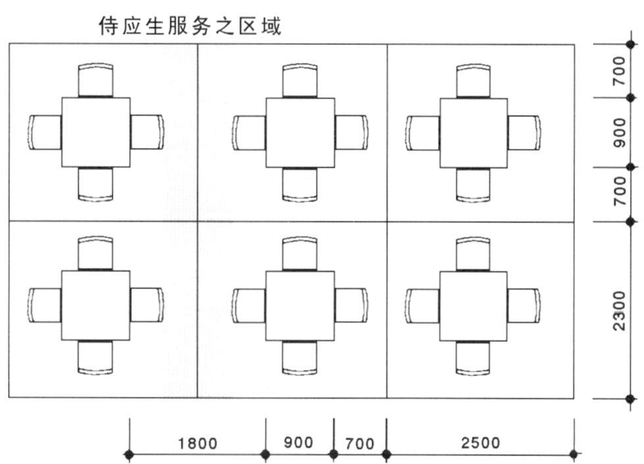

餐桌椅呈方正形状摆放

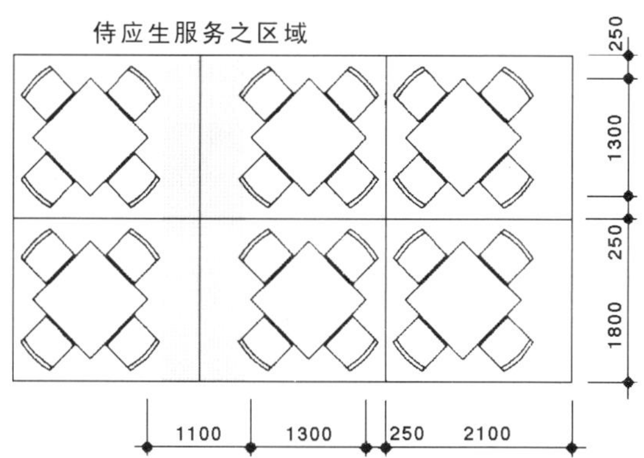

餐桌椅呈斜角对放形状排列

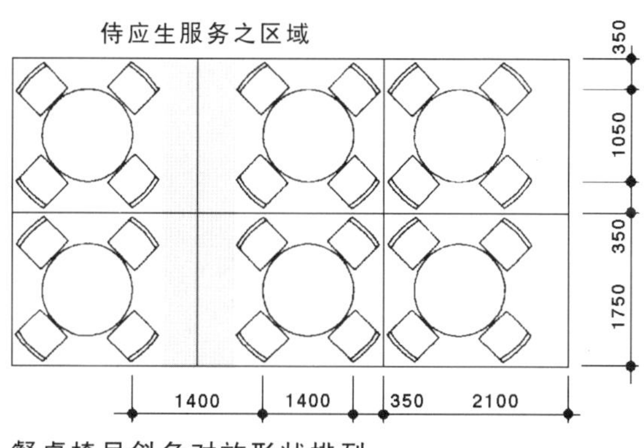

餐桌椅呈斜角对放形状排列

餐桌的排列

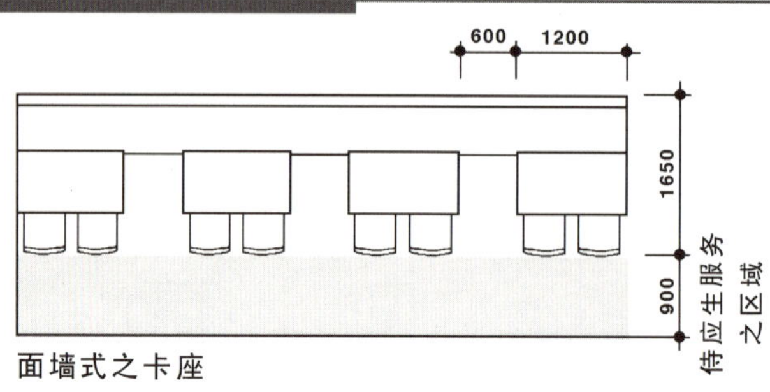

面墙式之卡座

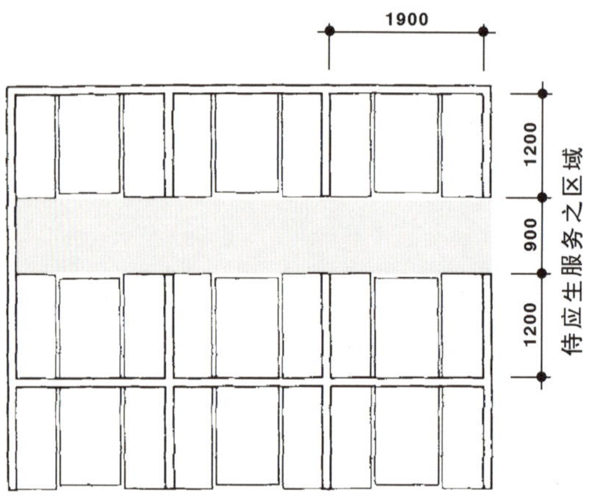

间隔式卡座

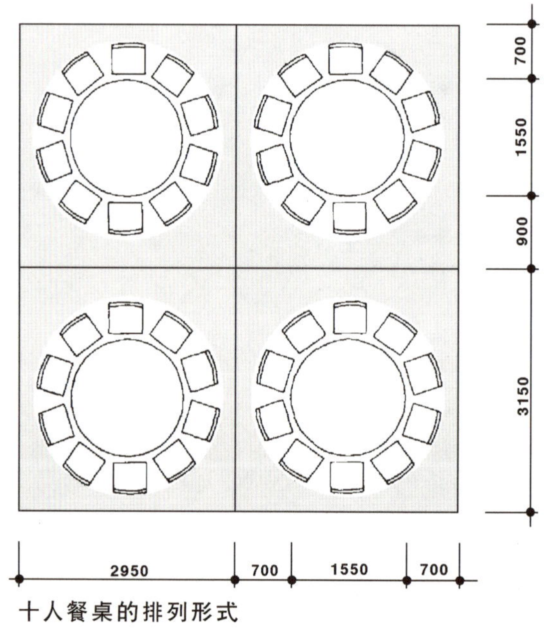

十人餐桌的排列形式

餐桌排列拟定

资料查询

本人/本单位对以下产品资料感到兴趣，希望与有关单位洽谈业务，请联系有关单位将资料传真或邮寄给我。

本人名称：________ 单位名称：________

联系地址：________

电话：________ 传真：________ 邮编：________

本人/本单位有兴趣的资料如下：

第____页，公司名称________
第____页，公司名称________
第____页，公司名称________
第____页，公司名称________
第____页，公司名称________
第____页，公司名称________
第____页，公司名称________
第____页，公司名称________
第____页，公司名称________
第____页，公司名称________
第____页，公司名称________
第____页，公司名称________
第____页，公司名称________
第____页，公司名称________
第____页，公司名称________
第____页，公司名称________

「年鑑」编辑部如收到 阁下传真或邮寄来的以上表格，当会尽快转达有关单位，但本编辑部并不保证有关单位会将资料送出。

「建筑材料及设备指南年鑑1995」编辑部于各地联络处：

北京
北京市西城区文兴街3号
邮政编码：100044
电话／传真：01—8333676

上海
上海市龙漕路22号206室
邮政编码：200233
电话／传真：021—4364575

广州
广州市西华路桃源街33号104室
邮政编码：510170
电话：020—8090916
传真：020—8887487

住宅空间设计

室内设计的趣味在于，虽然在建筑空间上已有一定的划分，但仍有可让人构思策划的余地，在已有格局内有一定的发展，让人惊觉，原来在限制之下，也可以制造变化的可能性，有出人意外的创作。

设计房子，除了是欢天喜地的把美的东西放入空间外，其实也是一个解决问题的过程，需要用脑袋去思考。有一些单元的建筑布局未必是合意的，把不合意的改变成合意合用，实在是一种颇有意思的挑战。

以下是部分布局特别的住宅设计。

分类

1. 钻石型单位（厅堂形状呈不规则钻石型）——钻石型的建筑布局，优点在于住户之间不会窗正对窗，窗景的视野较为开扬。但由于这种设计令厅堂有别于一般四四方方的格局，故此在安排摆设上往往出现困难，而且布置的变化也很有限。

2. 小型单元（面积少于47平方米）——面积細小的居住空间，在规划上每每遇到许多问题，由于面积的限制，空间不但未能尽依功能之别作明确的划分，有时甚至连安排必要的家具也出现困难。这些小型单元多属眼镜式（两房一厅）或单房布局（一房一厅）。

住宅空间设计

布局：钻石型厅堂

面积：46 平方米

特色：对布局完全改构，厨房、房间均改成开放式。

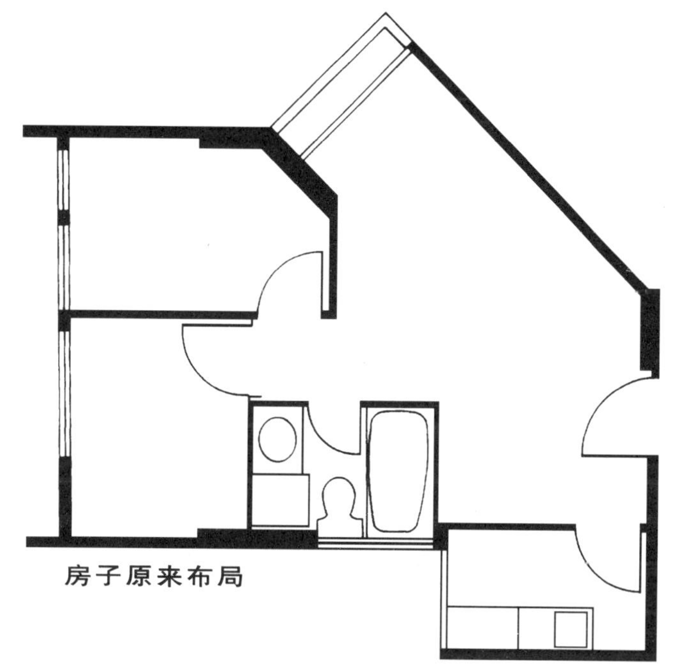

房子原来布局

方正的布局是最容易安排摆设的，因此，设计师的取向，是要把原来不规则的厅堂形状拉成方正。方法是填补角位，设计师选择了填补近窗的角，把角位变成一个三角形的隐藏式储物空间。沙发遂得以正放。

设计师利用地台一级级的设计，制造进入室内的层次和步向。从入口一进，开放式的煮食进餐区是一层，客厅则高一台阶，成第二层；开放式的房间则为第三层。

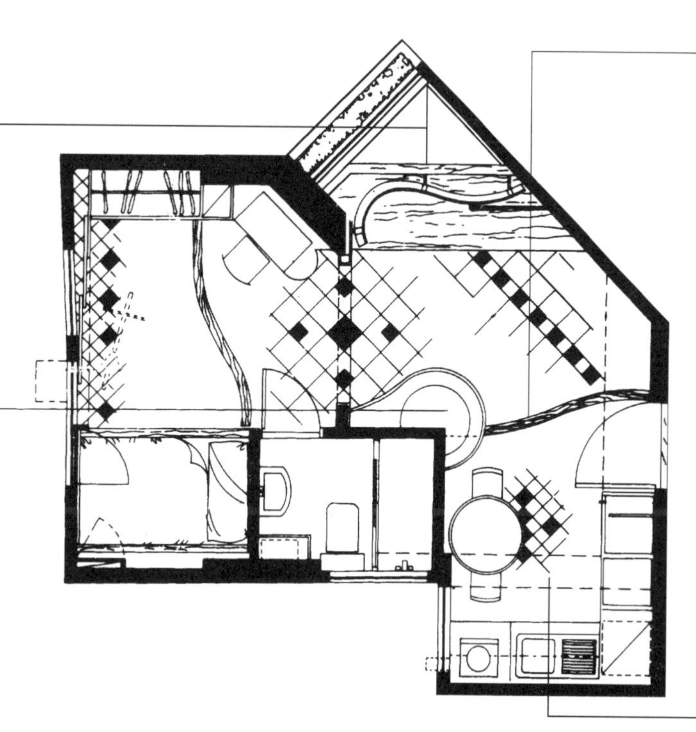

利用角位和浴室门改向来延伸电视柜的长度，墙壁窄短的问题得以解决。

要增加设计上的独特性，对钻石型空间而言，拆建非承重墙可算是少数可行的方法之一。要拓宽饭厅，惟有把厨房改成开放式，把煮食进餐区二合为一，可以令地方更见宽敞实用。

住宅空间设计

布局：眼镜式单元
（两房一厅）
面积：约 23 平方米

特色：拆建非承重墙

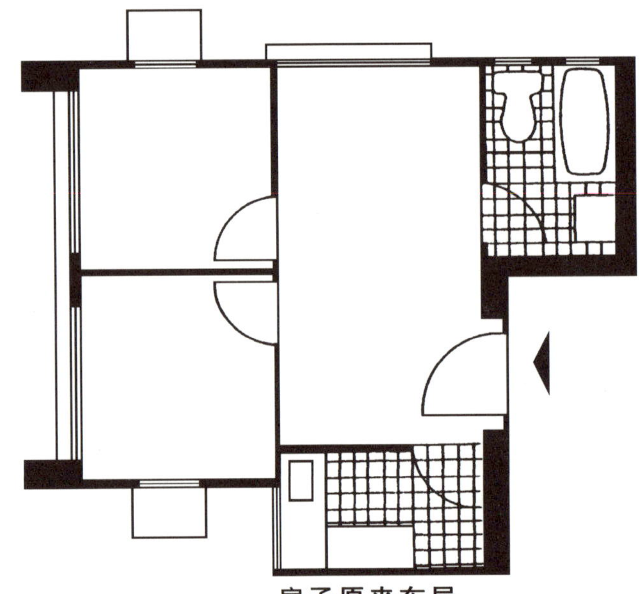

房子原来布局

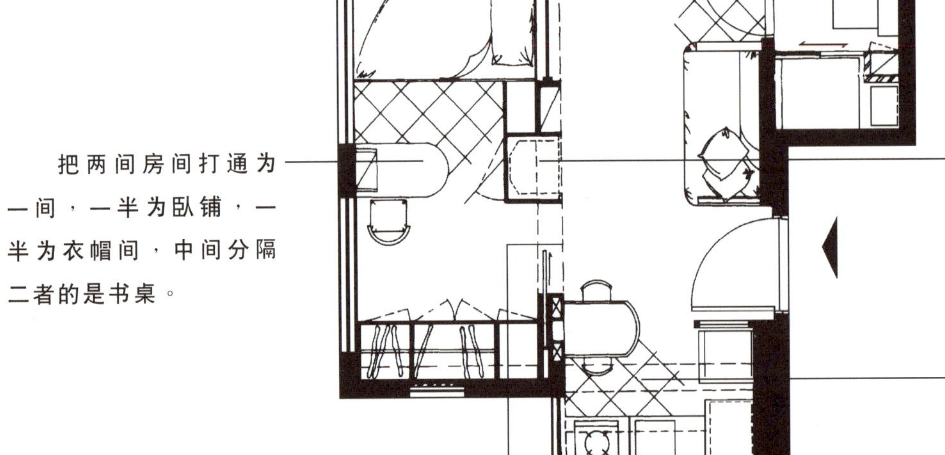

把两间房间打通为一间，一半为卧铺，一半为衣帽间，中间分隔二者的是书桌。

拆建隔墙后，从房中的空间偷取空间镶入电视柜，延伸窄窄厅堂的距离。

厨房改成开放式，与饭厅二合为一，省略隔墙所占空间。

房子面积有限，房门开关所占的地方往往耗去不少空间，若改成推拉门，就比较省地方，也容易安排摆设。

住宅空间设计

布局：单房式单元
（一房一厅）

面积：约 47 平方米
（实用面积）

特色：只利用一扇门，便掌握了两种空间划分。

房子原有的毛病：

1 浴室只有一个，而且设于主人房内，访客需要经过主人房才能进入洗手间，对屋主的私人空间造成一定不便。

2 原来的厨房布局造成入口旁出现一截不易安排摆放的空间。

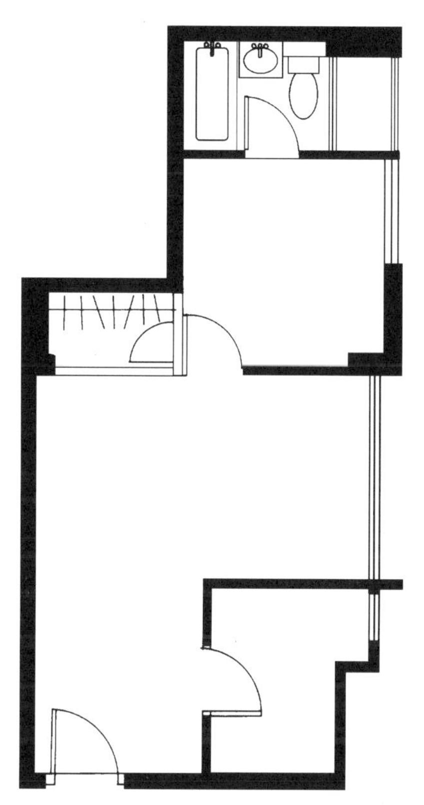

房子原来布局

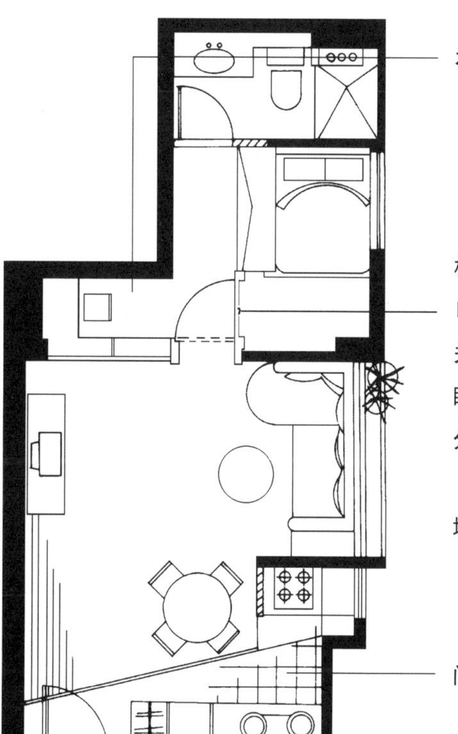

衣帽间改成书房。

设计师把浴室门改位，以墙柜隔开卧铺的位置，而在睡房出口，设计师安排了一道可以两边关的门，可让屋主随意选择关上睡房或爽性把整个房间区跟厅堂分隔开来，自成一套房。这个「二门只一扇门」的设计，既省地方又帮助了户主保持私隐。

厨房改成开放式，使厅堂空间不再受隔墙的阻碍和限制。

住宅空间设计

布局：单房式单位
（一房一厅）

面积：约 23 平方米

特色：

1 取斜角，利用隔墙，把室内空间改成取斜向的不规则形状，以拉长家具与家具之间的距离。

2 室内弧线相当多，用以柔化空间，缓和細小格局的压迫感。

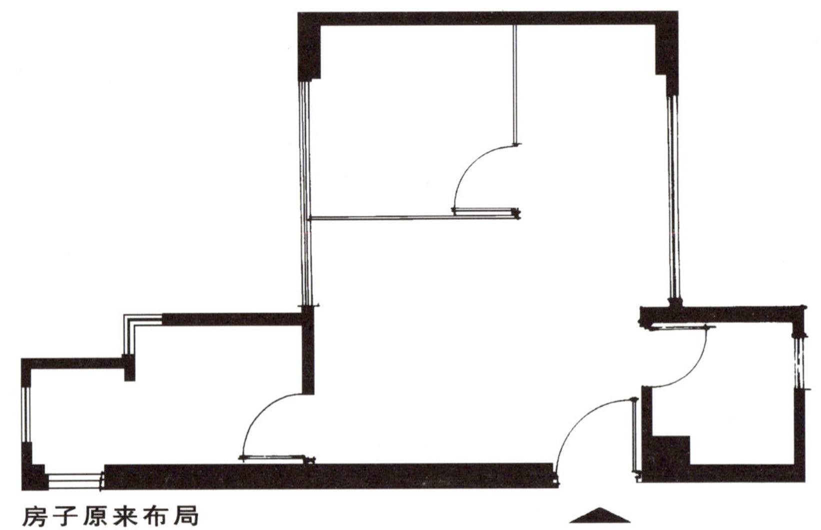

房子原来布局

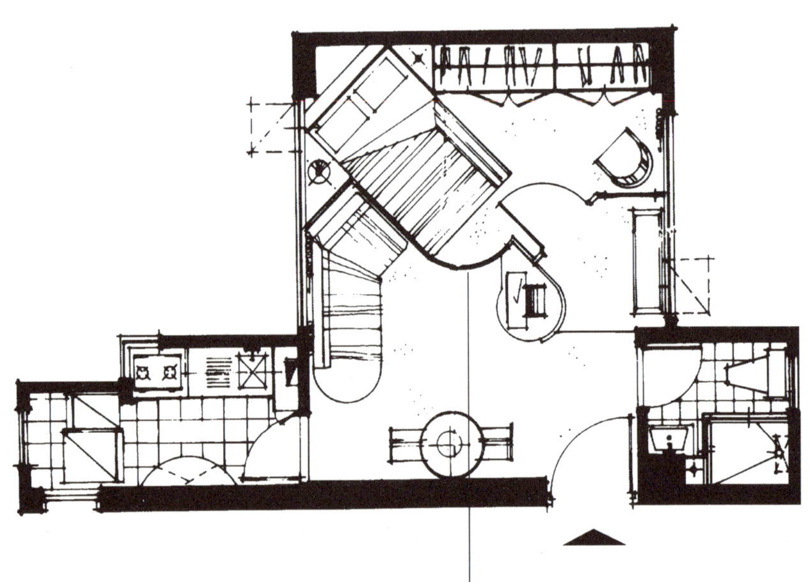

在隔墙上镶上磨砂玻璃，可以增加室内光源的流通，减少空间細小造成的压迫感。

建筑材料及设备

建筑材料及设备

建　筑　材　料

北京建威大厦 · CANWAY BUILDING

建筑艺术结晶 北京商厦典范

SUPERB INVESTMENT OPPORTUNITY IN BEIJING

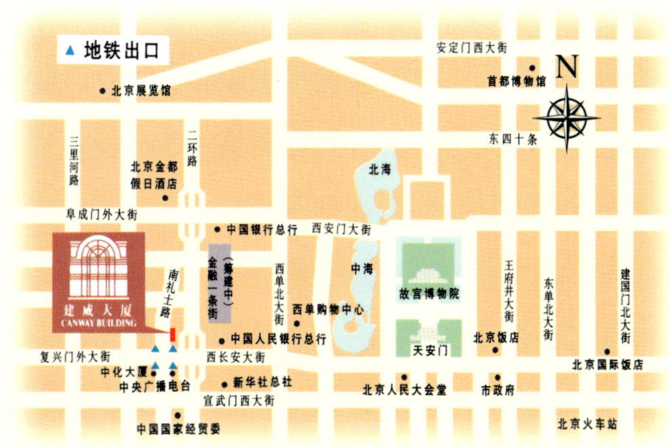

北京经济发展迅速,建筑发展蓬勃,各有关建筑设备,材料及专业技术需求不断增加。

建威大厦位于北京西城区南礼士路与西长安街交界,邻近各建筑相关部门及机构,运筹惟幄于其间,不论是掌握市场资讯,或是拓展产品业务,自然挥洒自如,尽显精英风范。

建威大厦将于96年初入伙,由怡高物业服务(中国)有限公司提供专业管理,现已公开发售。

发展商 Developer:

北京建威大厦房地产开发有限公司
Beijing Canway Building Property Development Co. Ltd.
电话 Tel: (861) 512 9988 转 ext. 3726, 3766 / (861) 512 6010
传真 Fax: (861) 525 9715

投资组合 Joint Venture:

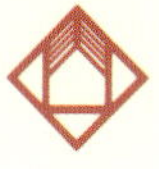

北京市建筑设计研究院
附属北京建院房地产开发公司
Beijing Institute of Architectural Design and Research

香港广俊有限公司
Solarwell Company Ltd.

总销售代理及物业管理 Sole Agent and Property Management:

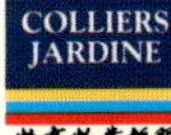

怡高物业服务(中国)有限公司 Colliers Jardine Property Services (China) Ltd.

销售热线 Sales Hotline: (861) 466 9698 /(861) 466 0088 转 ext. 1660 传真 Fax: (861) 466 9182

香港办事处 Hong Kong Office: 电话 Tel: (852) 2822 0640 传真 Fax: (852) 2869 4104

艺群
天窗
及
钢结构系统

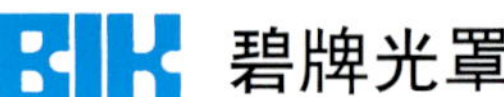

碧牌光罩

PALSUN® 宝新板

AKYVER SUN TYPE 亚基板

CARBOLUX® 卡宝龙

艺群天窗系统，能令阁下心目中的设计得以落实成真。配合各款高质素的聚炭酸酯片(不碎胶片)，各类型的采光天棚都能一一造到。

艺群工程有限公司

香港总公司：
九龙青山道481号香港纱厂大厦六期三楼K1室
电话：（852）23710818 传真：（852）23710813

广州办事处：
广州市五羊邨 寺右二马路
愉景大厦13楼C室
电话：（8620）7396022 传真：（8620）7396022

艺群

预制

钢结构厂房

巴氏高系统 PASCOE

世界钢构予筑技术新领域

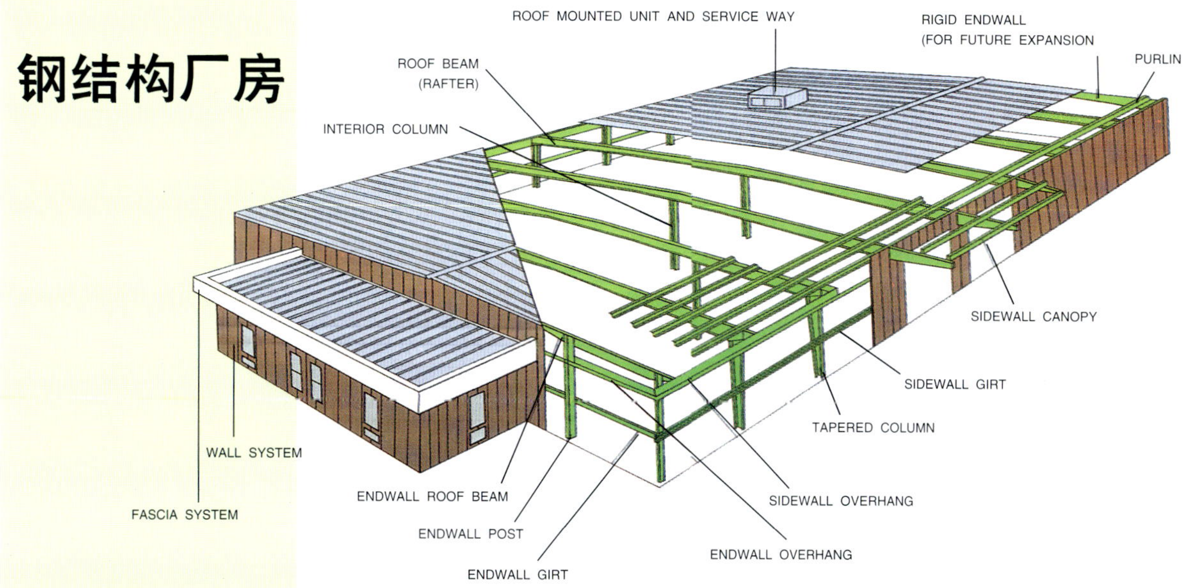

藝群工程有限公司引進美國巴氏高鋼構預築系統，40年經驗，配合先進電腦科技，安全地提供超高層，大跨距鋼結構工業廠房。

安裝簡易，造價便宜。一萬平方米面積廠房，60天內即可安裝完畢。

預制鋼結構系統具備以下優點：大跨距：造型美觀；施工期短，安裝容易；造價低；遷移重組，擴建增建；堅固耐用；抗候性強；節省能源。

艺群工程有限公司

香港总公司：
九龙青山道481号香港纱厂大厦六期三楼K1室
电话：（852）23710818 传真：（852）23710813

广州办事处：
广州市五羊邨 寺右二马路
愉景大厦13楼C室
电话：（8620）7396022 传真：（8620）7396022

Kal-Zip – 可靠及具创意的铝合金天面盖板

TECHWELL ENGINEERING LIMITED
太嘉工程有限公司
Room 810, Hewlett Centre, 52-54 Hoi Yuen Road, Kwun Tong, Kowloon, Hong Kong
九龙官塘开源道52-54号丰利中心810室
Tel : 2793 1083
Fax : 2344 8499

江門：江門國際金融中心
江門市港口路22號

承造玻璃幕牆及金屬覆蓋板

過往工程紀錄：

香港

(1) 荃灣娛樂廣場
(2) 尖沙咀柏麗廣場第二期
(3) 中環李錦記大廈
(4) 觀塘開鴻道64號工貿商業中心
(5) 香港灣仔道77-83號商業大廈

海外

(1) 澳門置地廣場(Macau Landmark)
(2) 江門國際金融中心
(3) 上海港陸黃浦中心
(4) 珠海千帆廣場售樓處
(5) 上海吳江路15號購物商場

美國華達（亞太）有限公司
WALTECH PACIFIC (ENG.) LTD.

美國華達（中國）有限公司
WALTECH PACIFIC (CHINA) LTD.

香港寫字樓：
香港灣仔軒尼詩道24－34號　大生商業大廈1803室　電話：(852) 2529 9380　傳真：(852) 2528 4557

上海：上海港陸黃浦中心
上海市南京東路六合路

觀塘：工貿商業中心
K.I.T.L. 30, 64開源道觀塘

工商國際20年專業經驗
為你的康體消閒項目帶來更大效益

美國「統領」室內高爾夫球練習場

美國「爵士」牌西安娜商用水力按摩池

美國「統領」室內高爾夫球模擬系

瑞典「帝夢」牌桑拿房及蒸氣房

本公司創辦於1975年，具20年專業經驗，投資及承建全東南亞最具規範香港棕南海健康溫泉，保証工程項目準時完工。本公司並提供消閒康體之全線服務，人力資源雄厚，精英雲集，自置國內辦事處，是唯一提供全國24小時維修保養聯網服務的公司。

獨家總經銷

工商國際有限公司

KUNG SHEUNG INTERNATIONAL COMPANY LTD.

健體消閒領域先驅及領導者

香港辦事處及陳列室：
香港灣仔告士打道128號信誼大廈地下及1樓
電話：(852) 2511 8338 傳真：(852) 2507 5690 電傳：75552 KSIC HX

中國發展部（廣州）：	北京辦事處：	上海辦事處：	青島辦事處：
電話：(8620) 775 0088	電話：(861) 466 6678	電話：(8621) 219 2838	電話：(86532) 280 1600轉415
傳真：(8620) 778 6982	傳真：(861) 466 7001	傳真：(8621) 219 2839	傳真：(86532) 282 6842轉415

國內聯絡處及維修點： •西安 •洛陽 •大連 •天津 •武漢 •長春 •瀋陽 •福州 •汕頭 •海南

工商國際有限公司 20週年誌慶

KUNG SHEUNG INT'L GROUP Anniversary

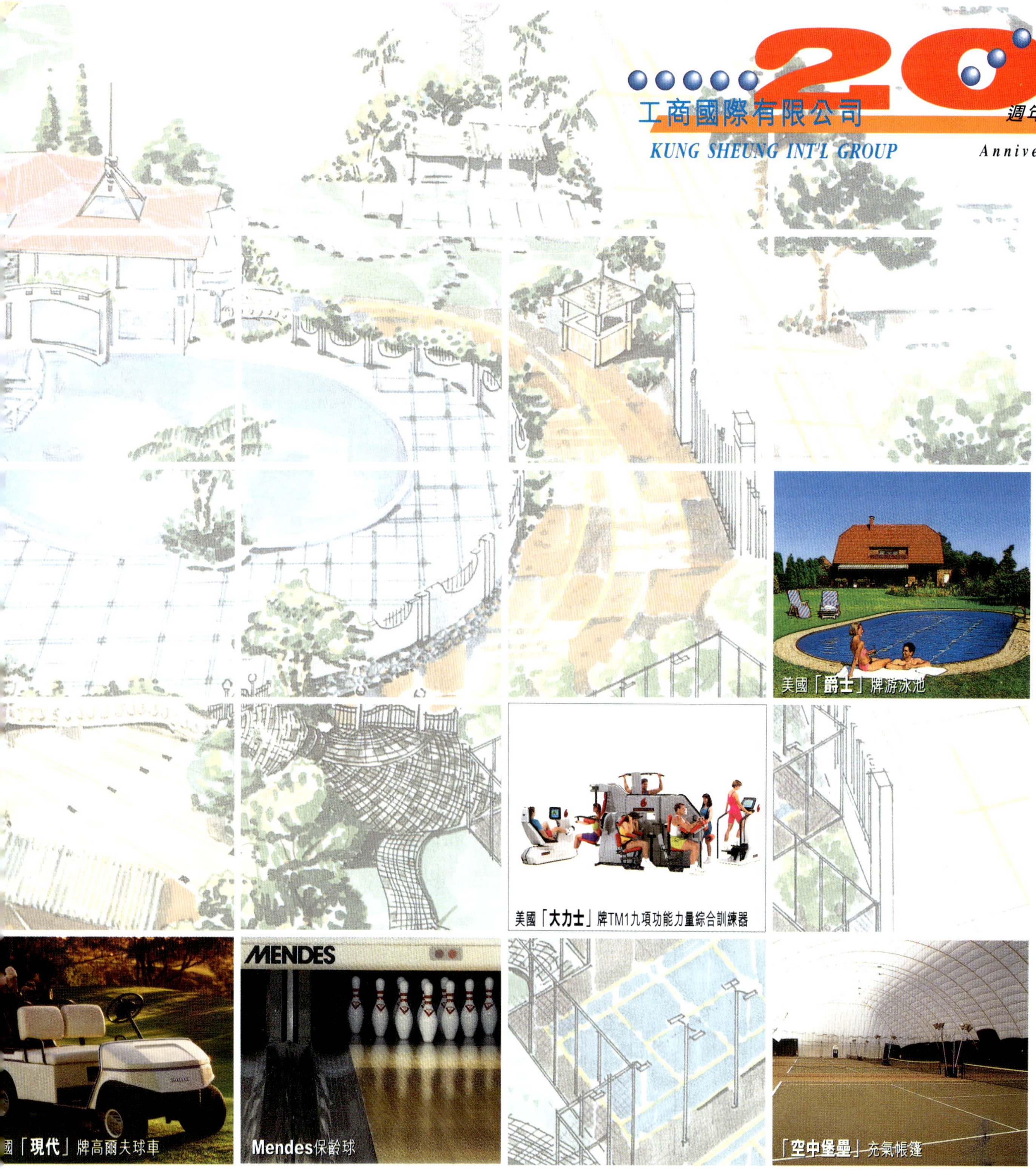

美國「爵士」牌游泳池

美國「大力士」牌TM1九項功能力量綜合訓練器

國「現代」牌高爾夫球車

Mendes保齡球

「空中堡壘」充氣帳篷

業務範圍：

項目策劃，專業設計，設備供應，顧問服務，營運管理。

服務領域：

室內外高爾夫球場，桑拿健康中心，健身中心，高級消閒俱樂部，住戶俱樂部，老幹中心。

工商國際集團附屬公司

J&T 消閒極品專門店

統領高爾夫全線專營中心

體適行有限公司

工商建材有限公司
KUNG SHEUNG BUILDING SUPPLIES CO., LTD.

棕南海健康溫泉

管理

及

经济

专业的装璜工程管理和紧守财政预算，是 Entasis 享誉业界的两个主要原因。

每一个 Entasis 承办的装璜工程，都由一位操作主任直接控制，负责计划、协调工程、联络顾问和适当地与客户联络。

在不损害工程素质的大前提下控制工程开支，甚至可能的话，减低开支以取得最大的质量经济效益，向来都是 Entasis考虑的先决问题。

太古坊行人天桥

北京和平饭店餐厅

香港皇家赛马会位于屯门的音乐厅

英国

A-METAL SYSTEMS

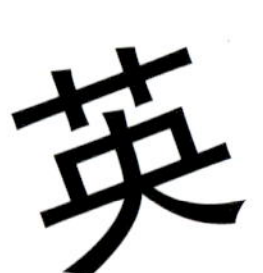

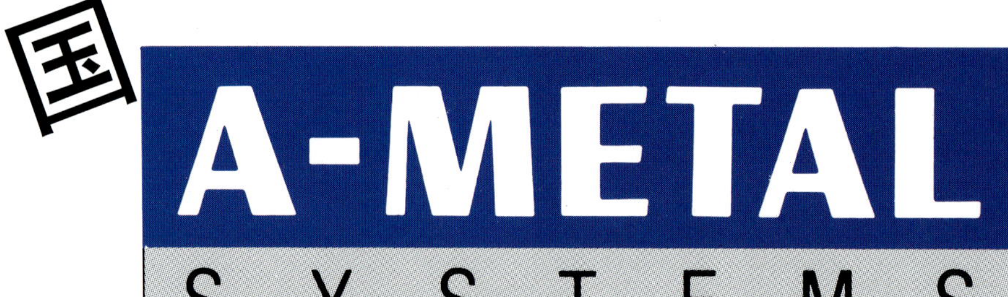

一系列由英国设计可广范应用於预制水泥件、大理石、花岗岩及金属等外墙装饰的承托装置。

A-Metal的产品系列亦都包括一般的螺栓和膨胀螺栓，假天花配件，墙柳钉，电线槽及U型槽等。

所设计产品皆结坚固构及容易安装。

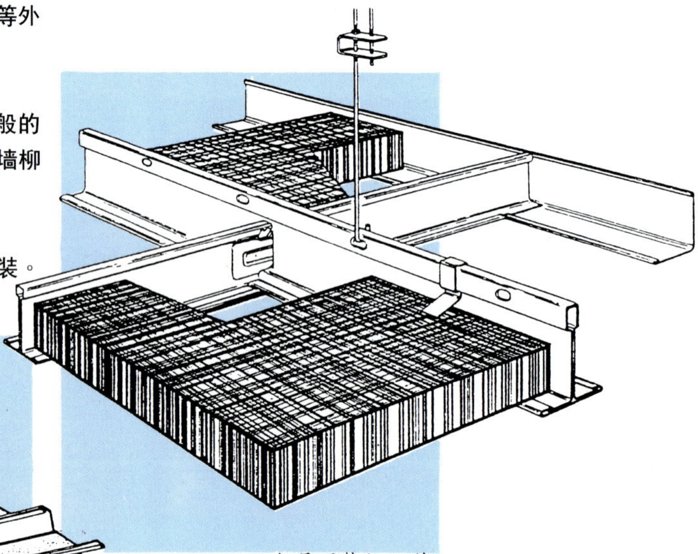

金属明装假天花

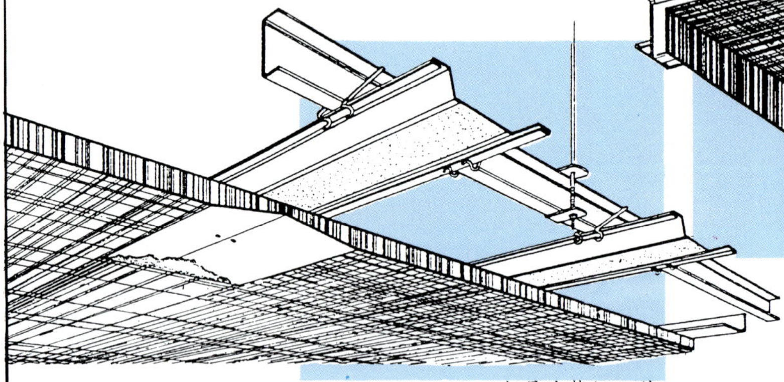

金属暗装假天花

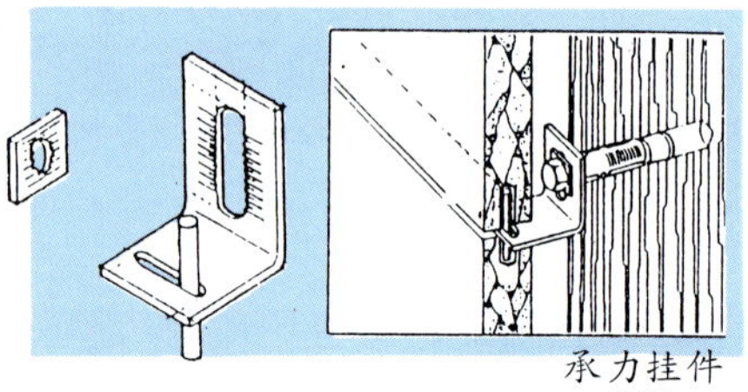

承力挂件

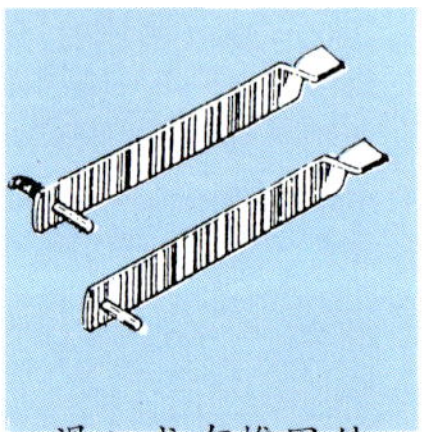

滑入式有榫固件

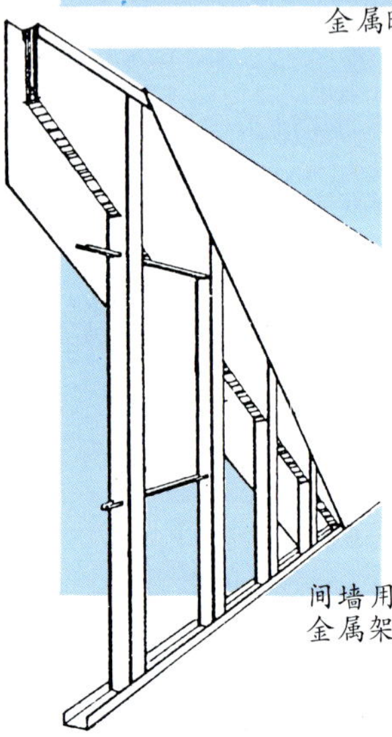

间墙用
金属架

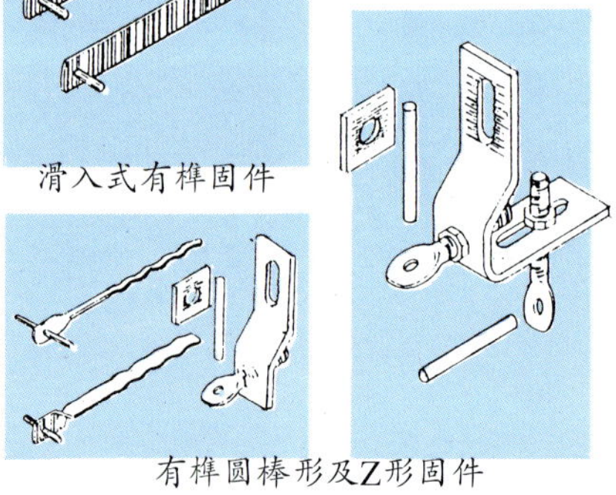

有榫圆棒形及Z形固件

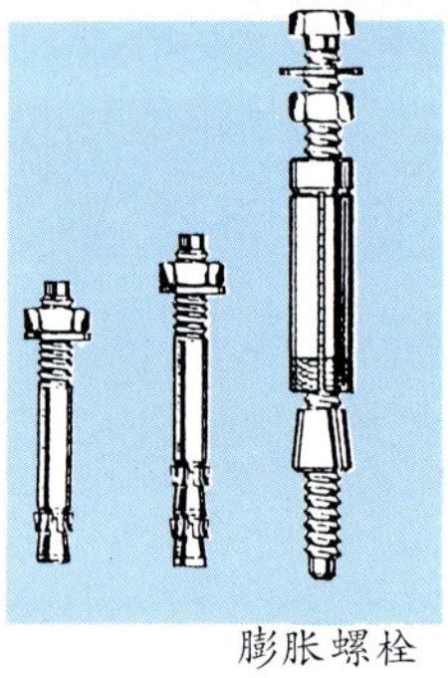

膨胀螺栓

如有查访 *For further information, please contact:*

S I D R A
T R A D I N G L T D.

SIDRA TRADING LTD

Suite 805B, 8/F, Sino Plaza, 255 Gloucester Road, Causeway Bay, Hong Kong
Tel: (852) 2833 9188 / 2833 9904 Fax: (852) 2838 5929

香港铜锣环告士打道255号信和广场805B室
电话: (852) 2833 9188 / 2833 9904 传真: (852) 2838 5929

CSR™ 西斯爾
代表
優質建築產品

澳洲CSR公司成立於1855年，是全球最創新的建築產品製造商之一，我們的產品種類多元化，品質優良，早已聞名澳洲。現在，隨着我們開拓國際市場，國際知名度也大大提高，作為一間對客戶負責的公司，我們不斷創新求進，提供建築產品中之極品。

More than just building products, we export excellence.

CSR was founded in Australia in 1855, CSR is one of the world's most innovative producers of building products. Our range is extensive and based soundly on total quality. Australia knows it. Now the rest of the world knows as we export to an increasing number of international markets. A customer responsive company, we strive to improve continuously. And deliver excellence always.

CSR™ 西斯爾

品 質 至 上

香港及中國地區辦事處：
CSR 國際有限公司
香港九龍灣臨興街21號
美羅中心2期2樓225室
電話：(852) 2754 0877　圖文傳真：(852) 2758 2005

BUILDING PRODUCTS
Building In Quality.

Hong Kong & China Regional Office:
CSR International Pty Limited.
Room 225 2/F Metro Center II
21 Lam Hing Street, Kowloon Bay
Hong Kong
Telephone: (852) 2754 0877　Facsimile: (852) 2758 2005

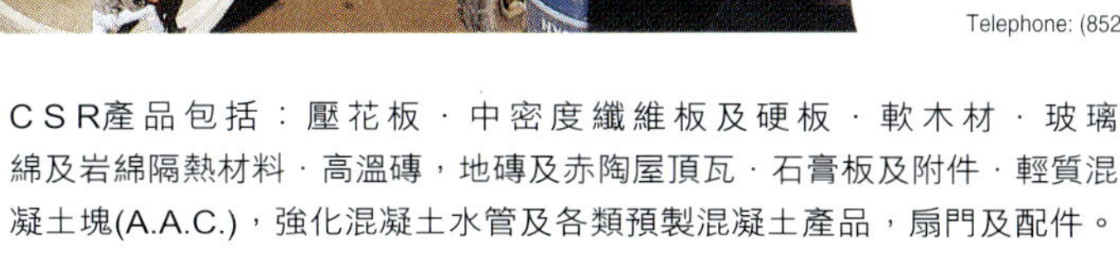
CSR產品包括：壓花板．中密度纖維板及硬板．軟木材．玻璃綿及岩綿隔熱材料．高溫磚，地磚及赤陶屋頂瓦．石膏板及附件．輕質混凝土塊(A.A.C.)，強化混凝土水管及各類預製混凝土產品，扇門及配件。

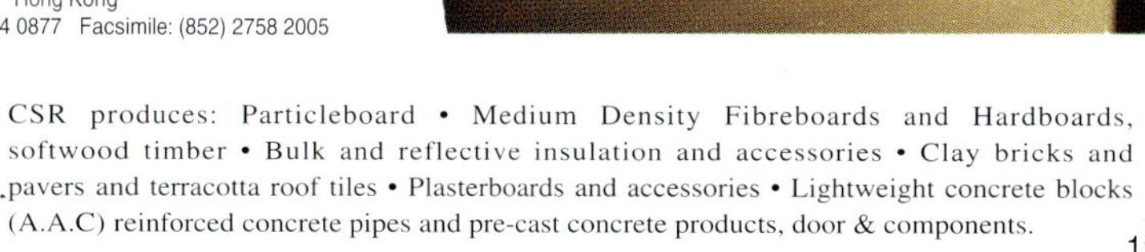
CSR produces: Particleboard • Medium Density Fibreboards and Hardboards, softwood timber • Bulk and reflective insulation and accessories • Clay bricks and pavers and terracotta roof tiles • Plasterboards and accessories • Lightweight concrete blocks (A.A.C) reinforced concrete pipes and pre-cast concrete products, door & components.

E89 CLEARMASTER鋁質／纖維捲閘。明亮纖維捲閘片•100mm高，2.5mm厚。

E85 PANORAMA安全防盜捲閘，闊度可達9.8米。

R12 ROLLERMESH透視捲閘，家居及商業用。

E84 CLEARVIEW鋁質捲閘，闊度可達5.5米。閘片可開孔；及插入「壓克力纖維片」。

E87 CLEARVISION鋁質透視不碎膠捲閘。

ZEPHYR ENGINEERING LTD.

昇暉工程有限公司

九龍觀塘巧明街95號世達中心9A室
電話：(852) 2345 9020 電傳：(852) 2341 5251

華通石業有限公司
HUATONG STONE COMPANY LIMITED

HI-TECH & UNIQUE

WE MANUFACTURE

•FLAT & BENT TEMPERED GLASS • FLAT LAMINATED SAFETY GLASS
• INSULATED GLASS • SCULPTURED GLASS • BULLET RESISTANCE GLASS • STAINED GLASS
• GLASS ETCHING • GENERAL GLASS WORKS

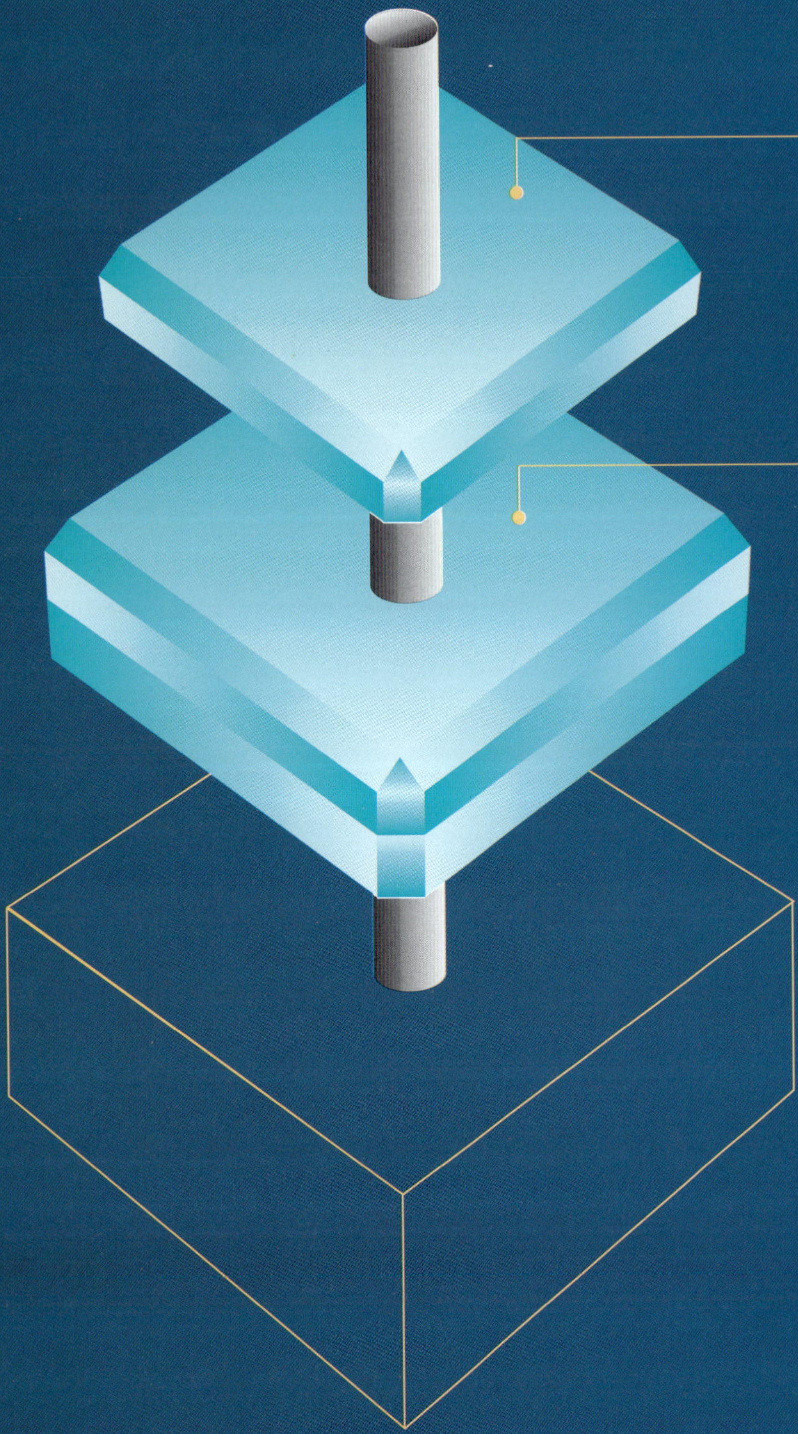

Tempered Glass:
4mm - 19mm
Min. Size : 100 x 250mm
Max Size : 2440 x 5100mm

Laminated Glass:
Min. Size : 250 x 400mm
Max. Size : 2600 x 3600mm

Thickness Of Each Single Pane:
2mm - 19mm

Max Thickness Of Whole
Composition: 80mm

香港柴灣新業街八號
八號商業廣場八O四室

804, 8 Commercial Tower
8 Sun Yip Street, Chaiwan
Hong Kong
Telephone : (852) 25587237 (3 Lines)
Facsimile : (852) 25565801

METHOCEL
纤维素醚
多元化建筑用料添加剂

METHOCEL

METHOCEL

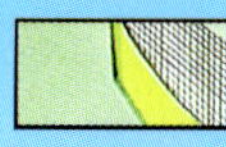
外墙灰泥—水泥，矿质或乳胶质：手涂或喷剂灰泥

内墙厚纸板，天花板，灰泥—矿质或乳胶质添加剂

砂浆，灰泥—用以黏接砖石

石屎板—添加剂及黏固剂

列缝填补用料

瓷砖黏浆—水泥或乳胶成份

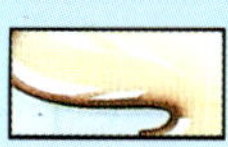
地面平滑用料

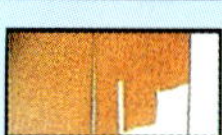
油漆及去漆剂—乳液稳定剂

墙纸浆液—黏固剂

Dow Chemical Pacific Ltd.
陶氏化学太平洋有限公司
香港湾仔港湾道30号新鸿基中心47楼
电话：2879 7333
电传：73246 DOWPC HX
85031 DOWPB HX
电挂：DOWINTAL H.K.
传真：2827 7860

Dow Chemical (China) Ltd.
北京代表处
北京市建国门外大街19号国际大厦2404室
邮政编号：100004
电话：5002255 内线2440，2441
电传：22819 DOWBJ CN
传真：5003914

广州代表处
广州市流化路
中国大酒店商业大厦1352—1353室
邮政编号：510015
电话：6111222
电传：44251 DOWGZ CN
传真：6666407

上海代表处
上海南京西路1376号
上海商城美国国际中心628室
邮政编号：200040
电话：2798867
电传：33587 DOWSH CN
电挂：0994 DOWSH
传真：2798869

PRODUCTS FOR THE BUILDING INDUSTRY

建筑及楼宇化工产品

罗纳普朗克集团简介

—环球性化工及医药集团，在超过140国家设有办事处，生产产地及业务遍佈全球。

—1993年业绩为一佰伍十亿美元。

—拥有超卓技术和资源。

—注重科研及环境保护。

硅酮结构胶
RHODORSIL®

硅酮密封胶
RHODORSIL®
Z—BOND®

阻燃材料
RHODORSIL®

防水材料
RHODORSIL®
MANALOX®

水泥砂浆添加剂
RHODOPAS®
BEVALOID®

土壤固化剂
HARDENER 600
HARDENER 1000

化学灌浆
ROCAGIL®
SIPROGEL®

悬浮稳定剂
RHEOFLOW®

罗纳普朗克公司北京办事处
地址：东四十条立交桥
北京港澳中心写字楼6层(100027)
电话：(01)5014252，5014253，5012288 转 670/671
电传：222778 RPCHI CN，22389 RPPEK CN
传真：(01) 5014261，(01) 5014262
通信地址：北京国际邮局9026 信箱(邮政编码 100600)

罗纳普朗克公司上海办事处
地址：上海徐家汇路430号电力大楼604室
邮政编码 200025
电话：(012) 472 8860
电传：30812 RPSH CN
传真：(021) 472 8256

罗纳普朗克公司广州办事处
地址：广州中国大酒店商业大厦1154室
广州市流花路(510015)
电话：(020) 6663388 转 1154，1155，6681045
电传：44669 RPGZ CN
传真：(020) 6671682

龙颇灵亚洲有限公司
地址：香港北角电气道169号宏利保险中心18楼
香港邮政总局信箱3644号
电话：(852) 25700221
电传：73368 RHOCE HX
传真：(852) 28871874

法国罗纳普朗克

天花清潔系統特許經營權

意大利金屬天花板

＂仕嘉利拿＂石柱及石膏產品

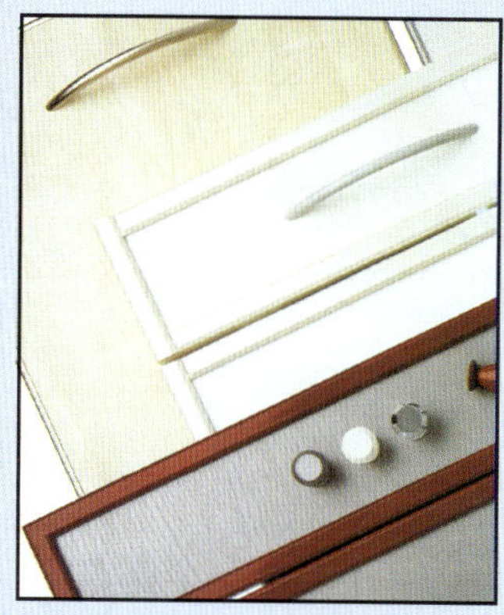
廚柜及傢俱修飾邊配件

＂禾域＂地氈

美國進口瓷磚

意大利幻彩石

進口木地板

美國進口衛生間設備

日本雅保麗固鋁復合板

日本手提萬能作業機

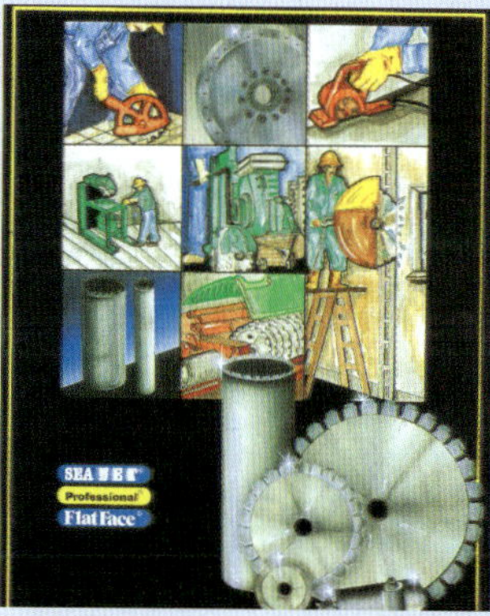

意大利＂Sea＂金鋼石剁碟

美國藝術玻璃門

美國高級木門

西班牙木門

意大利門抽手

特雷维拉

纺粘法土工布　建筑基础更稳固

MULTI-GEOTEXTILE SOLVES PROBLEMS, LOWERS COSTS:

BETTER BUILDING ON ®TREVIRA SPUNBOND

Trevira Spunbond geotextile is an environmentally acceptable nonwoven made from continuous polyester filaments which are bonded solely by needle punching, without the use of chemical additives or the action of heat. Weight classes from 105g/m² to 1000g/m² are available for different construction applications.

特雷维拉　纺粘法土工布是由聚脂长丝经过针刺粘合而成之无纺布；并不使用化学粘合剂或热力粘合；符合环保要求。产品规格由105克-1000克／平方米均备适合不同之工程应用。

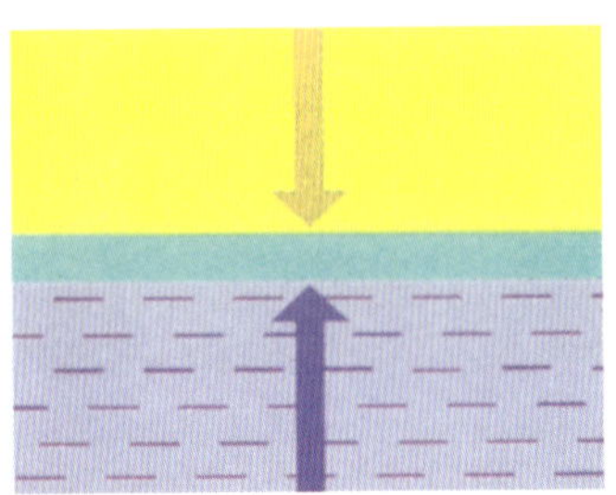

分离作用
SEPARATION

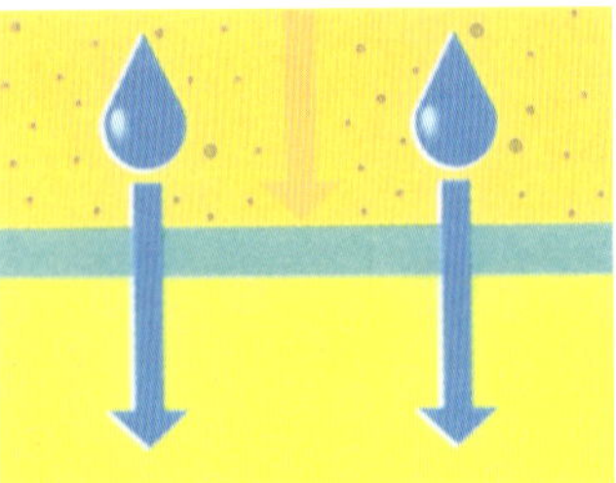

过滤作用
FILTRATION

排水作用
DRAINAGE

保护作用
PROTECTION

高速公路
HIGHWAY

隧道
TUNNEL

提岸
EMBANKMENT

地基
FOUNDATION

赫司特华新纤维有限公司
HOECHST HUA-XIN FIBERS CO. LTD.

中国北京建国门外大街19号国际大厦15-03
电话：(10)5002255 转 1530, 1531, 1532, 1533
5004062, 5126841, 5003601
传真：(10)5004456, 5016042
电传：22914 HOEBJ CN
信箱：北京・9402
邮政编码：100004

CITIC Building 15-03
No.19, Jianguomenwai Dajie
P.O.Box 9402 Beijing
People's Republic of China
Tel: (10)5002255 Ext. 1530, 1531, 1532, 1533
5004062, 5126841, 5003601
Fax: (1O)5004456, 5016042
Telex:22914 HOEBJ CN
Post Code:100004

中国上海溧阳路255号6楼
电话：(021)5355518x3600
5356922
传真：(021)5356905
邮编：200080

6/F No.255 Li Yang Road,
Shanghai, People's Republic of China,
Tel:(021)5355518x3600, 5356922
Fax:(021)5356905
Post Code:200080

特雷维拉

防水油毡基布
令屋顶天衣无缝，经久耐用

TREVIRA® SPUNBOND

现代建筑市场和建筑方法的发展，连续平面屋顶面积愈来愈大，轻量型结构，较厚的保温层等特点对防水油毡的品质要求日益提高，高品质油毡的市场需求迅速扩大。「特雷维拉」聚酯长丝无纺布在高质量防水油毡中起了骨干作用，作为油毡基布具有独特的优点：•延伸性好•抗拉强度高•耐穿破性能强•撕裂强度高•不吸水•不腐烂•沥青涂层良好的浸透性及粘附能力•耐候性能强。采用德国「赫司特公司」先进的生产技术和完善的质量管理确保优质产品的水平，作为平面屋顶的建筑及维修工作极为理想。故此，在阁下决定采用改性沥青油毡作为地下室或屋顶防水时，请指定特雷维拉基布之油毡。详情欢迎与我们查询。

特雷维拉油毡基布的物理性能测试。

特雷维拉油毡基布的物理性能决定了制成油毡在施工后之物理性能。

赫司特华新纤维有限公司
HOECHST HUA-XIN FIBERS CO. LTD.

中国北京建国门外大街19号国际大厦15-03
电话：(10)5002255 转 1530, 1531, 1532, 1533
5004062, 5126841, 5003601
传真：(10)5004456, 5016042
电传：22914 HOEBJ CN
信箱：北京，9402
邮政编码：100004

CITIC Building 15-03
No.19, Jianguomenwai Dajie
P.O.Box 9402 Beijing
People's Republic of China
Tel: (10)5002255 Ext. 1530, 1531, 1532, 1533
5004062, 5126841, 5003601
Fax:(10)5004456, 5016042
Telex:22914 HOEBJ CN
Post Code:100004

中国上海溧阳路255号6楼
电话：(021)5355518x3600
5356922
传真：(021)5356905
邮编：200080

6/F No.255 Li Yang Road,
Shanghai, People's Republic of China,
Tel:(021)5355518x3600, 5356922
Fax:(021)5356905
Post Code:200080

Herberts unitherm®「防 火 靈」

Fire protection 防火产品系列

UNITHERM
Intumescent coatings
Internationally tested and officially approved
防 火 靈
膨胀涂层
经国际测试及正式批准

UNITHERM
Fire protection coating for structural steel
for indoor and outdoor steel construction, water soluble, solvent-based, internationally tested and approved (BS, DIN, DTU, Nordtest etc.) Fire resistance up to 2 hours
防 火 靈
提供钢结构所用之防火涂料
室内及室外均合用
备有水溶性及溶剂性两种选择
国际测试及认可(BS, DIN, DTU, Nordtest 等)
达至2小时防火性能

German Pavilion Expo '92 Seville
UNITHERM for steel indoor and outdoor
德国'92博览会场
「防火靈」应用於室内及室外钢结构

UNITHERM
Coating for cables
Water based coating which reduces the spread of flame in cable runs and prevents the emission of hydrochloric gases in cable fires
防 火 靈
电缆涂层
水溶性涂层能减低火势
依电缆敷设方向蔓延
并防止电缆中的盐
酸气体散发

UNITHERM
Fire protection coating
for timber, transparent; for timber and plastics, pigmented
防 火 靈
防火涂层
木用透明
木用及塑料用
有颜色均备

Flexi-foam blocks, plugs, seals
Efficient, dry installation, completely dust free, also for telecommunication, computer centers
软方块・圆塞及封条
具有高效率・乾施工・无灰尘之优点・适用於通讯设备及电脑装置

UNITHERM
Fire barrier systems
for wall and ceiling openings and large penetrations
防 火 靈
隔火系列
用於墙壁及天花之孔道及大量填塞之用

Pillows
For long term or temporary plugging during construction period
填塞枕
在建筑期间作为永久或临时填塞之用

Fire stop sealing
Water based sealing systems as mortar or special coating for mineral wool slabs
隔火密封剂
水溶性之密封系列
如批荡及特种涂层作矿棉板等之施工

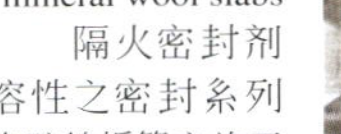

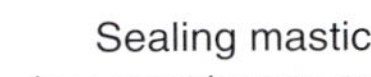

Sealing mastics
for cracks, joints service penetrations etc. and bedding glazing in wooden fire doors and screens
封口唧胶
用於裂缝・伸缩缝等；并适用於木制防火门及屏风之玻璃粘合

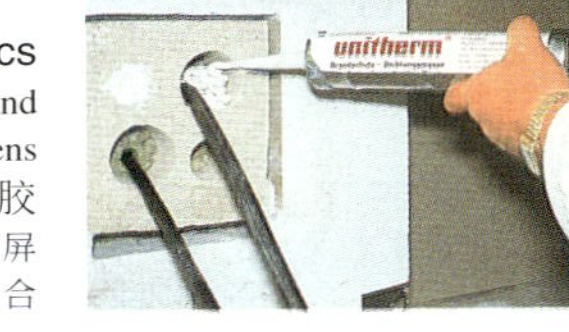

Hoechst

* 敬备各国测试报告及应用实例・欢迎查询。

赫司特中国有限公司 HOECHST CHINA LIMITED

香港铜锣湾
勿地臣街1号时代广场
蚬壳大厦23楼
电话：(852)2506 8522
传真：(852)2506 1680
电传：73229 HOEHK HX

23/F, Shell Tower, Times Square,
1 Matheson Street,
Causeway Bay,
Hong Kong.
Tel: (852)2506 8522
Fax: (852)2506 1680
Telex:73229 HOEHK HX

中国北京建国门外大街19号国际大厦15-03
电话：(861)5002255 转 1530, 1531, 1532, 1533
5004062, 5126841, 5003601
传真：(861)5004456, 5016042
电传：22914 HOEBJ CN
信箱：北京, 9402
邮政编码：100004

CITIC Building 15-03
No. 19, Jianguomenwai Dajie
P.O.Box 9402 Beijing, People's Republic of China
Tel: (861)5002255 Ext. 1530, 1531, 1532, 1533
5004062, 5126841, 5003601
Fax:(861)5004456, 5016042
Telex:22914 HOEBJ CN
Post Code:100004

THE PERFECT TILING FORMULA

日本“大建”牌矿绵吸音天花板

“大建”牌矿绵天花绝对不含石绵，对施工者及使用者身体无害。
本产品符合国际防火条例，BS 476 PART4 ,PART6,PART7。

“大建”天花板具有防下垂功能，即使安装在湿度高的地方亦无问题。
测试说明：EXCEL - TONE，5/8"厚，TRAVERTINE DELICA，2'×4'明架。

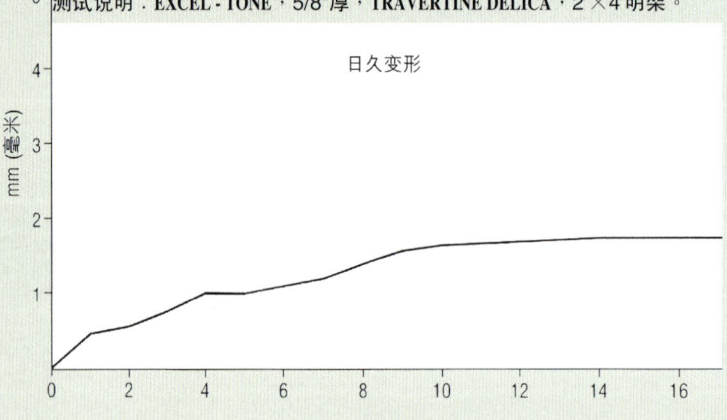

（1）、（2）：于大建OKAYAMA工厂实验室内测试及量度，样本板于上述状态下安装，然后量度全长中心点之变形。

(1) 因日久变形

日数：	1	2	3	4	5	6	7	8	9	10	15	20	25	30
变形(毫米)：	0.5	0.6	0.8	1.0	1.0	1.2	1.3	1.5	1.7	1.8	1.9	1.9	1.9	1.9

状态：摄氏30度，相对湿度90%

(2) 因湿度变化变形

温度：	30°C	30°C	30°C	30°C	30°C
湿度(相对)：	70%	75%	80%	85%	90%
变形(毫米)：	0.3	0.4	0.5	0.7	1.9

南中国：	香港：	澳门：	广州：	深圳：
联成天花工程有限公司	雄明公司	新昌隆五金	长荣建材有限公司	长荣建材有限公司
电话：2770 7677 传真：2770 7166	电话：28271261 传真：25198050	电话：257322 传真：258228	电话：3869686 传真：3869686	电话：2234762 传真：2234787

中国、香港、澳门代理商：
雄明公司
湾仔洛克道294号地下
电话：(852) 28271261 图文传真：25198050

南中国经销及工程承造商：
联成（中国）贸易有限公司
联成天花工程有限公司
香港九龙旺角通菜街1A—1K威达商业大厦1106室
电话：（852）2770 7677 图文传真：（852）2770 7166

型號	吊頂形狀	吊頂用料及厚度	龍骨/組合	龍骨型號	龍骨材料及厚度	有孔	冇孔	戶內	戶外	標準闊度	備註
84C		鋁合金 AA5050 0.5毫米	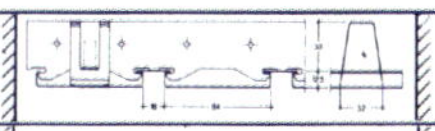	84 RBC	鋁合金 AA5050 (0.95毫米) 或 焗漆鋼 (0.5毫米)	●	●	●		100毫米	所有吊頂板塊表面均經琺瑯焗漆處理
84B		鋁合金 AA5050 0.5毫米	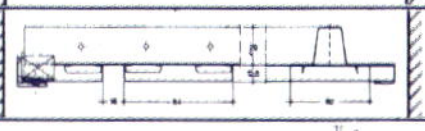			●	●	●		100毫米	
84R		鋁合金 AA5050 0.5/0.6毫米		V-5	鋁合金 AA5050 (0.95毫米)	●	●	●	●	100毫米	
75C 150C	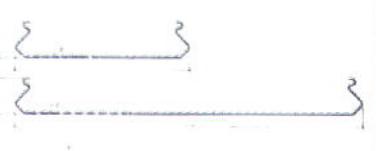	鋁合金 AA5050 0.5毫米	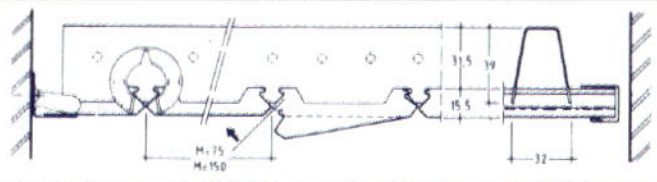	75C 150C	鋁合金 AA5050 (0.95毫米) 或 焗漆鋼 (0.5毫米)	●	●	●	●	75毫米 150毫米	
V100 V200		鋁合金 AA5050 0.6毫米	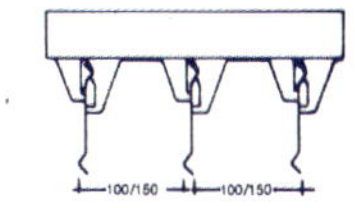	V100/150	鋁合金 AA5050 (0.95毫米)		●	●	●	100毫米 150毫米	
方格吊頂組合	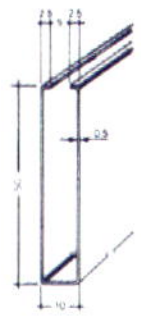	鋁合金 AA5050 0.5毫米	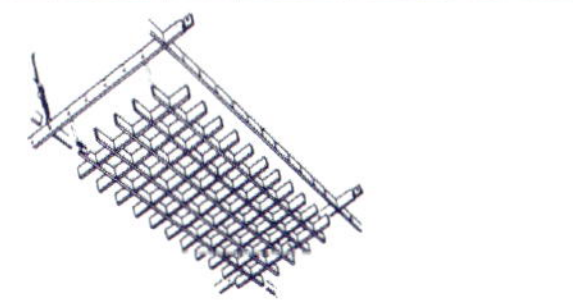	配套組合			●	●	●	600×1200毫米	備有 50×50 75×75 86×86 100×100 120×120 150×150 200×200毫米 各款型號
方塊吊頂(暗架式)	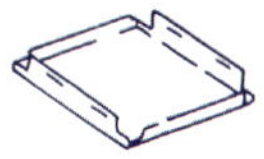	鍍鋅鋼 (0.5毫米) 或 鋁合金 AA5050 (0.7毫米)	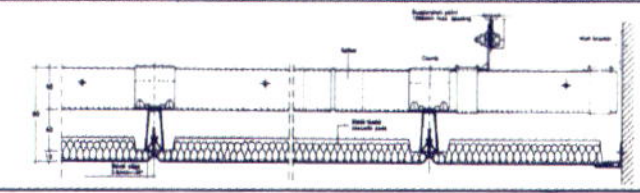	隱閉式	鍍鋅鋼 (0.95毫米)	●	●	●	●	600×600毫米	所有吊頂板塊表面均經靜電噴粉處理
方塊吊頂(明架式)	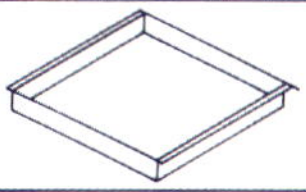	鍍鋅鋼 (0.5毫米) 或 鋁合金 AA5050 (0.7毫米)	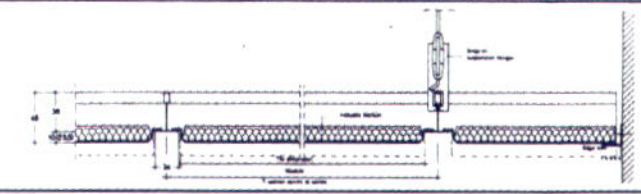	明架T骨	鍍鋅鋼 (0.9毫米)	●	●	●	●	600×600毫米	
150F 200F	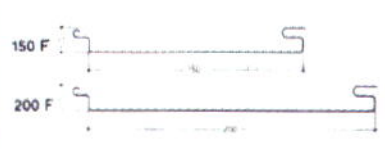	鋁合金 AA5050 0.6毫米 0.7毫米	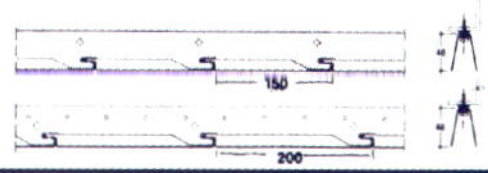	150F 200F	鋁合金 AA5050 (0.95毫米)		● ●	● ●	● ●	150毫米 200毫米	所有吊頂板塊表面均經琺瑯焗漆處理

荷兰「樂思龍®」吊顶在下列中、港、澳工程目项被采用：

中国

地区	项名称	「乐思龙」产品型号	安装面积 平方米
深圳	深圳发展中心大厦	300A	6,000
	新火井站大楼	方格组合（200 x 200 毫米）	1,600
	深圳体育馆	84C	4,000
	统建大楼商场	84R	3,600
	对外贸易集团公司	84R	800
	新闻文化中心	84R	500
	科学馆	84C, 84R	1,000
广州	东方宾馆	84C	3,000
	白天鹅宾馆	84C	800
	贸易中心商场	84R	1,100
	广州电视台	84R	300
	南湖遊乐场	84C	1,400
上海	联谊大厦	84R	2,700
	海仑宾馆	84R	500
	晶晶酒店	V-100, 84R	750
北京	燕莎酒店	84R, 150C	1,300
	亚运村会议大楼	方格组合（75 x 75 毫米）	2,000
	兆龙饭店	84C	700
	丽都饭店	84B	1,100
	丽都饭店运动中心	84C, 84B	800
珠海	珠海商场中心	84R	1,100
南海	南海油田后劝基地	84R	1,000
天津	天津商场中心	84R	3,400
湛江	湛江购物中心	84R	3,200
厦门	厦门海滨大厦	84C	1,000
新疆	新疆人民大会堂	84C, 84R	4,300
西安	金花酒店	84B	3,500

香港（重点工程节录）

项目名称	「乐思龙®」产品型号	安装面积 平方米
香港启德国际机场	300A, 84C 及特造长方块吊顶，200火（户外）	60,000
九广铁路	方格组合（75 x 75毫米） 300F（户外）	1,000
中港码硕	84B	6,000
地下铁路九龙沿线廾站	V-100,84B	100,000
葵涌新都会广场	方格组合（75 x 75毫米） 暗架式方块组合（600 x 600毫米）	20,000
乐富中心商场	300A, 150F（户外）	15,000
德福花园商场	150（户外）	5,000
香港文化中心	特造长方块吊顶	4,00
香港艺术馆	特造长方块吊顶	4,000
阳明山庄	84R（户外）	6,000
嘉湖山庄	方格组合（75 x 75毫米）	50,000
东亚银行（15间）		3,000

澳门（重点工程节录）

项目名称	「乐思龙®」产品型号	安装面积
中国银行大厦	84R（户外），特造长方块及方块吊顶	5,000
中国银行澳门分行（6间）	暗架式块组合（600 x 600毫米）	1,500
新华社	84R，暗架式块组合 (600 x 600毫米)	1,500
新港澳码头	V-100，，暗架式块组合 (600 x 600毫米)	30,000
关闸大楼	300A, 80B	6,000
国际中心	84C	6,000

CHINA REGIONAL OFFICE 中国区域总部：
HUNTER DOUGLAS (CHINA) LIMITED
亨特（中国）有限公司
香港新界沙田小沥源路8—10号捷和实业大厦2楼
电话：（852） 2637 8111 传真：（852） 2637 2500
厂址：中国上海浦东新区杨思镇张家宅80号
电话：（86—21） 874 5833 传真：（86—21） 874 3994

南中国经销及工程承造商：
联成（中国）贸易有限公司
联成天花工程有限公司
香港九龙旺角通菜街1A—1K威达商业大厦1106室
电话：（852）2770 7677 图文传真：（852）2770 7166

Metal Ceiling
Made in Switzerland

Contoured 立體形

Triangular 三角形

瑞士「貴瑪」牌 金屬天花板

弧形 Curved

Square 正方形

自 1978 年起「貴瑪」牌金屬天花板
在香港各大建築物廣泛安裝。
由鋁或鍍鋅鐵片製成各種款式，
顏色任君選擇。

保銘（建材）有限公司
BERMIAN LIMITED
BUILDING MATERIAL SUPPLIER
AND SPECIALIST CONTRACTOR

香港灣仔太和街 10-20 號
福和大廈 1 樓
電話： 893 3133 電傳： 893 2213

Supplied by: 

朋友，您可会懂得居安思危？！

ArmorShield® 的超高功能与经济效益，是现代科技对人类最大的贡献

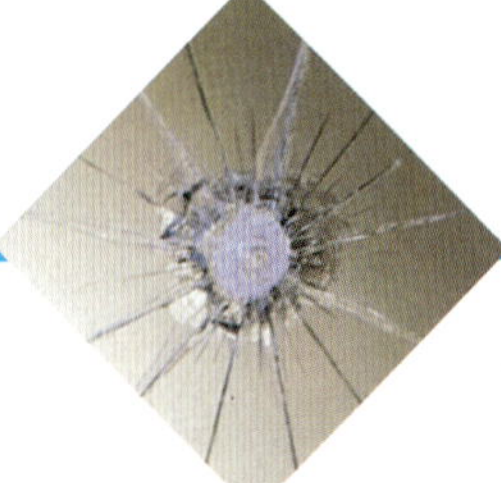

Move Over to the Safe Side.

鐵甲箔膜

将使您高枕无忧

它为现代化建筑物、现代化商店、现代化家庭、提供安全措施！

ArmorShield® 保障您的生命安全

- **防热**：
  具有隔热及抗紫外线照射。
- **防盗**：
  具超强韧度不易穿透，延长自救时间。
- **防酸抗硷**：
  具有抗强酸强硷特性。
- **防撞**：
  增强400%耐撞力。
- **防风**
  承受每小时350 KNOTS之超强烈台风。
- **防爆**：
  承受外来炸药不易穿破。
- **防震**：
  承受瑞士地震八级以上。
- **防火**：
  可耐摄氏250度之高温。
- **防弹**：
  12mm普通玻璃遭点38手枪距离10公尺射击不会贯穿。

The Ultimate Test of Strength

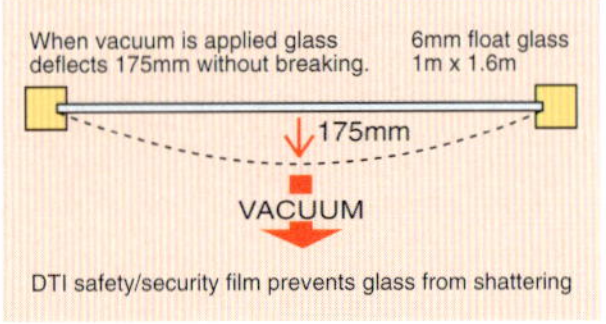

A pressure test was devised to simulate the vacuum effect created by a cyclone. The deflection at the centre of the glass was 175mm. The glass fitted with Safety/Security Film was retained at a pressure of 1.5 times the mean failing stress of glass without any film.

鐵甲箔膜（中國）有限公司
ArmorShield Marketing (China) Ltd.

鐵甲箔膜（遠東）有限公司
Solar Gard International (China) Ltd.

香港九龙湾临兴街21号美罗工业中心第二期9楼8号 电话：(852) 2795 3858 传真：(852) 2756 1555

京、津、冀总代理：
北京理工大学技术开发公司
电话：(010) 8413815

西南区总代理：
中国新兴集团云南新兴实业开发公司
电话：(0871) 5163850

内蒙、宁夏、甘肃总代理：
内蒙古辰海企业有限公司
电话：(0473) 620945

广东省总代理：
珠海九洲港工贸实业公司
电话：(0756) 3332399

粤东代理：
广州市新海源贸易有限公司
电话：(020) 3580756

福建省总代理：
厦门粮食集团汽车营运公司
电话：(0592) 6011551

福州代理：
福建省粮油储运公司铁甲箔膜工程部
电话：(0591) 3364584

浙江省总代理：
杭州蝶华贸易公司
电话：(0871) 5163850

湖北省总代理：
湖北长江和平实业有限公司
电话：(027) 7825786

辽宁省总代理：
沈阳商社
电话：(024) 6809326

山东省总代理：
烟台经济技术开发保安服务公司
电话：(0535) 6372124

广西省总代理：
荣珠实业公司
电话：(0756) 2281801

江西省总代理：
江西洪港铁甲箔膜发展中心
电话：(0791) 6217574

海南省总代理：
海南科技工业园开发建设公司
电话：(0898) 6760106

澳门总代理：
新成峰玻璃公司
电话：(853) 451369

新廈建築多姿彩

KYNAR 500® -PVDF (碳/氟聚合物噴塗)

DURABLE ◆ DISTINCTIVE
COLOURFUL ◆ IMMOVABLE

KYNAR 500® is a Fluorocarbon resin (Polyvinylidene Fluodine-PVDF/PVF2) used by leading coating formulators as the basic vehicle in producing premium finishes for Aluminium & Galvanised Steel. These finishes exhibit excellent properties of appearance and colour durability, abrasion resistance and fluexibility. These premium finishes are typically applied to such architectural building components as wall panel, metal siding, louvers, fascias, window frame, metal roofing, etc.

China Fo Shan Train Station
PVDF Coating — Aluminium Panels

Hong Kong Shatin New Town Plaza Phase III Left Wing
Powder Coating onto Ceilings, Mounting Frames & Lighting

China, Guangdong Zhuhai Tonta Development Centre
PVDF Coating - Aluminium Cladding

* Authorized applicator by PPG INDUSTRIES, INC. (U.S.A.) & CHOKWANG PAINT IND. LTD., (S. Korea)

金邊焗油有限公司
KAM PIN PAINT WORKS LTD.

5/F., Union Ind'l Bldg., 116 Wai Yip St., Kwun Tong, Kowloon.
Tel: 2342 7988 (4 Line) Fax: (852) 2341 6082
Al Ha Village, Tai Long Town, Dongguan, Guangdong, PRC.
Tel: (0769) 311430 Fax: (0769) 312856

CML

C.J. RUSH
A Division of Derlan Manufacturing Inc.

THE HONG KONG CHINA BANK TOWER
新中国银行大厦

WE SUPPLY:

- Standard Design Revolving Door
- Custom Design Revolving Door
- Deluxe Design Revolving Door
- One-Touch Balanced Door

供应各类专业设计金属旋转门

CML ASIA LTD.

加美建材（亚洲）有限公司

BUILDING MATERIALS & TECHNOLOGY

香港干诺道西71 号金佑商业大厦8字楼C座

FLAT C, 8/F.,GOLD UNION COMM'L BLDG., 71 CONNAUGHT RD. WEST, H.K. TEL:(852)2548 9487(3 LINES) FAX:(852)2803 7882

加拿大总部

CANADA HEAD OFFICE

550 NORTH TOWER, OAKBRIDGE CENTRE,, 650 W. 41ST AVENUE, VANCOUVER, B.C. V5Z 2M9, CANADA. TEL:(604)266 8989 FAX:(604)266 8682

机场柜位服务台

停车场上盖

码头柜位服务台

停车场上盖

行人通道上盖

行人天桥

行人通道上盖

办公室：
香港湾仔摩利臣山道31号摩利臣商业大厦17楼
电话：2893 8865（4线）　传真：28936321

BALCO
METALINES

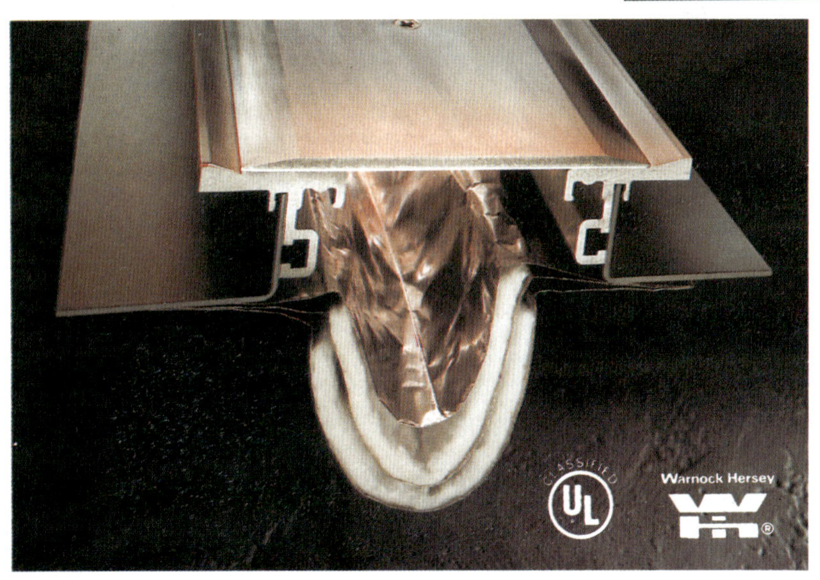

伸缩缝／抗震缝

盖板：不锈钢／铜料／铝合金
防火高达四小时
适用於地台／假天花／墙身／天面

铝合金级咀

大门进口地蓆／地架

备有铝合金，铜料配以地毡，
钢沙以增加美观及实用

墙身保护材料

护角，扶手，防撞扶手等

漢敦建材有限公司
香港鰂鱼涌海泽街28号东港中心5楼503室
电话: 2811 0631　传真: 2856 9287

STYROCON®

預製件嵌牆
Building Panel

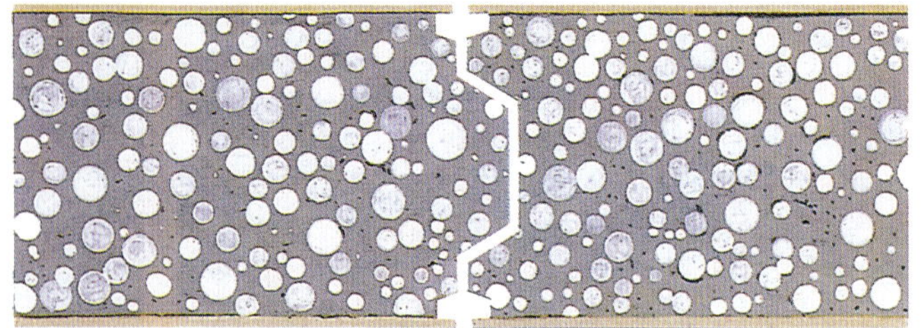

輕質－强度高－結實－實蕊

預製件嵌牆可替代傳統市面上之石屎牆、輕質磚牆、石膏板及其它中空間牆。

辦公大樓分隔牆

商場間格

外牆

應用範圍：

隔熱間格
隔音間格
防火間格
商業大樓
住宅大樓
廠房/機械室
酒樓/廚房
厠所/喉位管道
外牆
商場
圍板
醫院
封簷底板
學校

技術說明：

重　　量：50毫米厚－32千克/平方米
75毫米厚－42千克/平方米
100毫米厚－59千克/平方米
防火程度：2小時隔火(符合標準BS 476 Part 22)
防 水 性：絕不滲透(BS 4315 Part 2)
導熱性能(K)：0.23W/㎡℃(BS 874 Part 2)
隔聲程度：平均38分貝(BS 2750 Part 3)
表面火焰散佈：0級(BS 476 Part 7)
防白蟻蛀食
受衝擊力强，永不變形，永不出現烈紋。

板材尺碼：

長　度：2440毫米；2510毫米；2745毫米；3050毫米
闊　度：610毫米
厚　度：50毫米；75毫米；100毫米

生产商及总代理

金达得建筑材料有限公司

香港九龙弥敦道 252 - 543 号宝宁大厦 8 楼座 807 室
电话：2780 7778　　图文传真：（852）2771 0035

建筑格调，始於世界各地的优质建材

ALLIA
PARIS

浴室洁具—法国

AVONITE®

硬面材料—美国

ella Tricom

厨柜—意大利

办公室傢具—意大利

—日本

电脑地板

硬化地坪

喷影石／人造沙岩

防火胶板—意大利

Hartleif

金属天花—西德

Nittobo

矿棉天花—日本

首长建筑材料有限公司
SHOUGANG CONCORD CONSTRUCTION MATERIALS LIMITED

香港办事处

香港上环干诺道西28号威胜商业大厦1403室　电话Tel：852-25173232
传真Fax：852-25170863
Room 1403, Wayson Commercial Building, 28 Connaught Road West, Sheung Wan, Hong Kong.

中国办事处

上海
中国上海市长宁区茅台路216-222号　电话：2410237　传真：2417888　邮编：200335
SHANGHAI
216-222 Mao Tai Road,Shanghai, China.　Tel：2410237,　Fax：2417888　Post code：200335

深圳
中国深圳市中兴路2号后座中国（深圳）对外贸易中心506室电话：2220756 2254568-2506
传真：2205073　邮编：518001
SHENZHEN
Room506,5Floor,China(SHENZHEN) Foreign Trade Centre,No. 2, Zhong Xing Lu, Shenzhen, China.Tel：2220756, 2254568-2506Fax：2205073Post code：518001

德国『多玛』

完美先进的门控科技

自动旋转门

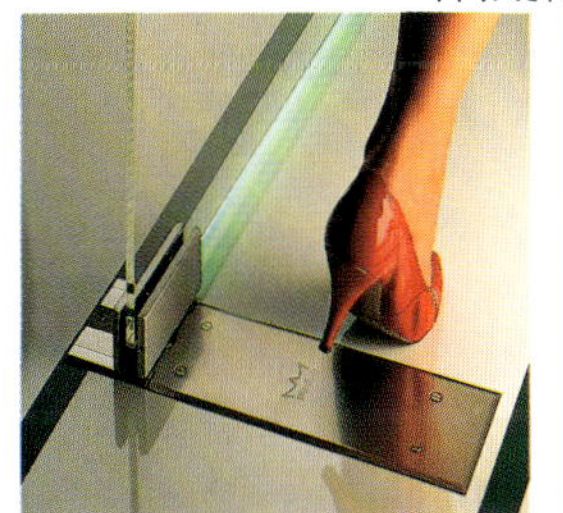
BTS地弹簧

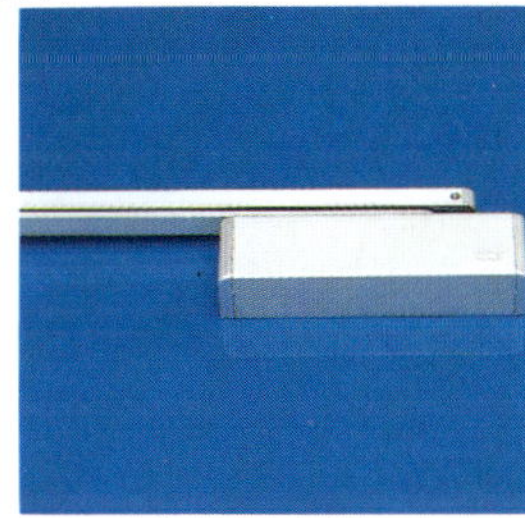
TS 93凸轮传动闭门器

TS73 & TS83闭门器

ES60自动感应门

钢化玻璃门夹

HSW玻璃活动隔断

淋浴房玻璃门夹

闭门器，地弹簧，自动感应门，旋转门，玻璃门夹及配套，
淋浴房玻璃门夹及配套，玻璃活动隔断，门锁及把手。

Fire resistance partition panel board

MYCA board is an asbestos-free building material with a long life cycle and low maintenance for a compromise between the demand for architectural style and cost efficiency. Assembled from several inorganic mineral materials and non-combustible fibre, MYCA board is formed using a special chemical crystalization, technique, and has been conforming the test of B.S. 476 Part 22: 1987 for 2 hours fire rating and B.S. 476 Part 4 for non-combustibility. Each board has a thickness from 6 to 20mm and density 1.0-1.1. Among some of the advantages offered are:

- incombustibility
- easy to install, work & apply
- economical & nice-looking
- absolutely safe
- strong bending strength
- excellent adaptibility
- weather-proofing

MYCA board is ideal for ample applications - partition walls, ceilings, soffits, for interior & exterior purposes, office buildings, etc. Exclusively distributed by T.Ho & Co Ltd, the company also carries other Sanshih products, TAIWAN.

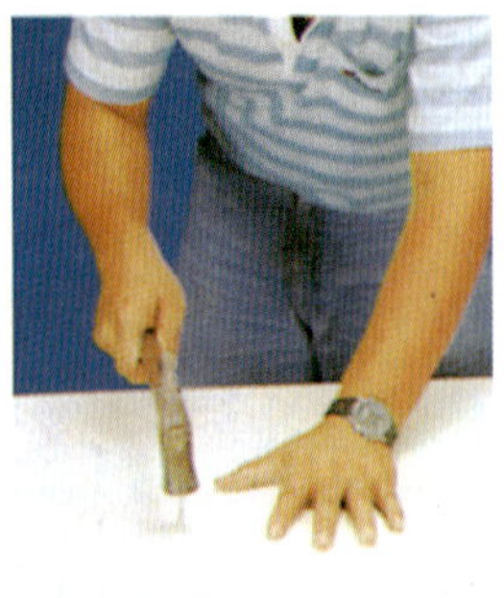

Fire Resistant Test for B.S. 476 part 22: 1987

* Another New Product:
"MYCA" Fire Resistant
Ceiling Board (防火天花板)
Size:606x603x6mm or 1210mm

"MYCA" board for internal partitions

Sole Importer:

定豪有限公司
T.HO & CO LTD
香港中環威靈頓街97號
威利大厦14字樓C
14C Welley Building,
97 Wellington Street, Central, H.K.
Tel: 2554 2572, 2543 7896
Fax: 2543 2980

Sole Distributor:

范明威(遠東)有限公司
VMW (Far East) Ltd.
香港皇后大道東141-145號恒山中心13字樓A
13A Heng Shan Centre,
141-145 Queen's Road East, H.K.
Tel: 2865 6036, Fax: 2520 2218

JOB REFERENCE

- Various projects for Housing Dept.
- Renovation of Teachers' Room for Hongkong Baptist College.
- KCR Hunghom Terminus Extension.
- Commercial Building at Jordan Road.
- Renovation of Commercial Complex at State Theatre.
- Renovation Works for Shanghai Commercial Bank Ltd.
- MTR
- HK Chinese University

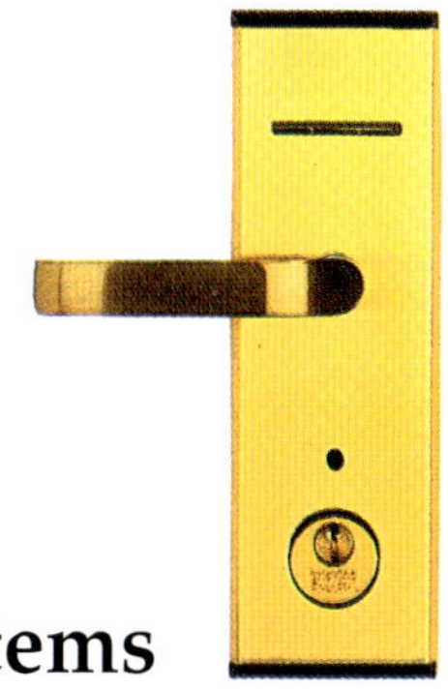

ELECTRONIC HOTEL LOCKING SYSTEM

MARLOK ML-9000

The first on-line locking system with centralized monitoring and control of every door on your property.

Door lock/control unit

Each door is equipped with a key- or cardreader and a hidden door control unit which communicates with the central computer.

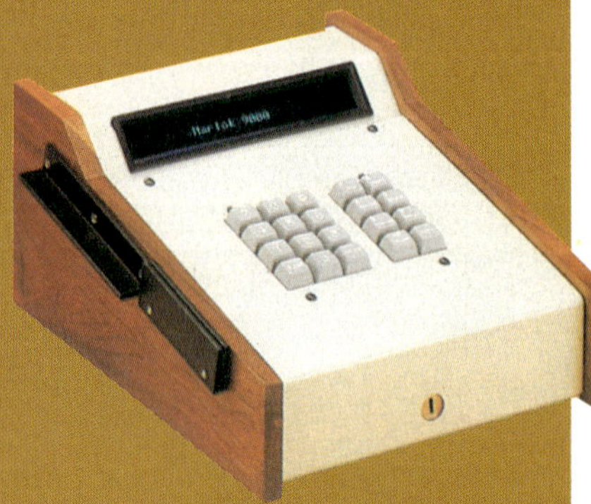

Mini-console

Front desk clerks use these to assign rooms and activate keys. Also used for room verification in restaurants and shops.

Central computer

Running MARLOK software, this standard PC computer controls all access, monitors alarms and unauthorized entry attempts, and records all system activity.

Rm. B1, 1/ F., Hang Tak Bldg., 1-15 Electric St, Wanchai, Hong Kong. Tel: 2527 7487 Fax: 2865 608

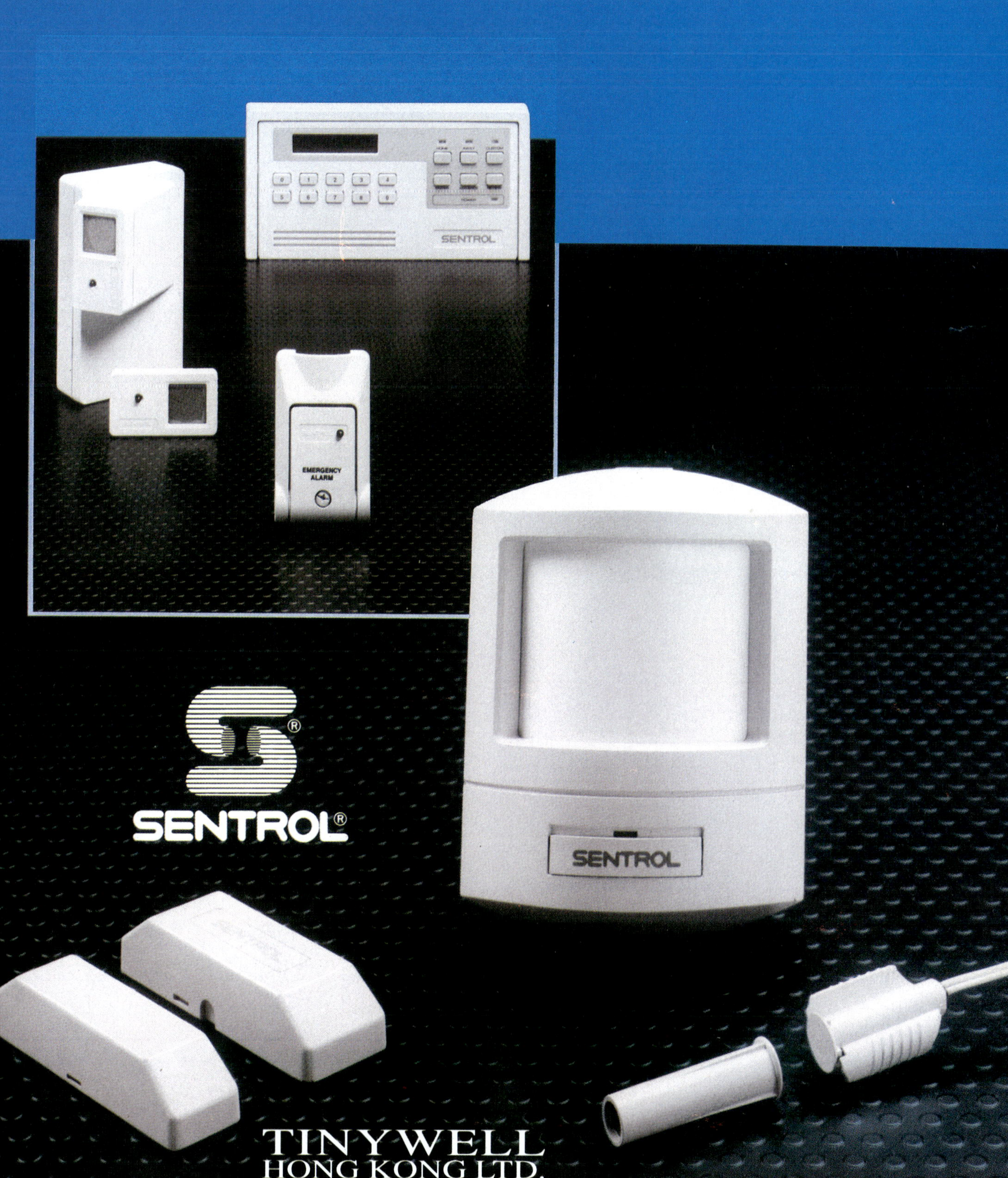
SENTROL
EMERGENCY
ALARM
SENTROL®
SENTROL

澳门·深圳·东莞·广州·上海·北京·厦门·

工 程 有 限 公 司

CHOICES LIMITED

-276号中央大厦2F

tral Mansion,

Central,Hong Kong.

12. 2854 2639

42 1725

Entry terminal 入口出票机

Central pay station 中央收费系统

Central computer 中央电脑

Ticket spitter 出票机

Exit terminal 出口验票机

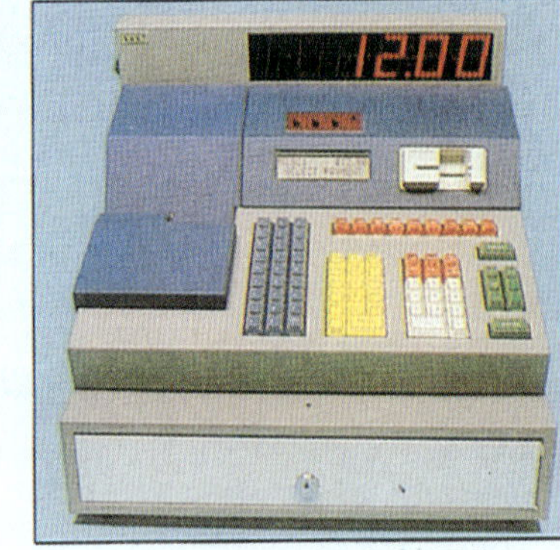

Fee computer 电脑收银机

怡采能提供多种停车场管理系统:

1) 全电脑中央收费方式　2) 出口付款方式

3) 会员或月租方式　4) 无线摇控方式　5) 电子感应方式

■ 按不同环境和需要而为各下设计不同停车场管理系统。

Speed bump 减速胶

Tyre killer 单向行车管制机

Traffic barrier controlled by magnetic card 磁卡控制车闸

怡采系統工程有限公司
NATURAL CHOICES LIMITED

香港中环皇后大道中270-276号中央大厦2F
电话:(852) 2815 8312, 2854 2639　传真:(852) 2542 1725

广州代办处: 广州市广园中路1355号　电话:(020) 659 7561
广州市环市东路509号宝山大厦十四楼　电话:(020) 775 2720

必發 BFT

本公司代理"義大利"「必發」牌自動閘推動器，「必發」牌推動器包括各款型號，適合任何使用自動開關閘的別墅，或廠廈電動捎閘，掩閘及吊閘等等。

每款「必發」推動器一般包括：

1） 電動油壓摩打
2） 機械齒輪
3） 無線電感應開關器
4） 人手開關器
5） 安全保險設施

「必發」牌推動器外型美觀、輕便、安裝容易。一般電器技師均可按照說明書自行安裝，不需要特別保養，絕對擔保耐用。

BGV 30-45-60 停車場電閘

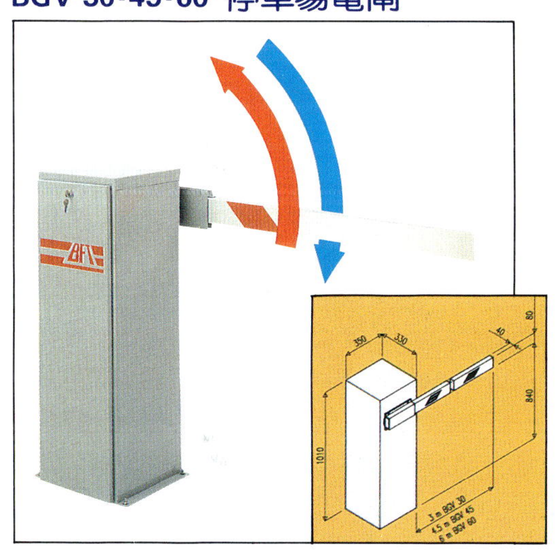

LUX 掩閘推動器

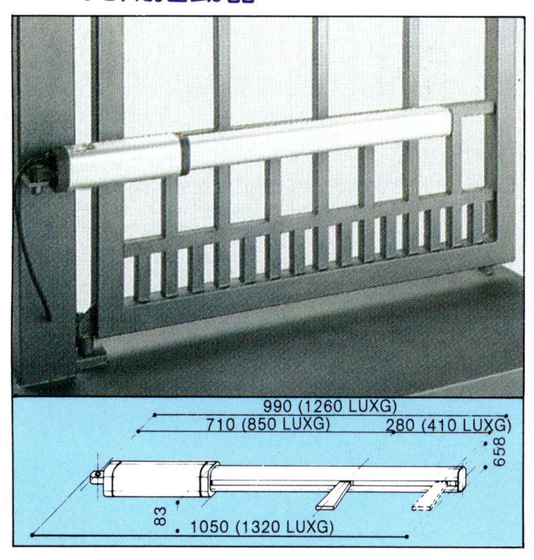

LEM 捎門推動器

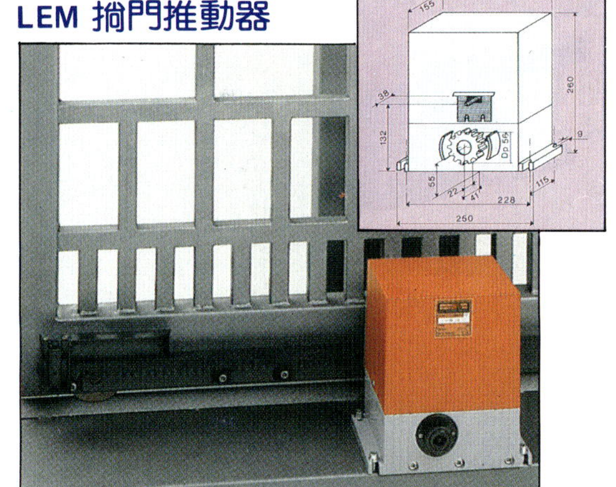

E5 掩閘推動器

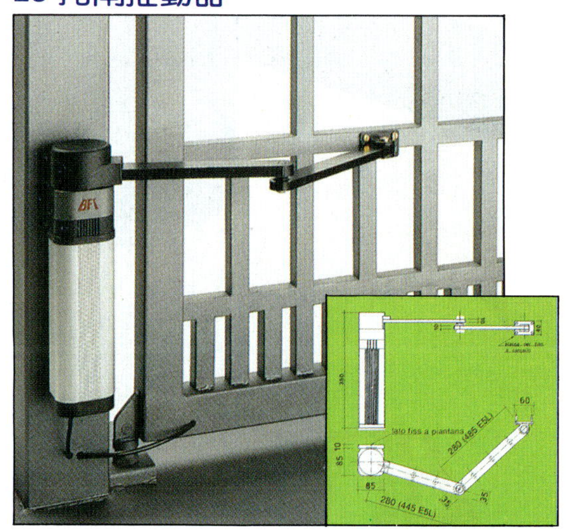

並有全自動停車場設備及電腦收費系統，歡迎查詢。

徵求國內代理。

瑞士"哈哗"活动式玻璃间格

瑞士制造各类型优质玻璃及傢俬趟、摺门用五金产品，美观耐用，适用於高级装璜及傢具生产行业。

National 樂聲牌

Auto Door 商用自动门

A Microcomputer controlled Automatic Door Operator

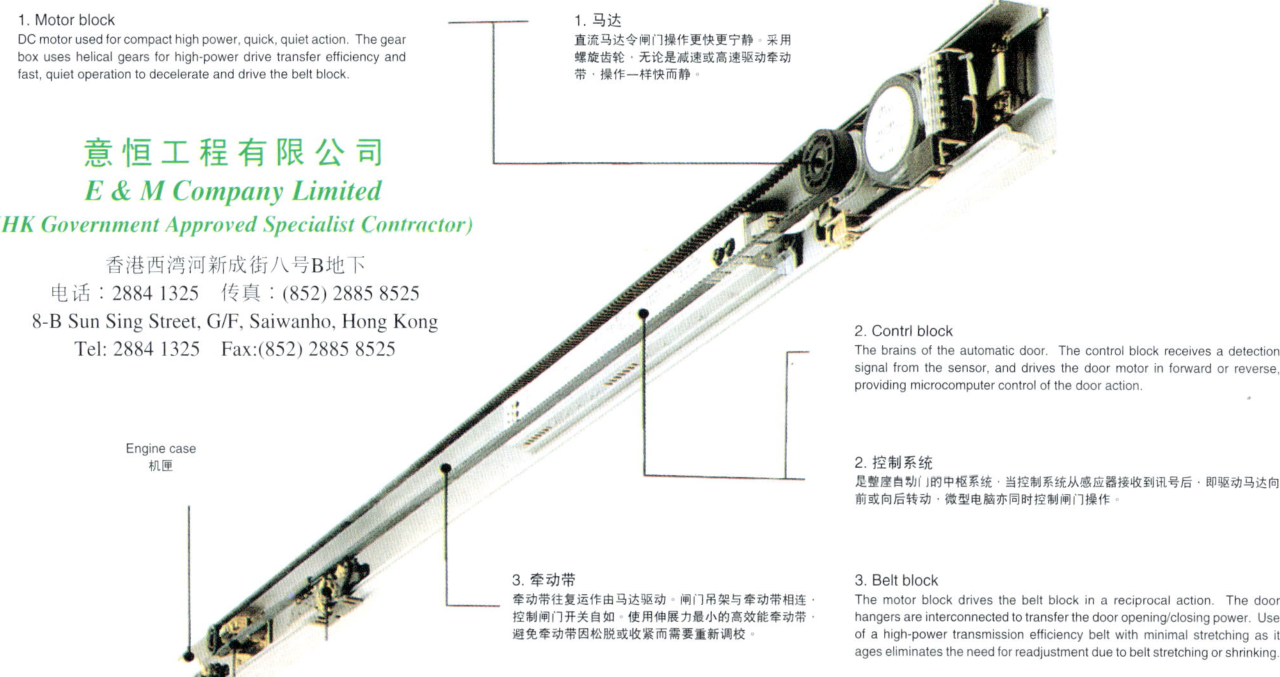

1. Motor block

DC motor used for compact high power, quick, quiet action. The gear box uses helical gears for high-power drive transfer efficiency and fast, quiet operation to decelerate and drive the belt block.

1. 马达

直流马达令闸门操作更快更宁静。采用螺旋齿轮·无论是减速或高速驱动牵动带·操作一样快而静。

2. Contrl block

The brains of the automatic door. The control block receives a detection signal from the sensor, and drives the door motor in forward or reverse, providing microcomputer control of the door action.

2. 控制系统

是整座自动门的中枢系统·当控制系统从感应器接收到讯号后·即驱动马达向前或向后转动·微型电脑亦同时控制闸门操作。

3. 牵动带

牵动带往复运作由马达驱动。闸门吊架与牵动带相连·控制闸门开关自如。使用伸展力最小的高效能牵动带·避免牵动带因松脱或收紧而需要重新调校。

3. Belt block

The motor block drives the belt block in a reciprocal action. The door hangers are interconnected to transfer the door opening/closing power. Use of a high-power transmission efficiency belt with minimal stretching as it ages eliminates the need for readjustment due to belt stretching or shrinking.

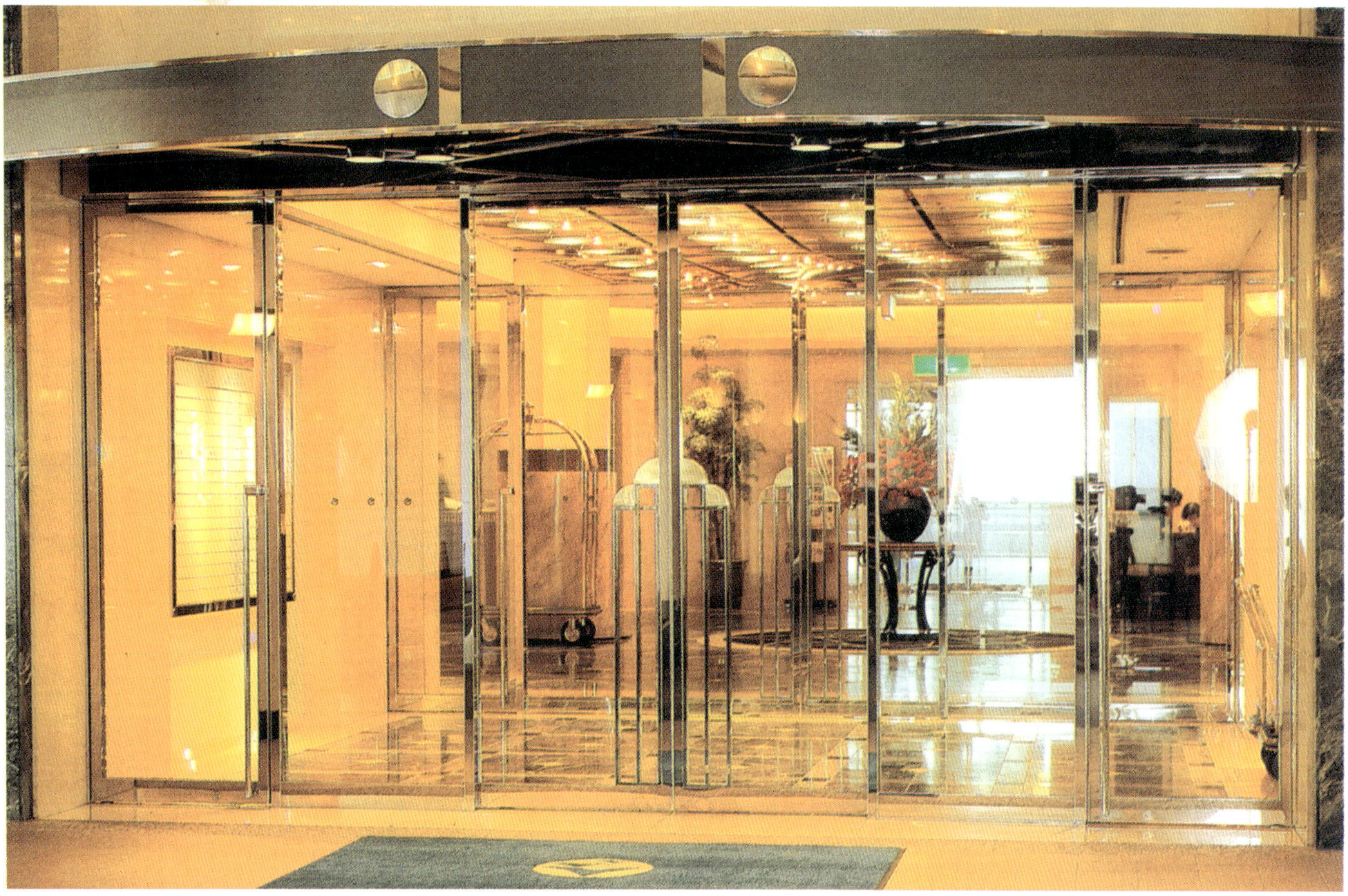

422 型

Designed for application in automatic gate system for residential and condominium use, the various versions may be used with gates ranging from 0.8m to 3m in length.

油压臂适用于商业及住宅用途，备有多种尺码，以供由0.8至3米阔之掩式闸门使用。

400 型

Perfect for heavy traffic. Easy to install on any leaf gate up to 7 metres width. All components made from durable, high-quality materials to withstand heavy-duty use and the most difficult operating conditions.

油压臂特为使用频繁之闸门设计，特别坚固耐用，适用于7米以内之工／商业式掩门。

750 型

Automation for residential leaf gates, up to maximum width of 3.5 metres. The 750 system can be installed out of sight and therefore does not alter the aesthetic appearance of a gate. Special safety devices ensure perfectly safe operation.

乃藏地式之掩门装置特别适合要求高之高尚住宅用，最大之闸门阔度为3.5米。

746 型

Designed for application with gates weighing up to 400kg. It is a reliable actuator which house the reduction unit and electronic control equipement. Operational safety is guaranteed by an electronic sensor which reverses or arrests the movement of the gate when obstructed.

趟门自动机适用于400公斤以内之闸门使用，备有电子安全回路，防止意外。

SWITCH

按扭制

Modern, elegantly designed stop-start switch. Clear symbols and one warning light for simple, faultless operation. Made from weather-proof, durable materials.

美观耐用的按扭制适直于户内／外安装。

METAL DIGIKEY

密码制

A coded opening system with programmable coding. 100% burglar-proof since the decoding card is not installed inside the keyboard.

分体式装置的密码制可自行编选个人密码坚固防盗。

DIGICARD

密码卡

Magnetic card reader, another FAAC exclusive model. The modern, functional solution for controlling high-security access to doors, gates, car-parks, hotels and clubs. Once again, 100% burglar-proof since the decoding card is not installed inside the keyboard.

专利产品适用于高度保安要求之装置。

FOTOSWITCH

红外线电眼

Photocell safety device, infrared ray photocell for controlling the opening of doors, gates etc. even in the most difficult operating conditions.

适用于30米以内之户内／外装置。

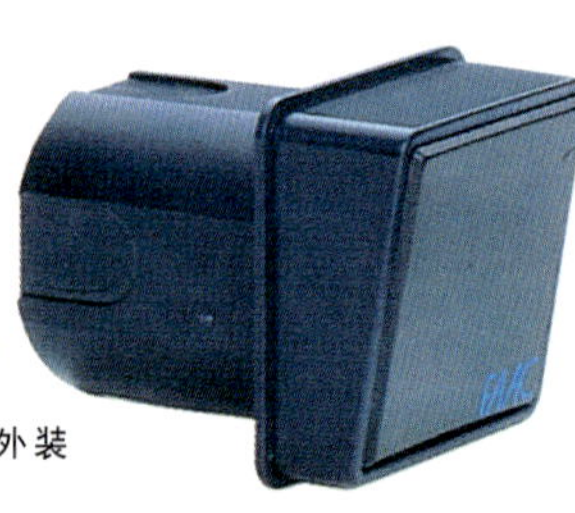

MINIBEAM

小型电眼

Equipped with an automatic alignment system which can be applied in even restricted spaces, thanks to its exceptionally compact size.

适用于6米以内之户内／外装置。

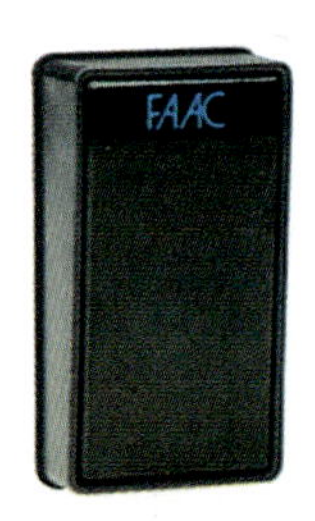

820/860 型

Reduction units for sliding gates of up to 13m in length, equipped with a revolutionary electronic ADL (analogic digital limit) safety system which controls the speed of the gate in real time and reverses its movement if the gate is obstructed while operating.
趟门自动机适用于13米阔以内之闸门，全电子控制及特有安全回转，不需调校，安全可靠。

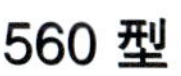

REMOTE RADIO CONTROLS
无线式遥控设备

A complete range of high-quality remote controls. Available in 5 different frequencies to suit the country of sale, and in mini and standard versions.
各款产品均具优质，无线遥控，及接收器，适合不同国家及地方，每款遥控设备，均可独立编入私人密码。

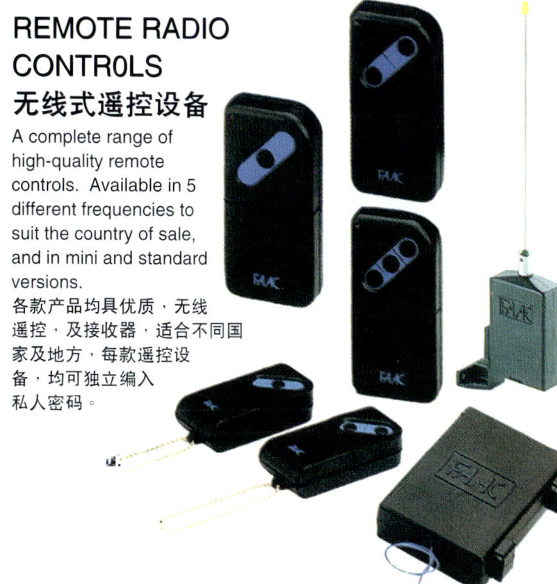

560 型

Automation for double leaf folding doors. The telescopic arm mechanism of this system guarantees perfectly linear door movement.
油压式趟门自动机，设计特别安装容易。

LAMP
讯号灯

Distinctive warning light from FAAC
LAMP BILAMP
MULTILAMP
MINILAMP
各款优质警告灯、闪灯、指示灯、交通灯及多用途灯均由FAAC完厂制造。

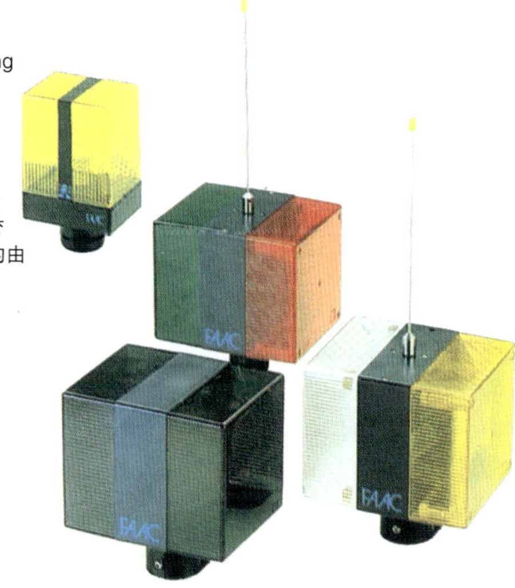

UFO RAIL 天花型

Ceiling mounted operator for spring balanced up and over garage door. A FAAC exclusive patent, remote radio control for perfectly linear door movement. Complete with all accessories. The most advanced high-technology combined with the utmost simplicity of installation.
自动机，安装快捷美观实用。

590 型

For residential use on counterweigthed up and over doors up to a maximum width of 3 metres. A functional hard-wearing design. The 590 is supplied complete width all accessories including a light for illumination purposes. Can be fitted with a customized key/lock upon request.
住宅用上掩式车房用油压式自动机，适用于3米阔 x 3米高以内上掩式车房门。

PNEUMATIC SAFETY RIB
安全胶边

Used to make doors garages, gates and barriers even safer. A supplementary and very effective safety device.
备有单层式及双层式之气压式安全胶边以供用家选择。

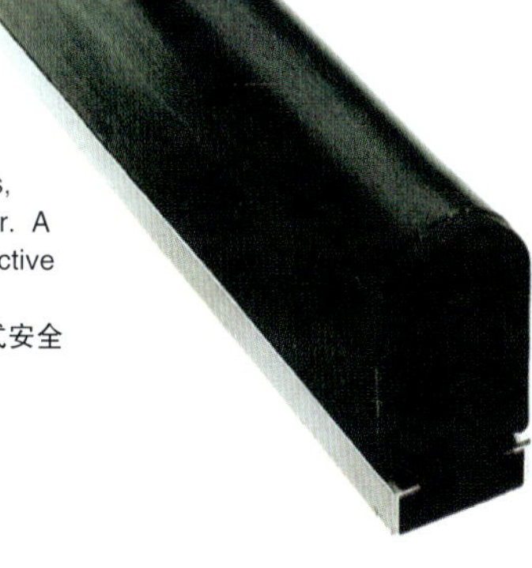

630 型

Automatically operated barrier for entrances of up to 4m in width. Ideal for public of private areas subject to medium level traffic. Constructed with high quality materials to guarantee high resistance against atmospheric agents and wear.
车场用油压臂，快速型2-5秒，适用臂长4米以内。

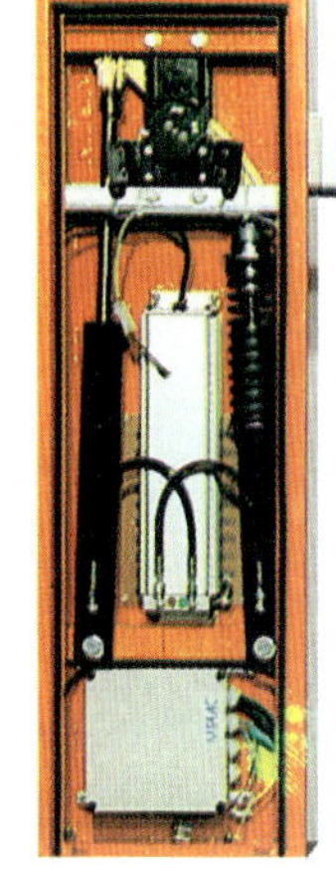

620/640 型

For the management of vechicle traffic in public and private areas subject to heavy traffic. Designed for application with entrances of up to 7m in width, featuring a high speed opening and closing system with capacity for continual use.
车场用油压臂，适用臂长7米以内。适合任何顽强天气，户内／外车场皆宜。

优质产品·信誉保证

铰链品种繁多，开关角度由90°—180°，式式俱备，并有多款底板配合使用。

以澳洲锌合金及日本钢材及塑胶原料精嵌而成，保证优质产品。

手抽款式包罗万有，并欢迎顾客提供样品或图样作加工，产品颜色任君选择。

本厂并生产多款其他系列包括柜路，柜路辘，巾座，佛冷，磁石，装嵌螺丝……

荣新行进出口有限公司
Wing Sun Hong Import & Export Co. Ltd.

建荣行傢俬装饰材料有限公司
Kin Wing Hong Hardware Supplier Ltd.
香港新界荃湾白田坝街嘉力工业中心B座地下6号
电话:(852)2402 2281 (6 Lines)
传真:(852)2402 2606

珠海经济特区
东荣五金塑料制品厂有限公司
Zhuhai S.E.Z. Dong Yong Metals & Plastics Manufacture Plant Co Ltd
中国珠海市湾仔海傍街
电话:(756)8822 292 传真:(756)8822 773

對您的酒店保安倍添信心

防盜及管理顯著

世樂牌磁咭鎖功能功眾多，可根據你的指示加以控制及記憶每把鎖的開關，無論是住客的退房時間，或美容室的出入以及清潔員工因工作所需而進出的時間，都可在控制及記憶之內。

完善的培訓及維修服務

世樂牌磁咭鎖系列除了是一把門鎖之外，更是酒店方面的好幫手。只要是用戶，保得建材有限工司都會為其提供員工培訓課程，使其了解磁咭鎖的特性及使用方法。本公司除香港外更於北京、上海、廈門及廣州設有辦事處，並有維修站提供維修服務。

近期項目：

香港長榮華苑酒店・潮州金融信託大廈
廣東國際大酒店・海南三亞恆潤酒店
澳門新麗華酒店・廣州花園酒店
上海國際展覽中心暨賓館
南京揚子江飯店・珠海金能大酒店

POLYTEK
BUILDING SUPPLIES LTD.
保得建材有限公司

Room 1008, 10F Block B,
Sea View Estate,
2-8 Watson Road,
North Point, Hong Kong
Telephone: (852) 2969 3111
Facsimle: (852) 2807 0232
香港北角屈臣道二至八號
海景大廈B座十樓一〇〇八室
電話: (852) 2969 3111
圖文傳眞: (852) 2807 0232

保得工程及保得建材中國辦事處：

北京
建國門外大街二十四號華僑村三門十樓A座
電話 : (01) 515 0815, (01) 515 9394
圖文傳真 : (01) 515 8908

上海
淮海西路四百三十二號永怡安大廈五〇一至五〇七
電話: (021) 210 7177, (021) 210 7084
圖文傳真: (021) 210 7176

廈門
湖濱南路二百五十八號鴻翔大廈第十五樓C座
電話: (0592) 515 0355
圖文傳真: (0592) 515 0356

廣州
流花路中國大酒店商業大樓四一一至四一二室
電話: (020) 666 3388 - 2411／2412
圖文傳真: (020) 667 7897

廣州維修服務
廣州市東風西路一百四十二號南油大廈地下
電話: (020) 666 0780, (020)666 0789
圖文傳真: (020) 666 0789

保得建材有限公司榮獲廣州花園酒店(1,200套客房)更換電子門鎖合同。

Feel Confident About Your Hotel Security

Computerized Security Systems
A MASCO Company

No.1 IN SECURITY

Within the trim, compact design of the Saflok V series is the magnetic-stripe lock with the intelligence to adapt to your specifications. You tell the lock how to control access for each particular door - from the hours of your health club to the work schedule of a maid, even when a guest is checking out. The flexible Saflok V series can also be programmed for perimeter doors, elevators, parking areas, guest facilities, etc.

No.1 IN TRAINING AND SERVICE

The Saflok V series is a total system that includes user-friendly training that helps your staff take advantage of all its benefits. And 24 hours a day, CSS stands behind your investment with round the clock technical support.

KA SHING MARBLE CONTRACTORS LTD

嘉城雲石工程有限公司

For more detail, please contact us on: 2396 6368

Importer, exporter & Wholesaler of all kinds of Marble & Granite, specially in China Trade, marble contracting & decorating experts (Tailor-made interior marble project).

We offer excellent quality of marble & granite, in the form of Slabs, Tiles & Mouldings. We assure to meet your requirement in quality, quantity and variety. Please do visit our warehouse/showroom for a look.

歡迎國內提貨！

SHOWROOM:

G/F., 1132 Canton Road, Kowloon.

Tel: (852) 2396 6368

Fax: (852) 2394 2197

WAREHOUSE:

DD123, Lot 538, Ping Ha Road, Lau Fau Shan, Yuen Long, N.T.

Tel: (852) 2472 6382

Fax: (852) 2472 6421

中國廠址：

廣東增城市鎮龍鎮上境村大地副食廠（舊址）

Tel: (20) 287 6166

(20) 275 2964

華通石業有限公司
HUATONG STONE COMPANY LIMITED

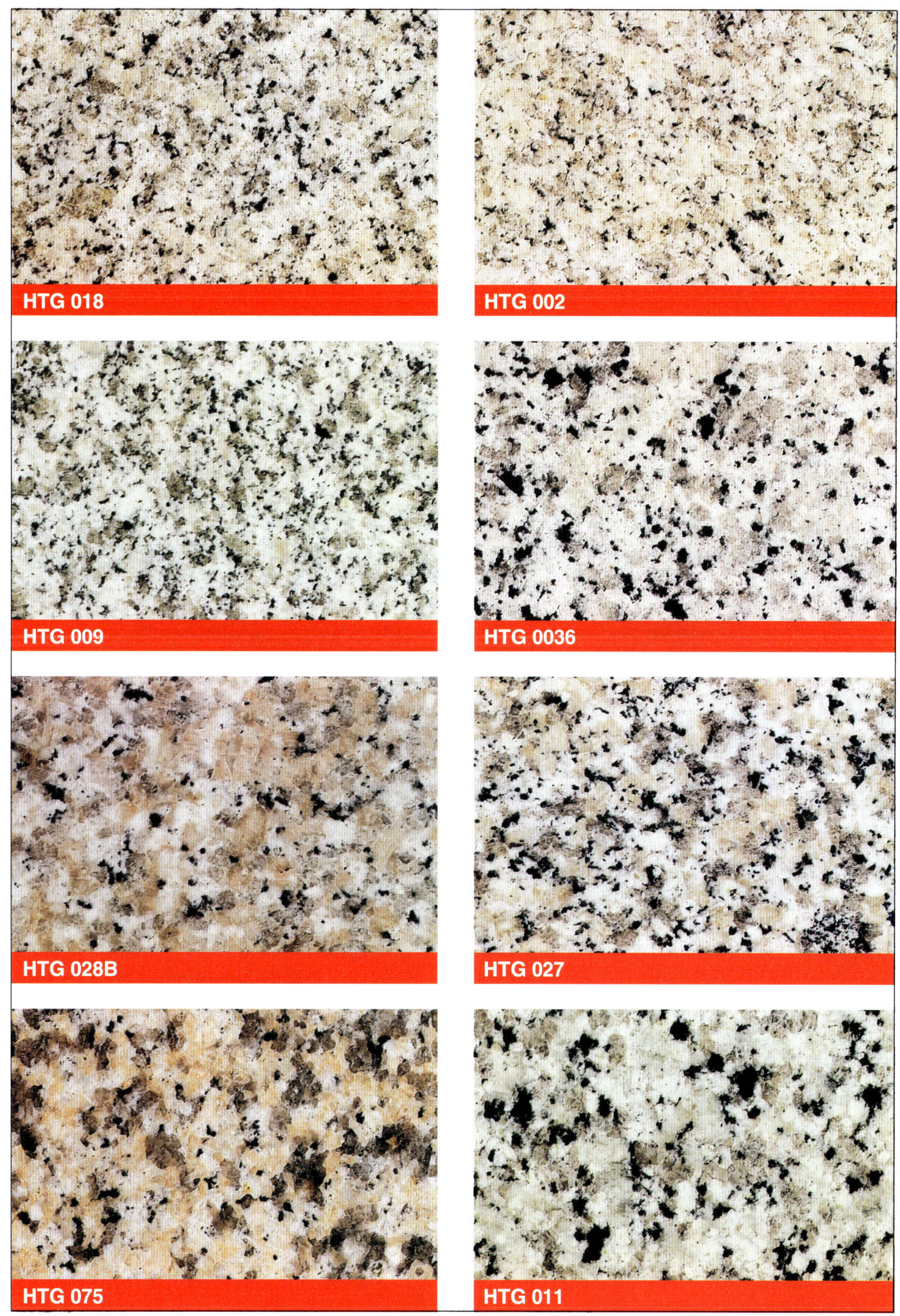

華通石業有限公司

HUATONG STONE CO. LTD.

中國福建省泉州市東海鎮法石村

Fashi Village, Donghai Town, Quanzhou, China. Tel: 595-253705 Fax: 595-252009

中东最大的
大理石、花岗石厂

一·加工

Saudi Binladin集团藉著采矿的特权而可提供客户们罕有独特及高质的大理石和花岗岩产品。在中东，我集团崭新的厂房为最大加工能力的沙特花岗岩工厂，同时拥有先进设备及优良传统技术，得以保证提供高质及形形式式的花岗岩产品。

二·施工

Saudi Binladin集团与设计师们的紧密合作，保证提供的服务都能切合客户的需要。我集团使用最现代化的切割及加工修饰设备可生产任何指定形状和尺寸的石材。并能提供匠心独运的设计，包括由圆柱体到衬托用的配件与及由傢具器皿到地台的铺砌。

三·表面处理

大理石及花岗岩华丽和实用而衍生出来的冲激，在於室外装饰有著宏伟的外观，在室内又可营造豪华典雅的气氛。配合多种形式可选择的石材表面处理，包括磨光、槌纹、烧面，磨沙等与及广范颜色和丰富瑰丽的纹理令设计师们的创作来得自然又带点激昂。

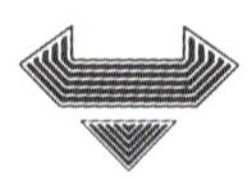

SAUDI BINLADIN GROUP
MARBLE & GRANITE

如有查访 *For further information, please contact:*

SIDRA TRADING LTD

Suite 805B, 8/F, Sino Plaza, 255 Gloucester Road, Causeway Bay, Hong Kong

Tel: (852) 2833 9188 / 2833 9904 Fax: (852) 2838 5929

香港铜锣环告士打道255号信和广场805B室

电话: (852) 2833 9188 / 2833 9904 传真: (852) 2838 5929

FEDERAL APD

Federal Signal Corporation

身爲泊車系統市場裡的少數先驅者之一，並累積超過四十年豐富經驗，
我們致力以先進電腦及軟件技術，配合精密，嚴謹的生產和品質管制程序，
爲閣下之停車場提供具備自動化，高度安全及可靠性，兼附現代化中央監控
條件之控制及收費系統。

香港及中國大陸代理：

科埠工程有限公司

Thousand Port Engineering Co. Ltd.

九龍永康街51-53號時穎中心六樓四室

Tel : (852) 2310 8013　Fax : (852) 2745 3033

康乐体育设备之专家 — 雅佳

戏院及剧院座椅

球场观众看台座椅

儿童遊戏架组合及安全地垫

可组合活动舞台

全天候田径跑道及人造草场

各种体育设施

电子广告及计分板

户外休憩设施

欢迎垂询产品目录及详細有关资料

雅佳有限公司—乃历史悠久的文娱，体育及会所设施供应商，多年来为大量中港客户设计及安装先进和乎合国际标准的康体设备，经验及水准无容置疑

产 品 种 类

儿童遊乐场设备

户外，户内水上儿童遊戏架组合，安全地垫及休憩设施

座椅及表演设备

适用於戏院，演讲厅，室内和室外运动场，酒店及俱乐部等

运动及会所设备

网球场，壁球杨，田径场，桑拿室，健身室，桌球设备，室内运动场设备，拳击设备，高尔夫球模拟系统，保龄球设备及溜冰场等

户外，户内运动场地面

全天候田径跑道，人造草场，枫木场地，户外硬地场表面及室内橡胶地板等

电子产品

电子广告牌，运动计分及计时系统，交通运输系统等

电机产品

餐厅旋转台，室内设计灯饰及体育场地灯光设备等

中国办事处：
广州恒福路108号陶金花园A座15字F室
电话／传真：(02) 3308770

香港总公司：
香港皇后大道东29号乐满大厦2字楼
电话：(852)2527 8121-4　传真：(852)2529 1564

壁 球 场

墙身批荡

- 高性能，超硬度，国际壁毂认可涂层
- 8mm-15mm厚
- 有透气作用
- 没有收水产生裂缝问题

玻璃背墙

- 12mm厚，透明强化玻璃背墙
- 有3至4面国际比赛专用设计
- 国际壁毂认可

枫木地板

- 加拿大或美国一级枫木地板配合不同基层设计

科 建 公 司
Built-Tech (Sport & Recreation) HK Co.
香港九龙旺角亚皆老街29-31号，永辉大厦5楼B座
电话：2787 0171/3
电传：57954 HKTI HK
传真：2787 0180

网 球 场

"温布顿"人造草

* 不同种类和颜色
* 用于网球，足球、曲棍球、哥尔夫球和游水池等
* 有沙或无沙设计
* 有弹性底层可供选择
* 可以舖在石地，沥青地或英泥沙地面

"Tennislife"乙丙稀颜色涂料

* 不同颜色配合可供选择
* 用于网球、足球、篮球、排球和羽毛球场等
* 有弹性底层可供选择
* 价廉和不用维修
* 可以涂在沥青或石屎面上

胶粒球场

* 红、蓝、绿、黄、橙不同颜色以供选择
* 有弹性及不退色
* 不同厚度，由8mm至25mm
* 用于网球、足球、篮球、排球和排球场等
* 可以舖在石地、沥青地或英泥沙面

亮志國際有限公司
Gloss Mind INTERNATIONAL LTD.
香港九龍官塘成業街11號華成工商中心11樓10座
Unit 10, 11/F., Wah Shing Centre, Shing Yip St., Kwun Tong, Kln., Hong Kong.
P.O. Box 62671, Kwun Tong Post Office Hong Kong.
Tel: (852) 2797 9297 Fax: (852) 2793 0405

廣州聯絡處：廣州天河北路82號光華大廈僑通樓906室
電話：(020) 757 3635 / 906 8097 傳真：(020) 757 3635

douglas STRONGWALL™

業務範圍：

承造網球場、壁球場、各類運動場、設備、照明系統及有關配套。

供應俱樂部/高爾夫球場各類配套設施。

供應兒童游樂場設施。

SPORTS SURFACING PRODUCTS

Court Master Quality

CourtMaster Sport and Recreational Surfacing Products are developed in the laboratories of SealMaster, Inc., a leading manufacturer of asphalt maintenance products and coatings. CourtMaster products are formulated with only the finest raw materials utilizing advanced manufacturing techniques. The results are coatings that provide beautiful tennis and sport surfaces with outstanding performance qualities.

CourtMaster products are backed by our knowledgeable technical staff along with a national network of field representatives and contractors to answer questions and service your needs. Whether you are planning a new tennis court installation or resurfacing an existing court, we have the technical personnel and the products to assure the success of your project from the inception to completion. This underlies our commitment to provide the best possible service and products in the industry.

Quality-conscious architects, park officials, club owners, school directors, home owners and contractors employ CourtMaster surfacing systems for beautiful, as well as durable, results. CourtMaster acrylic coatings remain colorfast and bright for many years regardless of climatic conditions. Tennis courts coated with CourtMaster remain cooler, enabling players to concentrate more fully on optimum performance with less fatique.

THE COURTMASTER SYSTEM

(1) **Resurfacer** - 1 or 2 coats of either LevelMaster or CourtMaster Acrylic Resurfacer to fill minor voids and smooth rough surfaces prior to applying color finish.

(2) **Cushion** (optional) - CushionMaster may be applied prior to color finish to slow and cushion play.

(3) **Texturizing coat** - As a texture coat, CourtMaster Concentrate is blended with silica sand and applied in one or two coats.

(4) **Finish Coat** - As a finish coat, the amount of silica sand added to CourtMaster Concentrate is varied allowing the applicator to customize the finished surface and achieve the desired speed of play.

(5) **CourtMaster Line Paint** - is applied for line markings on the finished colored surface.

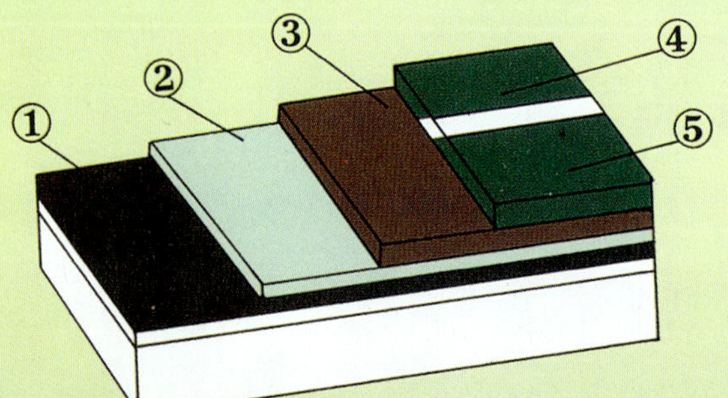

上海紫藤俱乐部

COURTMASTER SPORTS SURFACING PRODUCTS

LEVELMASTER is an asphalt emulsion resurfacer designed for the repair of minor defects and depressions in asphalt surfaces. LevelMaster smooths rough surfaces, allowing for the application of an even, full-depth color, playing surface.

ARCYLIC RESURFACER is an asbestos-free, 100% acrylic emulsion resurfacer designed for on-site mixing with graded mineral aggregate. Acrylic resurfacer reduces surface porosity allowing for application of an even, full-depth color, playing surface.

CUSHIONMASTER is a liquid-applied, resilient surfacing material for asphalt and suitable concrete. It is an acrylic emulsion manufactured with rubber particles and fillers designed to impart exceptional shock absorption qualities to tennis and other recreation surfaces. Installed immediately prior to color texture and finish courses, it slows and cushions play for greater player comfort and enjoyment.

COURTMASTER CONCENTRATE is an asbestos-free, acrylic color coating for sport and recreational surfaces. Concentrate is job mixed with fine, mineral aggregate and applied as the color texturizing coat or coats. Applied also as the finish coat, the amount of aggregate added is varied, allowing the applicator to customize the finished surface to achieve the desired speed of play.

FREE INFORMATION SHEETS AND QUOTATION AVAILABLE:

WAI YIP ENGINEERING CO.
偉 業 工 程 公 司
Rm. B3, 8/F., Block B, Tonic Industrial Centre
19 Lam Hing Street, Kowloon Bay, Hong Kong
Tel: (852) 2318 0422 Fax: (852) 2331 3587
香港九龍臨興街19號同力工業中心B座8樓B3室

COURTMASTER为美国生产之新配方聚炳稀涂料。防水、防晒、防滑、不易变色，品质稳定，可涂於沥青或水泥混凝土基面上。它作为网球场、足球场、篮球场、羽毛球场等户外体育竞赛场地的面层涂料，有非常满意的效果。事实上，也是目前美国最普遍采用的一种运动涂料；特别是用於网球场，更为大多数职业球员所喜爱及赞赏。

MASTERTURF是美国 SEALMASTER 公司对於运动场地的一种新贡献。这种人造尼龙草不但具有天然草的柔软、舒适、且寿命长，不易损毁，保养容易；造价低，施工简单，为目前很多先进国家乐於作为建造足球场及网球场的另一明智选择。

The best, sand-filled high density, synthetic tennis surface available today.

WOVEN POLYPROPYLENE PRIMARY BACKING
URETHANE SECONDARY BACKING
SPECIFICALLY GRADED SAND COMPLIMENTS SPEED OF PLAY
ULTRAVIOLET RESISTANT POLYPROPYLENE FIBERS

Court·1

網球網
網球柱
裁判椅
場邊休憩椅
推水器
防風網
網球發球器

以及一切網球場有關之設備、器材。

足球龍門及網　健身器材系列
排球柱及網　各種體育設施及器材
羽毛球柱及網

WAI YIP ENGINEERING CO.

偉業工程公司

Rm. B3, 8/F., Block B, Tonic Industrial Centre
19 Lam Hing Street, Kowloon Bay, Hong Kong
Tel: (852) 2318 0422　Fax: (852) 2331 3587

香港九龍臨興街19號同力工業中心B座8樓B3室

WE SUPPLIES:

(a) Cast Iron Products;
- soil pipe, comply w/BS 416.
- pressure pipe, comply w/BS 1211.
- drain pipe, comply w/BS 437.
- tree grille, comply w/BS 1452.
- gully grating, trap, kerb etc, comply w/BS 1452.
- double seal terminal sewer M.H cover, comply w/BS 1452.

(b) All sizes & pattern of G.M.S. or M.S. tree guard, and welcome order subject to the client design or sample.

(c) Metal products, for examples; railing & temporary barrier etc.

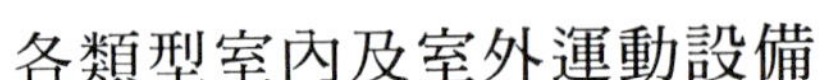

各類型室內及室外運動設備

* 分場網
* 運動/體操器材
* 活動壁球場
* 防撞及吸音牆墊
* 全天侯跑道及運動場地面材料

水上遊樂設備

* 大小型滑水梯
* 大小型充氣玩具及設施
* 游泳池設備
* 水上遊戲架組合

戶內及戶外設施

* 人造草地
* 公眾及運動場座椅系列
* 活動看台架
* 啓發性兒童遊樂架組合
* 幼兒軟性遊樂設施
* 高級儲物櫃
* 洗手間及浴室間格
* 新式繩網設施
* 室內安全地墊
* 室外安全橡膠地墊

本公司經銷歐美名廠康樂設備及各類型戶內及戶外設施，各產品均由歐美直接入口，經嚴格品質控制及符合世界安全條例，達到國際水準，歡迎查詢。

本公司爲顧客提供優良服務，包括專業設計，完善安裝及滿意的售後服務，務求達致盡善盡美。

WOLIK LTD. 5/F., 15B Wellington Street, Central, Hong Kong. Tel: (852)523 0768 Fax: (852)523 1743

禾力有限公司 香港中環威靈頓街15號B六樓 電話：(852) 523 0768 傳真：(852) 523 1743

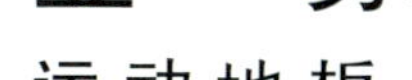

业　务　范　围

运动地板

代理美国SPORT COURT运动地板，其新颖锁扣悬挂式设计，装拆容易、不用保养，为现时同类地板中唯一获国际蓝球协会认可使用於专业赛事中的地板。SPORT COURT运动地板经测试证明能减低受伤机会，同时提供多种设计，配合不同运动要求。

康体设备

本公司从世界各地挑选各式康体设备，当中包括：电脑高尔夫球模拟练习器、高尔夫球用品、篮球、排球、网球、曲棍球、射箭、体操、健身等等。

设计及承造

本公司代客设计及承造室内外高尔夫球练习场及其他各种体育场地。新富利公司的建筑师和工程师乐意向顾客提供产品及场地的设计及维修意见，欢迎查询。

NEW GENIUS LIMITED
新 富 利 有 限 公 司

Rm.1808, Tsuen Wan Industrial Centre, 220-248 Texaco Road, Tsuen Wan, Hong Kong.
香港荃湾德士古道220—248号荃湾工业中心1808室
TEl: (852) 24079133　　Fax: (852) 24081306

代理厂家名录……

Brunswick

Bowling Equipment, U.S.A. (China & Macau)
（美国宾士域保龄球设备 — 中国及澳门）

Benckiser Wassertechnik, Germany (Ozonator)
（德国臭氧消毒系统）

Klarer Freizeitanlagen AG, Switzerland (Waterslide)（瑞士水滑道）

Polymarin Adjustable Swimming Pool Floor System, Holland（荷兰泳池底昇降台）

Thermelek Wave Machine, U.K.
（英国鼓浪系统）

C W Davis, Inc., U.S.A. (Ice Skating Rink)
（美国溜冰场设备）

世界水上乐园协会会员

国际遊乐场协会会员

美国国家浴池及游泳协会会员

香港政府认可游泳池过滤系统及喷泉设备承造商

溜冰場設備

泳池底升降台

蒸氣浴房

香港总公司

保安水利工程有限公司

香港九龙九龙湾临东街八号商业广场六字楼八号室
电挂：REVIVOCO　电话：(852) 2755 7182, 2795 6801
图文传真：(852) 2796 2060

北京办事处：
中国北京东城区东直门南大街十四号保利大厦878室
电话：(86-1) 500 1188 (线3878/3818 c/o 878室)
图文传真：(86-1) 501 0277　邮编：100027

上海办事处：
中国上海金陵东路二号光明大厦二十八层2803室
电话：(86-21) 323 8081　图文传真：(86-21) 323 8042

广州办事处：
中国广州东风中路309号广东大厦212室
电话：(86-20) 333 9933　图文传真：(86-20) 333 9933 - 2248

深圳办事处：
深圳保安工程有限公司
中国深圳人民南路国贸大厦四十楼十五号室
电话：225 1955　图文传真：225 2043　邮编：518014

水滑梯

豪華水力按摩系統

臭氧消毒系統

蒸氣沖淋綜合浴室

幻彩音樂噴泉

桑拿浴房

業務範圍……

- 设计
- 顾问
- 可行性研究
- 贸易
- 安装
- 项目管理
- 工程监督
- 操作管理
- 生产
- 保养维修
- 调试
- 模拟试验
- 保龄球场
- 喷泉、水造形、音乐喷泉
- 游泳池
- 水上乐园 — 水滑道、鼓浪池…
- 健身室 — 水力按摩池、芬兰浴、蒸气浴…
- 遊乐场
- 室内遊乐中心
- 海洋馆
- 溜冰场
- 水处理
- 灌溉系统
- 人造石景
- 园林灯饰
- 特别视听效果系统

1977年成立

THE

FIRST ESSENTIAL ELEMENT OF A SUCCESSFUL ICE-RINK SYSTEM

TALKING TO PAXON ICE RINKS LIMITED

太古城中心第二期
TAI KOO SHING CITY PLAZA II
SIZE: 20 X 40 M = 800 M²

荃灣海濱花園
RIVIERA GARDEN, TSUEN WAN
SIZE: 17 X 30 M = 510 M²

荃灣廣場
TSUEN WAN PLAZA,TSUEN WAN
SIZE: 20 X 43 M = 860 M²

紅磡黃埔花園
WHAMPOA GARDEN SITE II, HUNGHOM
SIZE: 20 X 42 M = 840 M²

不論您是否需要安裝一個全新的溜冰場，修葺或改善現有溜冰場的冷凍系統能源損耗；或又想將現有的滾軸溜冰場改裝為真冰，請即聯絡柏燊溜冰場有限公司何先生。電話：529 6368。我們可以告訴您怎樣可把它演變成一個老少咸宜的娛樂場地。

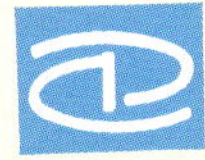

PAXON ICE RINKS LIMITED

Ice Skating Rink Specialist Planners, Suppliers & Installation

No. 1, Sun Street, 1st Floor, Wanchai, Hong Kong
Tel: (852) 2529 6368 Telex: 72901 MAXMD HX
Cable: MAXONETC Fax: (852) 2865 0317

柏燊溜冰場有限公司

香港辦事處：
香港灣仔日街一號二樓
電　話：(852)2529 6368
電　訊：72901 MAXMD HX
電　報：MAXONETC
圖文傳真：(852)2865 0317

日本辦事處：
東京都豊島區巣鴨二丁目六番一號
電　話：(03)3915-9111
電　訊：272-2371 PATIN J
圖文傳真：(03)3949-1171

COSTAN®

意大利高登牌

· 始自一九四五年成立

· 产品具国际水准，行内首屈一指
· 专营超级市场各大小类型冷冻陈列柜
· 行销网遍达全球

辉和陈列设备有限公司

提供设计、安装及保养

香港鰂鱼涌华兰路20号华兰中心9楼901室
Unit 901, 9th Floor, Westlands Centre, 20 Westlands Road, Quarry Bay, Hong Kong.
Tel: 2811 9381　Fax: 2565 7094

美乐都(MELODY)

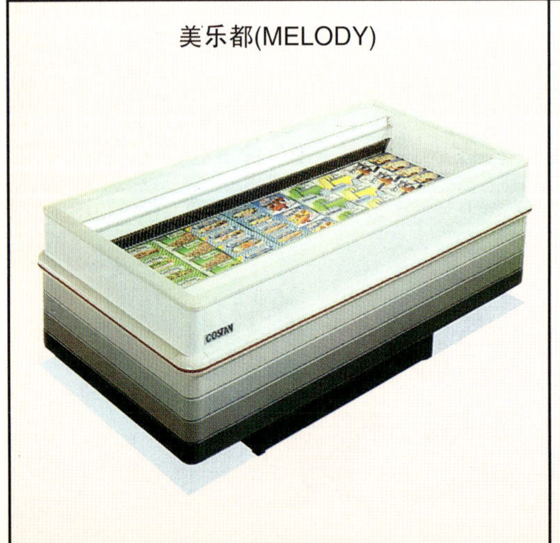

雪芬妮(SYMPHONY ATN)

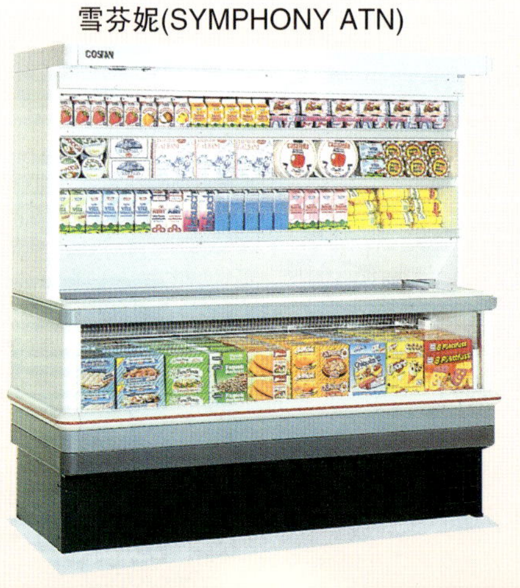

组合式冷库(COLDROOM)

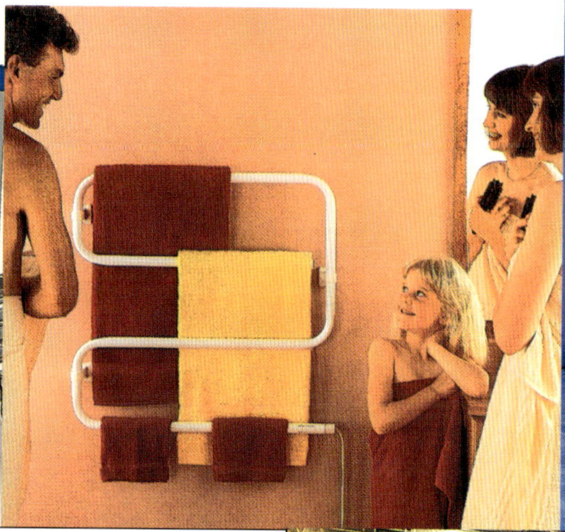

lacet®

LACET 乃一種多功能組合展覽系統，可按用戶及設計師的意念變化組合，符合各大小展覽用途。

Instand®

INSTAND 乃世界上最輕，堅固及易于開展的摺疊式展覽系統，展架的安裝及收藏只需數秒時間，備多種尺碼供選擇，其中以2.4×3.0米最為普及。

Ambassador

AMBASSADOR 乃一種易攜摺疊式展覽系統，備多種不同顏色質料的展面及尺碼可供選擇。

以上各種展覽系統均適用於

產品的展示及推廣，而其中的INSTAND及AMBASSADOR更因其輕便及摺疊式設計，易于攜帶作巡迴展覽之用。

本公司提供的展覽產品除私人機構外，

政府部門如香港文化中心，醫管局，伊利沙伯體育館、藝術博物館及各區大會堂等亦普遍樂用。

歡 迎 來 函 或 致 電 本 公 司 查 詢

斯希樓

香港九龍尖沙咀漆咸道117號崇基商業大廈7樓702室

Unit 02, 7th Floor Highgrade Building, 117 Chatham Road, Tsim Sha Tsui, Kowloon, Hong Kong.

Tel: (852) 2302 0812 Fax: (852) 2317 7016

鮮明形象
最佳選擇

「寶麗」第五代產品——
Cooley Brite

招牌代表你公司，亦都是給顧客的第一印象。「寶麗」將光燈箱系統可以爲你建立成功的企業形象，一般燈光招牌廣告，經不起長年累月戶外氣候考驗，而產生褪色，破裂，掉落，變色現象，以致影响招牌美觀，有損企業形象。早在十五年「寶麗」推出軟性燈箱布，將戶外廣告招牌帶入新紀元。現再推出Cooley—Brite，及有色燈箱布和外加保護膜，令產品不斷創新，領導市場。並有廠方五至八年的質量保証。所以「寶麗」特强燈箱布會是樹立貴公司良好的企業形象之最佳工具。

「巨霸」熱印繪圖機

爲你打開新市場，帶來更多生意

「巨霸」熱印繪圖機是美國 Gerber 廠最新產品，經多年測試，能燙印出高解像的圖片和文字在膠貼紙上，可有效用於廣告，商標，裝飾，展覽，汽車等。而數量多少不拘，價錢經濟，在戶外耐用程度可達五年。

如果你曾經拒絕以下生意
請立刻和我們聯絡

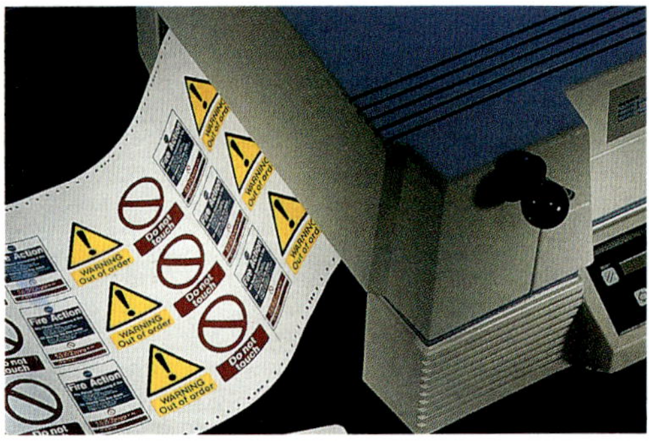

Authorized Distributor

實業公司 香港九龍青山道 690 號嘉名工業大廈 2 字樓A座 電話：2745 6186 傳真：2786 2355

「巨霸」立體切割系統

點止機器咁簡單

它可以幫你加速發展你的生意和增加收入

以下是十條很簡單達至成功的方法

- 市場需求不斷增加
  立體廣告和招牌快速增長，我們有多欵形號去配合這趨勢。
- 材料多元化
  可以介紹客人合適的物料，如木，銅，鋁，塑膠，人造雲石和大理石等。以配合人客的要求。
- 體積細小，容易安放
  只需16平方呎的面積，但可爲你帶來多倍的生意。
- 現有的人已可應付
  由於容易學習和操作，而且設計優良，當機器運作時你可以做其它工作。
- 生產力强營利豐碩
  靈活性，準確，省時，方便，漸漸你會發覺不能一天沒有它，而還本期亦是非常之短。
- 減少生產時間
  性能多樣化，以前要用很長時間和很多人力去做的工作，現變得很快和簡單。
- 設計優越準確
  可刴1吋厚鋁板，亦可彫刻精細的圖形和文字。
- 生產量多質量不變
  無論數量多少，或將來再做，你亦可以保持產品質量一致。
- 創意的提昇
  「巨霸」設計綜合系統，立體切割系統，熱印繪圖機，加上各種輸入方法，令你能創更多新意。
- 服務至上
  具有50多年歷史，「巨霸」產品快捷精確，可靠耐用的形象已深入人心，爲各界提供完善的服務。

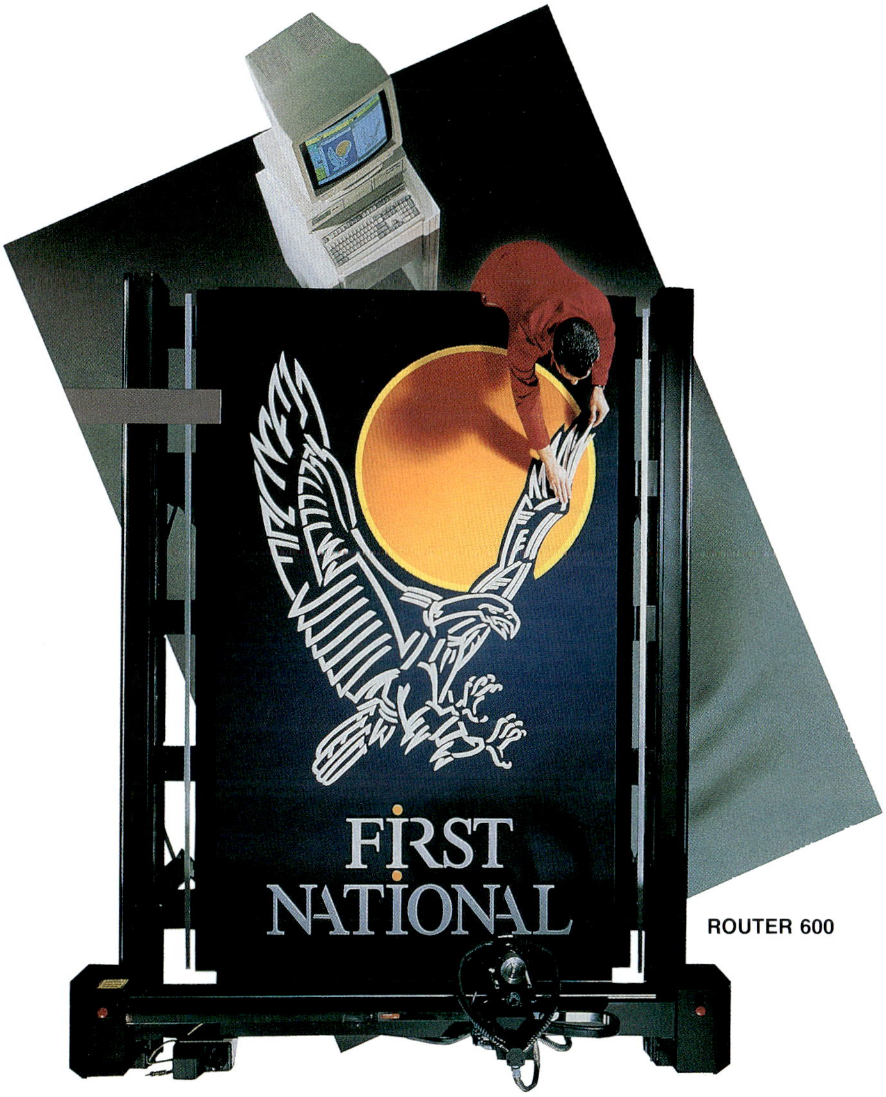

ROUTER 600

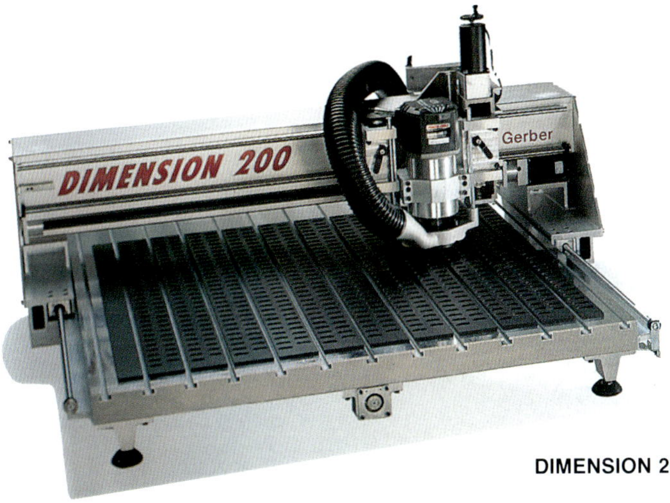

DIMENSION 200

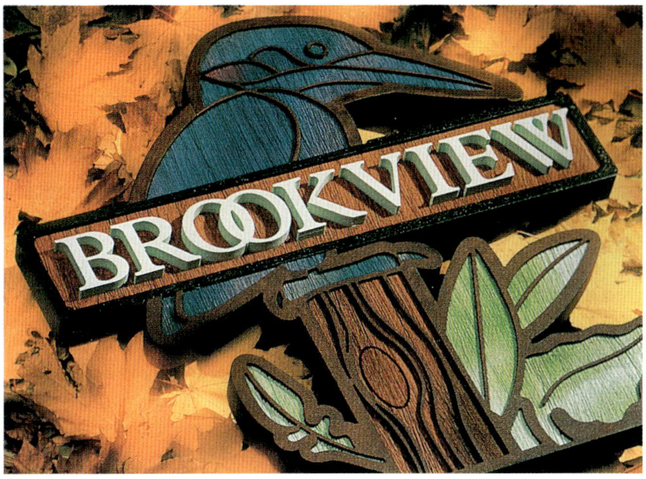

Authorized Distributor **俊雅實業公司** 香港九龍青山道690號嘉名工業大廈2字樓A座　電話：2745 6186　傳眞：2786 2355

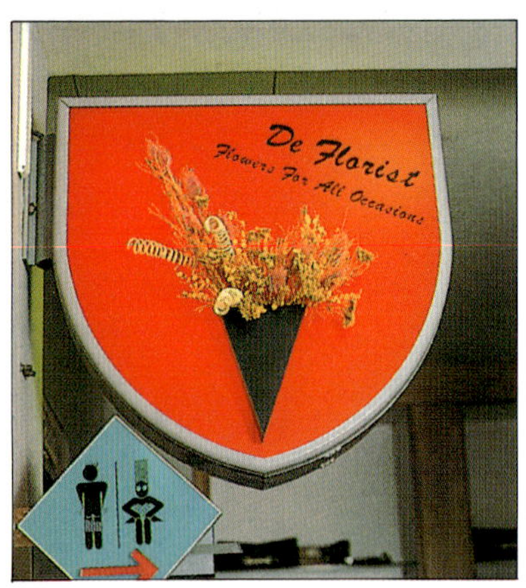
De Florist
Flowers For All Occasions

BLKS 423,424,427,428
BLKS 414-422,425,426

ADMIN. DEPARTMENT
ACCOUNT DEPARTMENT
DESIGN DEPARTMENT
PROJECT DEPARTMENT

ONE-STOP STATIONER

Directory
TERMINAL 2 – 2ND STOREY

TERMINAL 2
FINNAIR
MALAYSIA AIRLINES
OLYMPIC AIRWAYS
PHILIPPINE AIRLINES
ROYAL BRUNEI AIRLINES
SINGAPORE AIRLINES
SWISSAIR
TRADEWINDS
UTA FRENCH AIRLINES

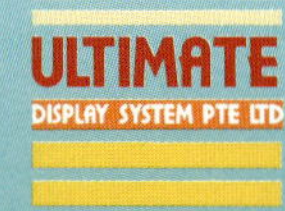
ULTIMATE
DISPLAY SYSTEM PTE LTD

适用于室内和室外

由于防水和防尘，ULTIMATE 招牌陈列系统可用作室内和室外照明及非照明招牌。此系统适合作为以下的用途：

- 建筑物号码牌示
- 地面设计图指示牌
- 室外，停车场或界标牌示
- 布告板或告示板
- 店前招牌
- 建筑设计招牌
- 展览会及促销招牌
- 以及各式橱窗陈列系统招牌

容易装置及维修

ULTIMATE 招牌陈列系统可装置在地上，墙壁或天花板上或可随意竖立。再加上我们各种各样的铝支架组合单元，它可随意配成不同的装置方式以适应您所要的设计和要求。

ULTIMATE 招牌陈列系统可以是单面或双面的，其前镶板带有稳蔽的铰链，可轻易弹开，易以维修内部的电机组成件。此前镶板附置我们自行设计的防锈挠锁。

EASY INSTALLATION & MAINTENANCE

Ultimate Sign Display Systems can be floor, wall or ceiling mounted or it can be simply free standing and with our wide range of supports, you can achieved many design combinations.

All our signages can be single or double sided, and the front panel which has a built-in concealed hinge, can be flipped open for easy maintenance of the internal electrical components. We even have our own rustproof locking device.

CAN BE USED BOTH INDOORS AND OUTDOORS

Being rust and waterproof, Ultimate Sign Display Systems can be utilised for indoor as well as outdoor illuminated and non-illuminated signages. They are suitable for use as:

- Building Block Number Signs
- Floor Plan Directory Signs
- Outdoor Car Park Or Landmark Signs
- Notice Or Poster Boards
- Shop Front Signs
- Architectural Signs
- Exhibition And Promotion Signs
- and all types of window display system signages

中國，澳門及香港總代理 Sole Agent :

高雅廣告公司
MONO-GRAPHIC
ENGINEERING COMPANY LIMITED

香港柴灣利眾街40號富誠工業大廈8字樓A3室
電話：(852) 2557 1380 (6線)　傳眞：(852) 2557 5758
Flat A-3, 8/F Fortune Industrial Building, 40 Lee Chung Street, Chai Wan, Hong Kong
Tel : 2557 1380 (6 Lines)　Fax : (852) 2557 5758

INTERNAL

NON-ILLUMINATED SIGN

Wellcome Supermarket - internal non-illuminated sign

Wellcome Supermarket - internal non-illuminated sign

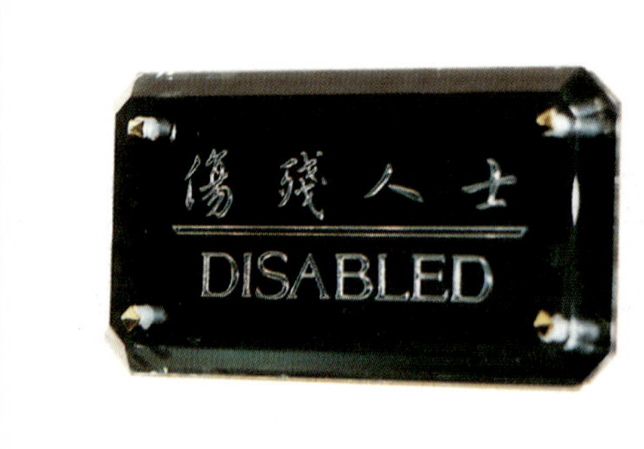

Bevelled edge glass plaque with etched message

Ornamental Award

MONO-GRAPHIC
ENGINEERING COMPANY LIMITED
Flat A-3, 8/F Fortune Industrial Building, 40 Lee Chung Street, Chai Wan, Hong Kong
Tel: (852) 2557 1380 (6 Lines) Fax: (852) 2557 5758

SIGNAGE

Illuminated Free Standing Directional Sign

Ornamental Award

Shop Front Light Box With Cut Out 3M Film

Baked Enamel Cut Out Sign

External Light Box With Ink Jet Sign Face

Shop Front Light Box

Back Lit Neon Sign

Mirror Finish Directory

MONO-GRAPHIC
ENGINEERING COMPANY LIMITED
Flat A-3, 8/F Fortune Industrial Building, 40 Lee Chung Street,
Chai Wan, Hong Kong
Tel: (852) 2557 1380 (6 Lines)　　Fax: (852) 2557 5758

SINOCORP
Consultants Limited
華務顧問有限公司

南海幼儿园外貌

香港黄金海岸小型高尔夫球场

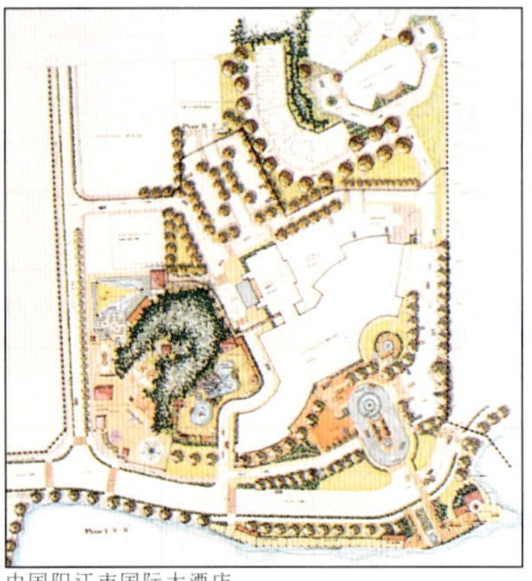
中国阳江市国际大酒店

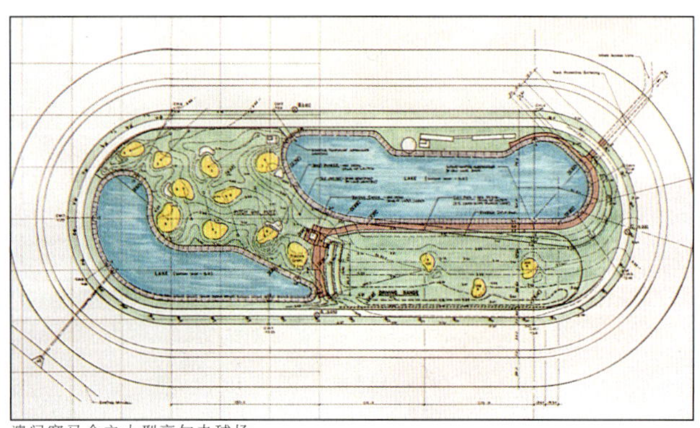
澳门赛马会之小型高尔夫球场

SINOCORP Consultants Limited is a consultant firm with a team of experienced professional staff providing services in "Project Management, Engineering Design (Civil, Structural, E & M etc), Landscape Architectural Design, Landscape Planning, Interior and Urban Design".

The Company was established in early 1991, and the principals of the company have extensive work experience in public and private sector, both local and overseas. Other professional/supporting staff in the company also have wide and extensive experience in their own field. Our philosophy of practice is teamwork. We encourage team partcipation from our staff and work in close collaboration with local and overseas architects and consultants. This manner of approach is very efficient and has resulted in successful projects. We see design not merely from a functional and aesthetic perspective but we also believe that quality work should meet the client's market challenges. We pride ourselves for our close relationships with all our clients. For us, that is the ultimate achievement.

华务顾问有限公司由多位经验丰富的专业人仕组成，主要提供的专业服务包括：项目管理，工程设计（土木，结构，机电等），园景建筑及规划设计，室内设计和城市规划设计。

本公司创立於一九九一年初，主要成员都拥有非常广泛的工作经验，无论是政府或是私人机构，又或是本地或是海外的。我们的其他专业人员都有他们自己的专业知识和经验。公司的政策著重合作精神，积极鼓励员工与本地及海外则师与顾问紧密联糸。务求以最高的效率地完成工作。我们相信设计不单从实用学及建筑学上才能发辉出来，更重要的是配合顾客的市场要求。我们一向以来均能与顾客间保持密切关糸，引以为傲。

Major Consultancy Works undertaken by SINOCORP Consultants Ltd include HK Gold Coast Hotel Mini-Golf and Open Space Design, Landscape Design at Yang Jiang International Hotel, Mini-Golf Design at Macau Jockey Club, Landscape and Sturctural Design at Shouson Hill Road Residence, Residential and Commercial Development at Nanhai and Zhu Hai, International Kindergarten Design at Nanhai etc.

华务顾问有限公司已承办的主要项目包括：香港黄金海岸小型高尔夫球场及休憩空间设计，阳江市国际大酒店之外围设施及园景设计，澳门赛马会之小型高尔夫球场及练习场设计，香港寿臣山道住宅之外围结构工程及园景设计，南海及珠海之住宅及商业发展设计，以及南海国际幼儿园之建筑及外围设计等。

Workingmond Commercial Building, Unit 305, 5-9 Observatory Court, Tsimshatsui ,Kowloon, Hong Kong
香港九龙尖沙咀天文台围5-9号华文商业大厦305室　Tel（电话）：（852）2369-8931，（852）2369-8993　Fax（传真）：（852）2369-3177

New World Emperor Hotel (MACAU)
新世界帝濠酒店（澳門）

Kimberley Hotel (H. K.)
君怡酒店（香港）

Golden Dragon Hotel
(KUNMING, CHINA)
金龍酒店（中國昆明）

Gold Coast Hotel (H.K.)
黃金海岸酒店（香港）

Designer's Garden Planner
花園設計策劃

Floral Decoration
設計花藝

Bank Of China Group
中銀集團

SERVICE:	Environment Design	環境設計
	Landscaping	園境設計
	Floral Decoration	設計花藝
	Designer's Garden Planner	花園設計策劃
PRODUCTS:	Artificial Plant	人造植物製造
	Decorative Floral Arrangement	裝飾花藝
	Multi Decorative Planters	多元化花盆
	Feature Rockery	人造石園

H.K. INTER-GREENERY CONSULTANT

香 港 室 內 環 境 設 計 顧 問

HONG KONG OFFICE: 4/F Hang Fat Bldg., 140 Wing Lok St., Sheung Wan, H.K.
香港上環永樂街140號恆發大廈4樓
Tel: (852) 2545 7371 Fax: (852) 2542 0184

廣州辦事處及陳列室將於1995年4月份開辦，請與香港辦事處聯絡。

十四呎大垂榕樹
(吉之島百貨公司)
14' GIANT FICUS TREE
[JUSCO STORE (H.K.) CO. LTD.]

日本蔘樹
MING ARALIA

薄荷葉
CREEPING CHARLIE BUSH

白蝴蝶
NETHYTHIS BUSH

花樹
AZALEA TOPIARY TREE

長葉榕
WEEPING FICUS TREE

荷蘭藤
HOLLAND IVY BUSH

本司專營各類型品質優良及款式獨特的人造絲花樹與擺設，
尤最適合各大小類型商場，食肆，酒店及寫字樓室內設計，裝修工程等。
歡迎來電查詢，又或親臨本司參觀。

We are specialist in producing quality artificial plants and flowers for Shoping Arcades, Hotels, Offices, Retail Establishments, Interior Design & Landscape Design Projects.
Please contact us for further details or come to our showroom for enquiries!

綠茵人造植物有限公司
GREENLAND ARTIFICIAL PLANT CO. LTD.

九龍九龍灣宏開道業安工業大廈第二座979-981室　電話：(852) 2795 7006 (3綫　傳真：(852) 2795 1590
Block 2, Rm 979-981, Yip On Ind. Bldg., Wang Hoi Road, Kowloon Bay, Kowloon, Hong Kong.
Tel: (852) 2795 7006 (3 Lines)　Fax: (852) 2795 1590

建筑材料及设备

升降机及电动楼梯设备

日本高级装饰不銹钢片

压纹钢片

镀纯银

镀24K真金

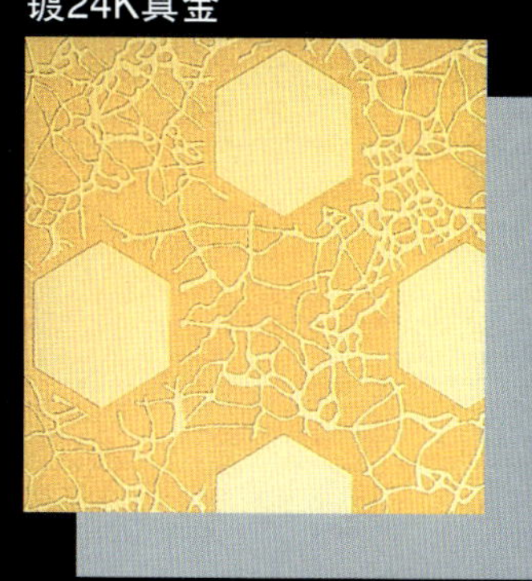

8K镜钢

镀24K金银

专营日本高级装饰不銹钢片，包括：镀24K 真金、纯银、着色、8K镜钢、蚀纹及压纹款式应有尽有。

欢迎致电或传真本公司查询。

高比公司

COBELCO INDUSTRIAL SUPPLIES

香港柴湾丰业街12号启力工业中心B座18楼B6室

电话：(852) 2889 0080 传真：(852) 2898 7077

・专营升降机及电动楼梯内、外部装饰工程

添 樹 工 程 有 限 公 司
添 樹 裝 修 工 程 公 司

Timber-Rich Enginerring Co.Ltd.
Timber-Rich Decoration and Furnishing Co.

·室内设计及装修工程

工场

香港柴湾康民街康民工业中心19字1907,1913室

电话：2889 2566　传真：2556 8221

WORKSHOP

RM.1907, 1913 HONG MAN INDUSTRIAL CENTRE, HONG MAN STREET, CHAIWAN, HONG KONG.

TEL: 2889 2566　FAX: 2556 8221

写字楼

香港柴湾丰业街启力工业中心6楼A座A1室

电话：2897 0868, 2897 0788　传真：2898 0220

OFFICE

UNIT A, 6/F., TOWER 1, KAILEY INDUSTRIAL CENTRE, 12 FUNG YIP STREET, CHAIWAN ,HONG KONG.

TEL: 2897 0868, 2896 0788　FAX: 2898 0220

通力電梯 傲視同儕

芬蘭KONE集團

KONE集團在1910年創辦於北歐芬蘭，於1967年成為股票上市公司。企業總部設於芬蘭首都赫爾辛基，業務分佈全世界200多個行銷據點，擁有員工20,710人，1993年銷售量達16,000台。

KONE電梯的世界行銷網

KONE電梯為世界三大電梯公司之一，其國際總部設於比利時首都布魯塞爾。自1910年起，即以其領先全球之技術，提供全方位垂直升降之運輸設備及服務，目前全世界有35萬部KONE電梯在運轉中。

KONE電梯的中國銷售網

KONE電梯自進口中國以來，深受廣大用戶歡迎。產品包括客梯、貨梯、觀光梯及O&K扶梯，以滿足各種大廈的不同需要。目前，電梯的銷售范圍已遍及全國各大城市，包括北京、上海、武漢、深圳、哈爾濱、天津、大連、珠海、海南、西安、廣州、煙台、青島、威海、重慶、杭州、成都、福州及廈門等地。

KONE電梯的售后服務

按KONE電梯的服務策略，電梯只銷售至設有KONE維修站之城市，以提供最完善之維修保養服務。為此，通力電梯（香港）有限公司已于深圳市設立100%全資的通力電梯（深圳）有限公司，直接管理各地的維修站。

澳洲"墨爾本中心"

挪威奧斯陸"PLAZA HOTEL"

新加坡"WISMA ATRIA"商業中心

KONE Elevators

KONE

通力電梯（香港）有限公司
香港九龍長沙灣道八三三號長沙灣廣場第二座九字樓
電話：（852）2786 6500 傳真：（852）2741 9476
聯絡人：梁雄國先生

通力電梯（深圳）有限公司
深圳市人民南路天安國際大廈C座1608室
電話：（755）2295251 傳真：（755）2299097
聯絡人：郭晶智先生

Exchange Square 香港

Hong Kong Convention and Exhibition Centre 香港

Times Square  香港

Pacific Place 香港

Ngee Ann City 新加坡

Phoenix Tower  新加坡

Menara Bank Pembangunan 馬來西亞

Far Eastern Plaza 台灣

International Trader Building 台灣

Mulia Tower 印尼

Grand Hyatt Erawan Hotel 泰國

Pacific Plaza 菲律賓

Schindler

迅達升降機（香港）有限公司

香 港 鰂 魚 涌 英 皇 道 979 號 德 宏 大 廈 廿 九 樓

電 話: (852) 2516 8168 傳 真: (852) 2516 6026

建筑材料及设备

水电空调及机电设备

捷 能 利
ENERSAVER®

光管火牛(镇流器 安定器)
Fluorescent Lamp Ballast

Advantages:	优点
EN 60920 standard	符合EN60920标准
Instant light	即亮
40% current saving	省40%电流量
No water penetration	防水
Low voltage starting	低电压启动
Starterless	无须启动器
Easy install	容易安装
Can use dimmer	可作光暗调节
No capacitor	无须电容器
No noise	无噪音
No magnetic wave	无电磁波干扰
Environmental friendly	环保
Lasting long a fluorescent lamp	延长光管寿命
Durable than conventional & electric ballast	比电子及一般火牛耐用

Awards
奖项

November 1993
First Prize
The 5th China's New Technology & New Products Fair 1993 Award
第五届中国新技术新产品博览会金奖

October 1994
Certificate of Merit
1994 Governor's Award for Industry-Consumer Product Design
1994年香港工业总会消费产品设计优异证书

Sole Distributor 总代理：

威鼎实业有限公司
VERY TOP INDUSTRIES LTD.

9th Floor, 501 Nathan Road, Kowloon, Hong Kong Tel : (852) 2770 3698 Fax : 2780 8029
香港九龙弥敦道501号九字楼 电话：(852) 2770 3698 传真：2780 8029

HONEYWELL AIR CLEANERS

ELIMINATE UP TO 95% OF THE SMOKE, DUST AND POLLEN YOU'VE BEEN BREATHING FOR TOO LONG.

F50E It fits right in.

For centralized air cleaning, the F50E duct mount air cleaner fits right into the ductwork of your heating and cooling system. With a cleaning rate of up to 2,000 cubic feet of air per minute it is ideal for commercial buildings where heating and cooling needs are handled by several "local" systems.

- Up to 95% efficient at removing airborne particles.
- Up to 30 times better at cleaning the air than typical furnace filters. (Based on initial dust spot efficiency, ASHRAE 52-76)
- Can save 10 to 15% in operating costs over the life of your equipment. Honeywell offers an exclusive **10-year Clean Coil Guarantee.**
- No on-going filter replacements because cells can be washed and restored to "like new" efficiency.
- Furnishings and draperies stay **cleaner**, longer.
- Increased office **comfort**.
- Removes irritating allergens like **pollen** and **dust mite debris** and even microscopic particles such as **bacteria**, **viruses** and **tobacco smoke** as small as 0.01 micron.
- **And it's by Honeywell, a leader in indoor air quality products for over 30 years.**

APPLICATION IN AHU ROOM.

Get a Honeywell Electronic Air Cleaner and this is what you'll be missing.

House dust mite
40-60 microns

Bacteria
1-0.3 microns

Pollen
10-100 microns

You can't see most of the things you breathe in your home. Ordinary furnace filters trap only the largest particles. What they leave behind are things like pollen, bacteria, dust, grease, pet dander and tobacco smoke. Leaving you with an environment that's less than comfortable.

A Honeywell F50 Electronic Air Cleaner removes up to 95% of the particles in the air. That's up to 30 times more efficient than throwaway furnace filters. So the air you'll breathe inside will be a lot cleaner than the air outside. And you'll have a healthier environment to live in.

It's also the most efficient way to run heating and cooling equipment. An air cleaner prevents dirty air particles from accumulating on the indoor heating/cooling coil and spoiling the heat transfer efficiency. A clean coil will save you 10 to 15% on operating costs over the life of the equipment. We guarantee a clean coil for 10 years or we will pay one-half of the cleaning cost up to $100.

When the time is right to start enjoying a cleaner, more healthful home, call about a Honeywell Electronic Air Cleaner.

The True Cost of Indoor Air Quality

"How much is indoor air quality going to cost?" The most accurate answer includes not only the cost of the air filter or air cleaner but also the effected operating cost of the heating/cooling system. To illustrate, the chart below compares the cost of a typical furnace filter, media air filter and Electronic Air Cleaner over ten years. The results may surprise you.

Over a ten year period the best indoor air quality value is an electronic air cleaner. It is the most efficient at removing particles and is the least expensive to own. The media air filter is the next best option with a higher efficiency rating and only a slightly higher cost to own than a typical furnace filter. The "inexpensive" fiber glass filter ends up being very expensive in relationship to its efficiency.

A Honeywell Electronic Air Cleaner helps heating/cooling equipment maintain its original operating efficiency by removing particles that would otherwise collect on and coat the fan and coils. The lower filtering efficiency of the disposable fiber glass filter and the media air filter means that more particles get by these filters. The particles build up on the fan blades like a blanket, making the fan less efficient at delivering air. Dirt build up on the indoor coils reduces heat transfer. The percentage of additional energy wasted by the heating/cooling system as the fan and coils load with dirt can be 10-25%* or greater for a fiber glass filter and up to 7% for a F25 media air filter.**

*Write to Honeywell for a copy of Amercian Society of Heating, Air Conditioning and Refrigeration Engineers (ASHRAE) Paper 87-16-2.
**Honeywell Estimate.

F90 For the toughest cleaining jobs

Operating quietly overhead, the F90 ceiling-mounted air cleaner will clean and recirculate up to 1,250 cubic feet of air per minute. This means that your F90 will do an efficient job in a bar, restaurant, cafeteria or an open office bay.

It has an attractive, clean appearance. The case is molded and easy to wash. The three position, removeable and adjustable discharge louvers control the direction of the clean air as it is discharged.

F57B There's not much to look at.

It's the half-size air cleaner for flush mounting in a drop ceiling. Designed to replace a 2 x 2 foot ceiling panel, the F57B will clean and recirculate up to 500 cubic feet of air per minute.

F57A Out of sight, not out of mind.

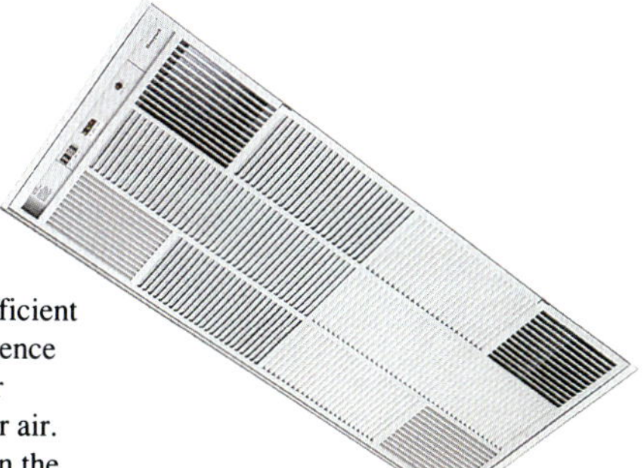

Especially designed for drop ceilings, it replaces a 2x4 foot ceiling panel. The F57A will clean and recirculate up to 1,030 cubic feet of air per minute.

This means that your F5A will do an efficient job in a dining room, lounge area or conference area. It also does the job in a break room or wherever there is a need for cleaner, fresher air.

With the F57A installed unobtrusively in the ceiling, you'll hardly know it's there. Until you take a deep breath, that is.

F59 Portable comfort.

It's the small portable air cleaner. A console model that can be moved from room to room, the F59 will clean and recirculate up to 330 cubic feet of air per minute.

This means that your F59 will efficiently clean the air in an individual office or small meeting room.

It sits inconspicuously and quietly goes about its work.

MAXONIC (HONG KONG) LIMITED
萬訊科電（香港）有限公司
Unit P-R, 12/Fl., Wah Lik Industrial Centre, 459-469 Castle Peak Road, Tsuen Wan, Hong Kong.
Tel: 2411 3077 (5 lines), 2416 6676, 2416 6836

中國
澳門

竭誠服務　遠達中港澳

信興電器貿易有限公司——工程營業統籌處

廣受用戶歡迎的樂聲牌家庭電器，品質超卓，並由實力雄厚的信興機構屬下之信興電器貿易有限公司代理。爲配合業務之日益擴展，公司特於年前成立工程營業統籌處，與各大地產發展商及各政府部門簽訂多個大型工程合約，包括商住樓宇、酒店、學校及醫院等，爲中、港、澳客戶提供質優耐用、款式齊備的樂聲牌家庭電器用品，計有冷氣機、電視機、雪櫃、洗衣機、微波爐等等，並且提供完善可靠的安裝及售後服務。信興電器貿易有限公司更獲頒發ISO 9002品質管理證書，確是信心的保證。無論身在中、港、澳，信興都處處照顧，令你生活更舒適寫意。

1. 曉翠山莊
2. 湖景花園
3. 太平花園
4. 聯合醫院
5. 慕德中學
6. 馬寶花園
7. 金域假日酒店
8. 雍翠臺
9. 雍景臺
10. 帝景臺
11. 金粟街33號
12. 海怡半島
13. 石排灣道80號
14. 厚和街11-23號
15. 麗虹花園
16. 海寧居
17. 海堤居
18. 愉景灣第4期4C
19. 新機場
20. 淺水灣37號
21. 馬鞍山中心
22. 浪翠園
23. 嘉富麗苑
24. 加州花園
25. 海韻花園
26. 騰龍閣
27. 早禾居
28. 麗港城
29. 滙景花園
30. 麗城花園第3期
31. 黃埔花園第10期及第12期
32. 新城市廣場第3期
33. 大興花園
34. 新屯門中心
35. 大埔115地段
36. 粉嶺113地段
37. 碧麗花園
38. 新峰花園
39. 越秀廣場
40. 油甘頭322地段
41. 大埔116地段
42. 蒲飛路23號
43. 海天閣(干德道)
44. 屯門地段367
45. 又一邨
46. 何文田山道19號

- 澳門海洋花園
- 澳門葡京酒店
- 深圳南洋中心
- 北京亞運村
- 北京燕山賓館
- 佛山飯店
- 江門市五邑新城
- 吉林招待所
- 大亞灣核電廠辦公室及員工宿舍
- 深圳新都酒店
- 上海康橋花園
- 南京大酒店
- 天津凱悅酒店
- 梅州望江樓大酒店
- 桂林外國人員公寓
- 杭州黃龍飯店
- 廣州花園酒店
- 貴州飯店
- 海口金融中心
- 重慶揚子江酒店
- 四川賓館
- 蘇州鴻都飯店
- 湖南岳陽賓館
- 大連飯店
- 山東威海衛大厦
- 西安飯店
- 厦門蓮花賓館
- 番禺美麗華飯店
- 汕頭國際大厦
- 珠海賓館
- 新疆烏魯木齊酒店
- 成都銀河皇廟大飯店
- 肇慶星湖飯店
- 昆明翠湖賓館

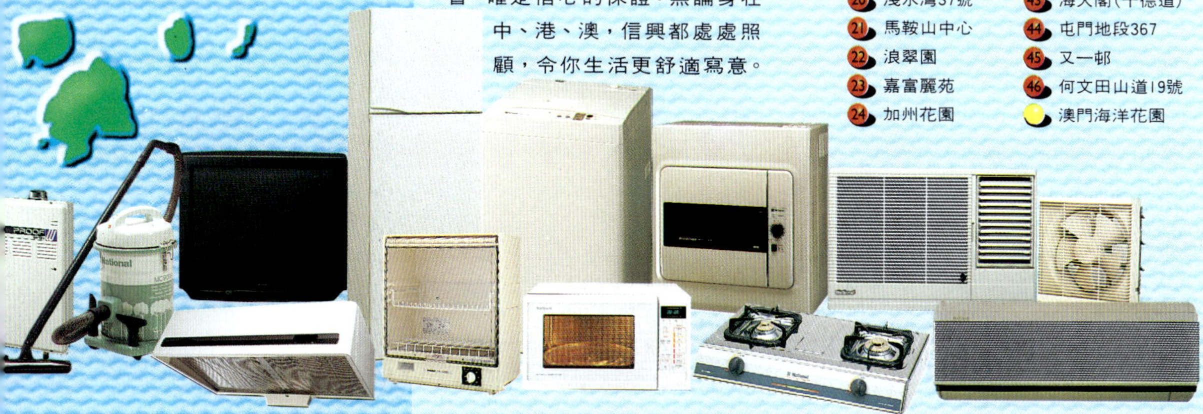

垂詢熱線：2733 3883

●土瓜灣北帝街二號	2713 0434
●澳門俾利喇街八號	362 928
●廣州市中山一路梅花村十五號	776 5811
●深圳市通心嶺同德路三號	224 4952
●潮州市環城西路一○七號	225 691
●中山市西苑新村粵中大厦14號	886 3244

ISO 9002 : 1987
Certificate No: CC138

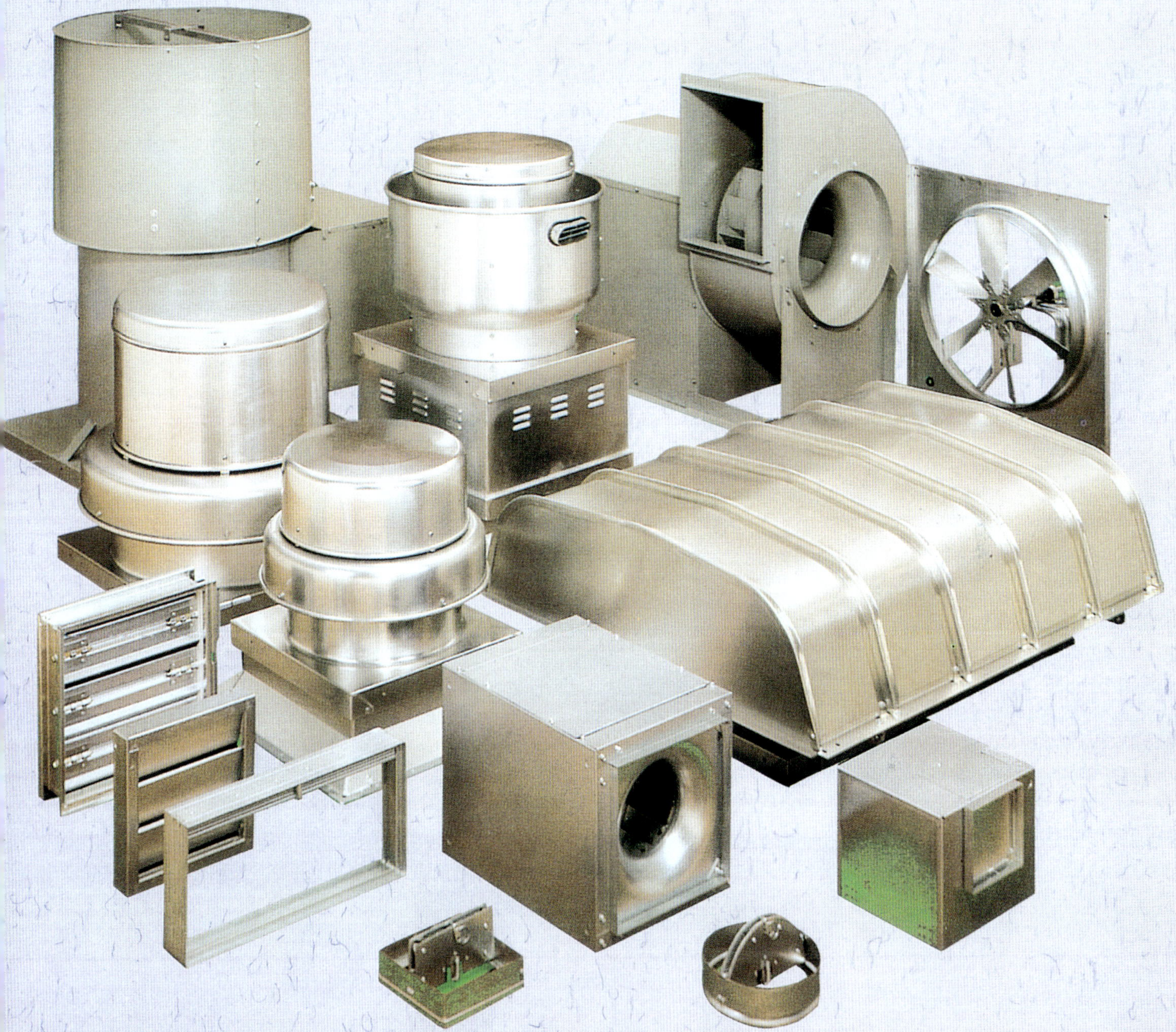

ZIEHL-EBM (HK) LTD.
(Subsidiary of ZIEHL-ABEGG GmbH
and EBM Eiektrobau Mulfingen GmbH)

Specialized in ventilation fans from Germany, Europe, and USA.
- Axial Fans
- Centrifugal Fans
- Duct Fans
- Mixed Flow Fans
- Roof Ventilators

Ideal for hotels, shopping arcades, office buildings, and plants.

西德通風扇(香港)有限公司
(西德 ZIEHL-ABEGG 及 EBM之附屬公司)

專營西德、歐美名廠風機
- 軸流風機
- 離心風機
- 管道風機
- 混流風機
- 屋頂風機

適合酒店、商場、辦公樓、廠房等。

Ziehl-ebm (H.K) LTD.
Unit 6, 16F Fook Yip Building,53-57 Kwai Fung Crescent,Kwai Chung, N.T.
Tel: 2481 7233 (3 lines)   Fax: 2481 7422

西德通風扇（香港）有限公司
新界葵涌葵豐街 53－57 號福業大廈 16 樓 6 號室
電話：2481 7233（3 線） 圖文傳真：2481 7422

美国UP-RIGHT简介

美国UP-RIGHT乃世界一流高空工作设备生产厂家。该公司在产品及生产高空工作设备已拥有48年的悠久历史，是世界上生产同类产品的厂家中，生产规模最大、种类最齐全，由设计、制造及测试都造到不假外求，故产品可达至顶级质素。而产品的设计与测试完全符合，甚或超越O.S.H.A.和ANSI的要求标准，更取得ISD 9001系列之国际品质标准。而在设计升降台方面，更采用已取得世界专利之套管式设计，该设计更能使产品之重心集中，操作时更稳定及安全！

UL-单人垂直升降台

本产品在同类机种中重量较轻，但却更稳固更安全，工作高度可由26呎(8M)达至46呎(13.8M)，有多种高度不同之型号选择，平台承载量达至300LBS(136KG)，适合一般酒店、厂房、学校、商场、戏院、货仓及运动场之清洁、维修、保养及装饰等使用。更备有220伏特交流电或12伏特的蓄电池选用。

自行式垂直升降台

这种由电池动力推动之自行式升降台，工作高度可由1 9呎(5.8M)达至3 6呎(11M)不同高度型号选择。平台上可加装伸缩式工作篮框，以超越阻隔物之上空，使工作上更能配合，本机有套管式、交剪式及接臂式可供选择。

轻便型合金铝架

由铝合金所造成，架身轻巧而坚固，组合时更容易快捷，架身可装上楼梯及平台，使工作时更安全及方便，另有窄身架及阔身架可供选择，更有全世界独有之特别铝架设计，使高空工作时更能尽善尽美。

在现今追求效率及安全的社会环境，UP-RIGHT产品实在是高空作业的必须设备。

如有任何查询，可与以下联络处查询：

i) 美国吉时兄弟(香港)有限公司
香港新界葵涌大连排道200号
伟伦中心第1期8字楼
电话：852-2428-2877
传真：852-2480-4691

ii) 上海吉时维修服务中心
中国上海肇嘉滨18弄39号
邮编：200020
电话：86-21-4734018
传真：86-21-3273280

广州办事处
中国广州环市东路368号
花园大厦10楼1047室
电话：86-20-3821121(直线)
86-20-3338999 转1047
传真：86-203338999 转1047

要安全供水
使用最佳供水配搭器材

VOGEL 福倫水泵

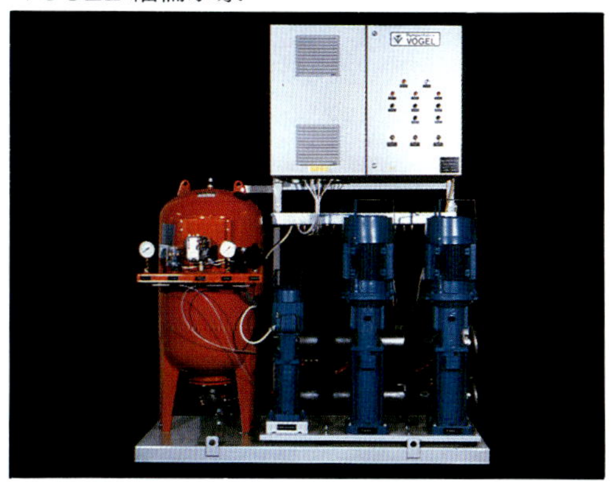

KITZ 牌鑄鐵，銅製閥門

PRATT 給排水用球閥、蝶閥

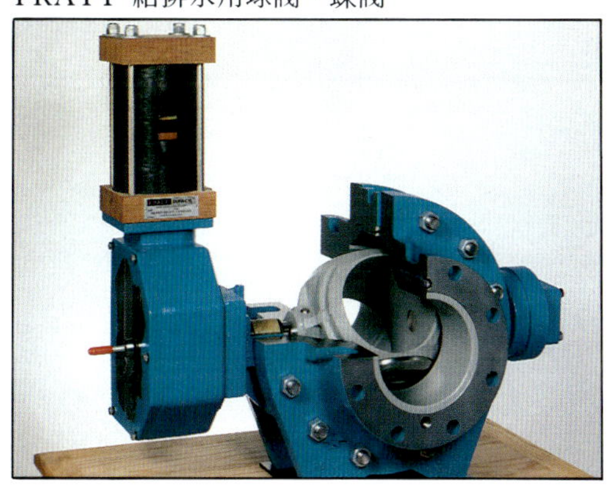

Thompons, Kelly ＋ Lewis 國際標準水泵

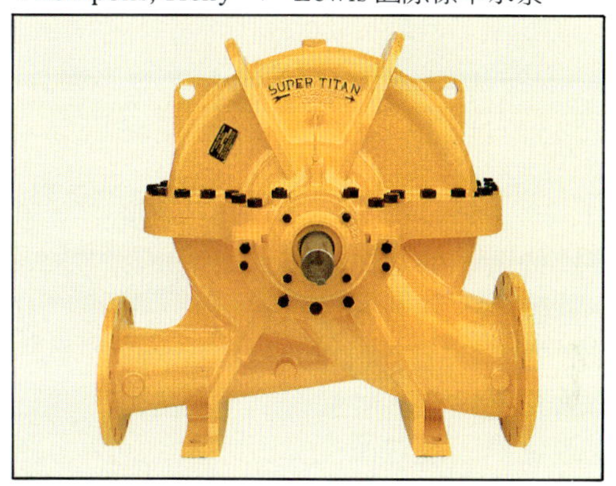

SUMIGATE 橡皮壩

BERMAD 伯梅得牌減壓閥、控制閥

除圖中所見產品外，本公司還提供其它不同類型水泵，金屬和橡膠軟接頭、平衡閥及市政給排水工程閥門等等。本公司專業的意見，爲您提供力量强勁，源源不絕及安全可靠的供水系統。歡迎致電我們機械設備部垂詢。

怡和機器有限公司

怡和太平洋屬下業務

機械設備部
香港北角英皇道 260 號怡安中心
香港郵政總局郵箱 517 號
電話： 28074571　**傳眞：** 28879210
電報： Jardine　**電傳：** 74382 Jmeng

立马牌

特点(直式)

1. 体积小、重量轻、不占空间。
2. 可配合安装於管路之任何位置。
3. 不受空间的限制。
4. 不须加油，防水、耗电量少。
5. 采用两极马达，抽水力强。

电源

380V, 3PHASE, 50Hz

用途

适用於冷气机、空调冷冻循环系统。工业用水及一般之排水吸水口。

特点(横式)

1. 同轴直接式构造，效能高、水量大、体型小，不占用地方，安装方便。
2. 马达轴心采用不銹钢，叶轮为高性能鉋金铜，经过平衡严格品管。
3. 采用机械轴封(Mechanical Seal)，保证不漏水，不损轴心，免入棉纱麻烦，延长抽水机寿命。

电源

380V, 3PHASE, 50Hz

用途

高楼给水，冷气循环水，消防给水，土木工程施工用水，锅炉给水，一般工业用水，农业灌溉用水，污水处理设备用。

香港荃湾白田霸街5-21号嘉力工业中心A座11/F, A15-A16室
11/F., UNIT A15-A16, BLK. A, HI-TECH IND. CENTRE, 5-21, PAK TIN PAR ST., TSUEN WAN, N.T., HONG KONG.
TEL: 2499 5276, 2411 5355 FAX: 2416 9286

室内装璜材料及设备

室内装璜材料及设备

家具及室内装璜材料

GORDON (HK) DESIGNER & ENGINEER LIMITED
哥顿(香港)设计工程有限公司

专营各项室内装饰工程：

酒店
办公室
酒家
商场
零售商店
装饰及翻新工程
订造傢具
其他商业性工程

北京长安俱乐部
北京台湾饭店
北京四通大厦
北京贵宾楼饭店
北京海员大酒店
北京皇家大饭店
北京佳宁娜潮州酒楼
北京华侨大厦酒店
北京建国饭店
北京京伦饭店
北京饭店
石家庄纺织进出口大厦
广州佳宁娜潮州酒楼
上海国际商厦
上海中联商厦
上海华亭依势丹商场
上海农工商大厦
上海中兴商场
上海东方商厦
上海第一食品商店
上海第二食品商店

公司特色:

直接管理及雇用劳工
自设傢俬制造工厂
设计

Rm 1605, Swire & Maclaine House, 19-21 Austin Avenue, TST, Kln, Hong Kong.
Tel: (852) 27244188 Fax: (852) 27244277
香港: 香港九龙尖沙咀柯士甸路19-21号太古贸易大厦1605室
电话: (852) 27244188 图文传真: (852) 27244277
北京:中国北京西城区德胜门外大街97号
电话: (10) 2024336 图文传真: (10) 2044998 邮政编号:100088
广州:广州市江南大道中168号海洋石油大厦1430室
电话: (20) 4429072 转 2139/2185 图文传真: (20) 4440241 邮政编号: 510240
上海: 上海市凌云路花苑村月季园14号201, 202室
电话: (21) 4367424, 4367685 图文传真:(21) 4705206 邮政编号: 200233

發揮超卓創意
展現企業形象

善用屏風來作辦公室間格，不但可因應辦公室的空間作出不同的組合，安裝及更改間格時亦十分方便簡易。Vantage System提供多種質料耐用及飾邊精美的屏風，加上設計週全的組件可變化出無窮組合。

Vantage System備有各種不同高度及闊度的屏風，質料亦有多種可供選擇，有木質面板、貼布面板、玻璃面板及透空面板，供各類規範的公司因應本身用途作出選擇。

Vantage SYSTEM

台灣

Logic Office Supplies Ltd.

華潤創業有限公司聯營機構

查詢熱線：(852)2863 4668

香港總辦事處：香港金鐘道95號統一中心8樓　電話：(852)2863 4888　傳真：(852)2520 6226
灣仔陳列室：香港軒尼詩道24-34號大生商業大廈地下　電話：(852)2529 9221　傳真：(852)2861 3816
設計廊：香港軒尼詩道24-34號大生商業大廈12樓　電話：(852)2529 9221　傳真：(852)2861 3816
中國分行及合資企業：
勵致洋行北京聯絡處：中國北京市建國門外大街三號京倫飯店3043/3034室　電話：(861)500 2266 轉 3043/3034　傳真：(861)595 9391
上海勵致僑福傢俬展示中心：中國上海市延安中路1000號，上海展覽中心東二館地下室　電話：(8621)247 9800　傳真：(8621)247 3299
廣州勵致東方傢俬有限公司：中國廣東省廣州市流花路120號　電話：(8620)666 9900 轉 2642　傳真：(8620)666 4733

長沙灣陳列室：九龍長沙灣道800號香港紗廠工業大廈第一至二期地下C2室　電話：(852)2310 8069　傳真：(852)2310 9681
勵致文儀(澳門)有限公司：澳門高地烏街41-43號地下　電話：(853)371 399　傳真：(853)574 669

深圳勵致東方傢俬展示中心：中國深圳市福田區振興路418號地下　電話：(86755)321 3739　傳真：(86755)321 3743
重慶勵致渝港傢俬有限公司：中國四川省重慶市八一路160號2樓2號　電話：(86811)381 1657　傳真：(86811)381 1657
查詢熱線(中國貿易)：(852)2863 4838

Executive Desks

CLERICAL DESK

BOZZINI 燊雅傢俬有限公司

OFFICE FURNITURE SUPPLY LTD.

Basement, Sun House, 181 Des Voeux Road Central, Hong Kong Tel: 2805 1282 Fax: 2805 1803

香港中环德辅道中181号大新行地库

A vantage point

Simplicity permeates with the comples arrangement of workstations with minimal space.

An exclusive vision

Aesthetic yet operational for an open environment that commands attention and prestige.

Basement, Sun House, 181 Des Voeux Road Central, Hong Kong.

Tel: 2805 1282　Fax: 2805 1803

從開始...
Born...

PRESIDENT
OFFICE FURNITURE
總 統 傢 俬

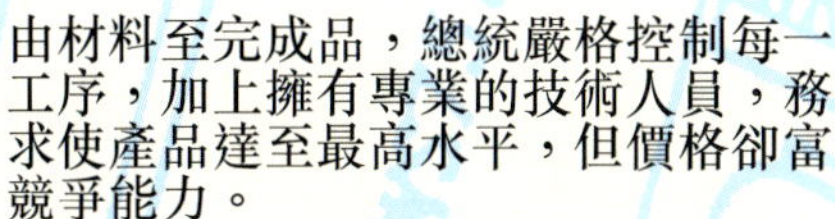

由材料至完成品，總統嚴格控制每一工序，加上擁有專業的技術人員，務求使產品達至最高水平，但價格卻富競爭能力。

From materials to the finished product, President follows each and every stage of production. Our workmen's touch will ensure the highest stardards at most competitive prices.

国内销售处（可以人民币付款）
深圳布吉镇京南路
京南工业区5幢
电话：888 1431，888 2970
图文传真：888 1431

...To Success
.......至成功

香港陈列室及营业部：
九龙尖沙咀亚士厘道4号A汉口中心地下21A店
电话：（852）2722 1554 图文传真：（852）2723 0289

溢天貿易有限公司

Actin Trading Ltd.

香港九龍新蒲崗太子道 710 號 B 地下
G/F., Flat B, 710 Prince Edward Road East,
San Po Kong, Kowloon, Hong Kong.
Tel: (852) 2321 8868　　Fax: (852) 2354 9995

本公司设厂於深圳龙华镇，顾用多达五百名经验丰富之木工、彫刻及油漆技术人员，专门为海外及内地客户提供品质优良，款式新颖之木制傢俱。

本公司精造高级中西古典红木酸枝傢俬，选用上等实木，再加精心焗乾以确保品质稳定，恒久美观实用。另加设花式木傢俬部门，选用特级进口美国枫木、橡木及樱桃木等，款式时尚优美。

为方便国内外客户，本公司设有近五万呎陈列室於香港、纽约及大量陈列品於龙华厂房。欢迎批发商、酒店及餐馆发展商预约参观、选购及查询。更设独立部门为顾客提供订做或来样订做之服务。

龙华镇厂房：755-770-3206

法國燈飾系列
Deluxe Lighting Series from FRANCE

德國高級電器配件系列
Switches • Sockets • Dimmers from GERMANY

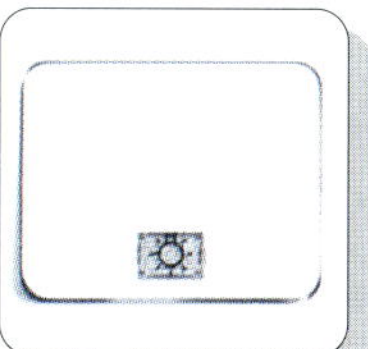
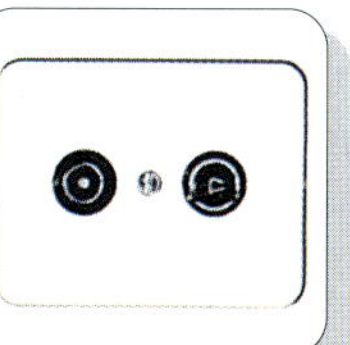
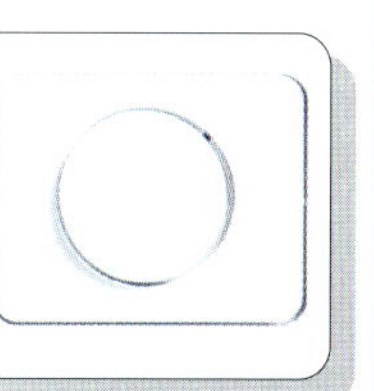
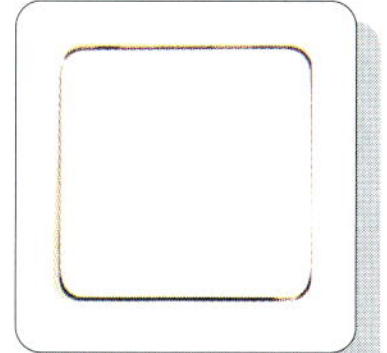

Berker®

部份工程項目
Selected Job Reference

北京飯店
Peking Hotel, Beijing

北京希爾頓酒店
Beijing Hilton Hotel

深圳香格里拉酒店
Shangri-La Hotel, Shenzhen

香港香格里拉酒店
Island Shangri-La Hotel, Hong Kong

香港日航酒店
Nikko Hong Kong Hotel

香港海怡半島
South Horizon, Hong Kong

征求各省市代理

啓華(中國)有限公司
KAI WAH (CHINA) CO LTD
香港灣仔駱克道158號地下
G/F., 158 Lockhart Road, Wanchai, Hong Kong
Tel: (852) 2511 1115
Fax: (852) 2519 9363

Pelli-sofa 派麗梳化

感受意大利优雅气派

派丽沙发，Pelli—sofa布艺系列

荟萃欧陆织布魅力及

工匠細致的手艺，

每款皆流露优美典雅的气派，

令室内裝璜更显独特品味：

并备有多种布式选择，可供订制。

香港总代理：CIN CHOR LIMITED　先河有限公司
香港新界沙田大围成运路21-23号羣力工业大厦6楼3-4室
电话：(852) 2608 1700　图文传真：(852) 2608 1379

中国总代理：BEAUX-ARTS FURNITURE MANUFACTORY LTD.
广州宝业创建傢俱制造有限公司
中国广州天河区东圃镇前进村官溪工业区
邮政编码：510660
电话：(020) 2283728　图文传真：(020) 2285132

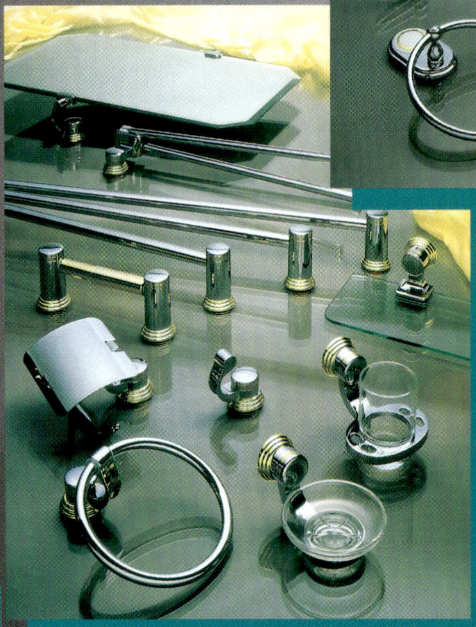

DELONG 帝朗
BATHROOM COLLECTION
敏宝有限公司
香港沙田火炭坳背湾街61—63号盈力工业中心4楼1—3室
电话: (852) 2698 9233　电传: (852) 2609 1928

BENA 2000 - The Intelligent Hotel System

A Tailor-Made Programmable Bedside Console, with Built-in Cost Saving Features and Energy Saving System:

Controls:

- Temperature - Do Not disturb - Lights
- Make Up Room - TV - Radio

Energy Savings:

- Passive or Active Energy
- Built-in cost Saving

On-line Network Expansion:

- Room Status - Emergency Call - Maid Call

OUR TAILOR MADE PANEL WILL BLEND WITH ANY ROOM DECOR

配合酒店之华丽设计宜古宜今

香港宝丽雅工程国际有限公司於1986年开始设计及生产宝丽2000型产品，本系统具网络通讯功能，采用微处理器技术控制的多功能酒店牀头集控板。

现今已在十一个国家安装，超过六十多间酒店共有二万多个房间。

4th HONG KONG ELECTRONICS DESIGN COMPETITION

HONG KONG INTERNATIONAL ELECTRONICS FAIR 1991

This is to certify that

has been awarded this Certificate of Merit as the winner of the Company Group of the 4th Hong Kong Electronics Design Competition for the year 1991

Chairman, Electronics Advisory Committee Hong Kong Trade Development Council

Winner of Certificate of Merit of the 4th Hong Kong Electronic Design Competition for 1991

第四届香港电子设计奖

查询详情请致电

香港总公司
宝丽雅工程国际有限公司
香港九龙官塘成业街16号
怡生工业中心十楼C座
电话：（852）2389-0396
传真：（852）2343-1586

深圳办事处
深圳市福田区南园路
上步旧墟村84 号二楼
邮政编号：518031
电话：（755）320-2624
传真：（755）320-2624

Installed Bena System's Chateau de Mirambeau, France

安装宝丽2000型的法国 Chateau de Mirambeau

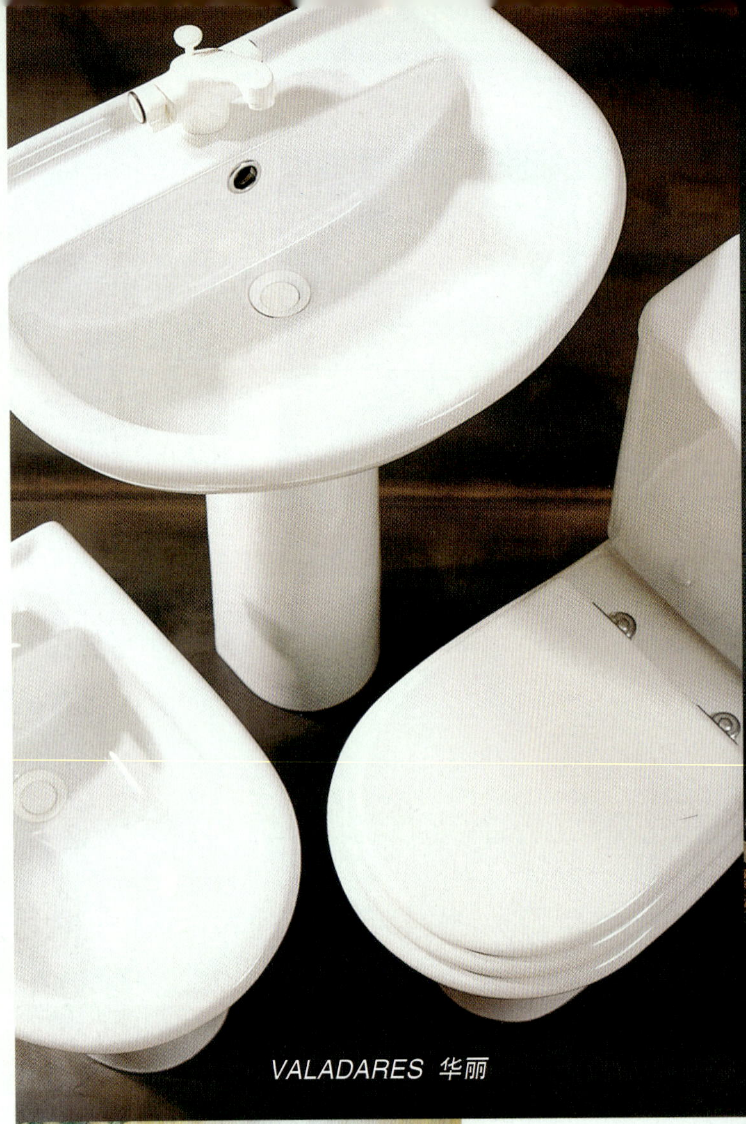

VALADARES 华丽

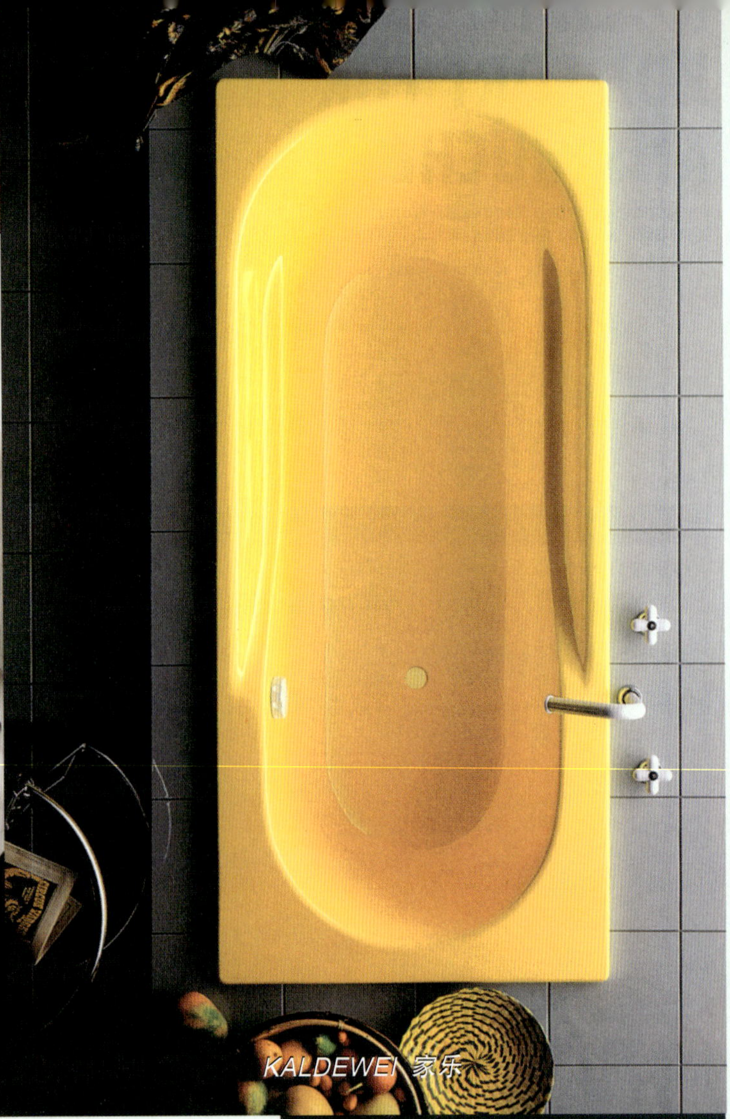

KALDEWEI 家乐

ARCADIA 雅佳

本公司代理下列
欧洲名厂浴室设备：

- 葡萄牙华丽洁具
- 德国家乐铁皮浴缸
- 西班牙劳斯龙头
- 意大利家丽斯按摩浴缸，按摩淋浴房
- 意大利美华龙头
- 意大利雅佳生铁浴缸

RS 劳斯

MARINER 美华

CALYX 家丽斯

Bolton

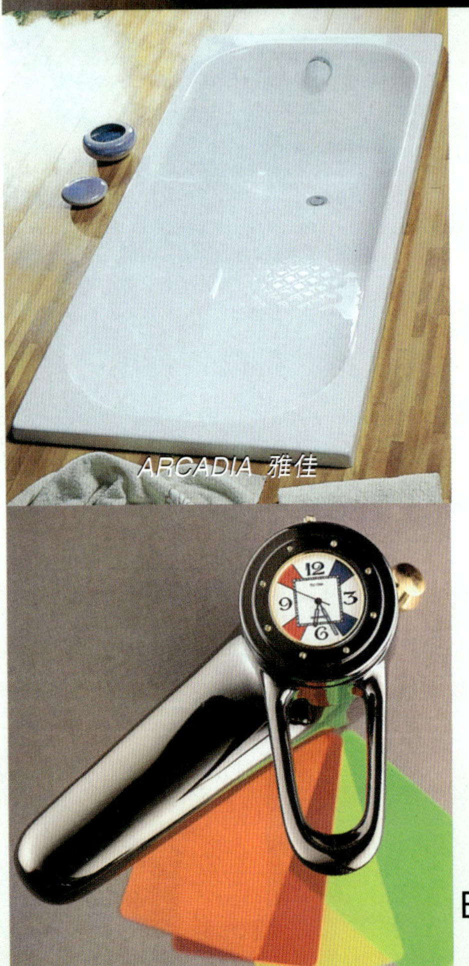

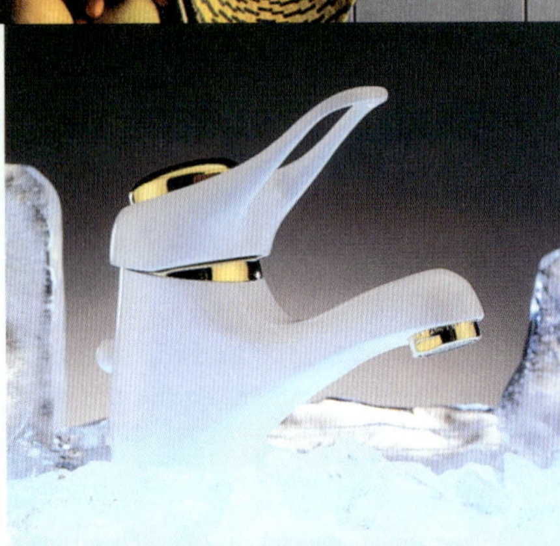

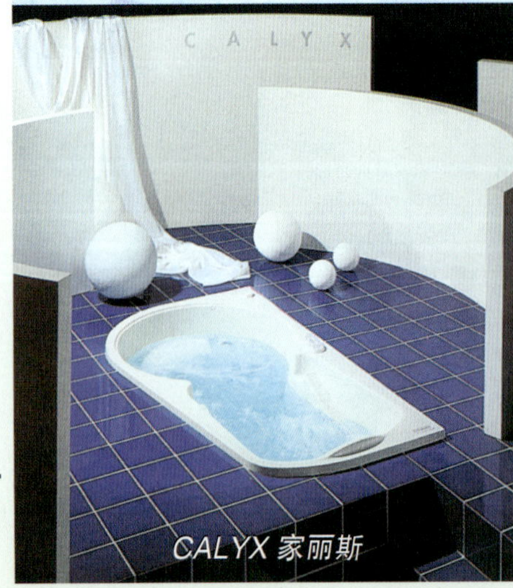

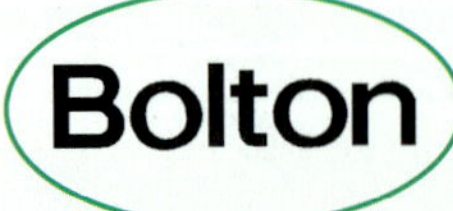

保顿(香港)有限公司
BOLTON INDUSTRIAL (HK) LTD.
香港湾仔石水渠街88号地下
电话： 2833 2861 传真： 2838 6192

环美酒店傢俱及座椅系列

环美为你提供形质兼备，卓尔不凡的酒店房间套装傢俱，箇中不单注重美感，更极富弹性，处处因应阁下预算，让你坐享优质优惠。

环美座椅最能融入不同环境，更能加添真正优质和独特的高雅品味，从餐厅、酒廊椅、酒店房间及接待椅至办公室椅等均齐备，配以多种高格调入口布料选择，配衬各种使用环境。

Universal Furniture - Hong Kong Teakwood Works Ltd.

環美傢俱集團—香港柚木製品有限公司

陈列室 香港铜锣湾告士打道三一一号皇室大厦皇室堡十楼 电话：(852) 2882 1777 传真：(852) 2881 8992

办公室 香港中环皇后大道中三十七号余道生行七零四至七一一室 电话：(852) 2524 3021 传真：(852) 2845 2923

C3740/C3730

C3500

C3780/C3770

C3750

C3800/C3790

C3760

金栢木業

GOLDPECKO

TIMBER

Company Ltd.

香港湾仔洛克道231号1楼

电话：(852) 2802 2173

传真：(852) 2507 3000

C3530

C3640

C3600/3610

C3580/3590

C3620/3630

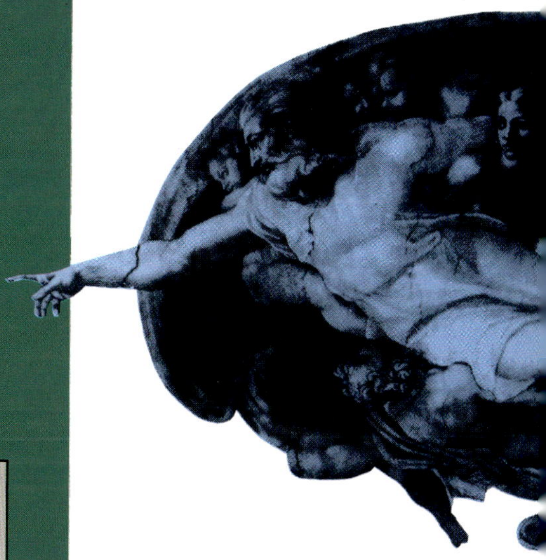

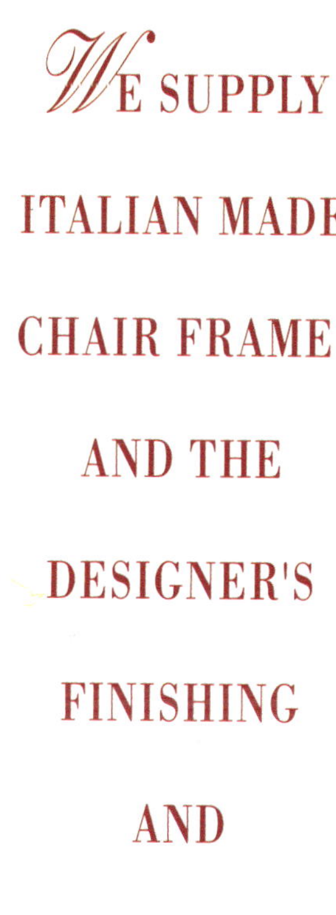

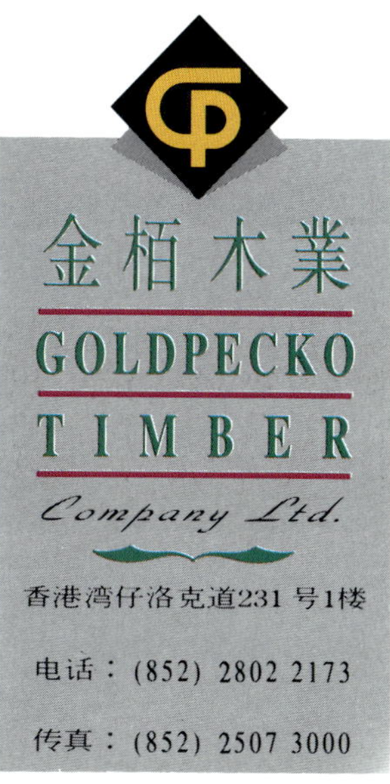

FMS ROYAL

No effort has been spared to produce the guestroom control system that's worthy of the world's best guestrooms.

The FMS Royal has redefined luxury with a user-friendly system complete with graphic buttons and LCD display that allow guests to dictate electrical and electronics-based facilities and obtain information at a mere touch.

The true measure of its value is the depth of satisfaction it brings to hotel guests every day ... around the world.

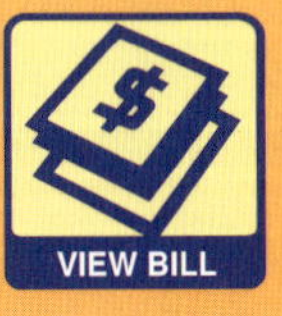

現代科技系統有限公司

INTERCONIC ENGINEERING CO. LTD.

Rm. B1, 1/F., Hang Tak Building, 1-15 Electric Street, Wanchai, Hong Kong. Tel: 2527 7487 Fax: 2865 6089

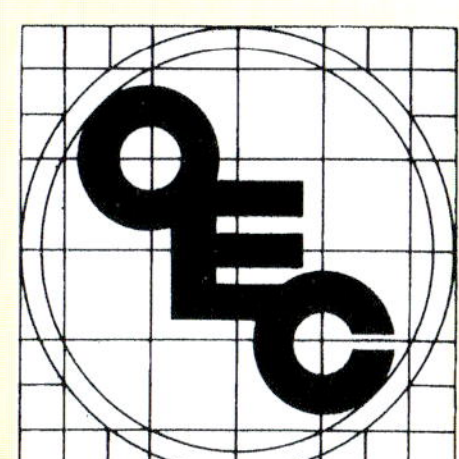

THE HOTEL GUESTROOM CONTROL SYSTEM

'OEC' micro computer processing system is, for Hotel's audio-visual broadcasting, power control and guest room management service.

This system can be designed according to the needs of your Hotel to offer the most comfortable environment to your guests.

'OEC' 酒店房間控制系統，可控制房間之視、聽廣播、照明及服務管理等系統。亦可根據個別要求，設計及製造出最適合之系統，務求為你的住客提供最方便舒適的環境。

Previous job reference 工程名單

- *Ritz Carlton Hotel, Hong Kong*
- *Island Shangri-La Hotel, Hong Kong*
- *Kowloon Shangri La Hotel, Hong Kong*
- *Conrad Hotel, Hong Kong*
- *Holiday Inn Golden Mile, Hong Kong*
- *Jin Jiang Hotel, Shanghai, China*
- *Shenzhen Overseas Forum Hotel, Shenzhen, China*
- *South China Hotel, Hainan, China*
- *White Swan Hotel, Guangzhou, China*
- *Bangkok Shangri-La Hotel, Thailand*
- *Hyatt Regency Hotel, Saipan*
- *Hyatt Hotel, Beograd, Yugoslavia*

總代理：

金絃工程有限公司
ODYSSEY ENGINEERING COMPANY LIMITED
Designers & Consultants for A/V & Electronic Systems
A Subsidiary of TOMEI Group.

香港柴灣工業城第一期1901-02室
1901-02, Phase 1, Chai Wan Industrial City, Chai Wan, H.K.
Tel: (852) 2898 8111 Fax: (852) 2556 0846, 2558 0073

美国红木牌桑拿及蒸气设备

Sauna & Steam

U.S.A. HI-TECH

Harry's Bar

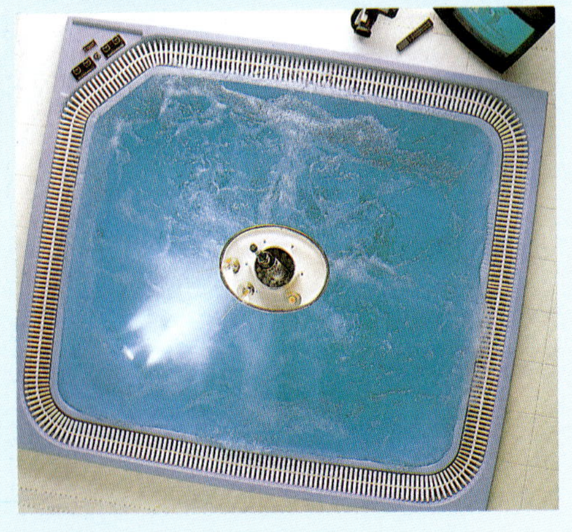

雅洁牌

花洒趟门

花洒浴盆
正方型
长方型
半圆型
钻石型

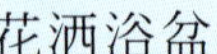

卡士牌

科士打 Foster

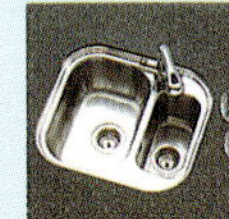

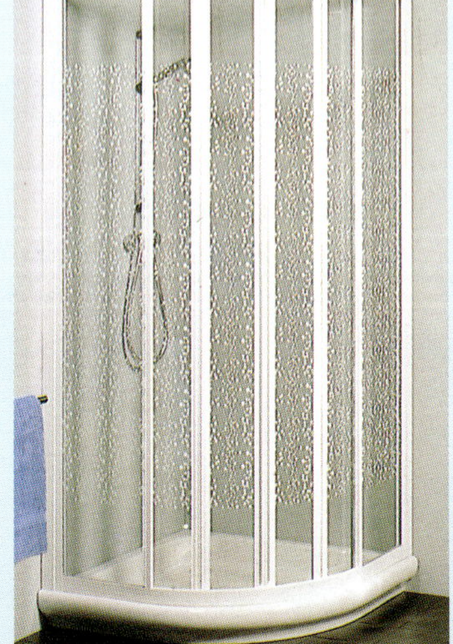

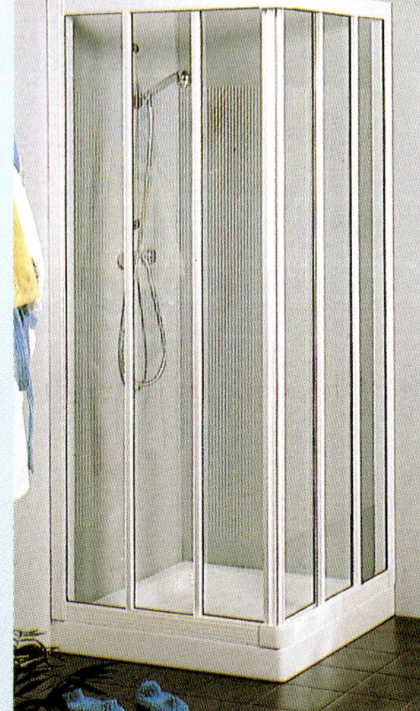

Mocco Collection

"四美圖"系列

Four Beauties

MOCCO浴缸系列，全部用先進的進口生產設備，加上多年生產經驗及選用進口ICI潔具專用材料"亞加力鋼"，及專用於亞加力鋼生產的聚脂及原料製成優質浴缸產品款式設計新穎，保用十年，適用於大小家居、酒店、渡假村屋等。

香港高昇鋼纖維廠有限公司　地址:官塘巧明街95號世達中心9A室
ZEPHYR-ARTCO FRP MANUFACTURING CO. LTD.　9A WORLD TECH CENTRE, 95 HOW MING ST., KWUN TONG, HONG KONG.
電話 TEL: (852) 2345 6085　傳真 FAX: (852) 2341 5251
中國高昇鋼纖維製品有限公司　地址：廣東省東莞市樟木頭鎮百順工業區
電話: (0769) 7716038　傳真: (0769) 7716038

European Style Faucet

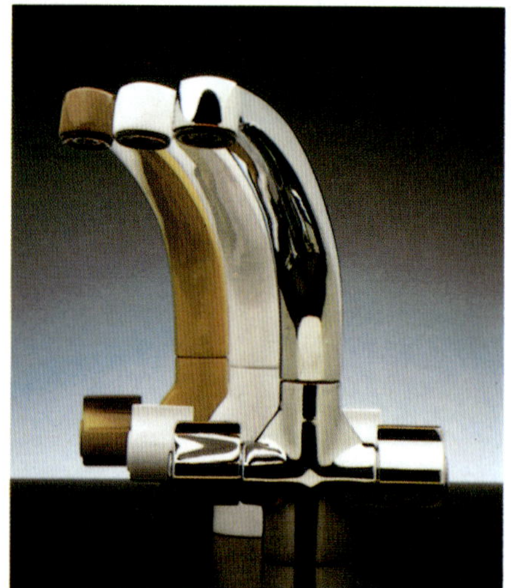
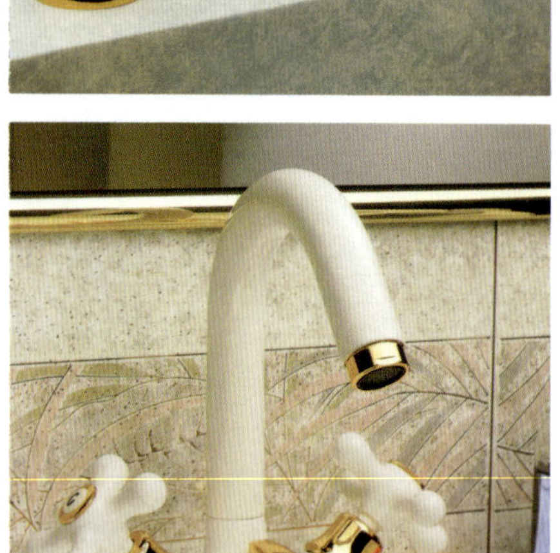

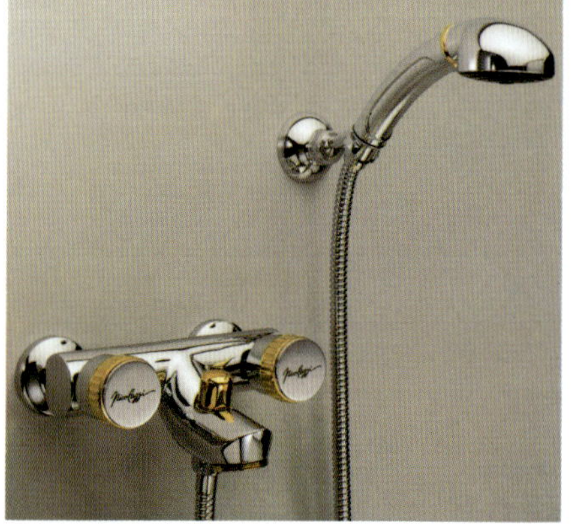

Tub / Shower Enclosures

美國富豪牌浴室拉摺門

(Model No. 2262A-36W) Neo angle shower enclosure with colortuff white finish

Model 2401-60S Crystal cut glass panel with silver frame

Model 1701D-60G tri-panel tub door

Model 7001-60PB Free Style total trackless slide & swing door

Model 3262-32PB Bi-fold door with striped glass panels in polished brass frame

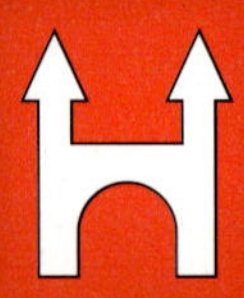

Honest Shower Door Co., Ltd. 祥記浴室設備有限公司

香港柴灣安業街三號新藝工業大廈一樓E座 電話：(852) 2898 9138 傳真：(852) 2889 1767

Blk. E, 1/F., Sun View Ind. Bldg., 3 On Yip St., Chaiwan, Hong Kong. Tel: (852) 2898 9138 Fax: (852) 2889 1767

法国高域时尚浴室洁具系列
必有一款迎合你意

DURAVIT
高 域

新光洁具建筑材料行

香港湾仔轩尼诗道345号1字楼
电话: 二八九一 零四八九
传真: 二八三四 二六六九

如欲索取本公司更详尽产品资料，
请填妥下列表格，
传真致本公司：(852) 2834 2669

☐ 请邮寄全套产品目录
☐ 请派员与本公司接洽
☐ 请报价

联络人姓名(男/女)：________
公司名称: ________
职位: ________
地址: ________
____
电话: ________ 传真: ________

SUN KWONG
BUILDING MATERIALS CO.
1/F., 345 Hennessy Road,
Wanchai, Hong Kong.
Tel: 2891 0489
Fax: 2834 2669

德國家華牌

浴缸系列

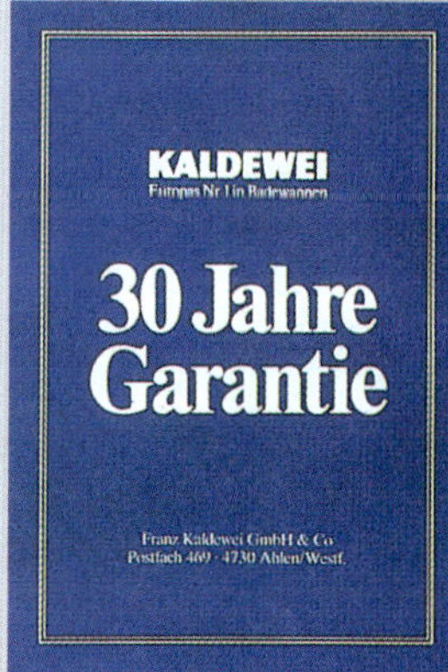

30年保用證明

查詢熱線：二八九一〇四八九

SUN KWONG
BUILDING MATERIALS CO.
新光潔具建築材料行

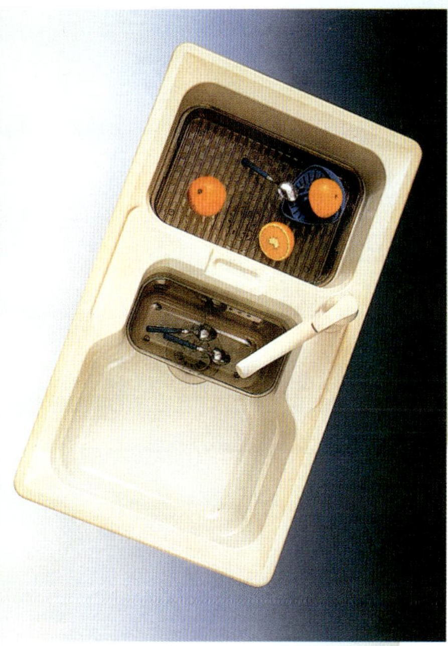

benthor

EUROPEAN EXCELLENCE AWARD WINNER.

法國「寶發」高温磁鋅盆

THE NEW STANDARD IN SINK
COMPOSITE MATERIALS
FROM FRANCE

SPA BATH

ENQUIRY
2891 0489
HOTLINE

Neomediam 靈美

THE SINKS....
PURE AND HARD WEARING

SUN KWONG
BUILDING MATERIALS CO.
新光潔具建築材料行

THE NEW FAUCET COLLECTION FROM ITALY

「新科技」龍頭系列

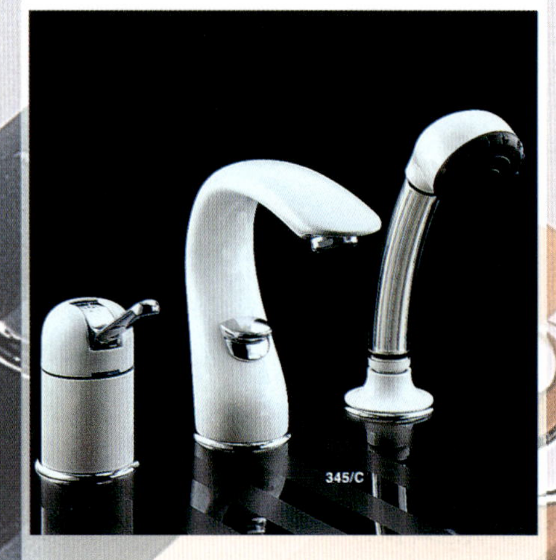

The **NEWFORM** production line distinguishes itself by high quailty standard of its products, which combine a perfect technology with the harmony of their form.

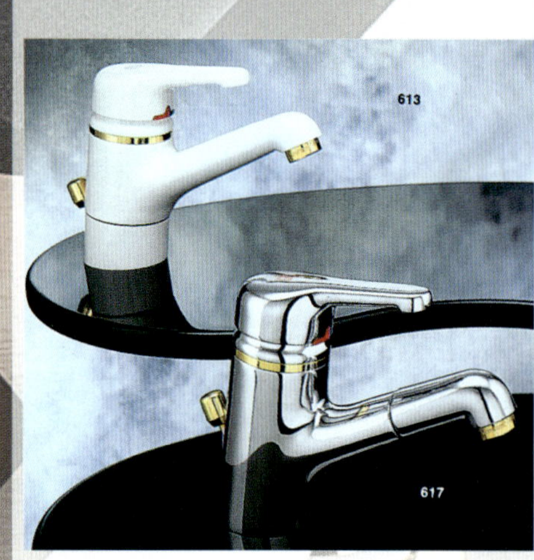

Project Division:

IN BATH EQUIPMENT CO.

1/F., 345 Hennessy Road, Wanchai,

Hong Kong.

Tel: 2891 0489 (5 Lines)

Fax: 2834 2669

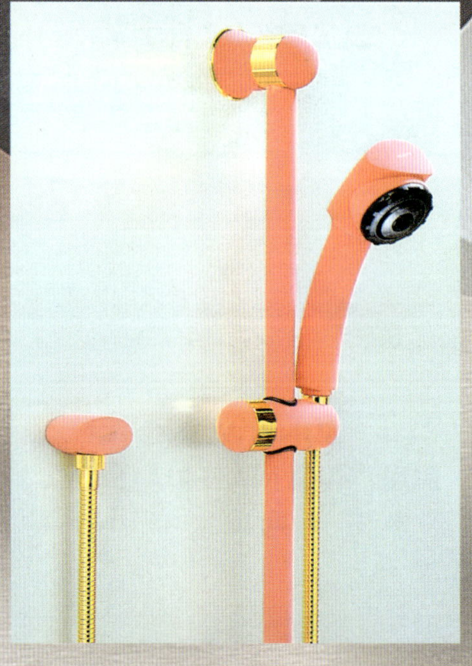

總代理:

新光潔具建築材料行

SUN KWONG BUILDING MATERIALS CO.

香港灣仔軒尼詩道345號二樓
電話：二八九一○四八九
圖文傳眞：二八三四二六六九

陳列室 1:

香港灣仔駱克道234號地下
電話：二五○七三七三二
傳眞：二五○七二五三五

陳列室 2:

香港灣仔軒尼詩道347號地下及閣樓
電話：二八九三七八○二
傳眞：二八九三七一八三

飛利浦燈飾　

泛光燈系列

高效能防銹防水設計，全天候適用；五種不同角度之配光系統，投光光束集中，光束能完全利用，減少散射光，造成光害。採用特殊雙頭石英複金屬燈。適用於體育館、紀念館、廣告牌、建築物外牆照明等使用。

工業高架下照燈

功率顯著，光度均勻，適用於樓底高、大面積的室內工業用地照明。安裝容易，維修簡單，分闊及窄角度鋁質反射罩，備多種光源和瓦數選擇。

室外安全照明燈具

一系列室外節能照明燈具，防水防塵效果特佳。採用體積小巧的PL慳電管，慳電率高達80%。全套包裝包含燈具、燈管、螺絲釘等附件；耐衝擊聚合碳纖維燈罩，堅固耐用，維修保養簡單。適用於家居或商用大厦外牆之安全守衛使用。

OA辦公室燈具系統

配合卓越的辦公室設備，高效能天花嵌入式或吸頂式光管燈盃備有弧形高效率反射罩或佈光均勻的鑽石紋燈罩選擇，商合不同類型的天花系統使用，更可配套高頻光度調校控制系統，達到全面自動化。

裝飾嵌燈

選擇多樣化，兼備實用與裝飾功能於一身，應用於商場、酒店、餐廳、公共建築和家居，對營造不同需要的環境，是不可或缺的照明設備。

多變化組合管道燈具

設計充滿彈性，能夠組合成多種變化的照明結構，安裝容易，既實用又美觀，備有多種顏色可供選擇，適合商場、大堂、家居和多種環境的室內照明用途。

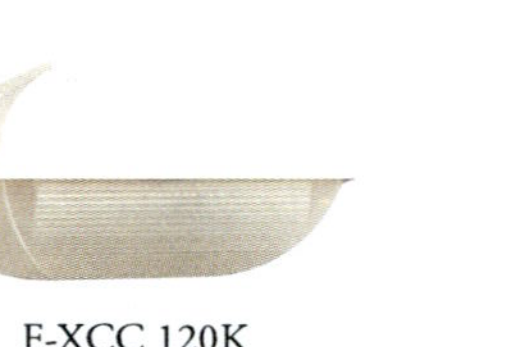

MVF 406

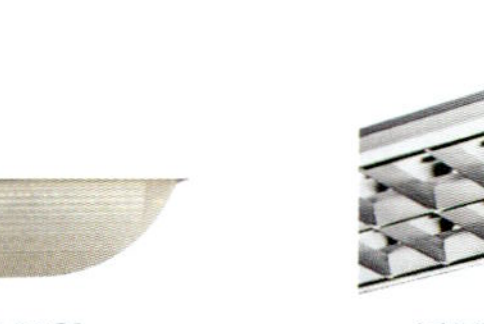

H/S/MDK 100　H/S/MDK 102

F-XCC 120K

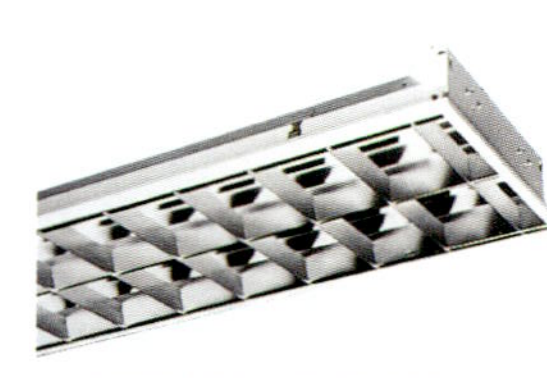

TBS 100　TBS 300

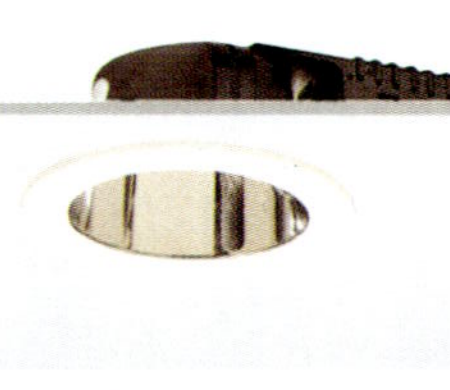

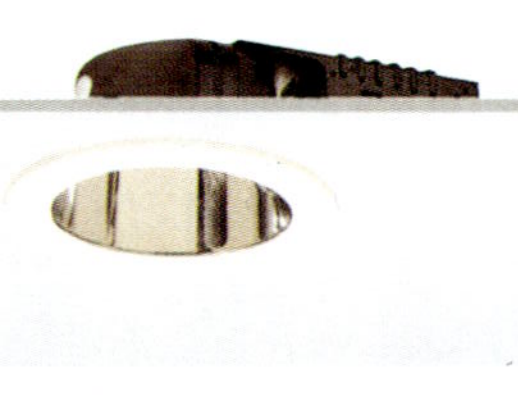

FBH 145-210/13

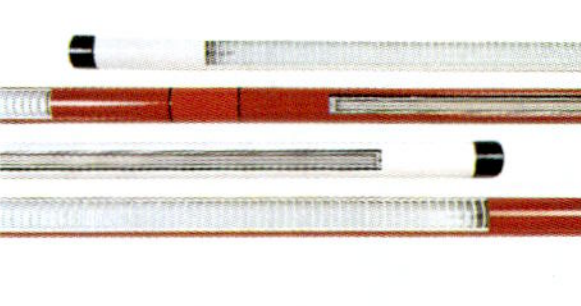

Spaciolita-2

百多年來，飛利浦不斷提升照明科技，創製無數燈飾，致力照明全球每個角落。時至今日，飛利浦照明設備遍佈各行各業以及萬千家庭，如有任何查詢，**歡迎賜電國內服務熱線 —— 飛利浦北京辦事處：電話：01-512 8883，傳真：01-512 7351、上海辦事處：電話：21-326 4140，傳真：21-320 2160或廣州辦事處地址：廣州環市中路305號怡東大厦609室。飛利浦(香港)照明服務熱線電話：**852-28215800/28215798。

國內經銷商：

地區	經銷商	電話	傳真
北京	星光影視器材公司	電話：(86)01-4031086	傳眞：(86)01-5071723
	北京市飛利浦電子產品服務部	電話：(86)01-5124443	傳眞：(86)01-5229082
	中國大恒公司	電話：(86)01-2565856	傳眞：(86)01-2561279
上海	上海文家裕安物資公司	電話：(86)21-8769569	傳眞：(ε6)21-8840789
	上海燈具總店	電話：(86)21-3222929	傳眞：(86)21-3221486
	上海文家電器公司	電話：(86)21-3520222	傳眞：(86)21-3213590
	上海飛利浦電器專營商店	電話：(86)21-4726641	傳眞：(86)21-3180300
杭州	浙江電子技術開發公司	電話：(86)571-8840798	傳眞：(86)571-8060436
廣州	電子照明有限公司	電話：(86)20-7396259	傳眞：(86)20-7396259
深圳	信成電器材料有限公司	電話：(86)755-3237490	傳眞：(86)755-3237490
東莞	太平銀龍商業公司	電話：(86)769-5511960	傳眞：(86)769-5511938
汕頭	汕頭市勝達電器公司	電話：(86)754-8222898	傳眞：(86)754-8220718
廈門	廈門建發電子有限公司	電話：(86)592-2057706	傳眞：(86)592-2020394
	佳譽發展有限公司	電話：(86)592-2072168	傳眞：(86)592-2073168
成都	成都興藝實業有限公司	電話：(86)28-4460336	傳眞：(86)28-4440466

Philips Lighting

PHILIPS

瑞典 EPN 防霧發熱貼
EPN HEATING FOILS FROM SWEDEN

EPN發熱貼是一塊安裝於鏡子背面薄如蟬翼的發熱片；接上電源後便會產生熱力，傳導至鏡面並使其溫度增高，防止溫差引致水蒸氣變成霧氣而凝結於鏡面上，從而有效保持鏡子晶亮清晰。

These revolutionary heaters from Sweden have been specially created to prevent bathroom mirrors from misting up. The mirror becomes warm to the touch, ensuring that it stays clear and dry at all times. Simply fix **EPN** onto the back of your existing mirror or a new mirror of your choice.

部份工程項目
Selected Job Reference

深圳香格里拉酒店
Shangri-La Hotel, Shenzhen

九龍香格里拉酒店
Kowloon Shangri-La Hotel, Hong Kong

香港萬茂台
Monmouth Terrace, Hong Kong

香港利景酒店
Charterhouse Hotel, Hong Kong

馬尼拉半島酒店
Manila Peninsula Hotel

新加坡香格里拉酒店
Shangri-La Hotel, Singapore

備有不同尺碼以供高級酒店和住宅使用。

Various sizes are available for hotel and household uses.

征求各省市代理

啓華
啓華(中國)有限公司
KAI WAH (CHINA) CO LTD
香港灣仔駱克道158號地下
G/F., 158 Lockhart Road, Wanchai, Hong Kong
Tel: (852) 2511 1115
Fax: (852) 2519 9363

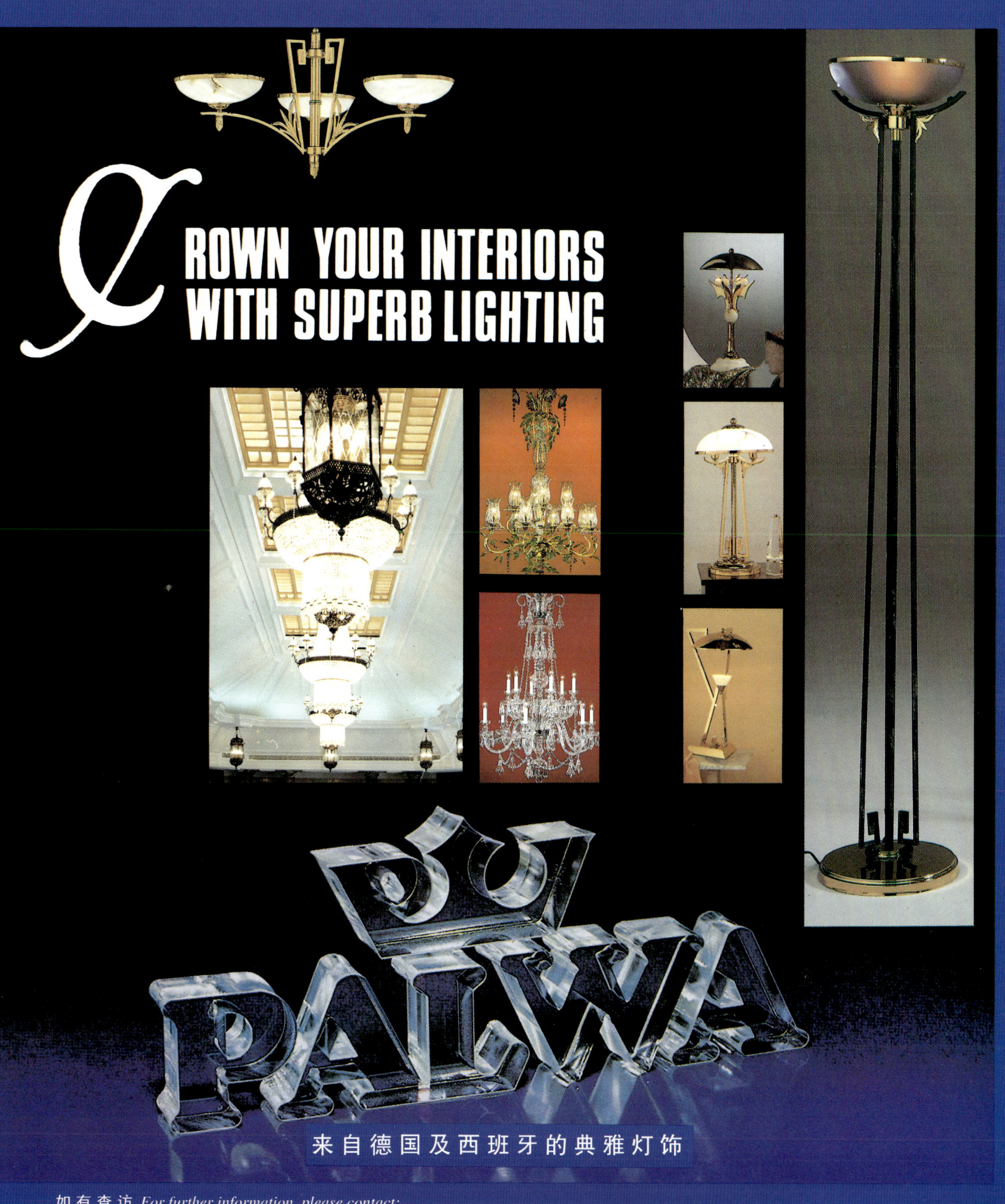

如有查访 *For further information, please contact:*

S I D R A
TRADING LTD.

SIDRA TRADING LTD

Suite 805B, 8/F, Sino Plaza, 255 Gloucester Road, Causeway Bay, Hong Kong
Tel: (852) 2833 9188 / 2833 9904 Fax: (852) 2838 5929
香港铜锣环告士打道255号信和广场805B室
电话: (852) 2833 9188 / 2833 9904 传真: (852) 2838 5929

Leo's Collection Ltd.

雷奥 燈飾・傢俬

planlicht

☐ 香港灣仔摩利臣山道48號地下 48, Morrison Hill Road, Ground Floor, Wanchai, Hong Kong. Tel: 25-726-521 Fax: 25-724-309

☐ 香港跑馬地黃泥涌道149號地下 149, Wong Nai Chung Road, G/F., Happy Valley, Hong Kong. Tel: 25-776-652 Fax: 25-042-267

☐ 香港灣仔分域街16號東城商場4號舖 Shop 4, UG/F., East Town Bldg., 16 Fenwick St., Hong Kong. Tel: 25-279-269 Fax: 25-295-712

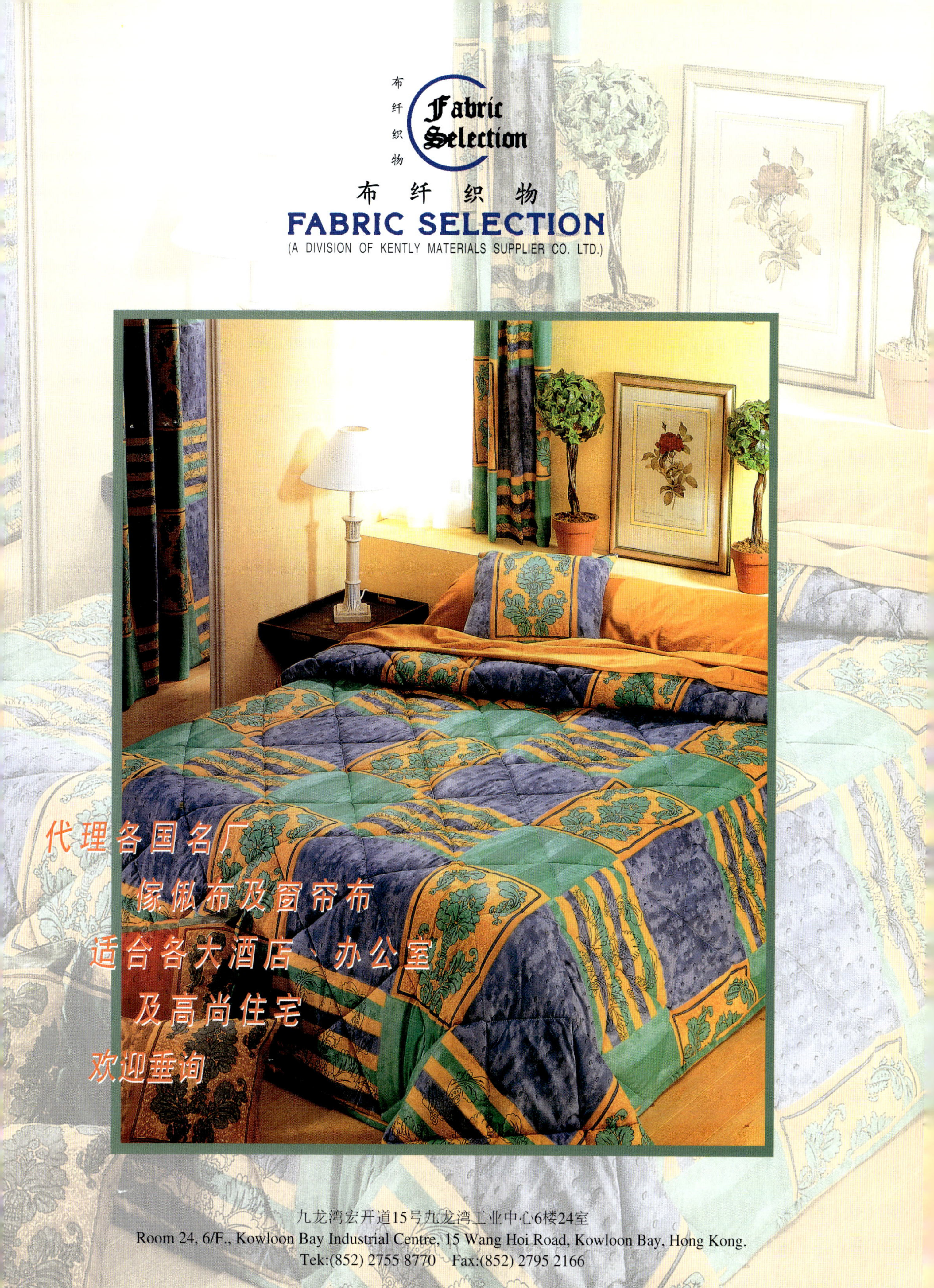

布 纤 织 物

FABRIC SELECTION

(A DIVISION OF KENTLY MATERIALS SUPPLIER CO. LTD.)

代理各国名厂
傢俬布及窗帘布
适合各大酒店、办公室
及高尚住宅
欢迎垂询

九龙湾宏开道15号九龙湾工业中心6楼24室
Room 24, 6/F., Kowloon Bay Industrial Centre, 15 Wang Hoi Road, Kowloon Bay, Hong Kong.
Tek:(852) 2755 8770　Fax:(852) 2795 2166

LITECRAFT LIGHTING

- We specialise in the manufacture of fluorescent luminaires for interior illumination in commercial and industrial buildings.
- Each luminaire whether it is a simple one or complete with sophisticated optical controller is carefully designed by our qualified engineers and manufactured to meet stringent specification.
- 本公司專門設計製造各類型照明燈具，適合於各工商業樓宇。
- 每款燈具均經專家悉心設計及製造，以符合嚴格之標準。

Litecraft

Litecraft Electrical & Metal Mfg. Ltd.

麗家電業金屬製品廠有限公司

9th Floor, Unit A & B, Dragon Industrial Building, 93 King Lam Street, Cheung Sha Wan, Kowloon. Tel: 27 432 328 Fax: 27 854 794

九龍長沙灣瓊林街93號龍翔工業大廈九樓A，B座

室内 室外　　古典 现代

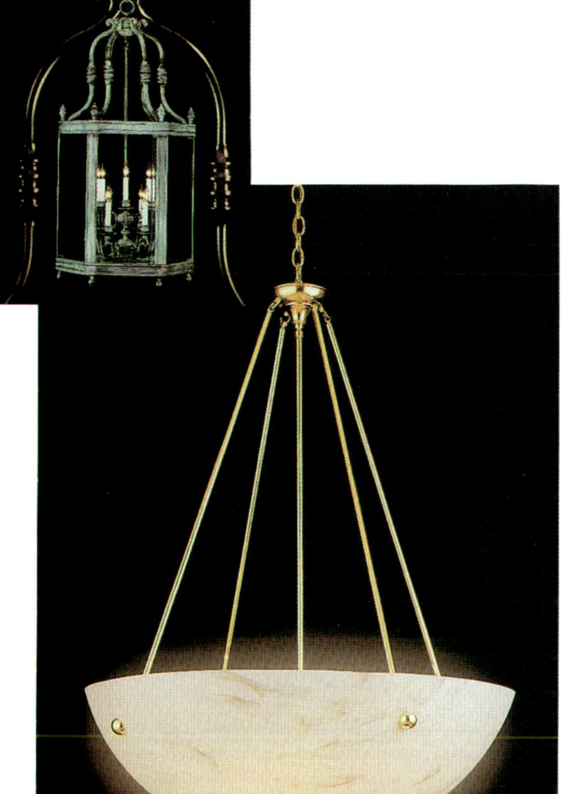

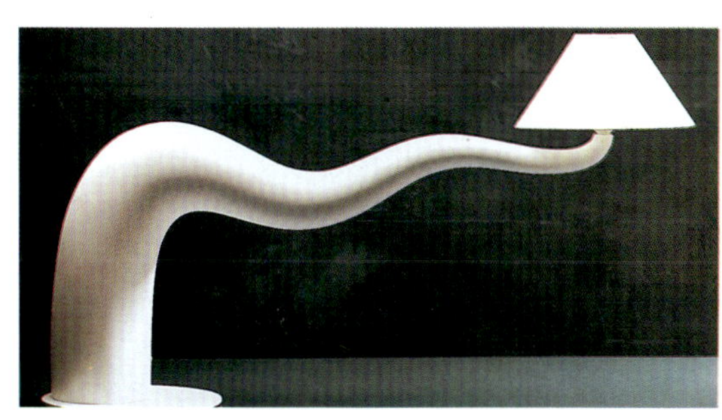

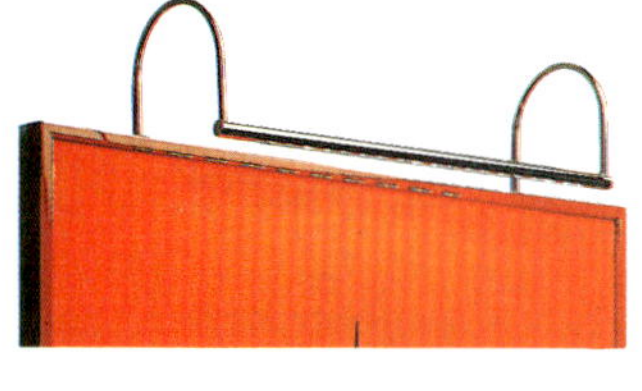
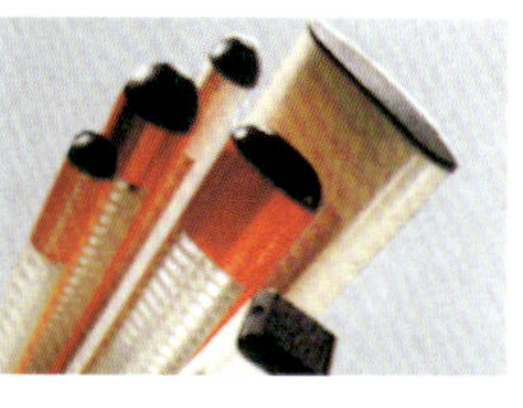
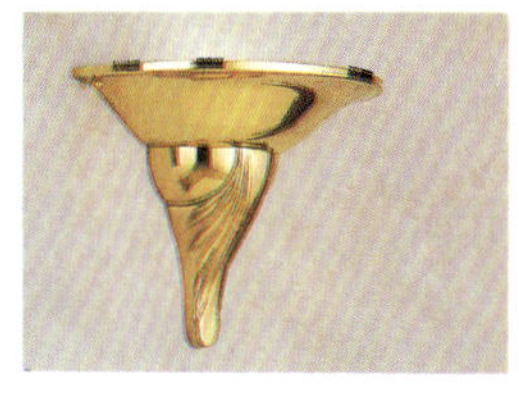

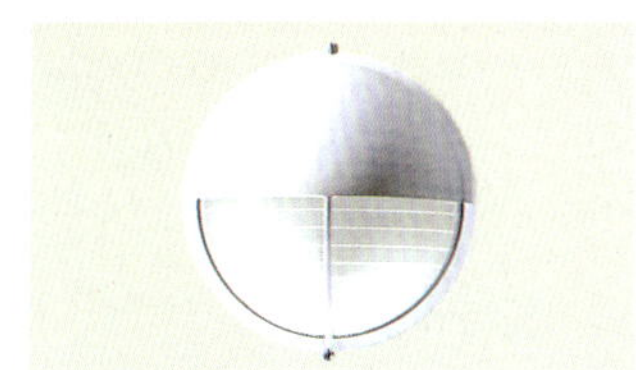

THORN

中國深圳－深圳發展中心大廈

英國科藝照明
世界照明權威

科藝照明（香港）公司隸屬於英國科藝照明集團，專業於設計及製造照明燈具及燈泡，廠房遍佈歐洲各國，一直站穩於世界領導地位。長久以來，爲各界提供廣泛而全面之照明設備及服務，以迎合任何有關照明之需求。

科藝照明（香港）公司自置最先進之電腦設備，爲有需要之工程師，建築師，設計師及有關客戶，隨時提供有關各類別照明設計之資料及服務，諸如商業燈飾，工業照明，庭園燈具、住宅照明、路燈、投影射燈……以至提供最新之照明意念，皆包括於本公司之服務範圍。此外，本公司更僱用久經訓練之專業照明工程師，隨時樂意爲各界人仕，解決所有有關照明設備之技術指導，及提供優良之服務，以秉乘本公司一貫之服務宗旨。

中國國內工程項目：

- 爲深圳國際天安大廈提供戶外立面照明；
- 爲深圳國際金鎬大廈提供高效率日光燈及戶外立面照明及庭園燈具；
- 爲深圳國際貿易中心提供室內照明設備；其中包括科藝2D省電節能裝飾具；
- 爲深圳發展中心大廈提供戶外立面建築物裝飾照明及庭園燈具；
- 爲蛇口貨櫃碼頭供應裝卸貨物照明用之高桿燈具；
- 爲廣州白天鵝酒店提供一般性照明設備；
- 爲天津水晶宮酒店供應戶外戶內的酒店照明設備；
- 爲上海虹橋賓館及聯誼大廈提供超過二仟套科藝2D省電節能燈具和應急照明設備；
- 爲上海靜安希爾頓酒店提供全套調光控制設備；
- 爲北京王府飯店提供一般性照明燈具設備；
- 爲北京京城大廈提供戶外戶內的照明設備；
- 爲深圳香格里拉大酒店提供全套調光控制設備；
- 爲汕頭機場，南陽機場，石家莊機場，武漢天河機場，天津機場，九江機場，麗江機場，大理機場，思茅機場及保山機場提供機場照明設備；
- 爲海口財盛大廈提供戶外立面建築物裝飾照明；
- 爲廣州ICI油漆廠提供危險場所之防爆燈具系列；
- 爲廣州美特容器工廠提供廠房照明設備；
- 爲上海虹橋友誼商城提供全套照明設備。

中國深圳－國際金鎬大廈

日光燈具	住宅照明
節能燈具	應急照明
室內射燈	投影射燈/立面照明
上照式落地燈	機場助航照明系統
醫院照明	隧道照明
工業照明	高桿燈
庭園燈	裝飾燈
路　燈	調光控制系統

科藝照明（香港）公司

科藝公司已在下列城市設立咨詢聯絡服務代表處：

香港總部
香港英皇道260號怡安中心19樓
電話：2578 4303
傳真：2887 0247

上　海
延安東路100號聯誼大廈2607室
電話：3235999
傳真：3237176
傳呼機：2190188-61005

廣　州
廣州市流花路
中國大酒店辨公大樓801室
電話：667 4064
傳真：667 7464
傳呼機：7786688-98262

海　南
海口市義龍路壹號南希花園F座三單元501號房
電話：86-898-768063
傳真：86-898-768063

深　圳
深圳市人民南路發展中心901室
電話：228 0620
傳真：228 0693
傳呼機：9902-201680

北　京
中國國際貿易中心國貿大廈2718室
電話：505 2810
傳真：505 2805
傳呼機：5128866-2868

上海陳列室地址：
上海市七浦路183-193號上海華夏物資供應公司　電話：3256450／3256465　傳真：3256474

Laser Theatre Lighting Limited
力時舞台照明有限公司

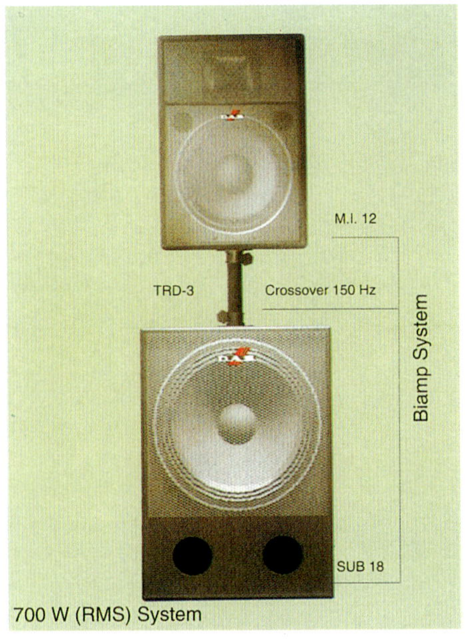

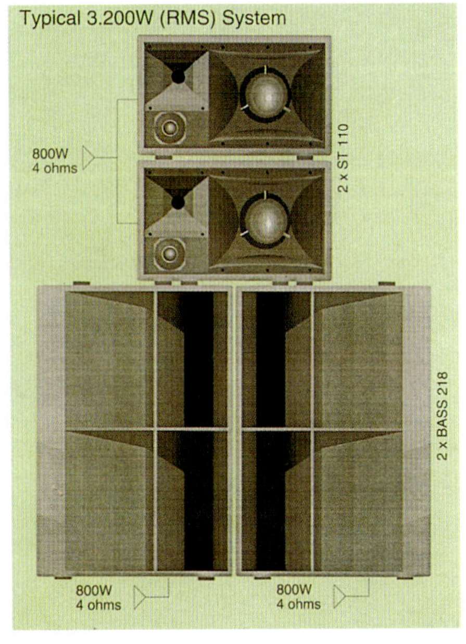

西班牙特式牌（D.A.S.）為一專業音箱生產商，其音箱系列由80瓦到800瓦適合各種大小歌舞廳、的士高及卡拉OK場使用。

詳情請查詢：香港及中國總代理

總公司：
香港觀塘鴻圖道38號美科大廈6樓後座
電話: (852) 2797 9803　傳真：(852) 2797 0708

分公司：
深圳　電話：(0755) 2238766
廈門　電話：(0592) 2029382

中國總經銷：
重慶海力舞台設備有限公司
中國重慶市市中區八一路176號

負責人：趙曉瑜
電話：(0811) 3847354

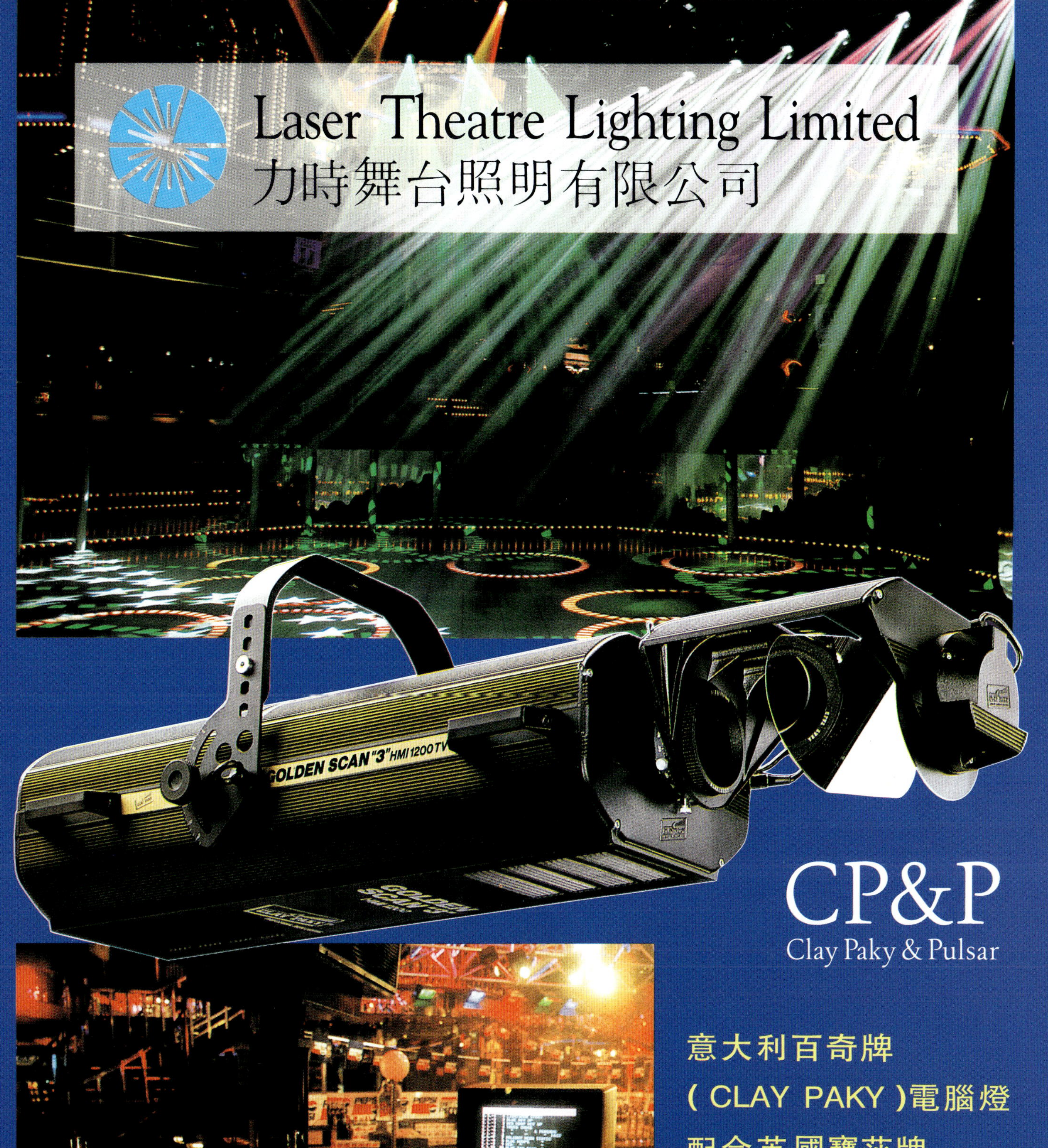

意大利百奇牌
(CLAY PAKY)電腦燈
配合英國寶莎牌
(PULSAR)燈控器
屢獲殊榮。

查詢請聯絡：
香港、澳門及菲律賓總代理

總 公 司 ：
香港觀塘鴻圖道38號
美科大廈6樓後座
電話: (852) 2797 9803　傳真：(852) 2797 0708

分公司：
深圳　電話：(0755) 2238766
廈門　電話：(0592) 2029382

Odyssey Engineering

專業名牌盡在金紘

本公司經銷及代理下列牌子之專業音響及燈光產品。

We are representing the Excellent Brands of professional sound & lighting equipment in China, Hong Kong & Macau.

意大利Lampo

西班牙Ecler

德國Solton

英國OHM

英國OHM

英國OHM

CHALLENGER

CHALLENGER INTELLIGENT LIGHTING CONTROLLER

英國Ryger

OHM 英國“奧妙牌” 專業音箱。

Ecler 西班牙“藝格牌” 專業調音台、分頻器、均衡器、功率放大器及各種音視頻線。

Mission 英國“美聲牌” 專業音箱。

MILLBANK 英國“美邦牌” 專業調音台、功率放大器及音箱。

Solton 德國“訴騰牌” 專業調音台、功率放大器及音箱。

Craaft 德國“佳呼牌” 專業功率放大器及音箱。

dB Technologies 意大利“特別科技牌” 專業音箱、功率放大器及無線咪。

Denon 日本“天龍牌” 專業音響產品。

Lampo 意大利“臨寶牌” 專業舞台及電腦燈光系列。

Ryger 英國“威爵牌” 專業電腦燈及燈光控制器。

Varytec 德國“偉力牌” 專業電腦燈光。

TOEMILAND 日本“東芝百代牌” 卡拉OK器材。

Mogami 日本“無加味牌” 專業音頻及視頻線。

Runco 美國“能高牌” 高解像度投影電視。

金紘工程有限公司

ODYSSEY ENGINEERING COMPANY LIMITED

Designers & Consultants for A/V & Electronic Systems

A Subsidiary of TOMEI Group.

香港柴灣工業城第一期1901-02室

1901-02, Phase 1, Chai Wan Industrial City, Chai Wan, H.K.

Tel: (852) 2898 8111 Fax: (852) 2556 0846, 2558 0073

We Serve
Your Needs
Jackley Designer's Carpets grace and enhance the floors of famous buildings throughout the world — hotels, casinos, department stores, theatres, banks and offices. Elegance and flexibility in design, high quality production and service, are all part of Jackley spirit.

泰新墙纸

融汇世界名家设计
为你提供生活新姿彩

泰新建筑材料有限公司

香港总公司：香港油麻地甘肃街22号
汉兴商业大厦8/F
电话：(852) 23888208
传真：(852) 27701300

HONG KONG HEAD OFFICE:
8/F., Hong Hing Commercial Bldg.,
22 Kansu St., Yaumati,
Kowloon, Hong Kong.
Tel: (852) 23888208
Fax: (852) 27701300

广州分公司：广州市环市东路339号
广东国际大厦A附楼24层D单元
电话：(8620) 5524087
传真：(8620) 5524087

GUANGZHOU OFFICE:
Flat D, 24/F., Gitic Plaza Office Tower
339 Huanshi Dong Lu, Guangzhou,
China 510060.
Tel: (8620) 5524087
Fax: (8620) 5524087

上海陈列室：上海泰新装璜建筑材料总汇
上海浙江中路441号
电话：(021) 3226805
传真：(021) 3226805

SHANGHAI SHOWROOM:
441 Zhe Jiang Zong Lu,
Shanghai, China,
Tel: (021) 3226805
Fax: (021) 3226805

北京市泰新(京)装饰建筑材料公司
地址：中国北京安定门外安立路8号K座3门
808室　邮编：100101
电话：(861) 4994429　传真：(861) 4994429

MIKO (Beijing) Decoration Products Co.
Rm.808 Block K, Antingment Wai, 8 Anli
Road, Beijing, China.　Post Code: 100101
Tel: (861) 4994429
Fax: (861) 4994429

Trigram
三行画廊

Colorful awnings combine practicality

with decorative appeal.

Hundreds of fabric patterns,

colours and designs are available.

Stylish awnings maximize street visibility,

provide sun and rain protection,

and extend outdoor living space.

An economical,

flexible means to increase eye-appeal.

專業設計
各款帆布帳蓬
Canvas Awnings

方角型活動摺疊帳蓬。
DUTCH BLIND

藝術型球場看台帳蓬。
ARTISTIC DESIGN TENTS FOR STADIUM

大型摺臂架，可淩空伸出數公尺。
ALUMINIUM ARM PROJECTION AWNING

半球型活動帳蓬。
SEMI-CIRCULAR CANOPY
(EYE-LID STYLE AWNING)

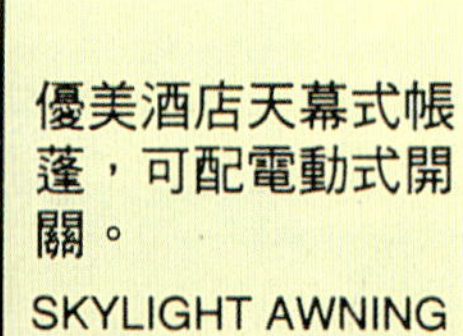

優美酒店天幕式帳蓬，可配電動式開關。
SKYLIGHT AWNING

鄉村俱樂部之眉型帆布帳蓬配上精美設計之摺臂型帳蓬。
RADIUS CORNER DUTCH BLIND & PROJECTION AWNING

總經銷：

澳洲隔熱、防水、防污、不脫色彩色帆布，全港獨有全隔太陽紫外光帆布料，能減低室內溫度20%，令室內涼快舒適。
瑞典入口鋁質活動高級帳蓬架，鋁合金制造，不會生銹，可配合隱蔽式全自動摩打開關，寧靜方便。

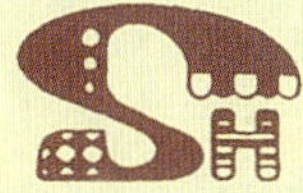

新興窗簾帆布有限公司
Sun Hing Curtain & Canvas Co. Ltd.

香港九龍旺角廣東道1237號地下
電話：(852) 2393 2198, 2393 9204, 2393 3856　傳真：(852) 2789 4433　電掛：SUNBLIND
G/F., 1237 Canton Road, Kowloon, Hong Kong.
Tel: (852) 2393 9204, 2393 3856, 2394 6969, 2393 2198　Fax: (852) 2789 4433

◆ 室内设计

◆ 装潢工程

◆ 施工管理

利华公司是一间已成立超过十年的专业室内装潢设计顾问及装潢工程公司。过去十年来一直提供室内装潢设计，项目管理、项目策划及装潢工程施工等各种专业服务，而业务范围计有银行、办公室、酒店、购物商场及商店等行业。

利华公司锐意积极拓展国内业务，已连续承接数项大的室内装潢设计，项目管理及装潢施工工程项目，其中包括上海霞飞大酒楼，大连市锦绣大厦示范设计单位，及被上海市政府列为94年重点项目之一的"上海商业城"中上海服饰中心大楼的室内装潢设计工程。

香港总办事处：

香港铜锣湾登龙街52号景隆商业大厦6字楼

电话：(852) 2892 1831

传真：(852) 2834 0900

上海办事处：

中国上海市浦东大道580号五楼505室　邮政编码: 200120

电话：(8621) 878 6317

传真：(8621) 887 2387

美達臣設計顧問有限公司

服務範圍：

專業室內設計及裝修（如酒店，寫字樓，商場，各類型酒樓，食肆等等），項目策劃，制訂預算案，策略性計劃，電腦輔助設計，空間及設施計劃，材料選配及裝飾，詳細設計及技術規範，投標及談判，數據系統管理，分包商人協調，施工現場控制，工程會計，裝飾圖案及陪襯植物，入伙後服務等。

美達臣設計顧問有限公司

香港灣仔活道5號活道樓1字樓　電話：（852）2519 8989　傳真：（852）2519 8300

优质建材

西斯尔 GYPROCK石膏板及制品

西斯尔 Hebel喜宝白砖

建筑材料系列
Building Materials

NOUVELLE
西斯尔厨柜

办公室家私

金属吊顶

电脑地板

大师有限公司
ENTASIS LTD
金门集团附属机构
香港湾仔洛克道33号汇汉大厦7字楼
电　话：852 2866 1198
图文传真：852 2865 3173

我们供应：

- 高级装修建材
- 门用五金
- 顶级电脑匙锁
- 先进门禁系统
- 尖端防监器材
- 百合总匙系统
- Turnstile及各式转门
- 自动收费系统
- 电脑化咭钟
- 0 工资计算软件(可与咭钟配套)
- 1 无接触式储值收费咭
- 2 独立专家报告

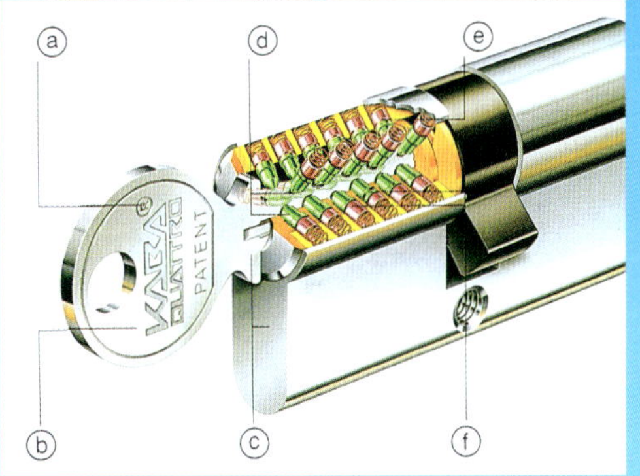

加霸(瑞士)顶级电脑锁胆

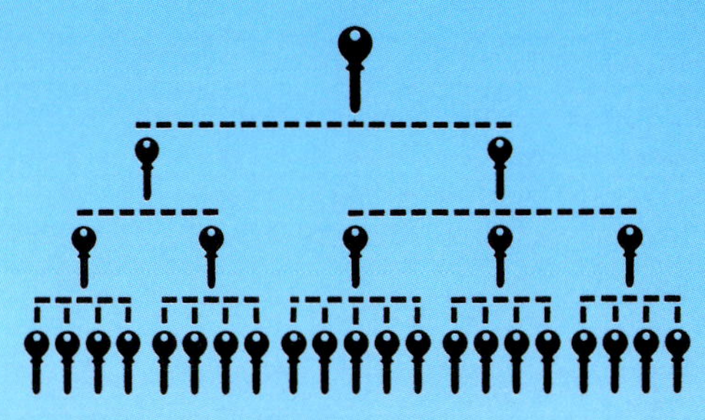
庞大,复杂的百合总匙系统

无接触式聪明咭门禁、考勤及自动收费系统

各式转门、门禁系统、高级门用五金

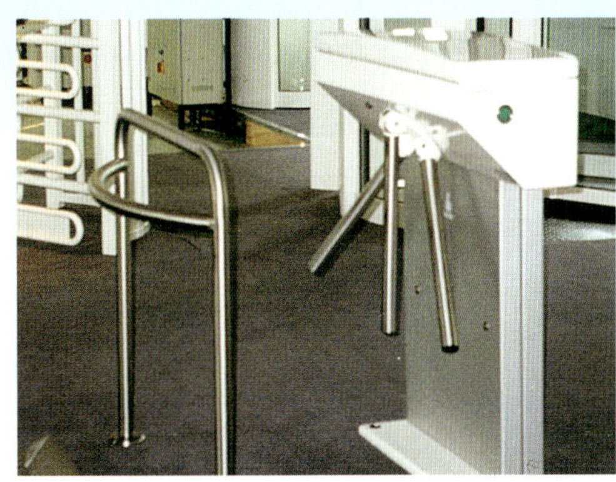

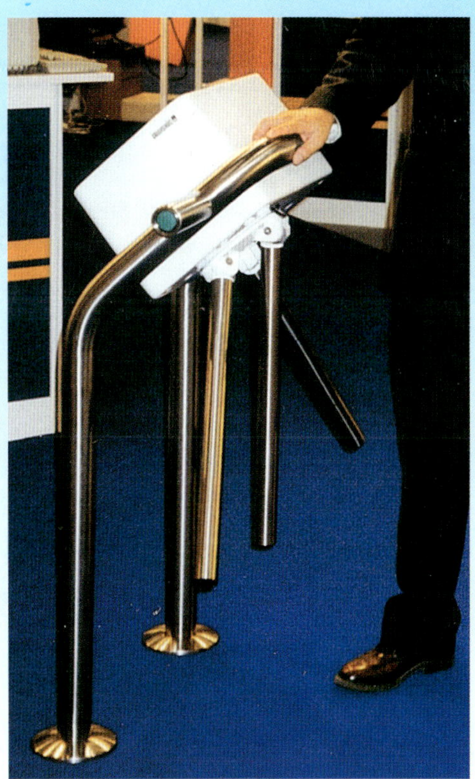
紧急时自动落下及重置的Turnstile

一个完全封闭的观念

堅迪建材
KINETIC IRONMONGERS
香港九龙旺角广东道992-998号高明商业大厦17C
17C, GO-UP COMMERCIAL BLDG., 992-998 CANTON ROAD,
MONGKOK, KLN., H.K. TEL：(852)7837382 FAX：(852) 3743026

ALTRO

英国 ALTRO SAFETY FLOORING
“雅卓”安全地板

英国ALTRO“雅卓”安全地板系列，是英国专家积聚三十多年的经验研制而成的，是近代科技的结晶，突破传统的防滑类地板仅表层涂饰耐磨材料之不足，唯一全部渗有氧化铝粉及碳化硅的软性耐磨、防滑聚氯乙烯地板，在国际已被广泛使用，为人们的工作、生活、家居等方面营造非常理想的环境。

制药厂内，要求绝对清洁卫生的地面。

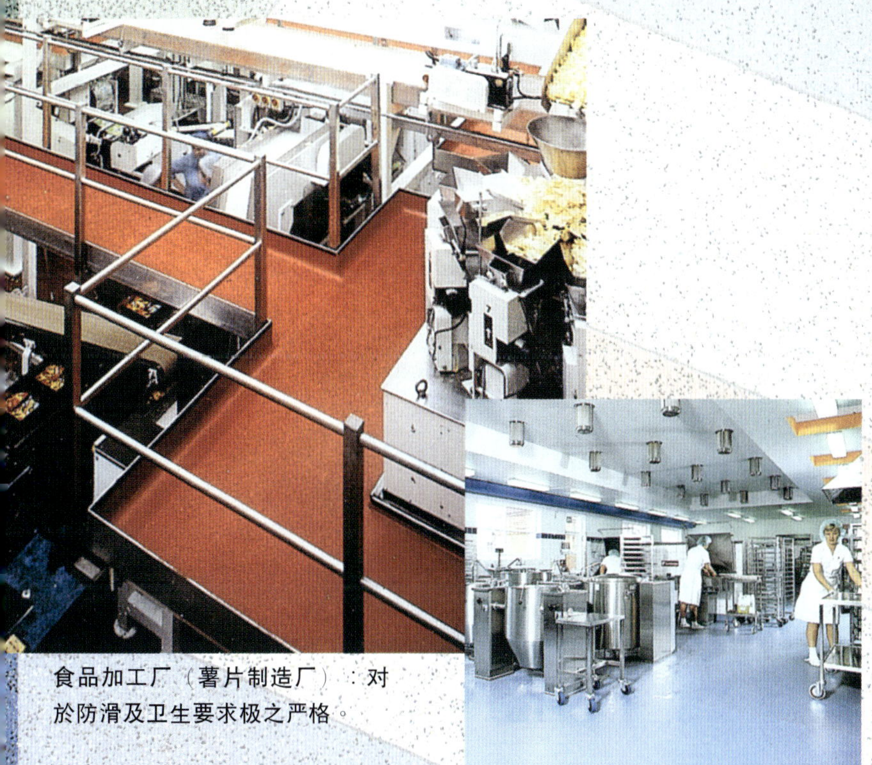

食品加工厂（薯片制造厂）：对於防滑及卫生要求极之严格。

大型医院内的厨房：需有一个卫生、防滑及易於清洁的厨房。

最大特性：

●无缝、防水、防油、防酸、防碱、防静电、抗化学剂，极易清洁。

●耐磨——2万次(TABER TEST)耐磨实验证明：瓷砖深坑突现，ALTRO“雅卓”安全地板光滑无损。

●软质防滑——氧化铝粉均佈在全层各部分，在脚下形成不规则的压力点，迅速形成粘钉作用。

●卫生——含有抑菌剂，能有效地抑制細菌的滋生，无味无毒，符合饮料、食品及药物等生产厂家所需的卫生要求。

●装饰性强——产品色泽、图案新穎别致，别具一格，切割、拼合快捷，把同类产品的实用性与装饰性有机地融为一体。

适用场所：

客车/客船/飞机*列车站台/走廊*宾馆/餐厅/厨房*酒巴/卡拉OK房*展览中心/陈列室/博物馆*桑拿房/游泳池/浴室*超级市场/商场/时装店*学校/疗养院/医院*食品加工厂/无菌车间*/化工车间/化学实验室/计算机房*用途全面广泛，举不胜举。

质量标准：达英国测试标准BS 5750 PART2及国际测试标准ISO 9002

规格：2M(宽)×20M(长)
厚度：2.0-4.0MM

总代理：
CHUNG LING INVESTMENT(HK)LTD.
钟灵投资(香港)有限公司

RM.2207 C.C. Wu Building,
302-308 Hennessy Road, Wanchai, Hong Kong.
香港湾仔轩尼诗道302-308号集成中心2207室

Tel : 2573 3780
Fax : 2838 2235

Swiss Faucets of highest quality ever engineered in this industry.

瑞士「凱威」水龍頭

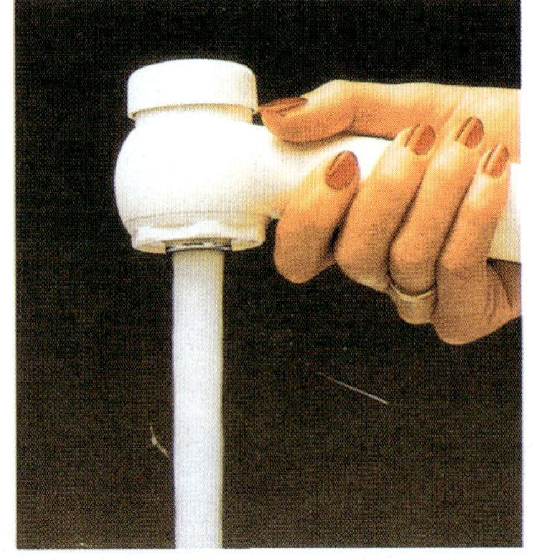

品質卓越
適合
高級賓館
及
住宅

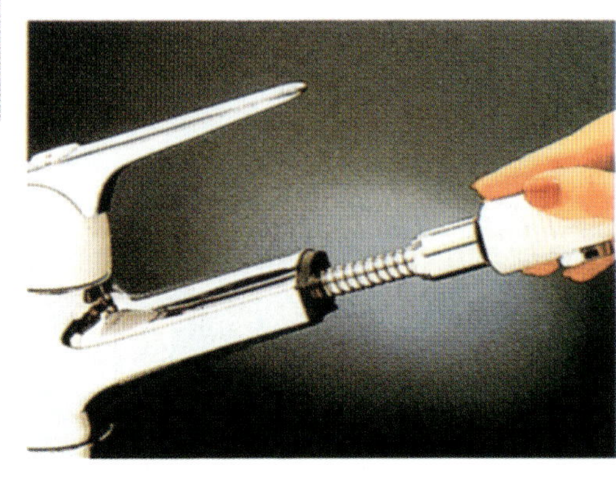

保銘(建材)有限公司

BERMIAN LIMITED

BUILDING MATERIAL SUPPLIER
AND SPECIALIST CONTRACTOR

香港灣仔太和街 10-20 號
福和大厦 1 樓
電話： 893 3133　電傳： 893 2213

AT CADILLAC, WE CAN TURN YOUR BRIGHT IDEAS INTO REALITY.

10 METERS LENGTH DRAGON
LUMENYTE FIBER OPTIC

AWARD WINNING BEIJING CASA BLANCA
LUMENYTE FIBER OPTIC

DECORATIVE & COMMERCIAL
MAXRAY

DECORATIVE & COMMERCIAL
MAXRAY

AN UNEXHAUSTIVE LIST OF JOB REFERENCE WITH LIGHTING SUPPLIED BY CADILLAC:

OUR CLIENTS LIST:

INTERIOR

South Horizons – G/F Entrance Lobby
Beijing Investment & Trust Building – Beijing China
Charterhouse Hotel – Basement 1
China Hotel, Restaurants & Entertainment
Chiuchow Restaurant – Tuen Mun
Citiplaza II Shopping Arcade – Public Area
Dan Ryan's Chicago Grill – Queensway
Dragon Restaurant Excelsior Hotel – Singapore
Dubai Hotel Intercontinental – Sardi Arabia
East Lakespa – Shenzhen China
Emperior Hotel – Function Room – Macau
Enterprises Tower – Kowloon Bay
Fontana Gardens, Tai Hang
Giordano Fashion Ltd
Grand Hyatt Hotel – Wanchai
Greatwall Sheraton Hotel Public Areas – Beijing China
HKTCSL Tower CSL Office – Citiplaza 3 Taikooshing
Hong Kong City – Shopping Arcade
Hong Kong Parkview – Tai Tam
Hotel Concord
Hyatt Hotel Basement – Japanese Rest, Matsibishi Teppan Yaui
Jai-Alai Casino Regent Hotel, Macau – Health S.P.A.
Jockey Club, Grand Stand – Shatin
Jusco Department Store – Lok Fu, Tsuen Wan
Kornhill Apartment – Public Area
Kowloon City Plaza – Cinemas
Kowloon Hotel – Lobby & Public Area
Kwong Lui Hotel – Causeway Bay
Lane Crawford – Central
Macau Jockey Club – Shun Tak Centre
MacDonald's Queen's Restaurant
Music Pup Karaoke – Tsuen Wan
New East Ocean Centre – Tsimshatsui
New World Apartment – Wanchai
New World Harbour View Hotel – Wanchai
Noble House Shark's Pinseafood Restaurant – Jakarta
Ocean Corner, Ocean Gardens – Taipa, Macau
Olympia Theatre
Oriental Court – Oriental Hotel, Guangzhou China
Panda Hotel
Philip Wain, Caroline Centre, Causeway
Phillippe Charriol Shop
Ramada Inn Hotel – Wanchai, Hong Kong
Redbridge Restaurant at City Bank Plaza
Regal Airport Hotel – Wanchai, Hong Kong
Regal Kowloon Hotel
Rogal Meriden Hotel – TST
Regal Riverside Hotel Guestroom – Shatin
Regal Shanghai (F.T.) Hotel
Regal Shanghai Hotel
Resident Club, Discovery Bay
Royal Hong Kong Jockey Club Derby Room – Shatin, Happy Valley
Royal Pacific Hotel Banquet Hall – TST
Saint Honore Cake Shop
Ocean Centre TST
St John's Cathedral
Sun Plaza – Canton Road, TST
Sun Sun Hotel – Macau
Tak Wah Shopping Arcade – Shenzhen China
The Chinese University
Tinjin Hyatt Hotel – China
Tragunter Court, Club House 14, Tragunter Path HK
Wanfujing Restaurant - Beijing China
Whampoa Garden – Site 5, 6, 8, 9, 10, & 11 Shopping Arcade and Restaurant
Whampoa Garden Ice Skate Ring
Wing Heng Bank – Macau
Yang Tse Hotel Public Area – Shanghai China
Yaohan Dept Store
Zhuhai Hotel – China

EXTERIOR

System On Pool
Cheung Fat Estate – Tsing Yi
Chui Lam Estate – Junk Bay
Chun Fai Road – Tai Hang Road
Citiplaza Phase III & IV
Fairway Country Club – Underwater Lighting in Pool
Hang On Estate – Ma On Shan
Holiday Inn – Xian China
Hong Kong Gold Coast Hotel
Hong Kong Park
Hotel Grand Wailea, Maui – Exterior & Pool Perimeters, Steps
Island Eastern Corridor – Shau Ki Wan To Chai Wan
Kwai Chung Playground Landscape – Phase I & Phase
Lei King Wan Residential - SGW. Landscape
Ma On Shan Shan Area - W3
Macau Stadium - Macau
Quarry Bay Park - Landscape
Ritz Carlton Kapalua, Maui - Water Cascade Feature
Royal HK Jockey Club Upper Happy Valley
Sai Wan Ho Reclamation
Siglap Centre - Building Facade Installation
T.W. 83 Area 6 - Tsing Yi Playground
Tai Po Development - 24B
Tai Po Landscape - Site 5
Tai Po Old Market Playground - DZ
Tao Fung Shan Outdoor Buedhead
The Chinese University
Underwater World - Aquarium Installation
Wing Tai Road Park, Chai Wan HK
Zhuhai Hotel - China
Sheung Shui Centre - N.T - Footbridge

OPTIC FIBER:

10 Robinson Road HK - Landscape Feature
429 Martin Road Yuen Long - Fountain Perimeter
Beijing Casa Blanca
Dragon Centre Entertainment Area
Dragon Inn Restaurant - Coffer Lighting
Fung Tak Park
Hong Kong Gold Coast Hotel
Sing A Long Karaoke Louge – T.S.T.
Nanjing Jinling Revoling Hotel
New Ocean Theatre – T.S.T.

Yes, I'd like to subscribe the Cadillac Lighting Catalogue, please put my name and address in your mailing list.

NAME: ____________
TELEPHOTE: ____________
COMPANY NAME: ____________
OCCUPATION/TITLE: ____________
ADDRESS: ____________

FOR MORE BRIGHT IDEAS
PLEASE CONTACT OUR SALES DEPARTMENT AT
TEL: 2877 6888 FAX: 2521 2888

建達燈飾(香港)有限公司
CADILLAC LIGHTING (H.K.) LIMITED
1st Floor, 59 Wyndham Street Central, Hong Kong
Tel: (852) 2877 6888 Fax: (852) 2521 2888

日本高级陈列照明系统

百货／店铺专用

高档百货必备的照明系统，包括：特幼灯管，反光罩，配电导轨及插座。

配电导轨（陈列架用）

长度由800至2400mm，陈列板升降时，灯管电源可随著升降。

省电特幼灯管，20mm直径，长度由303至2368mm可供选择，25种颜色，无论陈列照明或装饰都给予最高档的感受。

工程简介：

永安百货
先施百货
西武
伊势丹
东急百货
LOFT
八佰伴

TURBO-WALL VIDEO-WALL SYSTEM

本公司特別推介

超值“超霸牌”電視幕牆系統，令貴客在業務及產品推廣上進入新紀源。

- 電視幕牆系統適合任何場所，如酒店，夜總會，卡拉OK，商場及覽會等
- 有多種組合及顯像變化，如 2X2，2X3，3X3 及 4X4 等 … 等
- 監視器備有21"，25"，29"，33"及40"後置投影等，任君選擇
- 解像度極高
- 備有全能有線搖控器，三個不同訊號同步輸入
- 操作極之簡易

OUTPUT - MODE : 3 x 3

OUTPUT - MODE : 4 x 4

OUTPUT - MODE : 2 x 3

“超勁牌”專業舞台燈光及煙霧器產品系列，給你疑幻疑真的色彩世界。

- TURBO LIGHT 專業舞台效果燈
- CYCLOPE 八爪魚效果燈
- TURBO SCAN 電腦效果燈
- PAR 64 1000W 射燈，PAR 56 300W 射燈
- 備有數十種不同之聲控或電腦控制之效果燈等…等

CYCLOPE

TURBO Fog

- TURBO FOG專業效果煙霧器
  備有F-1200A，F-200R & F-100 三種形號，配合不同環境需要，以供選擇
- 配合超勁牌煙油效果更佳，備有1公升及4公升以供選擇

- 本公司特設免費專業燈光，音響設計及顧問服務，並承包如卡拉OK，夜總會，的士高及舞台等…等之燈光，音響工程

TWINS

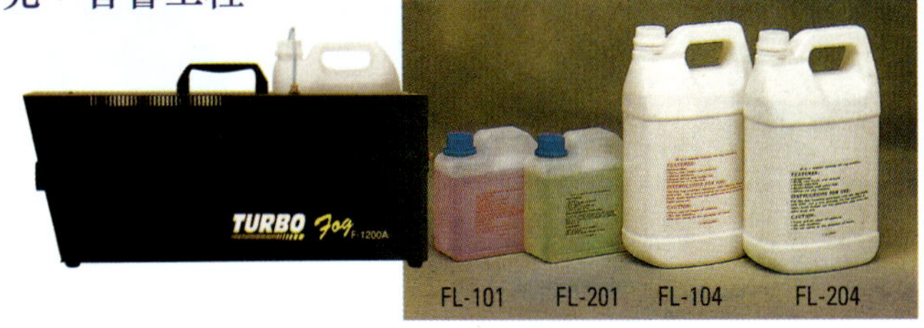

FL-101 FL-201 FL-104 FL-204

HYPER MOON

*誠邀國內分銷商 *歡迎顧客致電預約參觀

本公司並代理及經銷各國著名舞台燈光，音響系列。

中、港、澳總代理：

基力專業工程有限公司

GALAXY PROFESSIONAL ENG. CO. LTD.

香港九龍葵涌打磚坪街63-75號冠和工業大廈22字樓F室

Unit F, 22/F., Koon Wo Ind. Bldg., 63-75 Ta Chuen Ping St., Kwai Chung N.T., Kowloon, Hong Kong.

電話 Tel：(852) 2480 1339 傳真 Fax：(852) 2429 4991

澳門分銷商：

協力音響有限公司

Unsion Professional Audio Eng. Co., Ltd.

澳門炮兵街20-20B地下

電話：(853)326 868

傳真：(853) 326 756

ROCKY KITCHEN 諾琦廚櫃

嘉進寶(國際)有限公司

KCP (INTERNATIONAL) LTD.

香港總公司

HONGKONG HEAD OFFICE:

香港九龍上鄉道39號昌華大廈一字樓C2室

電話：(852)2303 1632　傳真：(852)2362 9775

Flat C2, 1/F., Cheong Wah Bldg., 39 Sheung Heung Rd., Kln., H.K.

Tel: (852)2303 1632　Fax: (852)2362 9775

上海辦事處 Shanghai Office

地址：上海靜安區華山路789號　電話：(021)2489627

廣州辦事處 Guang Zhou Office

地址：廣州市機場路景泰北街16號地下　電話：(020)6560371

廣州廚具廠 Guang Zhou Factory

地址：廣州花都市花山第三工業區　電話：(020)6847613

沈陽辦事處 Shen Yang Office

地址：沈陽市沈河區北立站路沈陽郵政大廈630房　電話：(024)2727926

澳洲辦事處 Australia Office

地址：20 Marmindie Street,Chapel Hill, Qld 4069.　電話：(07)8781950

室内装璜材料及设备

地板、耐板、贴面夹板、花线及木材

美观：室内设计师之宠儿

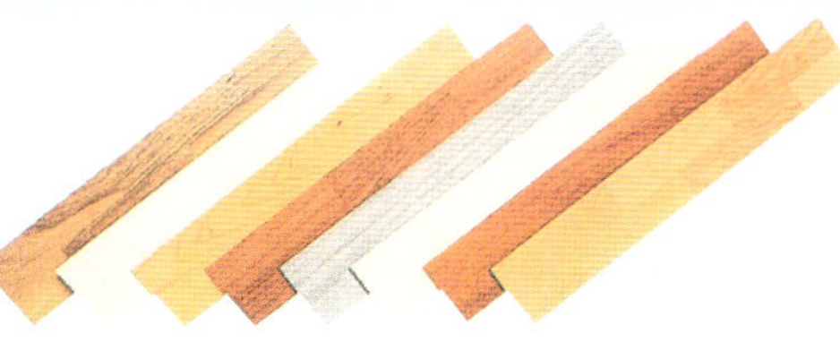

超过30多款不同树纹及颜色可供选择，可配搭任何设计上之要求：

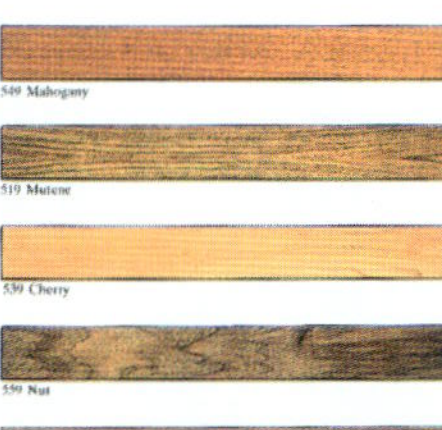

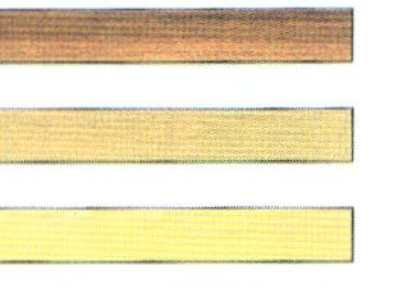

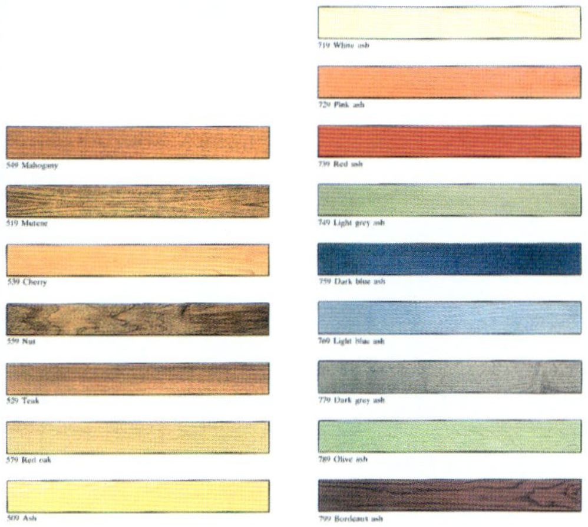

产品安装方法分为两大类：

1. 黏贴式安装
2. 悬浮式安装

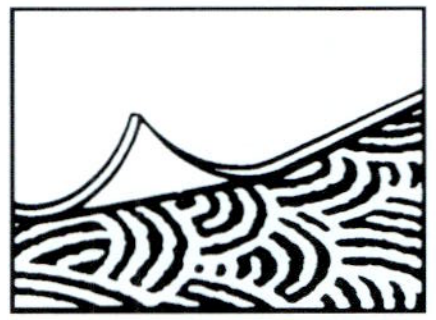

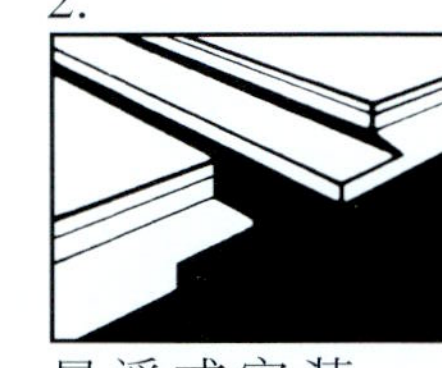

产品规格及尺码：

1. 900mm×185mm×9mm
2. 900mm×185mm×6.5mm
3. 1200mm×185mm×7mm
4. 900mm×75mm×3.2mm
5. 900mm×150mm×3.2mm

制造商：易步乐 IPOCORK - Industria de Pavimentos e Decoracao, S.A. （Wicanders 威思特 Wicanders）

中港澳总代理：先进产品有限公司 ADVANCED PRODUCTS LTD.
香港九龙弥敦道727号南新大厦6楼 电话：(852) 2394-7378 传真：(852) 2380-2789 / (852)2789-3362

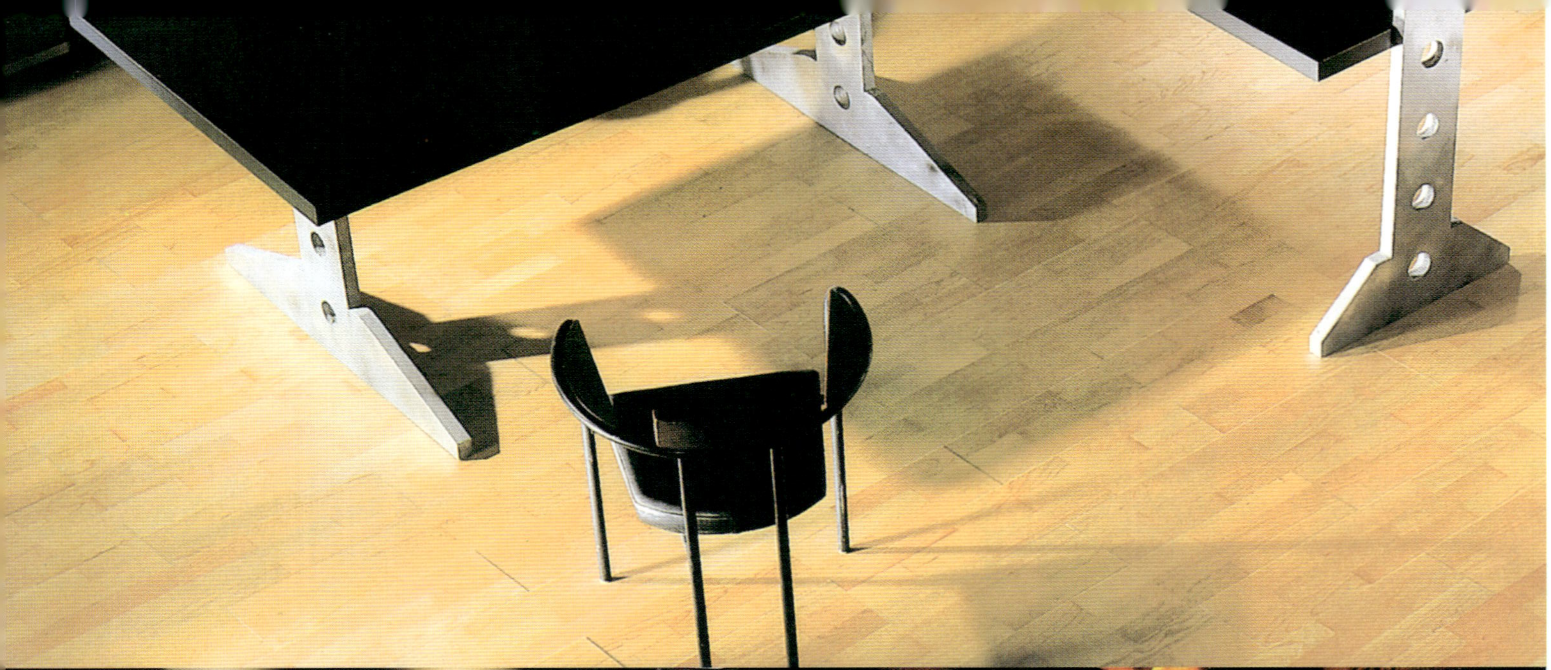

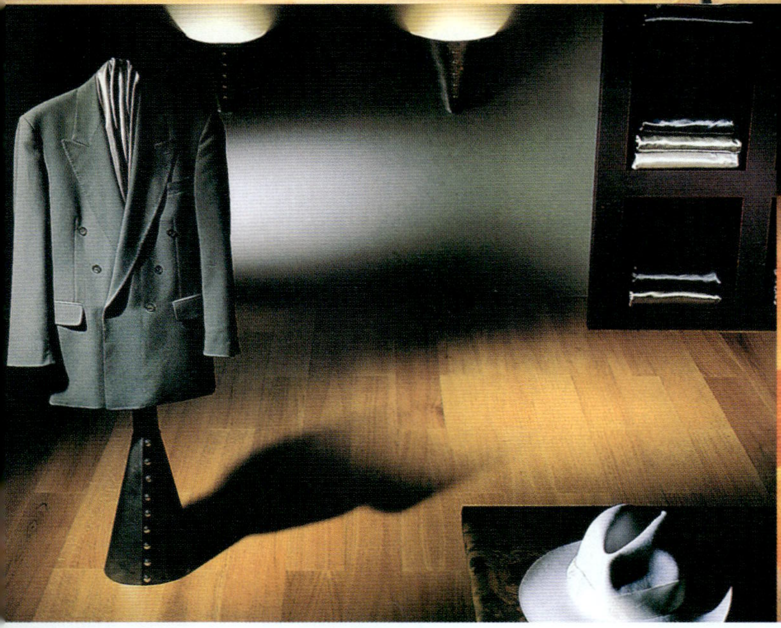

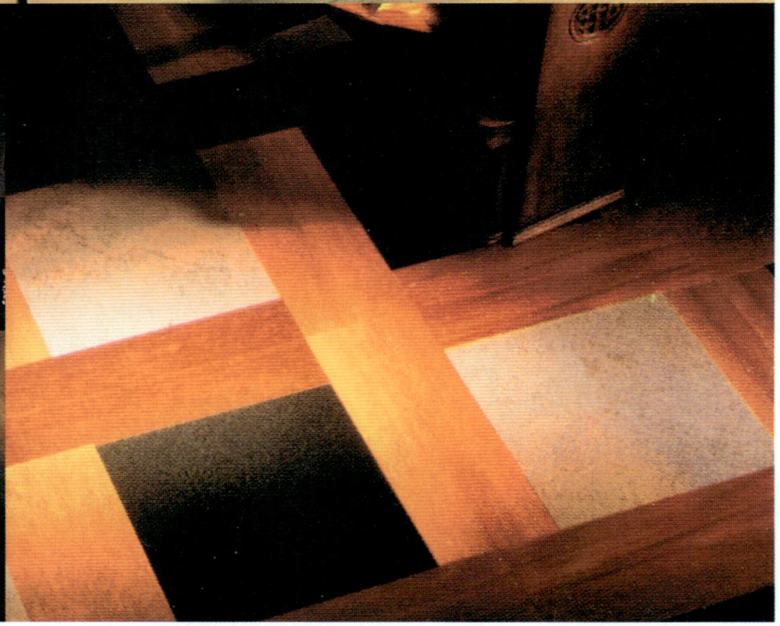

制造商保证其产品表面层於十年内在正常使用下不会磨穿，若磨穿的话，制造商提供免费地板替换，此举乃制造商对其产品之信心保证。

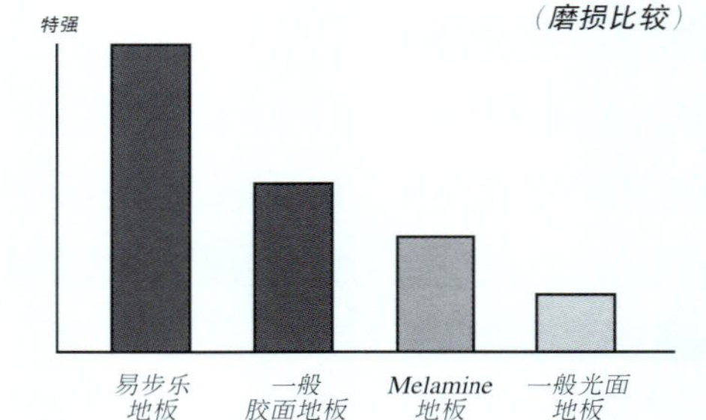

易步乐／威思特地板达到或超过一切国际测试所需要求：

ISO 140-8/78;
ISO 712-2/82;
DIN 52210;
MP 2073;
CA 8233;
ASTM STANDARD E 1007-89
ASTM STANDARD C 423-90
ASTM STANDARD E 989-89

制造商：易步乐 ipocork IPOCORK - Industria de Pavimentos e Decoracao, S.A. （Wicanders 威思特 Wicanders）

中港澳总代理：先进产品有限公司 ADVANCED PRODUCTS LTD.
香港九龙弥敦道727号南新大厦6楼　电话：(852) 2394-7378　传真：(852) 2380-2789 / (852)2789-3362

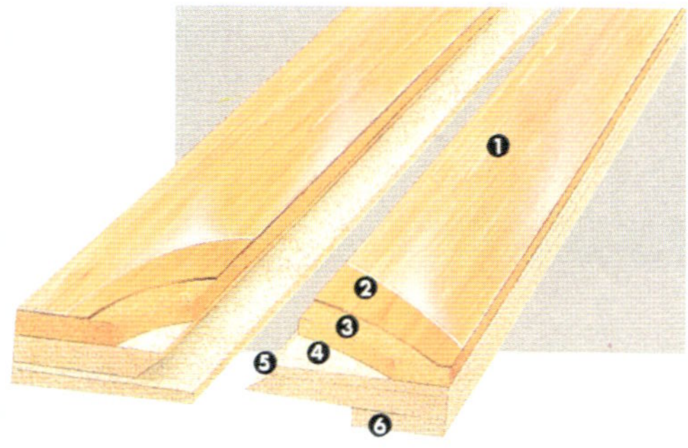

BRAZILIAN MAPLE (巴西枫木)

BRAZILIAN OAK(巴西橡木)

BRAZILIAN CHERRY(巴西樱桃)

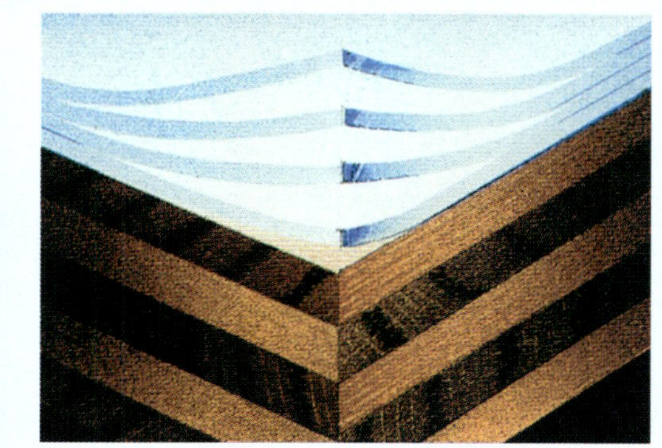

姿富木地板独有之保护层令地板不受一般污渍影响，亦有防紫外光作用，可使地板美观耐用，日久如新，而价格只为一般木地板的一半，实为超值的产品。

姿富地板木材与美国橡木硬度比较：

HARDNESS COMPARSIONS

TREVO WOOD FLOORS		OTHER Manufacturers
Brazilian Cherry	2820 psi vs	American Oak 1260 psi
Brazilian Maple	1600 psi	
Brazilian Oak	1600 psi	

*The above approximations were based upon data from Tropical Timbers of The World publixhed by the US Department of Agriculture.

姿富木地板主要取材於巴西再生森林内之树种，合乎环保要求，其硬度比一般北美橡木超出百份之廿五至百份之百以上，产品系列亦包括有加拿大枫木及其他北美流行树种，配套产品包括有地脚线，修边线，墙身板等，而所有产品都以预先光漆处理好；易安装易保养。

制造商：TREVO WOOD FLOORS 巴西姿富木地板 TREVO WOOD FLOORS

东南亚总代理：先进产品有限公司 ADVANCED PRODUCTS LTD.

香港九龙弥敦道727号南新大厦6楼 电话：(852) 2394-7378 传真：(852) 2380-2789 / (852)2789-3362

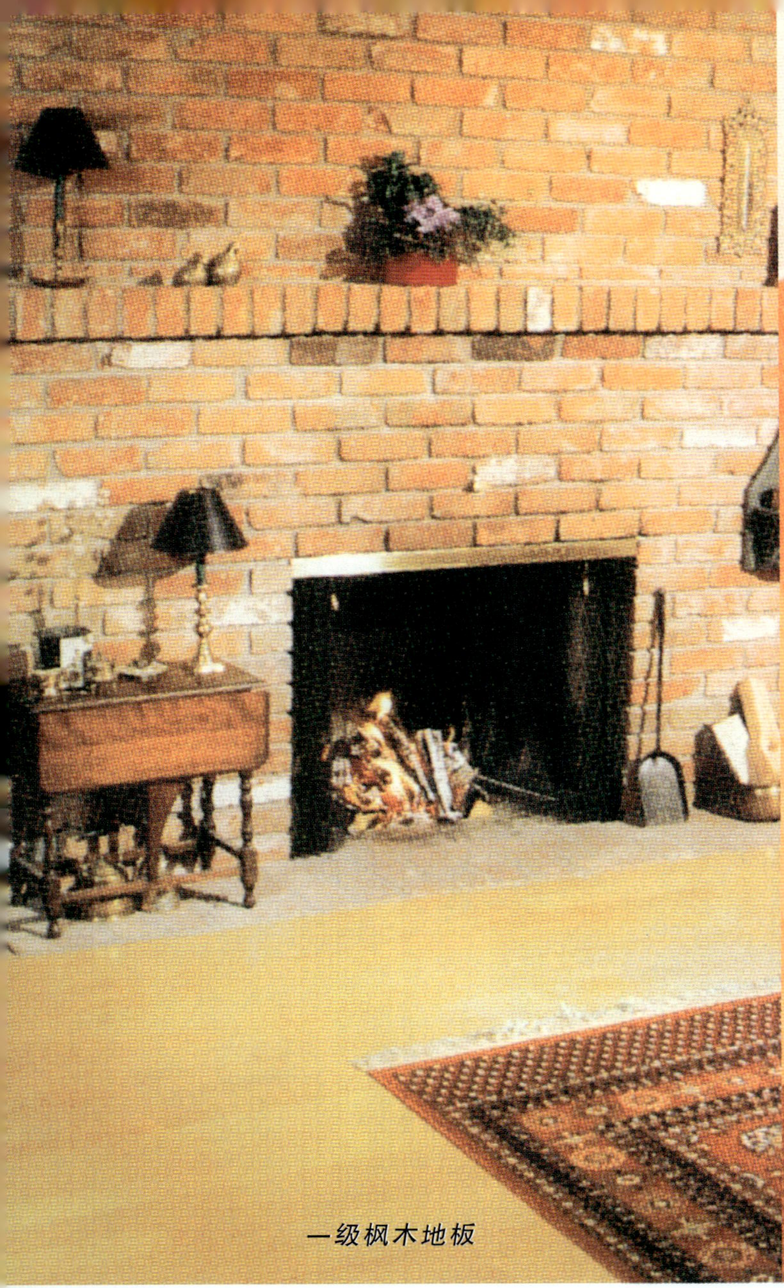

一级枫木地板

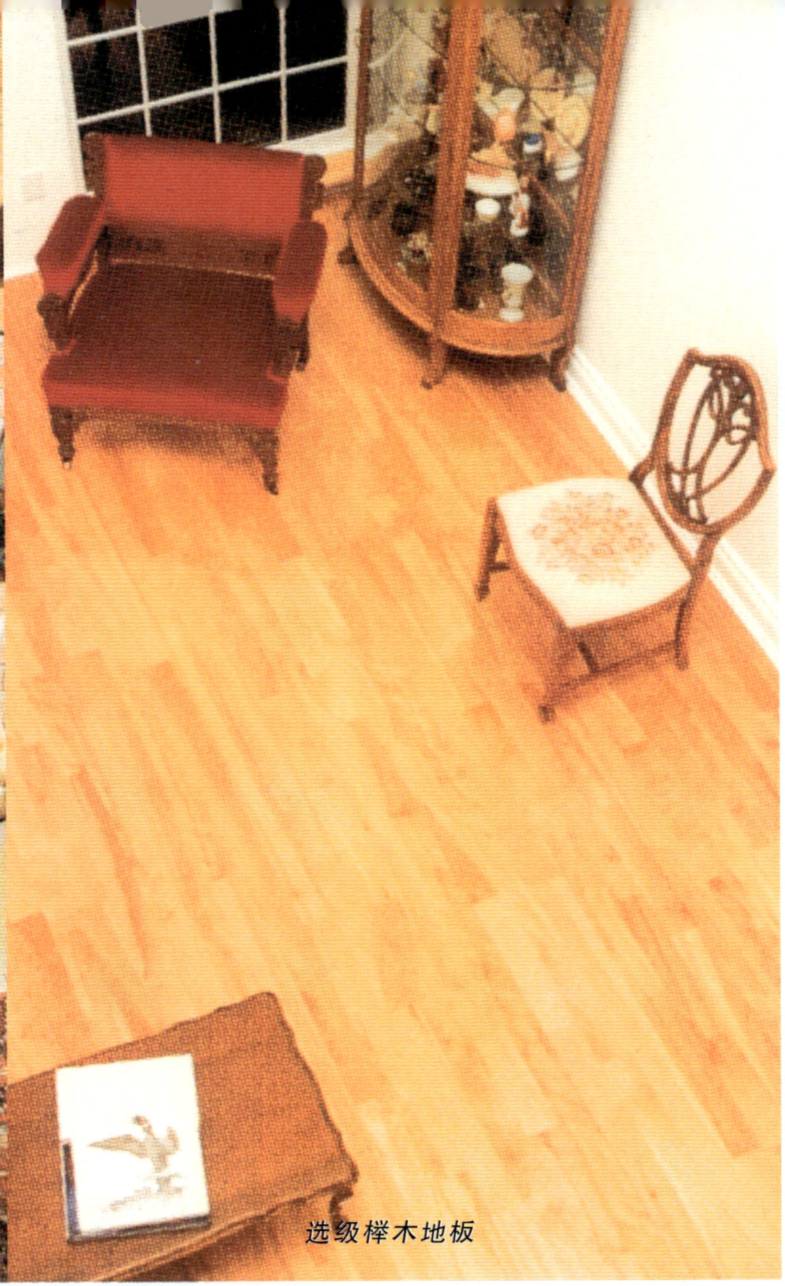

选级榉木地板

加拿大优质产品奖章

腾霸林产集团生产多种世界驰名之木材产品。如：MUSKOKA红鹿牌未上漆及已上漆之硬木地板等。

未上漆地板包括：

—枫木（Hard Maple）
—榉木（Beech）
—樱桃木（Cherry）
—红橡木（Red Oak）
—梣木（Ash）

已上漆地板包括：

—枫木（Hard Muple）
—榉木（Beech）
—红橡木（Red Oak）

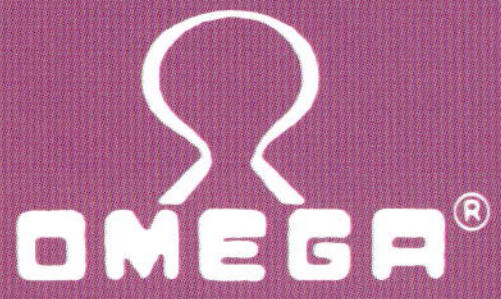

雅美家裝飾防火膠板
DECORATIVE LAMINATES

WILSONART®
美國富麗雅裝飾防火膠板
WILSONART BRAND DECORATIVE LAMINATE

合和膠板有限公司
Hopewell Plastic Laminates Ltd
香港高街52號地下
52 High Street, G/F., Sai Ying Poon, Hong Kong.
Tel: 2549 3321 Fax: 2858 2568

"The most popular quality of Decorative Laminates suitable for all seasons being offered today is undoubtedly the "OMEGA" Brand which are available in a wide choice of solid colors, patterns. Finishes: Glossy, Matt, Silver Texture, Hi-texture, Leather, Woodgrains, Slates, Melamine, Embossed, Real Aluminium, Copper and Stainless Steel etc, of which substantial stocks are carried for immediate servicing including White Color in sizes of 3′ x 7′, 4′ x 8′ and 4′ x 10′. The range of sizes available are 3′ x 7′, 4′ x 8′, 4′ x 9′ and 4′ x 10′ all of 1.3mm thick, with a special size of 3′ x 7′ for application on Doors resulting in a minimum of wastage and consequently substantial savings. Orders for special designs should be placed well in advance of about 3 months.

The "OMEGA" brand of Laminates are presently used in all prominent buildings both in Hong Kong, Kowloon and Macau as surfacing for walls, countertops, lavatory and tub surrounds, cabinet surfacing and lining, doors and caseworks, etc. Enquiries welcomed.

美國**富麗雅**裝飾防火膠板
明日設計 今天發揮

雅美家裝飾防火膠板

領導裝飾新潮流 花款特出冠全球

- 雅美家防火膠板，品質特別出衆，美化家室，室內裝飾，既美觀又耐用。
- 雅美家裝飾防火膠板，抗火，幼滑不容易磨損，室內設計用途廣泛，有多種顏色花款，木紋、雲石、凹凸皮面及銅面等任擇，鋪設牆面傢俬，高貴大方，易於清潔，衞生，又不會受蟲蟻損壞。
- 雅美家裝飾膠板適用於高級寫字樓宇，所有建築物間格及門，會客廳、辦公室，各式家庭家具，廚具等，更爲美觀。

OMEGA®
PLASTIC
DECORATIVE LAMINATES
雅美家裝飾防火膠板

楓木、橡木、柚木、櫻桃木
櫸木、竹地板、及其他地板

各種花線及扭繩不能盡錄

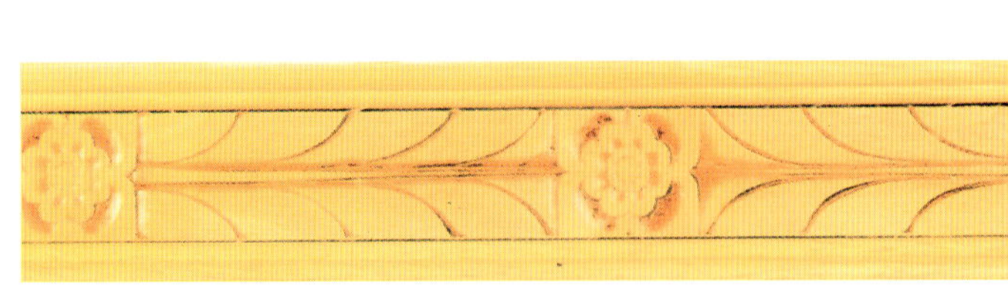

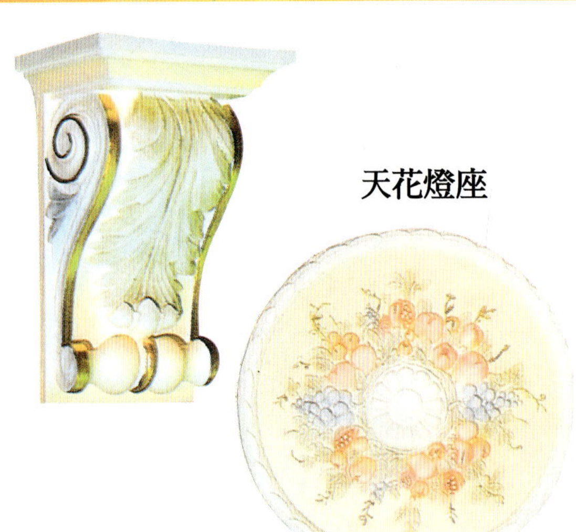

柱托

天花燈座

梯枝

藝星造木公司
ART STAR WOODWORKS CO.

AS - 104

實木花線

扭繩系列

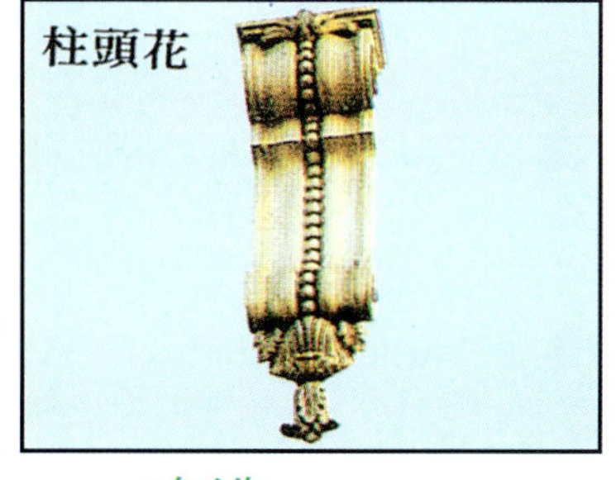

酒店傢俬

各類高級餐椅

高級藝術PU線板

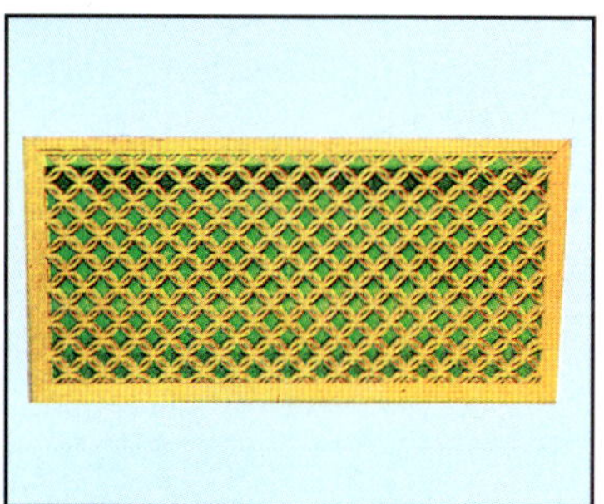

高級藝術屏風

門市部：

香港灣仔駱克道142號地下（地鐵站轉左）
電話：2527 3969, 2865 1573 傳真：（852）2527 1930

九龍旺角新填地街581號地下10號舖（近豉街）
電話：2396 2116, 2396 0099 傳真：（852）2391 4259

深圳市洪湖路35號及53號
電話：5615563, 5629832

裝修工程部：

陽江市東門街 電話：381 087

專造：

各類木花線、PU纖維天花線、實木大門、酒店房口傢俬、高級木地板及一切雕花木製品，專業各種高級木料地板工程

Fancy Plywood & Burls
Importer & Manufacturer
专营制造高级
天然树根、花式夹板
及各种花式夹板拼花配套
SG
SILVAN GARDEN
嘉林木業 VENEER CO.
香港九龙官塘伟业街89号昌兴工业大厦5字楼
5/F., Prosperity Ind. Bldg., 89 Wai Yip Street,
Kwun Tong, Kowloon, Hong Kong.
电话 Tel: (852) 2796 9271 传真 Fax: (852) 2795 0676
国内洽谈处：
上海市徐汇区宜山路407号 上海建材商城A017
电话/传真 Tel/Fax: (021) 4694067
电话 Tel: (021) 4388812 内线 3117
中山工场：浪网镇工业区
电话 Tel: (760) 5556168 传真 Fax: (760) 5556336

利漢時企業有限公司

Leshons Enterprises Ltd.

HARD WOOD FLOORING 實木地板

PRODUCTS AVAILABLE

* HARD MAPLE	楓木	* BEECH	櫸木
* RED OAK	紅橡木	* CHERRY	櫻桃木
* WHITE OAK	白橡木	* ASH	梣木

Size :3/4" (T) x 2-1/4" or 3-1/4" (W) x 1-1/2' To 9' (L)

PREFINISHED HARDWOOD FLOORING

* 實木染色地板

Size : 3/4" (T) x 2-1/4" or 3-1/4" (W) x 1' To 6' (L)

* 加工地板

Size : 9/16" (T) x 7-1/2" (W) x 7' 11-1/2" (L)

* TIMBER

來自美國、加拿大及歐洲的高級木材，厚度爲一吋以上，適合各款木材製成品。

* PINE WALL PANEL

來自加拿大的松木牆身板，適合桑拿浴室及各類室內的牆身裝飾。

Size : 3/8" (T) x 3-1/2" (W) x 8' (L)

香港總辦事處

香港九龍官塘偉業街89號昌興工業大廈7字樓

7/F., Prosperity Ind. Bldg., 89 Wai Yip Street, Kwun Tong, Kowloon, Hong Kong.

電話 Tel: (852) 2795 3678　傳真 Fax: (852) 2796 1136

國內洽談處

上海市徐匯區宜山路407號 上海建材商城A017

電話/傳真：(021) 4694067

電話：(021) 4388812　內線 3117

高思達高級無縫地板

可能是你所遇見過後最喜愛的地板（適合用於家居及店鋪）當你使用後，你會發現高思達地板有無盡的好處

高思達地板是歐洲比利時國家進口之精心產品

＊磨損力強，免打磨，備有三十種現成不同顏色及木紋。

＊一般保養容易，可防止因紫外光，化學藥品及燃燒香煙而引致的損壞。

＊容易按裝，不須專業工人及技術。

＊環保之產品

·歡迎免費索取產品說明書·

遠東亞洲總代理：

鋕存有限公司
DORSHARE GROUP

陳列室
香港九龍官塘興業街12號永泰中心8樓（全層）
電話：（852）－23420200（15線）　傳真：（852）－23421250／23425612
電報：40940 DORSH HX　聯絡人：呂永城先生

分銷商
鋭記木業夾板門廠 — 旺角砵蘭街355-356地下　電話：2394 0684
羅榮記建築裝修有限公司 — 大角咀海景街四號地下　電話：2394 0684

WOOD VENEER

花式夾板
福建分店：
福清市環北路15號地下
電話：0591-5229903
中山分店：
孫文東路細栢山61號
電話：0760-3325657
0760-3325664
金栢木業有限公司
Goldpecko
Timber Co., Ltd.
香港灣仔洛克道231號1樓
1/F., 231 Lockhart Road,
Wanchai,Hong Kong.
電話 Tel: 28022173
傳真 Fax: 25073000
中山分店：
中山市湖濱路24號地下
電話:0760-8849474
傳真:0760-8823944
深圳分店：
深圳市人民南路40號
中旅大廈11/N室
電話:0755-2294730

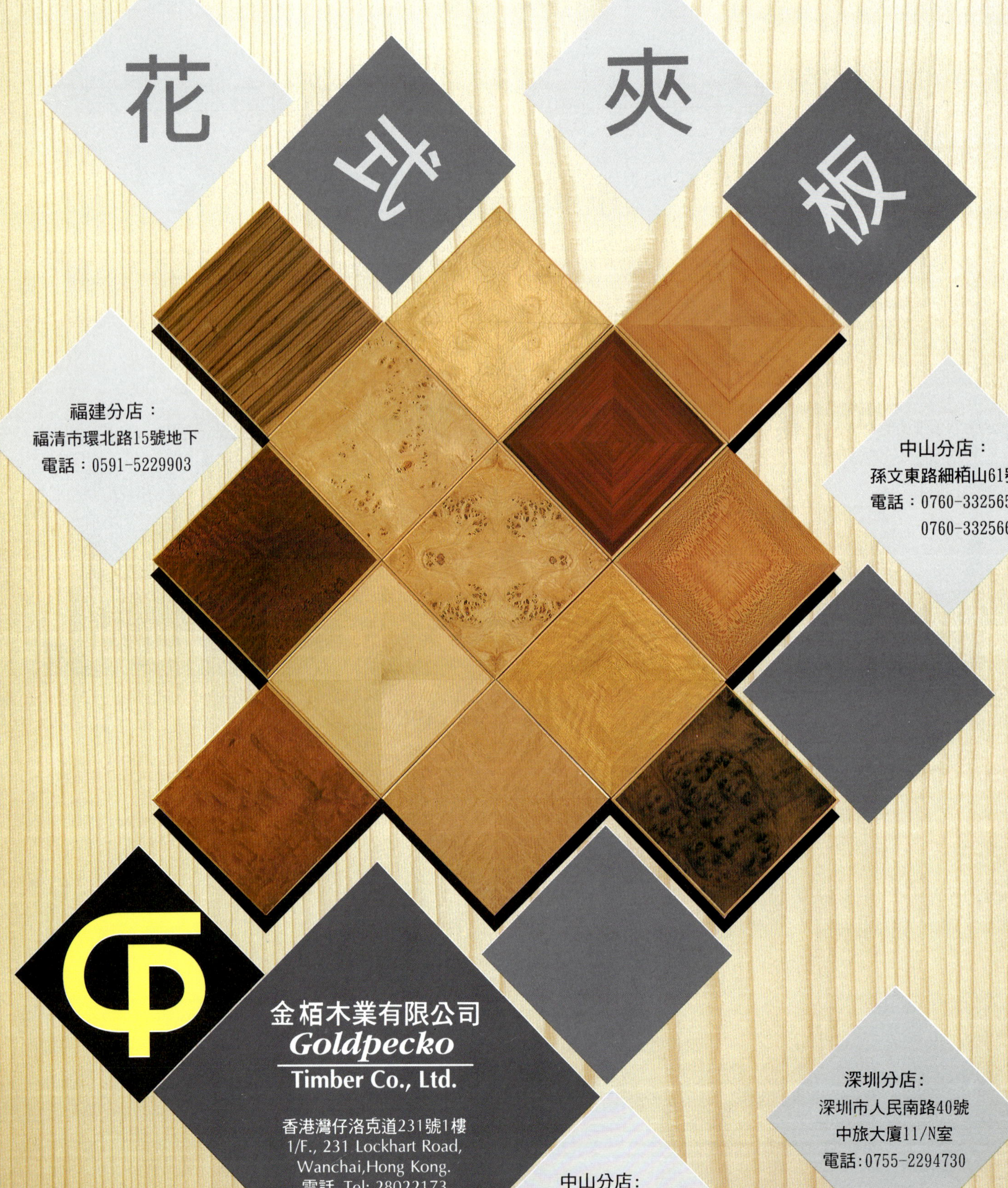

承造酒店傢俬　(CHAIR)

高級木皮夾板　(VENEER)

進口木材　(LUMBER)

實木鑲條　(INLAY)

Goldpecko

TIMBER CO., LTD

金柏木業集團
GOLDPECKO GROUP:

香港總店：香港灣仔洛克道231號1樓
電話：2802 2173
傳真：2507 3000

Hong Kong Office: 1/F., 231 Lockhart Road,
Wanchai, Hong Kong.
Tel: 2802 2173
Fax: 2507 3000

中山總店：孫文東路細柏山61號
電話：0760 - 332 5657, 332 5664

中山分店：中山市湖濱路24號地下
電話：0760 - 884 9474
圖文傳真：0760 - 882 3944

深圳分店：深圳市人民南路40號
中旅大廈11/N室
電話：0755 - 229 4730

沙崗廠：沙崗工業區
電話：0760 - 331 7944

福建分店：福清市環北路15地下
電話：0591 - 522 9903

VENEER PLYWOOD

花式夾板

MAPLE BURL	楓木樹根	ROSEWOOD BURL	花梨樹根	ASH BURL	梱木樹根
MADRONA BURL	麥當娜樹根	SILKY OAK	珍珠木	BIRDS EYE MAPLE	雀眼楓木
FIGURED MAKORE	有影麥哥利	POMMELE SAPELE	保紋沙比利	SWISS PERRWOOD	瑞士梨木

SCHAUMAN (H.K.) LIMITED 舒曼(香港)有限公司

香港金鐘夏慤道十八號海富中心第一期五樓

5/F., TOWER 1, ADMIRALTY CENTRE, 18 HARCOURT ROAD, HONG KONG.

TEL: 2529 9806 FAX: 2528 0599 TLX: 80419 KSFE HX

环美木皇地板及木门系列

环美地板切割成大小不同的尺寸，
使安装快捷和准确，全无空隙在
其中。预先磨光及水晶处理程序，
免除加腊及易於清洗。

鉴门知人，环美深明此道。
多款精心设计、质优巧制、价格相宜。

Universal Furniture - Hong Kong Teakwood Works Ltd.

環美傢俱集團—香港柚木製品有限公司

陈列室 香港铜锣湾告士打道三一一号皇室大厦皇室堡十楼 电话：(852) 2882 1777 传真：(852) 2881 8992

办公室 香港中环皇后大道中三十七号余道生行七零四至七一一室 电话：(852) 2524 3021 传真：(852) 2845 2923

北京市、上海市、广东省建筑单位名录

〈北京市地区建筑设计院及工程单位名录〉

名称／地址	电话	邮编
北京华安建筑安装工程公司 朝阳区亮马桥1号	4666356	100004
北京赛特工程技术服务公司 建国门外大街22号	5123483	100004
北京市北京饭店源茂装璜公司 东城长安街33号	5137766	100004
北京华宝装饰公司 东城区东长安街33号	5137766	100004
北京跨世纪装饰工程安装公司 东城区煤渣胡同10号	4235620	100005
北京市供用电建设承发包公司设计室 东城区东单北极阁头条	5126338	100005
北京市住宅建筑设计院 东城区东总布胡同５号	5133222	100005
北京市紫房子装饰工程公司 东单三条33号	5244612	100005
北京万鑫建筑装饰工程公司 东城区校尉胡同1号北楼	6739808	100005
北京市住宅建设总公司设计所 建国门内东总部胡同5号	5254131	100005
北京农牧工程设计公司 东城区东交民巷31号	5247786	100006
机械工业部设计研究院.京兴建设监理公司 北京王府井大街277号天安门广场西侧	5134488	100006
中国人民解放军北京军区空军勘察设计所 北京市东城区台基厂头条一号	5246961	100006
北京市七彩设计装饰工程公司 朝阳区将台乡大清寺	5082986	100006
北京燕华建筑工程设计与顾问事务所 东城区东厂胡同北巷1号	5127774	100006
北京市东城区东华门建筑工程公司 东城区南河沿大街41号	5135091	100006
北京金思普瑞装饰工程公司 东城区骑河楼大街16号	5227955	100006
北京市第一房屋管理修缮工程公司设计室 东城区北河沿智德北巷5号	5231651	100006
北京市国旅装饰工程公司 复兴门大街103号	5242516	100006
北京农牧工程设计公司 东城区东交民巷31号	5247786	100006
北京市华普建筑产业公司 王府井大街97号	5252885	100006
北京市民政局建筑设计所 东城区东直门内北小街北宫胡同2号院	4013973	100007
交通部水运规设计院 西城区国子监街28号	4016622	100007
北京惠利装饰工程公司 东城区交道口南大街120号	4017002	100007
北京市东城区北新建筑工程公司 东内大街西羊管胡同39号	4017203	100007
北京金鹏建筑装饰工程公司 东城区九道湾东港7号	4033412	100007
北京市公安局建筑工程设计所 东城区东四南阳胡同2号	4034126	100007
北京市第五建筑工程公司 东城区东四六条8号	4034442	100007
北京市五建公司劳务公司 东城区东四六条八号	4041866	100007
北京市人防工程与城市建筑设计所 东城区金鱼胡同8号	5252652	100007
北京市朝阳区华都装修工程处 海淀区明光村16楼	2251051	100008
北京市第二房屋修建工程公司 北京市东城区地安门东大街129号	4032813	100009
北京市京环装饰装璜工程公司 东安门北街嵩祝院北巷13号	4014488	100009
北京市古代建筑设计研究所 东城区地安门东大街129号	4035796	100009
北京市有色建筑设计公司 东城区景山东街纳福胡同13号	4042078	100009
北京市西城区恭王府古建园林建设工程公司 柳荫街甲14号	6068306	100009
北京市西城区凤凰装饰工程公司 地安门西大街141号	6737629	100009
北京市欣园林有限公司设计所 东城区东花厅30号	2011812	100010
北京峭立装饰工程公司 东城区美术馆后街10号	4013226	100010
北京市东城区景山建筑工程公司 美术馆后街40号	4015844	100010
北京市东航装饰装璜工程公司 东四北大街318号	4033409	100010
北京市东城区第三建筑工程公司 东四三条67号	4035077	100010
北京市东城区第二建筑工程公司 东四三条67号	4035846	100010
北京红兰白装饰艺术中心 鼓楼大街西线胡同15号	4075237	100010
北京市文物保护古建工程处 东城禄米仓5号	5135207	100010
北京市环艺设计事务所 东城区禄米仓66号	5231250	100010
北京市电子工业建筑设计所 东城区演乐胡同93号	5240539	100010
北京市东城区机械设备安装公司 朝阳门南顺城街乙75号	5245144	100010
北京市东兴建筑工程公司 礼士胡同75号	5253287	100010
中国航空工业规划北京市欣园林设计所 东城区东花厅30号	2011812	100010

名称／地址	电 话	邮 编
北京中交建筑设计所 安外安华西里三区15号楼	4213131	100011
水利电力部第二工程局建筑设计所 西城区德外六铺炕一区2号院	2023344	100011
北京华油工程设计公司 西城区六铺炕二区	2095795	100011
中国石油化工总公司北京设计院 西城区德外六铺炕	2028822	100011
华北电力设计院 西城区安德路六铺坑	2010077	100011
中国航空工业规划设计研究院 德外大街12号	2016633	100011
中国中航建筑设计公司 德胜门外大街12号	2016633	100011
北京市西城区地质建筑安装工程公司 黄寺大街24号	2018889	100011
煤炭工业部北京设计研究院 西城区德外安德路67号	2019922	100011
水利电力部第二工程局建筑设计所 西城区德外六铺炕一区2号院	2023344	100011
中国石油化工总公司北京设计院 西城区德外六铺炕	2028822	100011
北京中电技术开发公司设计所 安德路65号	2033918	100011
北京华油工程设计公司 西城区六铺炕二区	2095795	100011
北京市天坛装饰工程公司 安外小黄庄9号	4212631	100011
北京中交建筑设计所 安外安华西里三区15号楼	4213131	100011
北京市第一住宅建筑工程公司 东城区外馆东街	4213861	100011
北京伊斯特建筑工程公司 安外青年湖东里1号楼	4214475	100011
北京市自来水劳服公司水管安装队 安外外馆东街甲1号	4219342	100011
北京通德建筑装饰工程公司 朝阳区安华西里二区13号楼	4254643	100011
第二炮兵工程设计研究总院 东城区安德里北街18号	6740729	100011
总政直工部建筑设计院 东城区安德里北街21号	6746156	100011
北京市朝阳区第三建筑工程公司洼里分公司 朝阳区洼里村	4022224	100012
中国建筑科学院服务公司 雅美装饰工程队 朝阳区安定门外小黄庄9号	4221339	100012
北京市朝阳区第三建筑工程公司 开来分公司 朝阳区来广营西村	4232264	100012
北京京江装饰工程公司 朝阳区大屯辛店	4232971	100012

名称／地址	电 话	邮 编
北京市沥青混凝土厂 安定门外祠堂	4915981	100012
国家地震局地壳应力研究所地质工程勘察队 基础德外西三旗	2913866	100012
北京阳光建筑设计事务所 城区和平里五区甲19号	4235643	100013
核工业部北京利华消防工程公司 北京市和平里七区十八号楼	4212761	100013
化学工业部化工设计院 北京市和平里兴化路	4213704	100013
中国建筑市政工程公司设计所 北京市北三环西路三号	2012225	100013
北京大业石油化工工程设计公司 北京市和平街胜古南里38号塔楼	4214656	100013
交通部在京单位基建办公室设计室 北京市安外安华西里三区十五号	4213131	100013
中国建筑技术开发总公司园林工程部 北京小黄庄9号	2013339	100013
中国计量科学研究院无纤电处 北京和平里11区7号	4211631	100013
中国建筑科学研究院综合设计研究所 安外小黄庄路9号	4211133	100013
北京市成龙装饰公司 朝阳区东土城路5号	4211431	100013
北京市第一市政工程公司 和平中街1号	4211776	100013
北京市第二住宅建筑工程公司 朝阳区和平街北口北三环东路12号	4213231	100013
北京市东城区建筑工程队 安定门外东河沿乙3号	4214495	100013
北京市第三城市建设工程公司 朝阳区和平街13区1号	4214631	100013
化工部北京化工研究设计所 朝阳区和平街北口	4216131	100013
北京市中北装饰工程部 和平里东土城14号	4218372	100013
中国建筑技术开发毂公司 东城区兴化路2号	4221354	100013
北京市德丰建筑装饰工程公司 东城区和平里北街5号	4234350	100013
北京兰龙建筑工程公司 安定门花园东巷	4234696	100013
北京阳光建筑设计事务所 城区和平里五区甲19号	4235643	100013
北京市东城区房地产管理局修建队 东城小黄庄前街2号	4237325	100013
北京市东城区房屋修建工程公司 东城区小黄庄前街2号	4237325	100013
北京天市辰展示工程公司 朝阳和平里十二区服务楼	4271968	100013

名称／地址	电话	邮编
北京市朝阳区左家庄建筑工程公司 东直门小关村31号	4673575	100013
北京电子动力设备安装工程公司 朝阳区九仙桥49号	4361122	100015
北京市朝阳区三北建筑工程公司 太阳宫牛王庙村南	4362344	100015
北京电子建筑工程公司 东直门外西八间房	4373873	100015
北京化工机械厂设备安装工程处 朝阳区西大望27号	7711079	100015
北京电子工程设计室 朝阳区酒仙桥路10号	2292441	100016
北京市朝阳区第三建筑工程公司将台分公司 朝阳区将台路南侧	4362827	100016
北京市城乡建设设备安装工程公司 朝阳区将台路3号	4363377	100016
北京市朝阳区仙桥建筑工程总公司 朝阳区亮马桥2号	4651784	100016
东方古典造景艺术中心 朝阳区亮马桥路40号	4663311	100016
北京友谊电子动力工程设计室 北京市朝阳区酒仙桥路4号	4376331	100016
铁道部第十六工程局建筑工程设计所 朝阳区东坝	4361177	100018
北京华阳市政建筑工程公司 朝阳区东韦路北马房	4372961	100018
北京市东城区永兴建筑工程公司 东不庄桥甲11号	4035642	100019
北京市住宅开发设计室 朝阳门外水碓东里7号楼	5024605	100020
北京波罗努斯涂装设备有限公司研究所 北京朝阳区北河沿41号	5023408	100020
中央工艺美术学院 北京朝阳区光华路	5082233	100020
北京市朝阳区呼家楼建筑工程公司 朝阳区关东店11号	5004678	100020
北京住宅开发建设集团总公司 朝阳区东三环中路25号	5005533	100020
北京市城乡建设咨询公司 朝阳区东三环中路25号	5005533	100020
北京国安园林设计所 朝阳区向军北里四巷10号	5008069	100020
北京国安建筑市政公司 朝阳区关东店向军北里四巷	5010879	100020
北京蓝岛装璜装饰公司 小庄新街大院8号楼前	5017516	100020
北京市朝阳区建外建筑工程公司 朝阳区光华东里3号楼	5021422	100020
北京经伦计算机房工程公司 朝外大街38号	5023479	100020

名称／地址	电话	邮编
北京市朝阳区建筑工程公司 朝外大街5号	5025605	100020
北京利康大江建筑工程公司 朝阳区慈云寺中学内	5062063	100020
中央工艺美术学院环境艺术究设计所 朝阳区东环北路34号	5067806	100020
北京市第六市政工程公司 工体西路7号	5068972	100020
铁道部专业设计院 朝阳区朝阳门外大街227号	5081133	100020
北京市民用建筑设计公司 朝阳区雅宝路7 号	5128148	100020
北京华美装饰工程公司 白孔雀艺术世界楼	2026316	100021
北京市朝联古建筑工程修缮公司 广渠门外大街大郊亭北站	7712578	100021
北京国营七九七厂建筑工程公司 东直门外大山子	7713624	100021
北京长广达建筑工程公司 朝阳区松榆西里43楼	7780908	100021
北京市新华建筑设计所 朝阳区劲松东架松化工局华威住宅筹建处院内	7622050	100021
北京炼焦化学厂设计科 东郊双家坟	7623531	100022
北京化工实验厂设计科 东郊九龙山	7711144	100022
北京市住宅建设总公司华丰公司 东城区外馆东街	4264497	100022
北京市城市建设道桥工程公司 朝阳区西大望路12号	5013311	100022
北京京航建筑设计所 建国门外东环南路2号	5026291	100022
北京市第五市政工程公司 建外南胡同54号	5150004	100022
北京市华大市政建筑工程公司 建外南胡同4号	5150781	100022
北京化工机械厂设备安装工程处 朝阳区西大望路27号	7711079	100022
北京京玻建筑公司 朝阳区西大望路21号	7711155	100022
北京市朝阳区机械施工公司 朝阳区大郊亭北站	7712578	100022
北京市朝阳区第三建筑工程公司 朝阳区王四营乡唐家坟	7713322	100022
北京市化工橡胶设计院 朝阳区 双井南垂杨柳	7714107	100022
北京市第四住宅建筑工程公司 朝阳区化工路西口	7715500	100022
北京市实业气体设备安装工程处 朝阳区大郊亭	7715544	100022

名称／地址	电 话	邮 编
北京市北人建筑设计公司 朝阳区东环南路43号	7716600	100022
北京工业大学建筑勘察设计院 朝阳区平东园100号	7718359	100022
北京市甲戌工程机械施工公司 朝阳区南磨房乡大亭路口	7722065	100022
北内集团总公司建筑设计室 朝阳区双井广渠路31号	7722215	100022
北京市电信规划设计院 朝阳区百子湾厂坡37号	7780711	100022
北京久远建筑公司 朝阳区百子湾1号	7782761	100022
北京精信达焦化煤气设计公司 朝阳区化工路东口	7719922	100023
北京市朝阳区十八里店 建筑工程分公司 朝阳区十八里店陈村	7721391	100023
北京丽帝艺术玻璃有限公司 北京市朝阳区十八里店吕家营十五队	7612223	100023
北京市远大建材技术咨询设计所 朝阳区管庄202楼17	5768331	100024
中国船舶工业总公司第602设计研究院 朝阳区双桥中路北院1号	5761131	100024
北京广宇建筑设计公司 朝阳区八里桥	5634609	100024
中国建筑材料科学研究院设计所 朝阳区管庄东里1号	5761331	100024
北京电力建设公司设计所 朝阳区定福庄3号	5761631	100024
北京市朝阳区管庄建筑工程公司 朝阳定福庄11号	5761725	100024
能源部水利部北京勘测设计研究院 朝阳区定福庄7号	5762990	100024
交通部第一工程总公司设计公司 朝阳区管庄周家井	5763373	100024
北京市朝阳区第三建筑公司平房分公司 朝阳区平房东口	5009967	100025
中国纺织科学研究院工程开发设计部 朝阳区英家坟	5010826	100025
北京市建筑材料工业设计院 朝阳区甘露园甲3号	5024804	100025
北京市住宅晨光建筑工程公司 朝阳区十里堡壁板厂路1号	5060055	100025
北京市纺织工业设计院 朝阳区道家村1号	5061133	100025
北京市经绘设计事务所 朝阳区道家村1号	5061135	100025
北京热电总厂设计室 朝阳区西大望路	5061166	100025
北京市长建建筑装饰工程公司 朝阳区姚家园15号	5063322	100025
北京市朝阳区第三建筑工程公司高碑店分公司 朝阳区京津路北侧高碑店路口	5068198	100025
北京市朝阳区八里庄建筑公司 朝阳区红庙柴家湾12号	5078456	100025
北京市建材工业开发设计事务所 朝阳区十里堡甘露园3号	5087480	100025
北京市朝阳区第三建筑公司 朝阳区平房东口	5762992	100025
隆昌市政建筑工程公司 朝阳区平房东口	5762992	100025
北京市华北建筑装修工程公司 朝阳中纺街乙30号	7785010	100025
北京市朝阳区团结湖建筑安装工程公司 团结湖头条9号	2020393	100026
北京市古建园林建筑设计事务所 朝阳区呼家楼北街6号楼	4035237	100026
北京市朝阳区水利设计室 朝阳区团结湖上四路90号	5002223	100026
农业部规划设计研究院工程设计分院 农展馆南路11号农业部大楼内	5003113	100026
轻工业部规划设计院 朝阳区白家庄	5003355	100026
北京市第五住宅建筑工程公司 朝阳区团结湖南路	5014488	100026
中国自动化控制系统总公司设计研究所 朝阳区团结湖北路2号	5017180	100026
北京市旅游建筑设计所 朝阳区农展馆北路枣营南里7号楼	5021685	100026
北京市朝阳区朝外建筑工程公司 团结湖东里6号楼	5022549	100026
北京市朝阳区田华建筑集团公司 六里屯中街126号	5023784	100026
北京市朝阳区第二建筑工程公司 呼家楼甲3号	5025303	100026
北京市煤气设计公司 朝阳区团结湖南里3号楼院内	5062225	100026
北京轻环工程咨询设计公司 朝阳区白家庄东里	5064908	100026
北京国安装饰工程公司 呼家楼向军北里10号	5066873	100026
北京市宏达市政工程公司 朝阳区水碓东路15号	5073161	100026
北京市朝阳区勘察设计所 朝阳区团结湖北口上四路	5078094	100026
北京神龙房屋修建装饰公司 朝阳区东大桥丰里7号楼	5952251	100026
北京寓新建筑设计所 朝阳区团结湖中路15号	5971531	100026
农业部规划设计研究院工程设计分院 农展馆南路11号农业部大楼内	5003113	100026

名称／地址	电话	邮编
北京市建筑材料工业设计所 北京市朝外白家庄	5003399	100026
农产部规划设计研究院工程设计分院 北京农展馆南路	5003366	100026
北京电影机械研究所 北京朝阳区团结湖北路2号	5001298	100026
中国海洋石油开发工程设计(北京)公司 北京朝阳区东三环北路甲2号	4663366	100027
国家建材局地质公司北京地质勘探大队 北京市东直门外南湖渠	4378922	100027
北京市龙腾建筑工程公司 西坝河	4363538	100027
北京光大旅游装饰服务公司 朝阳区东外斜街小关58号	4654150	100027
北京市朝阳区豪华装饰公司 朝阳区红庙南里3号	4668005	100027
北京市东城区燕京建筑工程公司 东直门外十字坡甲33号	4668602	100027
北京市建筑工程装饰公司 东城区新中街11号	4676499	100027
北京威格装饰工程公司 东直门南大街14号	5001188	100027
中兴文建筑设计咨询公司 朝阳区东大街南三里屯东17楼1号	5014967	100027
北京市信达装饰工程公司 东城区新中西街2号	5019838	100027
北京丰星机械施工队 朝阳南三里屯13号	5070369	100027
北京市城区建设工程公司 朝阳三里屯南街临28号	6055134	100027
中国卫星发射测控系统部 北京东直门外左家庄12号	6758501	100028
北京特种工程设计研究院 北京东直门左家庄12号	6758590	100028
国防科工委京东工程设计部 北京市东直门外左家庄12号	6758566	100028
首钢地质勘探公司工程勘察队 北京市石景山区西黄村	8874831	100028
北京市城区建筑装饰工程公司 朝阳东坝河	4364205	100028
北京市住宅建设安装公司 朝阳区东直门外静安庄	4366622	100028
中国民用航空机场设计院 朝阳区香河园柳芳南里20号	4661616	100028
北京中信华美设计公司 朝阳区柳芳南里甲5号楼	4663331	100028
北京市热力工程设计公司 东城区东直门北大街甲4号	4665988	100028
北京曙光电机厂建筑设计室 京顺路甲5号北京2404信箱77分箱	4674131	100028
国防科工委工程设计究总院 朝阳区东直门外左家庄12号院	6758510	100028
北京市国营农场管理局设计室 北三环路19号	2059241	100029
北京市国营农场管理局计所 西城区北三环东路19号	2014499	100029
北京市园林绿化设计工程公司设计所 朝阳区北三环东路19号	2015010	100029
中国寰球化学工程公司 朝阳区和平街北口	4213704	100029
北京化工学院设计所 朝阳区北三环东路15号	4218855	100029
龙城建筑设计事务所 和平里北口惠新东街	4219782	100029
北京大业石油化工工程设计公司 朝阳区和平街北口胜古南里38号塔楼	4264777	100029
北京市第五城市建设工程公司 朝阳区安苑东里三区十号	4914477	100029
北京市市内电话用户交换机安装公司设计室 西单北大街129号	6051100	100031
北京风险工程贸易总公司 北京西城小六部口甲34号	6054495	100031
北京华兴真空镀膜厂 北京市西城区光彩胡同29号	6014155	100031
北京电报建筑装饰工程部 西城区西长安街11号	6010856	100031
北京华建电力热能设计研究所 西城区西单文华胡同21号	6012227	100031
北京市西城区双龙建筑装饰公司 西城区铜光胡同34号	6013304	100031
北京市东城区京纬建筑工程公司 西城区北太平街57号	6020989	100031
北京市公路局公路设计研究院 西城区东太平街30号	6032609	100031
北京市第一轻工业设计所 宣武区宣内哩胡同22号	6033623	100031
北京多方建筑设计所 西城区西绒线胡同9号	6056654	100031
北京城美绿化设计工程公司 宣武区宣武门内大街大方胡同13号	6057149	100031
北京市大金装饰工程公司 西长安街7号	6065901	100031
北京市西冷高新技术公司 西城区南千章胡同甲2号	2011524	100032
北京市煤气热力工程设计院 西城区小房胡同甲40号	6017776	100032
北京隆源建筑工程公司 西黄城根南街一区5号楼	6032811	100032
北京市西城区第三建筑工程公司 西单北大街31号	6034264	100032

名称／地址	电 话	邮 编
北京中裕建筑设计所	6039033	100032
西城区西单大木仓甲40号		
北京安科新产品设计事务所	6059932	100032
北京西城区府右街光明胡同18号		
中国通信建设总公司设计所	6012244	100034
北京市西城区育幼胡同22号		
邮电通信建设第五设计所	6030252	100034
北京市西城区育幼胡同22号		
北京市瑞泰设计事务所	6011024	100034
西城区官园小学内		
北京市自来水设计公司	6017744	100034
西城区阜内东大街19号		
北京市中评建筑艺术装饰工程公司	6022348	100034
西城区太平桥大街13号		
北京市华茂建筑设计顾问工程公司	6031144	100034
西城区西四羊肉胡同15号地质博物馆		
北京奥思得建筑设计有限公司	6031144	100034
西城区羊肉胡同15号601-603室		
北京市第一房屋修建设计公司	6037604	100034
西城区白塔寺丁章胡同3号		
北京市京盟建筑设计事务所	6059563	100034
西城区西四羊肉胡同63号		
西城区银鸥装饰工程公司	6064286	100034
新街口小七条4号		
北京市京威建筑设计院	4033302	100035
西城区德内大街103号		
北京市西城区建筑工程公司	6013165	100035
西内后半壁街11号		
北京市科技建筑设计所	6017917	100035
西城区西直门南大街16号		
北京市西城兴华装饰公司	6025964	100035
西城区赵登禹路39号		
京联设计事务所	6033942	100035
西城区大帽胡同26号		
北京市西城区第四建筑工程公司	6034390	100035
德内大街192号		
北京市华庆建筑工程公司	6035168	100035
大半截胡同2号		
北京市西城区房屋修建工程公司	6056073	100035
西城区育德胡同7号		
中国通信建设北京管道线路设计所	6066420	100035
西城区育幼胡同22号		
北京市机械工业建筑设计院(公司)	4045431	100035
北京德内大街103号		
中国建筑材料工业规划研究院规划预测综合研究室	2257306	100035
北京市西直门内北顺城街11号		
北京市市政设计研究院.北京市市政工程科学技术研究所	8513862	100035
北京西城大帽胡同26号.北京月坛南街乙2号		
北京市建筑五金装饰材料工业公司	8219305	100036
北京市海定区复兴路51号		
北京市天地装饰材料市场	8214180	100036
北京市海定区复兴路51号		
北京市朝阳区建筑设计所	5023593	100036
朝阳区团结湖北上四路		
电子工业部第十设计研究院	8233613	100036
北京万寿路27号		
海军工程设计研究局	6857386	100036
北京市海定区西三环中路十九号		
铁道部电气化工程局建筑工程处房建设计所	3246325	100036
海淀区万寿路南口金家村1号		
铁道部电气化工程局通信信号勘测设计院	3246357	100036
海淀区万寿路南口金家村1号		
海军工程建设总局建筑设计院	6857441	100036
海淀区翠微路30号		
总后勤部建筑设计院	6887551	100036
太平路22号		
北京华天电子工程设计院	8212233	100036
海淀区万寿27号		
北京市建筑装饰设计所	8215075	100036
海淀区定慧西里17号		
中国建筑北京设计研究院	8215350	100036
海淀区万寿路甲15号		
北京市中京建筑事务所	8219334	100036
海淀区万寿路3号		
中国和平建筑设计院	8219846	100036
海淀区阜外定慧西里18号		
中发工程设计有限公司	8223438	100036
海淀区万寿路甲27号		
北京市京旅建筑设计公司	8223688	100036
复兴路甲23号		
北京市永盛市政工程公司	8233297	100036
海淀复兴路21号		
北京市方园预应力专业设计事务所	8224422	100037
海淀区复兴路34号		
北京市西城区第二建筑工程公司	8312062	100037
北营房西里十二号楼		
国内贸易部北京设计院	8315557	100037
西城区百万庄大街11号		
北京市第三住宅建筑工程公司	8316661	100037
海淀区阜成路5号		
北京华特建筑设计顾问公司	8317744	100037
西城区百万庄子区38号		
北京市建筑设计研究院	8318887	100037
西城区西二环路甲1号		
北京供电设计院	8321387	100037
西城区百万庄路乙2号		
北京社科技术开发中心	8321998	100037
西二环路甲1号		
北京市第二市政工程公司	8323307	100037
复外北营房北街9号		

名称／地址	电话	邮编
北京市第四市政工程公司 百万庄大街甲2号	8323588	100037
北京市市政专业设计院 西城区百万庄大街3号	8323931	100037
北京邮政规划设计所 西城区阜成门邮局三楼	8327479	100037
北京海通传热技术公司 海淀区甘家口甲18号	8328174	100037
北京国城建筑设计公司 西城区三里河路9号	8329944	100037
北京万明建筑设计事务所 西城区万明小区3 号楼	8351191	100037
北京天中建筑设计公司 西城区阜城门南大街3号楼	8352005	100037
北京市人防工程与城市建筑设计所 西城区阜外北街178号	8355049	100037
北京市设备起重安装公司 阜外北一巷14号	8355301	100037
北京国兴建筑设计咨询公司 百万庄建设部招待所内东院	8393341	100037
北京轻宁技术开发公司 西城区阜外大街乙22 号	8394452	100037
纺织工业部设计院 海淀区增光路21号	8395212	100037
北京市筑博装饰工程公司 西城百万庄大街丁19号	8420036	100037
商业部设计院 海淀区阜成33号	8429721	100037
海军房地产管理局建筑设计咨询所 北京西三环中路19号	6857012	100037
核工业部第二研究设计院勘察室 北京市海定区马神庙一号	8350641	100037
中国纺织勘察设计协会 北京阜外甘家口商场西增光路21号	8395209	100037
北京市市政专业设计院 北京百万庄大街3号	8358869	100037
中央工艺美术学院.环境艺术设计工程公司 北京百万庄大街19号	8314954	100037
北京洁雅建筑材料科技开发公司 北京阜成路33号商业部设计院804信箱	3485760	100037
康华建筑设计事务所 北京市海定区阜成路北八楼44门	8313979	100037
中土明工程咨询公司设计部 海淀区北蜂寓4号	3244044	100038
中国电子工程建设开发公司设计所 北京拏兴路53号	8231504	100038
北京铁路局北京勘测设计院 海淀区复兴路6号	3223313	100038
中土凯明工程咨询公司设计部 海淀区北蜂寓4号	3244044	100038
北京有色冶金设计研究总院 海淀区复兴路12号	3262233	100038
北京海淀京谊设计事务所 海淀区羊坊店路16号	3268375	100038
中国通信建设北京设计所 海淀区复兴门外北蜂寓电信甲楼	3272958	100038
北京华太建筑设计公司 复兴路9号(军博四楼中厅)	8525848	100038
毂兴建筑设计所 西城区太平路44号	6887529	100039
北京市第六建筑工程公司 海淀区复兴路32号	8210010	100039
北京市城乡建设基础工程公司 海淀区太平路44号	8212163	100039
北京市六建新兴工程公司 海淀区复兴路34号	8214477	100039
北京市六建公司美高建筑装饰公司 海淀区复兴路32号	8214477	100039
北京市第六建筑公司振兴公司 海淀区复兴路32号	8214477	100039
化工部北京橡胶工业研究设计院 西郊半壁店	8216302	100039
电子系统工程设计院 石景山区谷路74号	8217010	100039
北京市消防工程公司 海淀区五孔桥叙旺村35号	8223695	100039
北京市城建总公司构件厂市政分公司 海淀区玉泉路228号	8232134	100039
北京市地铁地基公司 丰台区永定路三顷地南里22号	8515588	100039
北京市建筑工程研究所 北京市复兴路34号	8224422	100039
北京建工集团.北京建筑工程装饰公司设计部 北京复兴路34号	8224422	100039
北京军区司令部工程科研设计院 石景山区红卫路1号	6879317	100041
北京华昌工程技术公司勘察设计院 石景山区红卫路1号	6879419	100041
北方工业大学建筑设计研究所 石景山区西黄村	8875831	100041
北京军区建筑设计研究院 石景山区高井甲32号	6875829	100042
中国电子部北京中联设计院 中国北京2515信箱4分箱	8862221	100043
电子系统工程设计院 北京市石景山区鲁谷路74号	8235531	100043
首钢设计总院 石景山区老古城	8292242	100043
中联电子工程设计院 石景山区石景山路23号	8863063	100043

名称／地址	电 话	邮 编
北京市石景山区建筑设计所 石景山区八角西街	8874117	100043
北京市石景山区园林设计所 石景山区八角北里	8878283	100043
北京市华都牧工商设计院 西直门外上园村甲３号	2255487	100044
北方交通大学勘察设计研究院 西直门外上园村	3240527	100044
北京迪克工程公司 西城区车公庄大街北里一区十四号楼	8310637	100044
北京市 西城区展览路建筑工程公司 车公庄大街北里49号	8313342	100044
中国环境保护公司 海淀区白石桥路42 号	8314050	100044
中国建筑标准设计研究所 西城区车公庄大街19号	8317744	100044
机械工业部规划研究院工程设计所 首体南路2号	8318585	100044
北京矿冶研究总院工程设计院 西城区西直门外文兴街1号	8322211	100044
北京市开创建筑安装工程公司 车公庄大街6 号	8323355	100044
建设部建筑设计院 西城区车公庄大街甲19号	8328024	100044
北京设科建筑事务所 西城区北展路榆树馆胡同乙四号楼	8341867	100044
北京鹏程建筑装饰设计工程联合有限公司 西城区展览路12号	8350071	100044
北京市第三建筑工程公司 西城区车公庄北里	8352444	100044
北京市第二建筑工程公司 西城区西外南路4号	8352861	100044
北京市高能建筑设计所 西城区展览路车公庄北里55号	8355977	100044
北京建工建筑设计研究院 西城区展览路1号	8356602	100044
北京市西城区首汽建筑工程公司 西城区月坛北街10号	8413329	100044
北京新型材料设计研究院 海淀区紫竹院南路2号	8415577	100044
太平洋建筑设计有限公司 车公庄西路45号西院	8415648	100044
北京方地勘察设计计算机开发设计中心 海淀区紫竹院南路21号	8417294	100044
北京首都工程有限公司 海淀区紫竹院南路21号	8417295	100044
北京市水利规划设计研究院 海淀区车公庄西路21号	8421113	100044
北京市园林古建设计研究院 海淀区紫竹院公园内	8423982	100044

名称／地址	电 话	邮 编
华新工程顾问国际有限公司 首体南路6号	8491374	100044
北京市西城区兴昌装饰工程公司 西城区月坛街乙2号5号楼	8537059	100044
圣帝国际建筑工程有限公司 西城区展览路1号	8324071	100044
北京市水利规划设计研究院 海淀区车公庄西路21号	8421113	100044
建设部建筑设计院第三设计所 北京西城区车公庄大街甲十九号	8312266	100044
北京市畜牧工程设计所 北京市西直门外上园村甲3号	8356896	100044
建设部科技信息研究所 北京车公庄大街19号	8393531	100044
中国城市规划设计研究院 北京市百万庄	8358331	100044
北京市夜化石油气公司设计室 北京市车公庄西路13号	8315559	100044
北京市水利规划设计研究院 海淀区车公庄西路	8416171	100044
中国船舶公司北京602建筑设计院 北京市首都体育馆	8347584	100044
建设部居住建筑与设备研究所 北京车公庄大街19号	8324499	100044
北京市公共交通总公司设计室 西城区南礼士路44号	8315511	100045
北京市城市建设开发设计公司 西城区二七剧场路西里７号楼	8512455	100045
中国农牧业机械公司设计研究所 北京市月坛南街26号	8513471	100045
京联设计事务所 北京市西城区月坛南街乙2号	8513865	100045
北京空间钢结构联合工程公司 西城区南礼士路15号	5004515	100045
北京市城市规划设计研究院 西城区南礼士路60号	8031194	100045
北京市龙泰设计咨询开发公司 西城区月坛南街乙2号	8032510	100045
北京市永茂建筑设计事务所 西城区复外南礼士路62号	8034063	100045
北京市建筑工程设计公司 西城区复兴门外南礼士路19号	8034893	100045
欣业轻金属制品技术开发有限公司 西城区三里河二区3号	8421560	100045
北京市城乡建设第六建筑工程公司 西城区西便门外大街104号	8512177	100045
北京市京环建设工程公司 西城区三里河北街3号院5号楼	8512299	100045
北京市城市建设开发设计公司 西城区二七剧场路西里７号楼	8512455	100045

名称／地址	电 话	邮 编
北京建工集团总公司 西城区南礼士路19号	8513311	100045
北京建工房屋修建工程公司 西城区南礼士路19号	8513311	100045
北京市新厦建筑设计研究院 西城区南礼士路62号北京标辨	8513384	100045
北京显胜建筑工程设计有限公司 西城区南礼士路19号	8513691	100045
北京市建筑设计研究院：院辨公室 西城区南礼士路62号	8522790	100045
北京市建筑设计研究院：四所 西城区南礼士路62号	8522803	100045
北京市第三市政工程公司 西城区三里河北街1号	8522961	100045
北京市建筑设计研究院：三所 西城区南礼士路62号	8522992	100045
北京市建筑设计研究院：二所 西城区南礼士路62号	8523226	100045
北京市建筑设计研究院：一所 西城区南礼士路62号	8523234	100045
北京市建筑设计研究院：六所 西城区南礼士路62号	8523532	100045
北京华地城义设计事务所 西城区二七剧场路东里7号甲	8523814	100045
北京市机械技工贸公司 西城区南礼士路15号	8526690	100045
北京市第七建筑工程公司 西城区三里河北街甲1号	8526821	100045
北京市机械施工公司 西城区南礼士路15号	8527179	100045
大地建筑事务所 西城区月坛南街3号4楼	8527308	100045
北京市城市建设工程安装公司 西城区南礼士路头条7号	8527931	100045
北京市正兴市政工程公司 西城区三里河北街1号	8528201	100045
北京正兴建筑装饰工程公司 西城区三里河北街1号	8528261	100045
泛华工程有限公司 西城区月坛南街1号儿科所三楼	8529163	100045
北京市市政工程毂公司 南礼士路17号	8530074	100045
北京市市政设计研究院 西城区月坛南街乙2号	8532536	100045
北京市设备安装工程公司 西城区南礼士路15号	8533588	100045
北京市市政工程管理处 南礼士路17号	8533605	100045
北京市市政工程管理处设计所 西城区复外大街甲1号国家海洋局东院	8534292	100045

名称／地址	电 话	邮 编
北京京惠设计事务所 西城区南礼士路地藏庵23号	8536816	100045
北京云翔设计工程公司 西城区民族饭店2924,2417房间	6014466	100046
北京天桥建筑集团公司 宣武先农坛街18号	3013818	100050
北京市城乡建设第五建筑工程公司 宣武区东南园5号	3017876	100050
北京市宣武区宣房建筑工程处 宣武区小安澜营14号	3030295	100050
北京市宣武区建筑勘察设计所 宣武区太平街甲8号国务院信访局院内	3035154	100050
北京市交通建筑工程公司 宣武区铁树斜街63号	3037915	100050
中国通用石化机械工程总公司 宣武区太平街甲2号	3042288	100050
北京市第六住宅建筑工程公司 崇文区龙须沟北里1号	7019997	100050
中国通用机械工程公司 北京市宣武区太平街甲二号	3011114	100050
北京市第一商业局建筑设计院 前门大栅栏西街56号	3013159	100051
北京市宣武区南城古建园林工程处 宣武区西杨矛胡同甲1号	3034845	100051
北京中实建筑设计所 宣武门东大街24号越秀大饭店南楼三层	3038951	100051
北京市通畅电信事务所 宣武区大栅栏西街青竹巷1号	3039196	100051
北京市北方装饰中心 宣武区骡马市大街14号	3015187	100052
北京博雅装饰公司 宣武区西琉璃厂96号	3016896	100052
北京市武区华厦市政工程处 宣武区南横西街121号	3030779	100052
北京市电话通信设计所 北京市宣武区厂甸9号	3036440	100052
北京市第二城市建设工程公司 宣武区长椿街西里7号	3021531	100053
北京建筑防火材料公司 宣武区长椿街西里7号	3041431	100053
北京市粮食工程设计院 宣武区菜市口狮子店11号	3042685	100053
中国兵器工业规划研究院工程设计所 宣武区西便门内大街79号院3号楼	3043269	100053
冶金工业部北京钢铁设计研究总院 宣武区白广路4 号	3046688	100053
北京市粮食工程设计院 宣武区菜市口狮子店11号	3042685	100053
北京市第二商业局设计所 宣武区枣林前街19号	4632956	100053

名称／地址	电话	邮编
北京建筑材料集团总公司 北京市宣武区槐柏树街2号	3021485	100053
北京鸿雁设计所 宣武区槐柏树街宣武艺苑	3049172	100053
中国兵器工业第五设计研究院 西城区西便门内大街85号	3176622	100053
北京市煤炭总公司设计所 宣武区广内大街德源8号	3263322	100053
北京市宣武区建筑工程公司 宣武区枣林前街35号	3283197	100053
北京市第二商业局设计所 宣武区枣林前街19号	4632956	100053
北京市通达管道公司 宣武区长椿街西里7号	8515588	100053
北京市宣武区正大建筑安装工程处 宣武区姚家井三巷临字1号	3014928	100054
北京交通设计公司 宣武区右内大街72号	3032902	100054
北京市第一建筑工程公司 宣武区右安门内大街75号	3034831	100054
北京市卫建建筑工程设计所 丰台区右安门外西头条10号	3054367	100054
北京供电工程公司设计室 宣武区右安门内西街2号	3076233	100054
北京市建新建筑设计所 右安门外辛福路6号	3291872	100054
北京精明建筑勘察设计事务所 右安门外草桥	3293882	100054
北京考比特建筑装饰公司 宣武区南菜园	3487530	100054
冶金部自动化研究院设计所 丰台区北大地丰台路84号	3812936	100054
北京市广安灯饰公司 北京市宣武区红居街7号	3461818	100055
水利电3部建筑工程处设计室 北京广安门外莲花池	3463631	100055
中机中电设计研究院 宣武区广外莲花河胡同1号	3261051	100055
北京市武区陶然亭建筑工程公司 宣武区广外南滨河路73号	3263618	100055
北京市城乡建筑设计院 宣武区广外鸭子桥路6路	3266644	100055
北京市城乡建设(集团)总公司 宣武区广外鸭子桥6号	3266644	100055
北京市京易建设联营公司 宣武区广外马连道11号	3269034	100055
北京市工业设计研究院 宣武区广外大街甲275号	3271113	100055
北京市金垣建筑工程公司 宣武区右安门内大街109号	3272519	100055
水利部能源部建筑工程处设计所 丰台区广外莲花池南里	3284835	100055
北京市宣武区第二建筑工程公司 宣武区广外南滨河路73号	3466069	100055
北京市城乡建筑工程公司 宣武区广外鸭子桥6号	3481308	100055
中国环境保护公司环境工程公司 天坛内东里甲4号	2253003	100061
北京雅饰装饰工程公司 崇文区天坛北门24栋	4044001	100061
北京市华都古建工程公司 崇文区光明中街9号	5112640	100061
北京市建兴装饰装璜工程公司 崇文区幸福大街甲26号	7012343	100061
北京军区空军勘察设计院 崇文区左安东里7 号	7013749	100061
北京市北冰冷工程公司 崇文区体育馆路甲21号	7015837	100061
北京市电信工程设计所 崇文区夕照寺2号	7016045	100061
北京市红方块装饰装璜工程公司 崇文区体育馆路6号	7016592	100061
北京金威泰建筑装饰工程有限公司 崇文区夕照寺中街1号	7021670	100061
北京市崇文区建筑工程公司 崇文区左安门内大街甲4号	7022860	100061
北京市文龙建筑工程公司 崇文区西四块玉45号楼后院	7025930	100061
北京市昆仑防火设备公司 北京市崇文区幸福大街南口2号楼	7017996	100061
北京市房屋建筑设计院 崇文区东兴隆街69号	7011370	100062
中国澳金森特种设备开发公司 北京市崇文区崇文门东大街16楼东门	5126152	100062
北京市崇文区崇文门建筑工程公司 崇文区花市上二条50号	5114629	100062
北京通用工程装饰艺术公司 崇文区东城根10号	5249495	100062
北京市房屋建筑设计院 崇文区东兴隆街69号	7011370	100062
北京市崇文区天坛建筑工程公司 崇文区东晓市大街101号	7016491	100062
北京市崇文区第二建筑工程公司 崇文区缆杆市乙117号	7025449	100062
北京市崇文区人和建筑设计所 崇文区广渠门北里乙68号	7028780	100062
北京市崇文区天时建筑工程公司 崇文区广渠门北里甲68号	7033654	100062
北京市崇文区房屋修缮工程公司 崇文区东花市大街2号	7079659	100062

名称／地址	电话	邮编
北京市光明装饰装修公司 崇文区东打磨厂155号	7627536	100062
中国铁路通信信号总公司研究设计院 北京丰台太平桥289号	3247008	100071
北京裕丰建材有限公司 北京市丰台区丰西人民村63号	3817557	100071
航天工业第七设计研究院 北京丰台路九十三号	3822831	100071
北京市建新建筑设计所 丰台区右外东头条幸福路6号	3012108	100071
北京铁路大修工程勘测设计所 丰台区北大街甲6号	3252675	100071
北京市丰台区建筑市政设计所 丰台区七里庄路18号	3811603	100071
北京市丰台区水利专业设计室 丰台区丰台镇东安街3条6号	3812136	100071
北京市城乡建设第八建筑工程公司 丰台区丰台路56号	3813657	100071
中国航天建筑设计研究院 丰台区丰台路93 号	8372377	100071
中国北方车辆公司建筑设计所 丰台区长辛店朱家坟五里五号	3818231	100072
中国铁路通信信号总公司研究设计院 丰台区太平桥289号	3242538	100073
北京中建建筑设计院 丰台区丰台路60号	3811144	100073
北京航天海鹰建筑设计所 丰台区云岗南区42楼	8375219	100074
航天工业部三院建筑设计室 北京市丰台区云岗	8374441	100074
北京化工三厂设计科 永定门外宋家庄	7223031	100075
中国人民解放军空军工程设计研究 局 北京市永定门外洋桥12号	7223407	100075
北京详能中心设计研究所 北京市永定门外彭庄58号	3034526	100075
京市崇文区水暖器材厂 北京市丰台区成寿寺横道沟一号	7611632	100075
北京市五金水暖器材公司 北京崇文区永定门外大街31号	7212181	100075
北京市崇文区设备安装公司 崇文区永外定安里甲11号	7210562	100075
北京市崇文区永外建筑工程公司 崇文区永外安定里11号	7211586	100075
北京市城乡建设机械施工公司 崇文区永外东滨河路11号	7213532	100075
北京九久建筑设计事务所 丰台区永外大红门南苑乡	7221981	100075
北京市第四建筑工程公司 永外沙子口中街32号	7222404	100075
北京市易成市政建筑工程公司 朝阳区小红门南顶路西口	7639078	100075
航空航天部一院基建部设计室 南大红门路1号	8381552	100076
北京市航箭建筑设计事务所 东高地南大红门一号	8381867	100076
空军工程设计研究局 永定门外洋桥12号	7212277	100077
北京市天龙建筑工程公司 崇文区永外革新甲4号	7213724	100077
北京奥普玻璃工业设计研究所 丰台区马家堡25号楼2号	7216744	100077
北京市现代雕塑艺术装饰公司 丰台方庄芳古园一区502号	7627345	100078
北京市海淀区园林工程设计所 海淀区海淀镇榆树林25号	2543637	100080
中国科学院北京建筑设计研究院 海淀区中关村北一街4号	2551244	100080
北京市海淀区建筑设计所 海淀区黄庄榆树林甲1号	2559558	100080
北京市北方通信设计事务所 海淀区海淀路54号	2571445	00080
北京科城工程设计公司 海淀区海淀路甲21号	2643031	100080
立人建筑设计事务所 海淀区中关村63号楼	2643447	100080
北京市市政工程设计所 西三环北路四十号3号楼1门	8315684	100081
北京新型材料建筑设计研究院 北京市紫竹院路新街村一号	8351031	100081
北京郎瑞尔装饰工程有限公司 海淀区兰靛厂南路23号	8423654	100081
冶金部钢铁研究总院设计研究所 海淀区学院南路76号	2182826	100081
北京北新建筑设计所 西直门处四道口村70号	2253330	100081
北京市城市建设装饰工程公司 海淀区西直门外四道口70号	2253330	100081
北京市天鹰建筑设计所 海淀区小南庄四西1号院	2542255	100081
铁道部科学研究院工程设计院 西直门外大柳树路2号	3249067	100081
北京市第一城市建设工程公司 海淀区大柳树路17号	8321166	100081
北京京寨基工程公司 海淀区大柳树路17号	8321166	100081
北京威斯顿公司 海淀区学院路南路68号	8343542	100081
北京凯蒂克建筑设计有限公司 海淀区白石桥路42号	8350861	100081

名称／地址	电 话	邮 编
长城计算机工程设计院 海淀区白石桥路48号	8355431	100081
兵工科研后勤管理服中心建筑设计院 海淀区车道沟10号院	8414477	100081
京海设计事务所 海淀区白石桥路33号	8415880	100081
北京理工大学建筑设计室 海淀区白石桥七号	8416688	100081
北京市筑博建筑事务所 海淀区民族学院院南路9号	8423018	100081
北京文化艺术装饰工程公司 西城区紫竹院路2号楼后院	8426136	100081
北京市厂厦建筑事务所 海淀区四季青西黄庄	8428186	100081
北京市叙青市政工程公司 海淀车道沟南里商业A楼	8475049	100081
化工部科学技术研究总院开发设计所 海淀区学院路20号北京911信箱	2015811	100083
中国农业机械化科学研究院装备工程设计研究所 德外北沙滩1号	2017131	100083
北京航空航天大学基建处设计室 海淀区学院路37号	2017251	100083
石油化工科学研究院设计处 海淀区学院路18号	2017551	100083
腾跃建筑工程设计所 德胜门外苇子坑卧虎桥甲6号	2018756	100083
中国石油天燃气毂公司规划设计总院 海淀区学院路938信箱	2023355	100083
北京科技大学设计研究院 海淀区学院路30号	2042394	100083
北京市第四城市建设工程公司 海淀区成府路甲23号	2045599	100083
北京农业工程大学建筑计院 海淀区清华东路	2083703	100083
北京雅道建筑装饰工程公司 北京市海定区学院路29号	2022244	100083
邮电部邮电科学研究院科技处 北京学院路40号	2011502	100083
北京邮电学院设计研究所 北京市海定区学院路42号	2015169	100083
北京化工科技联合开发中心设计所 北京海定成府	2563332	100083
冶金工业部建筑研究总院设计所 北京市海定区学院路43号	2015599	100083
农业工程大学农业建筑工程勘察设计所 北京市海定区清华东路	2017267	100083
清华大学建筑设计研究院.海南分院 海定区清华园清华大学西南14楼3-302	2594727	100084
北京市化工科技开中心设计所 海淀区成府化研院内	2552378	100084

名称／地址	电 话	邮 编
清华大学建筑设计研究院 海淀区清华园	2564171	100084
能源部电力科学研究院电力设计所 清河小营电科院内	2913201	100085
北京市陶瓷厂 北京市德胜门外西三旗	2913595	100085
北京市建筑轻钢结构厂 北京市德胜门外西三旗东	2911133	100085
航空工业勘察设计研究院 北京海定区知春路56号.北京2411信箱	2565559	100086
中国科学建筑设计院 北京市海定区中关村	2551244	100086
北京市海定区房地产经营开发公司工程勘察室 北京市海定区海定南路七号	2553257	100086
北京市海定区建筑设计室 海定区黄庄榆树林1号	2559216	100086
中国科学院中关村建筑设计所 海淀区中关村保福寺100号	2543774	100086
炎黄建筑事务所 北三环西路49号	2545846	100086
北京青云航空仪表公司工程设计室 海淀区北三环西路43号	2563355	100086
北京有色金属研究总院建筑设计室 西城区新街门外大街2号	2014488	100088
冶金工业部建筑研究总院设计所 海淀区西土城路33 号	2015599	100088
中冶-欧伯麦尔设计咨询有限公司 海淀区西土城路33号	2015599	100088
北京科技建筑设计院 北三环中路67 号	2015839	100088
北京市华成建筑设计事务所 德外大街甲7号	2020050	100088
中外建市政公用公司设计所 海淀区三环西路3号	2020344	100088
北京市园林古建工程公司设计室 德胜门外新风北街4号	2023366	100088
北京园林发展公司 德外新风北街4号	2023366	100088
北京城建集团毂公司 北三环中路47号	2026611	100088
中石化规划院设计所 海淀区西土城路3号北楼	2029620	100088
中京工程设计软件技术公司 海淀区学院路甲31 号	2032648	100088
北京市新欣拆迁服务公司 海淀区牡丹园小区商业楼11号	2041708	100088
北京新纪元国际工程设计顾问公司 海淀区文慧北园33号	2243535	100088
北京市成城建筑设计事务所 海淀区学院路明光村幼儿园 内	2250410	100088

名称／地址	电话	邮编
北京城建东方工程有限公司 海淀红联南村45号	2251192	100088
北京地下铁道设计研究所 海淀区德胜门西大街甲5号	2292441	100088
北京市地下铁道设计研究所 海淀区德胜门西大街甲5号	2292441	100088
北京市朝阳区生辉建筑装饰工程处 朝阳区南太平庄北巷2号	5761561	100088
中国京冶建设工程承包公司钢结构工程部 北京市海定区西土城路33号	2015599	100088
中国林业科学研究院林业工程设计所 海淀区颐和园后中国林科院内	2582211	100091
参三部设计研究所 北京984信箱90号	6779380	100091
北京市京华园林工程设计所 海淀区香山卧佛寺路	2591561	100093
邮电部北京设计院 北京朝阳区安慧里2区11号	4910120	100101
北京奥兰德实业有限公司 北京市健翔桥外南沙滩安翔北里8号院403信箱	2083957	100101
中国石化北京石油化工工程公司 德胜门外苇子坑安翔北路	2029944	100101
北京市华信电信设计事务所 朝阳区安翔路2号	2059615	100101
北京市住宅机械施工公司 朝阳区太阳宫路芍药居甲2号	4211961	100101
中国冶金矿业设计研究所 朝阳区安外大屯	4231682	100101
北京市住宅建设装饰公司 朝阳区北四环北辰东路住总大院	4910088	100101
北京京华房地产咨询设计事务所 朝阳区亚运村国际会议中心6020室	4911334	100101
邮电部北京设计院 朝阳区安慧里二区11号	4912006	100101
展华化工设计事务所 朝阳区亚运村安慧里四区十六号楼	4914455	100101
北京住毅集团劳务公司 朝阳区北四环北辰东路住毅大院	4914488	100101
北京市第七城市建设工程公司 朝阳区德外祁家豁子2号	4919631	100101
北京京豫防保公司 朝阳区德外祁家豁子2号	4919631	100101
北京瀚华设计事务所 朝阳区安定门外安立路8号汇园公寓0座1204室	4992947	100101
北京国建设计公司 朝阳区北晨东路8号汇宾大厦A301	4993925	100101
圣帝国际建筑工程有限公司 西城区展览路1号	8324071	10044
民航华北机场设计所 首都机场1号公寓	4562286	100621
航机建筑设计室 东城区交道口南大街67号主楼227	4013322	100712
北京铁路分局勘测设计公司 东城区老钱局胡同16号	5632465	100730
机械工业部设计研究院 东城区王府井大街277号	5134488	100740
北京长话局建筑空调工程公司 西城区成方街4号	8099235	100800
新华通讯社建筑设计室 宣武区宣武门西大街57号	3074090	100803
中地建筑设计所 西城区阜内大街64号	6033144	100812
中国人福建筑设计咨询公司 西城区南礼士路头条1号新闻中心转	8525716	100820
机械电子工业部工程建设中心设计研究所 西城区三里河路46号南新楼五层	3295294	100823
中国农牧业机械总公司设计研究所 西城区月坛南街26号	8513471	100825

以上资料乃本年鉴编辑部于近半年来从各方面征集所得，在编辑过程中，我们已尽力查询各项资料，务求正确无误。但如当中有少部份资料不幸有所失误、或各单位之地址、邮编、电话在最近有所变更、又或有任何相关单位并未列入其中，务请各读者主动将资料填写于下列表中，注明并寄往以下任何“建筑材料与设备指南年鉴1995编辑部”收，我们定当于再版时马上予以更正。

本编辑部地址如下：

北京总部	上海联络处	广州联络处
中国建筑工业出版社北京百万庄　邮编：100037	上海市龙漕路22号206室　邮编：200233	广州市西华路桃源街33号104室　邮编：510170

单位名称：__________ 联络人：__________

地址：__________

电话：__________ 邮编：__________ 日期：__________

名称／地址	电 话	邮 编
华航建筑设计公司 西城区阜成路8号	8371508	100830
北京市环境保护科学研究所环境工程设计室 北京市阜外大街北二巷	8350081	100833
室内装饰设计.中国室内装饰集团 北京阜外大街乙22号.北京朝阳区枣营路甲3号	5011122	100833
中大实业有限公司.中国建筑工程总公司 北京百万庄	8021166	100835
中国房地产开发总公司设计咨询事务所 北京百万庄建设部内房地产开发总公司	8393286	100835
马建国际建筑设计顾问有限公司 海淀区建设部辨公楼北配楼229室	8310803	100835
中房集团建筑设计事务所 西郊百万庄建设部内小三楼	8311375	100835
中外建工程设计与顾问公司 海淀区甘家口增光路30号	8321115	100835
联华建筑事务所 海淀区百万庄建设部食堂二层	8393507	100835
中国对外建设总公司 三里河路9号	8394086	100835
中国电子工程设计院 海淀区万寿路27号	8219502	100840
核工业第二研究设计院 海淀区阜外马神庙1号	8423311	100840
海军工程设研究院 海淀区西三环中路19号	6857378	100841
中国人民解放军海军工程设计研究局三室 北京西三环中路19号	6857410	100841
科辉桥梁设计咨询所 海淀区复兴路10号交通部基金会	3265045	100845
总后勤部建筑设计院(勘测队) 北京西郊太平路二十二号	6887551	100850
总参工程兵第四设计研究所北京土木建筑学会土建情报站 北京海定区太平路二十四号	8356882	100850
总参工程兵第四设计研究院 中国北京海定区太平路24号	6896929	100850
总参谋部工程兵第四设计研究院 海淀区太平路24号89003部队	8223496	100850
航空航天部二院基建房部建筑设计室 海淀区永定路52号	8386639	100854
华优建筑设计院 太平路46号888信箱	2570193	100857
广播电影电视部设计院 宣武区复外真武庙二条9号	3263760	100866
广播电影电视部设计院 北京市复兴门外大街真武庙二条9号	3263760	100866
北京大学建筑设计研究所 海淀区北京大学校内总务楼一层	2581512	100871
北京市郊区电信设计事务所 通县佟麟阁街甲6号	9543453	101100
通县建筑工程总公司勘察设计所 通县新华北街134号	9543853	101100
通县建筑勘察设计所 通县新华北街134号	9544278	101100
北京金结设计开发公司 通县梨园半壁店大街25号	9545944	101100
北京市金汇建筑工程公司 通县觅子店金三角商城	9548903	101112
核工业部北京化工冶金研究院设计室 通县九棵树145号	5762996	101149
核工业部北京化工冶金研究院设计室 通县九棵树145号	5762996	101149
平谷县筑设计所 平谷县府前街36号	9962462	101200
北京市顺义县建筑设计所 顺义县府前西街建委院内	9444940	101300
顺义县市政设计室 顺义县城花园西街路南	9446101	101300

以上资料乃本年鉴编辑部于近半年来从各方面征集所得，在编辑过程中，我们已尽力查询各项资料，务求正确无误。但如当中有少部份资料不幸有所失误、或各单位之地址、邮编、电话在最近有所变更、又或有任何相关单位并未列入其中，务请各读者主动将资料填写于下列表中，注明并寄往以下任何“建筑材料与设备指南年鉴1995编辑部”收，我们定当于再版时马上予以更正。

本编辑部地址如下：

北京总部
中国建筑工业出版社北京百万庄 邮编：100037

上海联络处
上海市龙漕路22号206室 邮编：200233

广州联络处
广州市西华路桃源街33号104室 邮编：510170

单位名称：________________ 联络人：________

地址：________________________________

电话：____________ 邮编：____________ 日期：________

名称／地址	电 话	邮 编
顺义县园林规划设计所 顺义县城府前东街	9448448	101300
北京市顺义县建筑设计所 顺义县府前西街建委院内	9444940	101300
顺义县市政设计室 顺义县城花园西街路南	9446101	101300
顺义县园林规划设计所 顺义县城府前东街	9448448	101300
怀柔县规划建筑设计所 怀柔县湖光小区西大街48号	9623411	101400
华洋建筑设计事务所 怀柔县南大街3号	9641262	101400
密云县建筑设计所 密云县城关镇新东路南口	9942864	101500
北京市密云水利局勘察设计所 密云县新中街2号水利局楼内	9944855	101500
北京市延庆县建筑计所 延庆县东外大街38号	9103626	102100
昌平县建筑设计所 昌平县昌平镇南大街	9742989	102200
昌平县水资源局勘察设计所 昌平县水资源局院内	9744083	102200
铁道部昌平机车车辆机械工厂设计所 北京市昌平县马池口乡下念头地区	8645480	102200
铁道部南口机车车辆机械工厂建筑设计室 昌平县南口镇	9771260	102202
铁道部南口机车车辆机械工厂建筑设计室 昌平县南口镇	9771260	102202
北京广贤建筑设计事务所 昌平县沙河镇松兰堡	9731174	102206
北京市时代建筑装饰设计事务所 德胜门外沙河镇北飞达大院	9731782	102206
北京动力经济学院 力工程设计研究所 昌平县沙河朱辛庄	9732666	102206
北京昌平机车车辆机械工厂设计室 昌平火车站西	9742566	102249
铁道部第三工程局四处设计室 门头沟区三家店	9842363	102300
北京京亚建筑勘察设计院 门头沟区新桥南大街2号	9842461	102300
北京集美建筑设计事务所 房山区南关大街47号	9312775	102400
北京市房山区建筑勘察设计所 房山区城东关年北路8号	9314278	102400
房山县建筑勘察设计所 房山县城东关青年路	9324516	102400
北京送变电公司设计所 房山区良乡镇叙虹路1号	9351040	102401
北京中汇电力工程设计公司 房山区良乡电业北路电研所院内	9351150	102401
中国原子能科学研究院设计室 房山区新镇北京市第275信箱52分箱	9357315	102413
北京燕山石油化工公司设计院 房山区燕山迎风街8号	9343321	102500
北京燕山石化技术开发设计公司 房山区燕山	9341916	102549
铁道建筑研究设计院工程设计处 大兴县康庄路	3228095	102600
北京石油化工学院设计所 北京石油化工学院院内	9241138	102600
北京市大兴县建筑勘察设计所 大兴县黄村镇龙河路18号	9241389	102600
中国化学工程重型机械化公司设计研究所 大兴县	9242880	102600
大兴县市政工程设计所 大兴县黄村镇林校北路	9243600	102600

以上资料乃本年鑑编辑部于近半年来从各方面征集所得，在编辑过程中，我们已尽力查询各项资料，务求正确无误。但如当中有少部份资料不幸有所失误、或各单位之地址、邮编、电话在最近有所变更、又或有任何相关单位并未列入其中，务请各读者主动将资料填写于下列表中，注明并寄往以下任何“建筑材料与设备指南年鑑1995编辑部”收，我们定当于再版时马上予以更正。

本编辑部地址如下：

北京总部
中国建筑工业出版社北京百万庄　邮编：100037

上海联络处
上海市龙漕路22号206室　邮编：200233

广州联络处
广州市西华路桃源街33号104室　邮编：510170

单位名称：＿＿＿＿＿＿＿＿　联络人：＿＿＿＿＿＿

地址：＿＿＿＿＿＿＿＿＿＿＿＿＿＿＿＿

电话：＿＿＿＿＿＿　邮编：＿＿＿＿＿＿　日期：＿＿＿＿＿＿

〈上海市地区建筑设计院及工程单位名录〉

名称／地址	电话	邮编
新城建筑设计室 宁波路647号二楼	3207350	200001
上海市环境卫生水上管理处 南苏州路933号	3229321	200001
上海市供销合作社建筑设计室 河南中路495号	3222639	200001
上海市煤气公司设计所 厦门路242号	3222333	200001
上海市城市排水管理处 厦门路180号	3225484	200001
上海市环境卫生设计科研所设计室 厦门路180号	3229177	200001
上海市二轻工业建筑设计所 山西南路123号	3224471	200001
上海市第二商业局设计室 九江路346号一楼	3229626	200001
上海市华东包装工程承包公司设计部 河南路505号五楼	3207016	200001
上海市环境卫生科研所 厦门路180号	3224892	200001
上海市黄浦区建筑设计室 南京东路374弄54号二楼	3220189	200001
上海市公共交通公司建筑设计室 延安东路622号	3226791	200001
上海市商业建设装饰工程公司 南京东路353/1号801室	3206238	200001
上海亚晶建筑有限公司 金华路34号	3220267	200001
上海装饰总汇 上海市北京东路851号	3206098	200001
上海华德利装饰工程有限公司 河南中路505号	3206701	200001
上海市南市区建筑装饰工程公司第四分公司 上海市露香园路柳泉弄10号	3265851	200001
上海冶金设计研究院 中山东一路1号	3212560	200002
上海勘察院 延安东路34号	3210067	200002
上海市水利工程设计研究院 汉口路193号	3210490	200002
上海市民用建筑设计院 广东路17号	3219500	200002
上海市政工程设计院 圆明圆路133号	3217489	200002
上海市机电设计研究院 中山东二路9号	3219580	200002
康乐工程建筑设计事务所 延安东路7号	3219580	200002
上海市自来水公司 江西中路484号	3215577	200002
上海电力设计设计所 江西中路246号	3211010	200002
冶金工业部马鞍山钢铁设计研究院 九江路33号三楼	3233852	200002
上海市公共交通总公司 延安东路34号	3211200	200002
上海市房屋建筑材料公司 延安东路2号	3219045	200002
上海海洋地质调查局浦东轮船公司 四川中路215号	3294510	200002
上海市环境卫生管理局 北京东路356号	3204071	200002
上海市住宅总公司 江西中路246号	3211050	200002
上海市建筑工程材料公司 江西中路406号4楼	3230245	200002
上海地质矿产局 广东路17号	3230335	200002
上海市特种基础工程设计所 延安东路110号三楼	4380606	200002
上海勘察院 延安东路34号	3210067	200002
上海市政工程设计院 圆明园路133号	3217489	200002
上海市市政工程定额站 宁波路20号	3217641	200002
上海建筑材料工业管理局 北京东路240号	3217238	200002
华东建筑设计院建筑设计研究所 汉口路151号	3217420	200002
上海建筑材料供应公司 北京东路255号	3215644	200002
上海商业良储运联营公司建筑设计室 四川中路126弄20号四楼	3234860	200002
上海市工商界爱国建设公司建筑设计事务所 香港路59号7楼,威海路149号11-07	3230880	200002
能源部华东电力设计院 北京东路130号	3211616	200002
上海市园林局 江西中路215号	3217292	200002
能源部华东勘测设计院 江西中路246号312室	3291563	200002
上海市房产经营公司 南苏州路255号	3211045	200002
上海市公路管理处 汉口路193号	3216249	200002
上海市第一商业局建筑设计室 南京东路233号四楼	3216635	200002
上海市黄浦区建设委员会 九江路219号	3215150	200002

名称／地址	电 话	邮 编
江苏省水利勘测设计院 南苏州路175号207室	3231615	200002
上海市土地局 中山东一路33号	3291280	200002
浙江省建筑设计院 沙市一路24号711房	3290090	200002
华东建筑设计院 汉口路151号	3217420	200002
上海黄海建筑设计室 江苏大丰县四岔河或香港路58号	3214672	200002
上海市建筑材料工业工程承包公司设计室 南京东路61号二楼	3214961	200002
中国石化销售公司上海市石油公司设计室 香港路60号	3219840	200002
黄浦区规划设计室 四川中路49号606室	3291800	200002
上海市第一住宅公司 四川中路670号	3219285	200002
上海第二建筑材料公司 延安东路110号	3232700	200002
上海市基础工程公司 延安东路110号	3233908	200002
上海市房产管理局 延安东路2号	3215404	200002
上海市居住区综合开发中心 中山东二路九号九楼	3291843	200002
上海市建筑工程管理局 江西中路406号	3298630	200002
上海浦江工程承包公司建筑设计部 广东路17号	3233218	200002
上海联合工程咨询公市设计部 汉口路151号	3231836	200002
上海市物资局设计室 北京东路255号502室	3218485	200002
上海市市政工程局 汉口路193号	3217292	200002
上海市环境保护局 汉口路193号	3217291	200002
上海市交通市容办 汉口路193号	3212215	200002
上海市民用建筑设计院 广东路17号	3219500	200002
上海市黄浦区房产管理局设计查勘室 溪口路25号三楼332室	3284674	200002
中国船舶工业总公司第七零八研究所建筑设计室 四川中路346号	3215044	200002
上海市城市规划建筑管理局 汉口路193号	3218811	200002
中华企业公司 江西中路246号	3299250	200002

名称／地址	电 话	邮 编
上海市建设委员会 福州路30号三楼	3212810	200002
上海公用事业管理局 延安东路34号	3211200	200002
上海长江旅客服务公司装饰工程部 中山东二路230号	3289150	200002
中国新型建材公司上海分公司 南京东路61号二楼	3217767	200002
上海华丽建筑装饰工程公司 延安东路342号	3216346	200002
华东建筑设计研究院 汉口路151号	3217420	200002
上海东亚建筑装饰实业总公司 延安东路110号5楼	3216165	200002
上海防水工程公司 南京东路61号	3414925	200002
上海璧尔庭建筑装饰工程公司 江西中路406 号212室	3231765	200002
上海佳境建筑装饰工程有限公司 江西中路170号120室	3211202	200002
上海房黄浦地产股份有限公司 上海圆明园路185号	3232735	200002
上海沪北建筑装饰工程公司 福州路17号207室	3290765	200002
美华房屋建筑装饰公司 中山东二路2号3楼	3292417	200002
上海建筑设计研究院 广东路17号	3219500	200002
上海化工设计院 成都北路586 弄7号	2565870	200003
新亚(集团)建筑设计室 南京西路450弄39号	3273608	200003
上海市化工工程承包公司设计室 成都北路74号	3273650	200003
上海市农业局设计室 人民大道200号五楼	3275929	200003
中建三局装饰设计工程公司 上海市虹梅北路3318号	4328297	200003
上海华康电子技术服务公司 上海风阳路338号	3271296	200003
上海强华建筑装饰公司 新闸路126号8 楼	3588841	200003
上海华丰房屋建筑装饰工程公司 延安东路1254号	3277063	200003
上海市新城建筑装璜公司 新闸路140/4号	3277029	200003
上海华煌建筑装饰有限公司 新闸路126号8楼	3588841	200003
上海市南市区房屋修建公司建筑装璜设计室 南市白洋弄27号	3775475	200010

名称／地址	电 话	邮 编
中国房地产开发总公司山上海公司建筑设计院 梦花街234号	3777598	200010
上海市交通运输局工程设计所 东门路1号7楼	3262906	200010
上海纺织住宅开发公司住宅建筑设计室 复兴东路950号	3774115	200010
上海市蔬菜公司设计室 中山南路38号	3289728	200010
上海市南市区建筑装饰工程公司 南市区白漾弄27号	3770858	200010
上海耀华装饰 公司 人民路222号	3266173	200010
上海飞天建筑装璜公司 中华路谈家弄15号	3770057	200010
江南造船厂基建设计室 高雄路2号	3284158	200011
中共上海市市政工程管理局党校(职工大学) 麗园路234号	3764587	200011
上海市城市建设设计院 三门峡路170号	3760994	200011
上海市食品公司设计室 外马路1218号五楼	3774381	200011
上海市南市区房产管理局建筑设计室 陆家兵941号102室	3777991	200011
上海市南市区建设委员会 陆家兵路1100号	3772431	200011
上海市南市区市政建筑工程公司 柳市路76号	3772636	200011
上海市南市区市政建设公司 陆家兵路1217号	3762498	200011
上海市轻工咨询工程承包公司设计部 方斜后路21号	3772674	200011
机械电子工业部工程设计研究院 肇周路179号202室	3284261	200011
上海市黄浦江大桥建设处 大林路190号	3772834	200011
中华建筑装璜公司建筑设计室 外马路丰记码头弄8号三楼	3774363	200011
求新造船厂基建设设计室 南市区机厂路132号	3289830	200011
上海市南市区建筑设计室 大兴街115弄14号二楼	3775156	200011
上海琦丽灯饰有限公司 上海市南市区大昌街97号	3771047	200011
上海中华建设装璜公司 南市东江阴街16弄25号	3774136	200011
上海市卢湾区建设委员会 重庆南路139号	3289473	200020
上海市房屋设备公司 延安中路365号	3273451	200020
上海香山建筑设计事务所 复兴中路526号七楼	3275344	200020
上海市卢湾区建设管理局 重庆南路139号	3200023	200020
兴华智力开发服务部建筑设计室 雁荡路80号	3722092	200020
上海市市政工程管理处设计室 南昌路45蒿4	3262415	200020
上海市公安局建筑设计室 建国西路75号	3288710	200020
铁道部第三勘测设计院 进 贤路176号	2587813	200020
上海市第一市政工程公司 瑞金二路202号	4311704	200020
上海多华建筑设计事务所 巨鹿路999号	2473667	200020
上海市卢湾区房屋修建公司建筑设计室 瑞金二路120号	4374373	200020
中南建筑设计院 进贤路176号后二楼	2587813	200020
上海市市政工程管理处 南昌路45 号	3723631	200020
民族建筑设计事务所 肇嘉兵路212号	4338051	200020
上海市卢湾区房屋建设开发瞉公司 淮海中路885号302室	4712391	200020
上海市人民防空科研所研究设计室 复兴中路593号	2552370	200020
中国建筑工程总公司上海分公司 雁荡路107号	3720494	200020
申联建筑装饰工程有限公司 金陵西路48号乙	3271531	200020
上海市地下建筑设计院 复兴中路593号	2552370	200020
上海市卢湾区建筑设计室 兴业路222号	3261968	200020
上海影联建筑设计事务所 淮海中路796号	4336710	200020
上海威美装饰工程有限公司 长乐路191号58347室	2534242	200020
上海锦江广告装饰公司设计室 上海茂名南路58号58533室	4152010	200020
上海展鸣塑木制品装饰有限公司 长乐路191号58455室	4318053	200020
上海锦江广告装饰公司 长乐路191号58539室	2586583	200020
上海振华建筑装饰工程部 上海市滨水路104号	3282625	200020
上海市美达建筑装璜工程公司 瑞金二路120号	4313605	200020

名称／地址	电话	邮编
文华装璜有限公司 上海市永嘉路34号302室	2552370	200020
上海市房屋修建装饰总公司装饰工程公司 金陵西路48号甲	3272431	200020
上海金丰装饰工程有限公司 上海市茂名南路59号2352室	2582582	200020
上海文夏建筑装饰工程有限公司 雁荡路107号底楼	3721845	200020
上海莱克斯建筑装璜工程有限公司 茂名南路59号6号楼6333室	2582582	200020
上海市室内装簧工程联合承包公司设计部 云南南路293号906室	3201978	200021
上海民盟多学科咨询中心建筑工程设计所 济南路185弄18号	3265416	200021
上海市室内装璜联合工程公司 云南路293号9楼	3201357	200021
上海墨斗屋装饰艺术公司 马当路217号	3260646	200021
上海二轻建筑装璜工程公司 上海市云南南路293号8楼	3261510	200021
上海联合装饰工程有限公司 云南南路293号9楼	3201357	200021
上海市室内装璜联合有限责任公司 上海云南路293号907室	3201280	200021
上海市建筑材料工业设计研究院 鲁班路328号	3771137	200023
上海市隧道工程设计院 肇嘉兵路239号	4313124	200023
上海市建筑材料工业设计研究院 鲁班路382号	3773695	200023
上海市隧道管理处 打浦路600号	4375410	200023
上海市纺建公司第四工程队 上海市斜土路71号	3775578	200023
上海东海建筑装璜工程公司 斜土路71号	3772191	200023
上海市建筑工程学校设计室 重庆南路270号	3262412	200025
上海市卢湾区住宅建设办公室 复兴中路529号甲	4330510	200025
上海市市政工程建设处 马当路430号	3202691	200025
上海市市政工程管理局职工医院 徐家汇路573号	4336825	200025
上海广大装饰有限公司 徐家汇路559号	4732720	200025
上海中联建筑装璜公司 建国东路342号	3200624	200025
上海顺昌建筑装璜公司 建国东路492号	3281038	200025

名称／地址	电话	邮编
上海泰兴建筑设计事务所 衡山路696弄3号501室	4717598	200030
上海市徐汇区住宅建设办公室 宛平南路510号	4397770	200030
上海市环境监测中心 南丹路1号	4395930	200030
上海建筑防水材料(集团)公司 宜山路407号	4383621	200030
上海市徐汇区城市建设开发总公司 宛平南路510号	4397770	200030
上海申 建冶金机电技术工程公司设计室 裕德路45弄2号三楼	4389870	200030
上海交通大学建筑设计所 华山路1954号庛]图 9层	4310310	200030
上海信建工特业技术服务公司建筑设计室 蒲汇塘路9号	4387192	200030
上海市黄浦江研究室 南丹路1号	4395930	200030
煤矿机电建筑设计事务所 肇兵路1065号524室	4394691	200030
上海大中华橡胶厂设计室 衡山路839号	4374570	200030
上海市第七建筑工程公司 建国西路691号	4310656	200030
南京市市政设计院 交通大学基建处	4333521	200030
上海市徐汇区规划土地管理局 南丹东路161号	4399580	200030
上海市徐汇区建筑设计室 宛平南路500弄1号五楼	4390981	200030
徐汇区住宅设计室 淮海中路1857弄63号	4313920	200030
上海市徐汇区建设委员会 漕溪北路336号	4377084	200030
上海市徐汇区市政工程公司 天钥桥路298弄1号	4381079	200030
上海康宇建筑装璜工程公司 康平路155号	4370050	200030
上海金冠装饰工程有限公司 吴兴路278号1号楼5A	4720097	200030
上海第七建筑工程公司 建国西路691号	4310656	200030
上海新赛隆建筑装饰工程有限公司 上海市零陵路583弄224室	4392957	200030
上海淮海中路1670弄25号 淮海中路1670弄25号	4338032	200030
上海新发展装饰有限公司工程部 吴兴路261弄4号	4720723	200030
上海新发展装饰有限公司 吴兴路261/4号楼	7420671	200030

名称／地址	电话	邮编
上海前进建筑装饰工程有限公司 淮海中路1857/65号	4727449	200030
上海市市政工程研究所 建国西路609号	24331626	200031
上海复兴建筑设计室 高邮路5弄11号	4315292	200031
北京城市建设工程设计院 衡山路10号	4375285	200031
铁道部第二勘测设计院 南昌路531号	4372775	200031
中国船舶工业总公司第七零四研究所建筑设计室 衡山路10号	2563063	200031
上海华侨房地产经营公司设计事务所 湖南路296弄16号	4334875	200031
上海市城市建设设计院 建国西路609号	4716672	200031
上海市高等教育建设计院 淮海中路1487弄57号	4371596	200031
上海市房屋管理科学计术设计所 复兴西路193号	4333408	200031
上海市第二住宅公司 淮海中路1250号	4370789	200031
沪西建筑设计事务所 淮海中路1413号三楼	4712100	200031
上海东湖建筑设计室 复兴西路210号	4313720	200031
海音建筑设计事务所 建国西路631号	4381128	200031
中国科学院上海分院设计所 岳阳路319号	4315041	200031
上海市花木公司 武康路202号	4332816	200031
上海市第六住宅公司 湖南路300号	4335365	200031
上海冶金工程承包公司设计室 永福路47号	4310061	200031
绅市建筑设计二院 永嘉路385号	2535573	200031
上海市市政工程研究所勘察设计室 建国西路609号	4370085	200031
上海市地铁公司 衡山路12号	4714457	200031
上海市园林设计院 新乐路45号	4711202	200031
上海市房屋科学研究所 复兴西路139号	4313571	200031
轻工业部上海轻工业设计院 宝庆路21号	4370093	200031
上海市房屋修建公司设计室 复兴中路1331号	4314350	200031

名称／地址	电话	邮编
中船总公司七院上海工程建筑设计室 襄 阳路357弄3号甲	4370008	200031
上海房开装饰公司 淮海中路1250号2号3楼	4715360	200031
上海平建装璜工程公司 肇嘉兵路384/19号	4312546	200031
上海华胜建筑装璜工程公司 上海市永福路61号	4374990	200031
上海威明建筑装璜工程有限公司 复兴中路1331号	4375375	200031
上海 长城建筑安装公司 建国西路384/28号	4311077	200031
上海住乐装璜工程公司 湖南路300号	4377040	200031
上海诚安建筑装璜有限公司 淮海中路1202号107室	4331764	200031
上海伸丰建筑装饰有限公司 复兴西路45号	4313478	200031
海懋工程有限公司装饰工程部 东平路9号西楼底层	4716174	200031
海富市内设计工程有限公司 上海市淮海中路1390弄9号	4330893	200031
交通部第三航务工程局设计所 平江路139号	4311158	200032
上海市第八建筑工程公司 东安路251号	4374443	200032
上海劲松土建设计事务所 平江路48号	4339187	200032
上海市联建工程承包公司设计所 肇家兵路687弄16号	2555457	200032
交通部第三航务工程勘察设计院 肇嘉兵831号	4381730	200032
上海市建筑科学研究所 宛平南路75号	4380803	200032
上海市放射性实验站 斜土路2094号	4332116	200032
上海市建筑科究所设计室 宛平南路75号	4390903	200032
上海环球电动车船建筑设计工程技术公司 斜土路1277弄14号	4374295	200032
上海市农场管理局建筑设计所 中山南二路520弄29号	4311197	200032
上海市隧道工程设计院 肇嘉兵路239号	4332166	200032
上海市隧道工程公司 肇嘉兵路239号	4335875	200032
机械电子工业部绅镇设计研究院 东安路240弄3号	4334742	200032
上海市建筑材料技工学校 兆丰东路70号	4313735	200032

名称／地址	电话	邮编
上海景泰建筑装璜工程公司 宛平南路75号1号楼	4399594	200032
上海永大建筑装饰工程有限公司 清真路1600号	4033794	200032
上海市建筑科学研究院 宛平南路75号	4390809	200032
华东建筑设计院 上海淮海中路1857弄65号	4727465	200032
上海市建筑科学研究院 上海宛平南路75号	4390809	200032
上海市遂道工程设计院 上海市肇嘉兵路239号	4311382	200032
上海大华装饰工程有限公司 中山西路2025号	4390151	200033
上海市静安区建设委员会 叙德路370号	2532188	200040
上海水利局规划室 铜仁路257号	2531316	200040
上海毛麻纺织联合公司工程设计室 武定路651号	2562606	200040
上海地质勘探公司 陕西北路835弄29号	2565147	200040
上海市医药管理局设计室 愚园路532弄50号	2525783	200040
上海有色冶金设计所 海防路429弄152号	2551696	200040
上海市静安区房产经营公司 延安中路955弄27号	2791366	200040
上海同协技术工程公司建筑设计事务所 愚园路218号四楼	2585618	200040
上海市静安区建设材料公司 武定路923号	2585018	200040
新城房产企业公司 延安中路1111号	2477149	200040
上海市城市规划设计院 铜仁路333号	2539345	200040
上海环境工程公司设计室 巨鹿路889号七号楼	4334992	200040
上海亚东工程设计事务所 陕西北路461号	2476679	200040
上海市纺织建筑工程公司设计室 江宁路931号	2534370	200040
上海强华建筑公司设计室 新闸路1911弄1号	2533923	200040
上海市轻工住宅建设经营公司设计部 愚园路647号	4318596	200040
上海浦江建设发展总公司 延安中路849号9楼	2792833	200040
上海海隆设计事务所 北京西路1394号	2470934	200040

名称／地址	电话	邮编
上海市静安区退休工程师协会设计室 康定路759号	2580650	200040
上海化工设计所 叙德路815号	2550028	200040
上海联胜建筑工程设计所 纪念路311号	2520943	200040
机械电子工业部中电设计研究院 巨鹿路819弄7号	4310324	200040
华东建筑设计所 延安中路1000号	3276060	200040
国家医药管理局上海医药设计院 南京西路1856号	2584840	200040
上海市第四建筑工程公司 愚园路22号	2530177	200040
上海群益机械厂 上海昌平路438号	2552474	200040
上海宝成商业房产公司百乐建筑装璜公司 愚园路287号	2481669	200040
上海亚美建筑装璜工程公司 延安中路1157弄17号	2486642	200040
上海华盛装璜经营部 康定路577/173号	2538528	200040
上海永城建筑装饰工程有限公司 康定路733弄14号	2532290	200040
上海大学 上海市北京西路1400/10	2476514	200040
上海泰格建筑装饰工程有限公司 上海市陕西北路461号	2790073	200040
华鼎建筑装饰工程有限公司 延安中路1000号1382室	2472334	200040
上海亚艺装璜工程有限公司 南京西路1456号	2479764	200040
上海市静安区房产经营公司设计室 威海路590弄77号	2581671	200041
上海市静安区住宅建筑工程公司设计室 陕西北路462号	2564278	200041
上海市市政工程材料公司 顺德路92号	2580890	200041
上海市教育局建筑设计室 陕西北路486号	2531984	200041
上海市房屋修建公司 延安中路632弄50号	2531876	200041
上海市静安区房产经营公司设计室 泰兴路77号	2564959	200041
上海市内电话设计所 泰兴路230号	2539268	200041
上海电器建筑设计室 成都北路563号	2536304	200041
机械电子工业部设计研究院 康定路358号	2583035	200041

名称／地址	电话	邮编
上海市静安区城市建设开发总公司 泰兴路215弄3号	2585022	200041
上海 申江企业总公司建筑设计室 康定路358号	2583035	200041
上海市静安区住宅建设办公室 泰兴路215弄3号	2552819	200041
上海市静安区规划建筑设计室 宁江路83弄2号	2586940	200041
上海市静安区房屋修建装璜工程公司 威海路590弄77号	2580993	200041
中船总公司711研究所建筑设计室 青海路105路	2564339	200041
上海申海装璜工程部 上海市石门一路143号	2538076	200041
上海力得建筑装饰有限公司 泰兴路89号	2537846	200041
上海豪华装饰装璜有限公司 江宁路373号10 楼C座	2152587	200041
上海静安区房产经营公司设计室 上海威海路590弄77号	2589710	200041
上海静安建筑装饰总公司 嘉兴路77号	2539435	200041
上海翔申建筑装璜工程有限公司 石门二路134弄10号	2538258	200041
上海富城建筑装饰有限公司 泰兴路275号	2170222	200041
中国建筑第七工程局第四建筑公司 长宁路450 弄33号	2524296	200042
上海市冶矿机械技术研究所建筑设计室 余姚路417号	2580563	200042
上海通用机械总公司建筑设计室 长宁路113号	2525570	200042
上海市长宁区人民防空工程设计科研室 长宁路712弄47号	2525239	200042
浙江大学建筑设计研究院 万航渡路323号209室	2532020	200042
上海市环境保护排污收费所 江苏北路90号	2513651	200042
上海精艺轻工装满工程联警公司 凯旋路166号	2504058	200042
上海市佳艺装璜工程公司 长寿路891弄120室	2585107	200042
上海海王建筑装饰工程有限公司 余姚路321弄1号	2587847	200042
上海市长宁区建设委员会 愚园路1352号	2513499	200050
上海造纸公司建筑设计室 安化路398号三楼	2511206	200050
长宁区城市规划设计室 愚园路1352弄5号	2513499	200050

名称／地址	电话	邮编
上海市三益建筑设计事务所 延安西路649弄25号	2521460	200050
上海警备区后勤部房设计室 愚园路753号	2532020	200050
太湖管理局 上海市逸仙路180号	2523130	200050
上海海洋地质调查局技术装备研究所 延安西路526号	2526078	200050
中国建筑西南设计院 安化路201号	2512485	200050
上海市长宁区房产经营公司建筑设计室 武夷路179号	2522321	200050
欧碍办公家具(上海)有限公司 上海武夷路84号	2131801	200050
上海标准件十厂 上海安西路651号	2525373	200050
上海长宁区建筑装饰工程毅公司 武夷路179号	2520629	200050
上海浩龙建筑装饰工程有限公司 武夷路179号	2524761	200050
上海市纺建公司装璜队 武夷351号	2521041	200050
上海万新建筑装饰有限公司 愚园路1293弄4号	2510450	200050
上海华利装璜水电工程部 武夷路351号	2522896	200050
上海华懋建筑装饰工程有限公司 华山路1038弄183号	2514239	200050
上海市长宁区建筑设计所 长宁路1488弄29号	2518200	200051
中国市政工程西南设计院 虹桥路953弄50号403室	4328088	200051
机械电子工业部第十设计研究院(中国电子工程设计院) 遵义路400号	2594519	200051
中国纺织大学建筑设计室 延安西路1882号	2599800	200051
上海天原化工厂设计室 天山路500号	2598541	200051
铁道部电气化工程局电气化勘测设计院 武夷路655号	2591295	200051
上海工程技术大学建筑设计室 仙霞路85号	2597051	200051
上海铰链厂 上海虹桥路1120号	2759616	200051
上海百成建筑装饰工程公司 上海虹桥路2293弄14号	2688148	200051
上海威宁建筑装璜工程有限公司 中山西路888号9012室	2755888	200051
上海华亭建筑装饰承包公司 伊梨路2号11室	2755871	200051

名称／地址	电话	邮编
上海申达设计事务所 华山路1220弄八五医院大院内	2525421	200052
上海联三房屋设计工程公司 华山路1515号	4316668	200052
上海第十钢铁厂设计科 淮海西路570号	2522409	200052
上海市房产管理局勘察建筑设计所 华山路1501弄2号	4317736	200052
长宁区爱建建筑设计事务所 兴国路372弄1号	4332220	200052
上海化学纤维公司设计室 新华路643号	2526971	200052
安徽省建筑设计院 兴国路374弄2号	4371253	200052
上海爱艺建筑装饰配套工程有限公司 上海市兴国路354号	4316520	200052
上海建筑装饰五金厂 上海幸福305号	2540015	200052
上海洲际房地产发展有限公司 延安西路1234号M楼	2511146	200052
中台房屋装修公司 上海市番愚路75/5号	2513019	200052
上海市兴宁建筑装饰公司 上海市番禺路222/12号	2513231	200052
上海爱艺建筑装饰配套工程有限公司 上海市长宁区兴国路354号	4316520	200052
上海神鹿建筑装璜工程公司 武夷路84号	2524315	200052
上海市粮食局设计室 西康路1419号	2535909	200060
上海纺织工业设计院 长寿路130号	2583020	200060
上海第二棉纺织印染经营实业公司设计室 新会路340号	2553323	200060
上海市纺织原料公司设计室 长寿路652号	2564535	200060
上海纺织工业设计院三室 上海长寿路130号504室	2583020	200060
上海欣城建筑装璜安装公司 上海市岚皋路石岚三村53号	2149560	200061
上海精湛装璜工程公司 志丹路201号	6613603	200061
上海贝林达装饰公司 甘泉路112号	6615963	200061
普陀区园林设计室 枣阳路241号	2548910	200062
华东师范大学工程勘察室 中山北路3663号	2547949	200062
上海化学试剂总厂设计室 光复西路2549号	2577344	200062

名称／地址	电话	邮编
上海市第五建筑工程公司 中山北路3325号	2548772	200062
化工部上海化工研究院设计所 云岭东路30号	2593500	200062
上海吉本装璜配套工程有限公司 梅林南路395号	2546742	200062
上海普声电子音 响装璜配套工程公司 梅林南路395号605室	2546742	200062
上海艾恩德基建筑装饰配套工程有限公司 中山北路3221号	4313940	200062
上海瑞安建筑有限公司 上海市中山北路3325号	2547521	200062
中国船舶工业总公司第九设计研究院 武宁路303号	2549700	200063
上海市环境卫生汽车运输公司 中山北路2588号	2547278	200063
上海市测绘院 武宁路419号	2549550	200063
上海市居住区综合开发中心第三开发部 中山北路2400弄8号	2571692	200063
上海市新华建筑设计室 普雄路29号2号楼	2583264	200063
上海市测绘院 武宁路419号	2549550	200063
中国船舶工业总公司勘察研究院 中山北路3302号	2548041	200063
上海九州机电工程技术公司设计室 武宁路303号	2549700	200063
上海华普建筑设计所 武宁路67弄1号四楼	2563988	200063
上海市环境卫生水上运输处 上海西谈家渡路69号	2547007	200063
普陀区规划设计室 普雄路29号二楼403室	2564679	200063
上海市普陀区房屋修建公司设计室 武宁路300号	2580100	200063
上海市普陀区规划土地管理局 武宁路200弄50号	2564679	200063
上海市普陀区建设委员会 普雄路29号	2532030	200063
上海市普陀区城市建设综合开发公司 武宁路43弄9号	2550305	200063
上海市普陀区房屋修建装饰工程公司 武宁路300号	2570100	200063
中国人民银行上海土建设计工程勘察室 曹杨路158号	2549920	200063
上海精新建筑装饰公司 武宁路300号	2564157	200063
上海邮电设计院 秣淩路280号	6633573	200070

名称／地址	电 话	邮 编
南京市民用建筑设计院 西藏北路49号408室	3243416	200070
上海铁路局勘测设计院 共和新路951号	6629246	200070
上海市仪表电子工业建筑设计院 海昌路57号	2534631	200070
上海市闸北区建筑设计室 南星路70号二楼	2539346	200070
上海市闸北区集体事业建筑设计室 中华新路725弄70号	6626027	200070
闸北区城市规划建筑设计室 天目西路571号二楼	6634055	200070
铁道部通信信号公司研究设计院 共和新路959号	3253030	200070
上海市环境宣传教育中心 长安路1001号	3172691	200070
上海市闸北区建设委员会 天目西路55号	3171459	200070
上海铁路局直属建筑段房建设计组 芷江西路123弄50号	3253030	200070
上海市禽类蛋品公司设计室 西藏北路63号	3251561	200070
铁道部通信信号公司上海工程上海设计所 共和新路959号	6639234	200070
上海市自来水公司规划设计所 民立路158号	3215577	200070
上海技术装璜工程部 上海市普济路117号	3172874	200070
上海市仪表电子工业设计院 上海市海昌路57号	3174631	200070
上海邮电设计院 上海秣陵路280号	3171188	200070
上海华盖建筑装饰工程公司 上海市中华新路430号	6629614	200070
上海二轻建筑装饰实业公司 上海市闸北区永兴小马路91号	6625034	200070
上海工程技术设备成套公司设计室 永兴路88号	6638612	200071
上海市第一棉纺织印染经营实业公司设计室 新疆路31弄11号	3240920	200071
上海汽运建筑设计室 中兴路384号	6629349	200071
上海铁路局工程总公司勘测设计室 会文路2号	3253030	200071
上海市闸北区环境保护局 上海市闸北区规划土地管理局	3254593	200071
上海铁路分局上海建筑段房建设计组 虬江路1150路	3253030	200071
上海铁路局工业公司房建勘察设计 会文路1号	6638641	200071
上海铁路分局设计室 虬江路1150号	3253030	200071
上海电力建设局设计室 高邮路号68号	4316441	200071
铁道部第四勘测设计院 虬江路894号119室	6639234	200071
上海华虹建筑装璜工程公司 天目路168号	3069233	200071
上海东方名土木业装饰有限公司 中兴路651号	6630290	200071
上海建峰建筑装饰有限公司 天目中路22号四楼	3251503	200071
甘肃省建筑勘察设计院 洛川东路494弄2号	6631854	200072
上海彭浦机器厂建筑设计室 共和新路3201号	6650933	200072
上海地质矿产局勘察公司 灵石路930号	6617770	200072
上海市机械施工公司 老沪太路200号	6626232	200072
上海市环境地质站 灵石路930号	6617770	200072
上海地质矿产局地质资料馆 灵石路930号	6612812	200072
上海地质矿产局勘察公司 灵石路930号	6613102	200072
上海市闸北区住宅建筑工程公司 延长路168号	6625380	200072
机械电子工业部第六设计研究院 柳营路645号上锻招待所	6625695	200072
上海工业大学建筑设计院 延长路149号	6625744	200072
上海市北供电公司设计室 共和新路2511号	6650190	200072
上海东华建筑装饰工程有限公司 西和田路431/5号	6627766	200072
上海环航设计装饰工程公司 老沪太路1021号	6629753	200072
中国物资储运总公司上海公司建筑设计室 四川北路1510号	6635810	200080
机械电子工业部第二设计研究院 溧阳路735号	3248027	200080
上海市虹口区机规划建筑设计所 海南路70号	3245435	200080
上海市工业设备安装公司 塘沽路390号	3246340	200080
上海虹口房屋修建公司设计查勘室 昆山路227号5楼10室	3244283	200080
上海市中共电公司设计室 九龙路375号	3253453	200080

名称／地址	电 话	邮 编
上海市工业设备安装公司工程设计室 塘沽路390号	3250432	200080
上海机电第二建筑设计所 物华路178号	5417267	200080
上海市第二建筑工程公司 梧州路289号	5418128	200080
上海市虹口区建设委员会 海南路50号	3244870	200080
上海市虹口住宅建筑工程公司设计室 吴淞路619号	3251455	200080
上海伟达装璜制冷电气总公司 东长治路721号	5419540	200080
上海蒙达建筑装饰工程有限公司 四川北路838号	3248830	200080
上海华艺建筑装璜工程公司 九龙路475号	3243536	200080
上海市冶金制品工业公司设计室 四川北路1844 号	6665020	200081
上海市杨浦区建设管理局 榆林路707号	5416616	200082
上海港港口工程勘察设计所 杨树浦路210号	5417500	200082
安徽省水利水电勘察设计院 平凉路250弄102 室	5410416	200082
上海市杨浦区建设委员会 江浦路549号	5419450	200082
上海回力橡胶联营公司建筑设计室 长阳路447号	5416212	200082
上海市水产局建筑设计室 江浦路1001号	5416619	200082
化工部北京橡胶工业设计研究院 长阳路447号	5416212	200082
中国建筑一局第四公司驻沪办事处 虹口区周家嘴路783弄3号	5126764	200082
上海航天局建筑设计所 保定路257号	5415140	200082
上海福士达建筑装饰工程有限公司 大连路137号	5463468	200082
上海航天建筑设计院 上海保定路257号	5468649	200082
上海汇诚装璜工程公司 飞虹路380号	5416040	200082
上海永阳房地产有限公司装饰工程部 杨树区许昌路33号	5414844	200082
上海国华建筑装璜工程公司 上海市虹镇老街340/4-103室	5463400	200082
上海市园林工程公司 广中路668号	6653369	200083
上海市第一建筑工程公司 中山北一路800号	5421330	200083
上海市卫生局建筑设计所 花园路75弄1号	5401623	200083
华东筑港建筑设计所 水电路818弄52号	5484822	200083
海军房地产管理局建筑设计咨询所上海设计部 水电路522号5号楼	5404846	200083
上海市居住区综合开发中心第一开发部 曲阳路561号	5426807	200083
上海第二耐火材料厂设计室 中山北一路63号	6666252	200083
中国人民解放海军东海舰队工程设计处 水电路522号	5481435	200083
南京市建筑设计院 水电路818 弄40 号	5420440	200083
上海冶建装饰工程公司 水电路180号	6634144	200083
上海市建筑装饰工程公司设计所 上海市大连西路230弄10号304室	5369826	200083
上海华龙艺术装璜工程部 广中路44号324室乙	5400240	200083
上海海魂建筑工程处 上海市水电路818/41号3楼	5423478	200083
叙泰建筑装璜工程有限公司一处 上海市西江湾路240号甲楼103室	6968447	200083
上海纺织工程承包公司设计室 福建北路330号三楼	3254763	200085
上海市轻工业工程设计院 七浦路643号	3245349	200085
上海市业余土木建筑学院设计事务所 河南北路301号	2558805	200085
上海市城镇建设发展总公司建筑装饰公司 河南北路301号622室	3248260	200085
上海克雷斯朵装饰材料有限公司 河南北路287号	3255662	200085
中国造船厂基建设计室 共青路130号	5432600	200090
上海住宅建设学校土建设计室 杨树浦路2219号	5430754	200090
上海冶炼厂设计设计所 河间路826号	5432400	200090
化工部第六设计院 平凉路1844号	5432898	200090
上海海上安全监督局海测大队 共青路82弄7号	5431180	200090
上海化工厂技改部设计科 杨树浦路1578号	5419050	200090
上海冶金机械总厂建筑设计室 河间路379号	5433421	200090
上海水产大学食品冷库研究设计室 军工路334号	5431090	200090

名称／地址	电话	邮编
杨树浦煤气厂 杨树浦路2524号	5435200	200090
上海海运管理局建筑设计室 长阳路1441号6楼	3205091	200090
上海电力学院电力工程设计室 平凉路2103号	5430410	200090
上海复兴实业公司建筑装饰分公司 黎平路2号	5435349	200090
中华制漆有限公司 上海市宁国路111号	5197242	200090
上海不銹钢厨房设备厂 上海市杨浦区爱同二村2001号	5435114	200090
上海玻璃陶瓷机械厂 上海市内江路200号	5431118	200090
上海铁丝厂 上海市杨浦区青路66号	5430662	200090
上海远东装璜公司 上海市技树北路	5439604	200090
上海第五印染厂设备物资部 上海河间路595号	5438128	200090
上海市杨浦区规划建筑设计室 控江路鞍山二村64号	5412236	200092
上海市建筑装饰工程公司 赤峰路69号	5455270	200092
机械电子工业部第四设计研究院 虹口区玉田支路16号	5425612	200092
上海机电建筑设计所 四平路1061号	5414566	200092
上海城市建设学院 赤峰路71号	5461580	200092
上海市杨浦区勘察建筑设计室 长兵路400弄3号	5411809	200092
同济大学建筑设计院 四平路1239号	5458884	200092
广西南宁市建筑设计院上海分院 上海同济新村509接待站102房	5455080	200092
上海市建筑装饰工程公司设计室 四平路815号	6665680	200092
上海时代建筑设计事务所 四平路1061号	5414566	200092
同济大学城市规划设计研究所 四平路1239号建筑糸	5450009	200092
上海邮电房屋装璜公司 四平路621弄甲6号	6663293	200092
上海豪盛建筑装璜有限公司 董家宅路(四平路口)24号	6662950	200092
上海凡高工程策划有限公司 四平路710号2001室	6669866	200092
上海市建筑装饰工程公司 上海市虹口区密云路377号	5455270	200092
上海市杨浦区工程地质勘察公司 长岭路庄家宅24号	5464500	200093
上海机床建筑设计室 军工路1146号	5483006	200093
上海电工机械厂建筑设计室 军工路580号	5483106	200093
机械电子工业部上海电缆研究所工程设计研究所 军工路1000号	5483306	200093
上海杰汉森装饰工程有限公司 凤城路79号	5433468	200093
上海健尔斯装饰公司 黄兴路510号	5412980	200093
上海海洋地质调查局海洋地质综合研究大队 浦东湘家弄路340号	8823242	200120
上海市东供电公司设计室 浦东南路1639号	8841294	200120
上海市居住区综合开发中心第八开发部 浦东东南新村51号	3232781	200120
交通部上海行道局设计研究所 浦东大道850号	8841457	200120
南昌有色冶金设计研究院 浦东大道842号	8840465	200120
四川省建筑设计院 浦东潍坊路168弄21号五楼	8842526	200120
上海市第三建筑工程公司 浦东东宁路341号	8841271	200120
中国市政工程西北设计院 浦东沈家弄路299弄5号101室	8842609	200120
铁程建筑装饰公司 山东南路1399号1501	8788118	200120
上海优高雅建筑装饰有限公司 东昌路东园一村139号20层	8825603	200120
上海冠沪装饰建筑工程有限公司 山东大道710号3楼	8849896	200120
上海优高雅建筑装饰有限公司 上海浦东新区崂山西路1017号301-303室	8786585	200120
上海船厂绅装装璜工7公司 山东昌邑路145号	8789544	200120
外高桥建安发展公司 沪浦东崂山西路1062号	8878156	200120
上海东尼建筑装饰有限公司 山东崂山东路571弄5号	8082125	200120
外高桥建筑安装发展有限公司 上海浦东 山西路1062号	8878156	200120
上海浦美建筑装璜公司 山东容城路50弄1号	8787208	200120
上海船厂涂装装璜工程公司 上海市浦东新区昌邑路145号	8789544	200120
上海申佳建筑装饰工程有限公司 山东大道710号	8875738	200120

名称／地址	电话	邮编
上海船厂装饰工程部 山东即墨路上 船大楼B座地室	8842885	200120
南汇县建筑总公司装饰工程公司 上海市山东东昌路东园一村139号20层	8825603	200120
上海金地华建筑装饰工程部 上海市山东电度东村17号甲	8842386	200120
上海中菱商社 上海浦东新区东方路853号	8840400	200122
上海佳申建筑装饰工程有限公司 浦东新区东方路815号	8786669	200122
甘肃省驻沪办建管处 浦东潍坊路232号103室	8770227	200122
上海耀华玻璃厂设计室 浦东耀华路700号	8836040	200126
上海第三钢铁厂设计所 浦东上南路300号	8839747	200126
上海市居住区综合开发中心第六开发部 浦东南路4813号	8839126	200126
上海申华建筑装璜公司 山东上南路562号	8838433	200126
上钢三厂设计室 浦东新区上南路300号	8839180	200126
天津市建筑设计室上海分院 上海浦东南路上南一村13号402室	8830301	200126
上海溶剂厂设计室 浦东南码头西三里桥57号	8839910	200127
中国石油化工总公司 徐水勘察公司 浦三路301号	8835438	200127
上海飞力建筑装饰工程有限公司 浦东南路1930号	3231105	200127
上海海燕装饰工程公司 浦东南路微山路12号	8893661	200127
户东造船厂建筑设计室 浦东大道八号桥	8847222	200129
海军四八零五厂工程设计室 浦东大道2311号	8847066	200135
上海海运学院科技毅公司建筑设计室 浦东大道1550号	8840911	200135
交通部上海船舶运输科学研究所综合设计室 民生路200号	8840438	200135
上海提昌装璜工程有限公司 上海市山东大道2312号	8847995	200135
中国石化销售公司华东公司设计室 浦东江沙路3号	5480306	200137
中国化学工程总公司第六建设公司上海分公司 浦东高桥六化建	8866538	200137
上海海洋地质调查局第三海洋地质调查大队 浦东欧高路627号	8621236	200137
上海浦达装饰工程公司 上海市奉贤县西渡口	7420429	200140

名称／地址	电话	邮编
上海缝建工程建设承包公司设计部 龙华西路石家巷40号	4384057	200232
上海人防地基勘测所 龙吴路51号	4391754	200232
上海市城市建设工程学校 龙水北路999号	4381626	200232
上海大理石厂 龙水路839号	4361690	200232
上海市建筑工程管理局建筑勘察设计所 龙吴路1502号	4362601	200232
上海水泥厂 龙水南路1号	4365100	200232
上海耐火材料厂设计室 龙吴路1270号	4383511	200232
国家建材工业局南京水泥工业设计院 龙水路1号上海水泥厂	4389800	200232
大昌行(上海)有限公司 上海市徐汇区石龙路106弄5号乙	4701134	200232
上海华元干燥技术公司设计室 中山西路1919号	4396960	200233
上海冶金专 科学校建筑设计室 漕宝路121号	4363051	200233
四川省建筑工程总公司上海经理部 宜山路623号甲	4363617	200233
能源部核工业工程勘察院 老沪闵路158号	4383160	200233
上海水运工程设计所 徐汇区宜山路塘湾22号	4386213	200233
上海环境科学杂志社 钦州路508号	4365379	200233
上海市环境保护科学研究所 钦州路508号	4366400	200233
上海市第二市政工程公司 漕溪路314号	4363771	200233
上海市居住区综合开发中心第七开发部 田林七村1号	4362149	200233
上海建筑工程公司 老沪闵路167号	4381261	200233
上海市环境保护科学研究所设计室 钦州路508号	4366400	200233
大华装饰有限公司 中山西路2025号	4382853	200233
上海市光纤通信工程公司 桂青路15号	4360982	200233
能源部上海核工程研究设计院 虹漕路29号	4364700	200233
上海工业自动化仪表研究所工程设计室 漕宝路103号	4360791	200233
上海新兴计术开发区建筑设计事务所 漕宝路509号	4360928	200233

名称／地址	电 话	邮 编
上海市南供电公司设计室 吴中路39号	4385998	200233
上海美术设计公司 上海市湛溪路258/23号	4395572	200233
上海安居家庭装饰公司 上海吴中东路501号	4381035	200233
上海大华装饰工程有限公司 上海市中山西路1420弄8号	2194818	200233
上海春江建筑装饰工程公司 上海市习勤路52号	4367945	200233
核工业部第四勘察院 梅陇路260号	4389401	200237
上海市水利工程总队地质钻探队 徐汇区鞘朱行路100号	4923190	200237
华东化工学院化工设计院 梅陇路130号	4394280	200237
上海市闵行区建筑设计室 闵行区江川路241弄95号	4355147	200240
机械电子工业部上海发电设备成套设计研究所 闵行剑川路	4356901	200240
上海电机厂建筑设计室 闵行江川路555号	4358221	200240
机械电子工业部第八设计研究院 闵行电机厂技改办转八院	4358549	200240
上海汽轮机厂建筑设计室 闵行江川路333号	4358331	200240
上海闵联公司建筑设计室 闵行江川路1251号	4300784	200240
上海市闵行区规划土地管理局 闵行区兰坪路303弄19号	4355269	200240
上海申发动力工程设计室 闵行江川路333号	4358331	200240
上海闵行联合发展有限公司 江川路1251号	4300888	200240
上海重型机器厂建筑设计室 闵行江川路1400号	4358141	200240
上海市闵行区建设委员会 沪闵路213号	4358031	200240
上海鑬炉厂建筑设计室 闵行华银路250号	4356054	200240
上海氯硷总厂电化厂设计室 龙吴路4800号	4343769	200241
上海焦化厂设计室 龙吴路4400号	4342534	200241
上海吴泾化工厂设计室 龙吴路4600号	4341750	200241
上海吴泾化工设计院 吴泾车沟侨	4343057	200241
杭州市建筑设计院 龙华路2577号4号楼405室	4385876	200320

名称／地址	电 话	邮 编
铁道部遂道工程局勘测设计院 真南路17号	2506344	200333
上海铁道学勘察设计所 贞南路450号	2506280	200333
上海方荣扣板厂 上海市真南路27号内	2505511	200333
上海新胜建筑装璜工程有限公司 普陀区交易路33号	6610948	200333
上海铁道学院房屋建筑教研室 上海真南路1号	2506344	200333
北京有色冶金设计研究总院 虹 桥路1950号	4328347	200335
上海市长宁区住宅建设经营公司 茅台路270弄2号	2591670	200335
机械电子工业部综合勘察研究院 仙霞路620弄18号	2599350	200335
上海市长宁区住宅建设办公室 茅台路295弄5号	2591670	200335
上海光华勘测设计所 虹古路417弄2号	2599816	200335
上海中条管道工程公司 仙霞路405号	2599505	200335
上海虹桥联合发展有限公司 娄山关路55号	2756888	200335
贵州省建筑设计院 天山路天山新村59号甲	2598825	200335
机械电子工业部第十一设计院 仙霞路620弄18号	2599355	200335
航天部第七设计研究院勘察公司 虹古路417弄2号	2590431	200335
华艺建筑设计事务所 天山路曹家宅4号甲	2590731	200335
中国建筑第三工程局第一建筑工程公司 哈密路800号	2599042	200335
上海市城市建设档案管理局 陵园路10号	2758684	200335
中国民航华东机场建筑设计所 虹桥机场2550号	2536530	200335
上海市居住区综合开发中心第四开发部 古北路530弄20号	2597016	200335
上海厨房设备金属制品厂 上海天山路206号	2594130	200335
上海博劳森装饰工程有限公司 虹桥路2260号	2428010	200335
日照联丰建筑装饰工程有限公司上海分公司 上海市瑞安西路220号1704室	2571418	200335
上海宏达建筑装饰安装工程公司 吴中路206号	4061457	200335
上海东湖工程公司 虹桥路1904号	2752729	200335

名称／地址	电话	邮编	名称／地址	电话	邮编
友富(上海)有限公司 上海荣华西道39弄金鹿公寓9号103室	2195626	200335	复旦大学建筑设计室 邯郸220号	5484906	200433
倍力艺术工程公司上海分公司 上海市虹桥路1317号	2708904	200335	中国建筑西北设计院 巴林路16弄1号	5424218	200433
上美置业有限公司 上海市虹桥路1718号	2191262	200335	空军政治学院建筑设计室 翔殷路1157号	5481845	200433
上海吴淞化工厂设计科 长江西路501号	3209126	200431	中宝建筑设计公司 水电路1830号	5422666	200433
上海硫酸厂设计科 繦藻南路502号	6672766	200431	上海市宝山区城市建筑设计所 政通路305弄16号	5482571	200433
上海吴淞水泥厂 蕴藻南路4号	6673366	200431	上海国和装璜工程公司 国和路36号	5482281	200433
上海铁合金厂设计科 长江西路101号	6672281	200431	徐联建筑装饰安装工程公司 上海市国权路200号	5492417	200433
上海第一钢铁厂设计科 吴淞长江路735号	3244100	200431	上海兰天房屋装饰工程公司 黄兴路2073号	5490749	200433
机械电子工业部上海内烟机研究所工程设计室 军工路2500号	5485856	200432	上海市宝山电器厂 上海市政通路144号	5481909	200433
上海柴油机厂建筑设计室 军工路2636号	5483506	200432	上海钢窗厂 上海市淞沪路322号	5481035	200433
能源部兖州煤矿设计研究院 中山北一路1250号二号楼1706室	5426358	200433	上海政翔建筑装饰工程公司 翔殷路932/47号3楼	5493779	200433
上海市松沪建筑设计所 政德东路115号	5484651	200433	上海建筑材料工业学院建筑设计室 武东路100号	5485136	200434
上海第二教育学院建筑设计所 政法路195号	5483915	200433	上海市煤气公司 灵丘路10号	5445400	200434
河南省建筑设计研究院 国定路中心东二村45号	5484906	200433	江西省建筑设计院 沽源路229号3号楼201室	5424710	200434
天津市建筑设计院 邯郸路600弄1号	5481191	200433	能源部上海勘测设计院 逸仙路180号	5427100	200434
上海市居住区综合开发中心第二开发部 邯郸路600弄1号三楼	5480813	200433	上海埃士建筑装饰工程有限公司 上海市何家湾路26 号	6674059	200434
上海蓝天房装饰工程部 黄兴路2053号	5490749	200433	上海东华工程咨询公司 上海逸仙路180号	5420093	200434

致各读者：

以上资料乃本年鑑编辑部于近半年来从各方面征集所得，在编辑过程中，我们已尽力查询各项资料，务求正确无误。但如当中有少部份资料不幸有所失误、或各单位之地址、邮编、电话在最近有所变更、又或有任何相关单位并未列入其中，务请各读者主动将资料填写于下列表中，注明并寄往“建筑材料与设备指南年鑑1995编辑部”收，我们定当于再版时马上予以更正。

本编辑部地址如下：

北京总部	上海联络处	广州联络处
中国建筑工业出版社北京百万庄　邮编：100037	上海市龙漕路22号206室　邮编：200233	广州市西华路桃源街33号104室　邮编：510170

单位名称：＿＿＿＿＿＿＿＿ 联络人：＿＿＿＿＿＿

地址：＿＿＿＿＿＿＿＿＿＿＿＿＿＿

电话：＿＿＿＿＿＿ 邮编：＿＿＿＿＿＿ 日期：＿＿＿＿＿＿

此致

建筑材料与设备指南年鑑
编辑部上
1995年春

名称／地址	电话	邮编
武汉市建筑设计院 汾西路885弄8号103室	6653423	200435
铁道部第一勘测设计院 场中路2260号	6632598	200435
地质矿产部上海市中心实验室 真大路420号	6681084	200436
上海市地质物资供应站 真大路14号	6680251	200436
上海飞机制造厂建筑设计室 场中路3115号	6681122	200436
上海申宝建筑材料公司 水电路1830号	5422554	200437
上海国际建筑管理有限公司 巴林路12号	5447537	200437
上海石油化工总厂规划建筑设计室 金山卫	7932982	200540
上海石油化工总厂设计院 上海金山卫经一东路	7933100	200540
核工业部第五研究设计院 金山石化总厂五院信箱龙胜路19号	7932658	200540
上海石油化工总厂晴纶厂设计室 金山卫纬 三路	7931314	200540
东海船舶修造厂基建设计室 逸 仙路2601号	6671008	200940
上海市宝山区市政建设公司 吴淞海滨新村38号	3209306	200940
吴淞化肥厂建筑设计室 吴淞泰和路陆家宅1号	6671701	200940
上海钢铁研究所土建工程设计室 宝山区泰和路1001号	6671911	200940
上海市宝山区住宅建设办公室 同泰路59号	3209460	200940
上海市宝山区房屋管理局 宝山区淞滨路379号	3209388	200940
上海第五钢铁厂设计研究所 吴淞同济路332号	6671494	200940
上海钢管厂设计科 逸仙路2950号	6672257	200940
上钢五厂设计设计所 同济路332号	3209742	200940
上钢五厂设计研究所 上海同济路332号	3209080	200940
冶金工业部武汉勘察研究院 宝山月浦6村80门	6649048	200941
上海宝钢冶金建设公司建筑设计研究所勘察小队 吴淞月浦	6647691	200941
上海宝钢二十冶金建设公司设计事务所 宝山区牡 丹江路宝钢1号门	6649520	200941
上海宝钢冶金建设公司科学技术处设计室 宝山区宝泉 路1号	6647691	200941
上海电力建筑工程公司设计室 吴淞区盛桥石洞口	6646646	200942
宝钢五冶分指挥部 宝山盛桥	6647050	200942
上海宝钢五冶设计事务所 宝山盛桥	6647691	200942
上海 富锦装饰工程公司 泰和路桃园村25号	23209781	200942
上海县建设局规划设计室 上海县莘庄莘松路99号	4921470	201100
上海县水利规划设计室 上海县莘庄七莘路9号西桥	4922239	201100
机械电子工业部第三勘察研究院 上海县虹桥镇环镇西路41弄2号	14329193	201103
上海鸿立装饰设计工程有限公司 吴中路510号	2429268	201103
上海市农业科学院农业工程研究设计室 北翟路2901号	257886	201106

致各读者：

以上资料乃本年鉴编辑部于近半年来从各方面征集所得，在编辑过程中，我们已尽力查询各项资料，务求正确无误。但如当中有少部份资料不幸有所失误、或各单位之地址、邮编、电话在最近有所变更、又或有任何相关单位并未列入其中，务请各读者主动将资料填写于下列表中，注明并寄往“建筑材料与设备指南年鉴1995编辑部”收，我们定当于再版时马上予以更正。

本编辑部地址如下：

北京总部
中国建筑工业出版社北京百万庄　邮编：100037

上海联络处
上海市龙漕路22号206室　邮编：200233

广州联络处
广州市西华路桃源街33号104室　邮编：510170

单位名称：＿＿＿＿＿＿＿＿　联络人：＿＿＿＿＿＿＿＿

地址：＿＿＿＿＿＿＿＿

电话：＿＿＿＿＿＿＿＿　邮编：＿＿＿＿＿＿＿＿　日期：＿＿＿＿＿＿＿＿

此致

建筑材料与设备指南年鉴
编辑部上
1995年春

名称／地址	电话	邮编
上海仪光综合服务部 上海市老沪闵路1901号	4922755	201108
川沙县建筑勘察设计所 川沙县城厢镇川黄路91号	8981764	201200
川沙县水利规划设计所 川沙县城厢 新川路665号	8984042	201200
上海宇东装饰装璜公司 川沙镇新川路385号401室	8984330	201200
上海浦东水泥厂 浦东川北公路1453号	8847875	201203
上海长江建筑装璜工程公司 山东川北公路陆家大桥车站	8951972	201203
川沙江东建筑设计室 川沙县北蔡镇镇南路130号	3269426	201204
上海海上安全监督局上海航标区 浦东东塘路140号	8848268	201208
地质矿产部海洋地赀局地赀勘察工程公司 浦东东塘路240号	8848210	201208
上海海洋地质调查局第一海洋地质调查大队 浦东东塘路240号	8848210	201208
上海高桥石化咨询设计事务所 浦东大0道3010号	8847636	201208
上海海洋地质调查局技工学校 浦东东塘路260号	8848241	201208
上海高桥石油化工公司设计院 浦东大道3010号	8847636	201208
南汇县规划建筑勘察设计所 南汇县惠南镇沿河径南路91号	8018424	201300
上海市滨海建筑设计所 南汇汇南镇荡湾路5号	8019696	201300
南汇县水利设计所 南汇县惠南镇城北路12号	8987072	201300
上海华3美建筑工程有限公司 南汇县惠南镇人民路68号	8020125	201300
上海市滨海建筑设计所 上海市南汇县	8024696	201300
上海华曼建筑装饰有限公司 南贤黄路乡黄路镇	8021695	201301
上海四通建筑装饰工程部 上海市南汇县三墩乡	8019323	201312
上海南山建筑装饰总公司 山东周山镇周医路4号	8112727	201318
上海汇丰防水装饰工程公司 上海市山东周山船厂街95号	8113263	201318
上海家康实业公司 上海市山东沪南线康桥车站东	8114777	201318
奉贤县城乡建筑规划所 奉贤南桥镇解放路40号	7417765	201400
奉贤县勘察建筑设计所 奉贤县南桥镇奉西路52号	7417715	201400
上海申奉装饰工程公司 奉贤南桥新建西路180号	7410259	201400
上海申南装饰工程公司 奉贤南桥镇古华东区5号	7413612	201400
上海宝灵不銹钢制品总厂 上海奉贤齐贤镇东	9010725	201403
上海新联建筑装饰公司 上海市奉贤县新寺镇	7441243	201416
上海康华装饰材料工程有限公司 上海奉贤县胡桥镇北	7456583	201417
上海金山水泥厂 金山县金枫公路1174号	7317540	201500
金山县 建筑设计所 金山县朱 泾镇罗星路200号	9317020	201500
金山石油化工工程公司测量队 上海金山卫	7931931	201511
金山县水利工程勘察设计所 金山县张堰 镇	4318335	201514

以上资料乃本年鉴编辑部于近半年来从各方面征集所得，在编辑过程中，我们已尽力查询各项资料，务求正确无误。但如当中有少部份资料不幸有所失误、或各单位之地址、邮编、电话在最近有所变更、又或有任何相关单位并未列入其中，务请各读者主动将资料填写于下列表中，注明并寄往以下任何“建筑材料与设备指南年鑑1995编辑部”收，我们定当于再版时马上予以更正。

本编辑部地址如下：

北京总部
中国建筑工业出版社北京百万庄 邮编：100037

上海联络处
上海市龙漕路22号206室 邮编：200233

广州联络处
广州市西华路桃源街33号104室 邮编：510170

单位名称：________ 联络人：________

地址：________

电话：________ 邮编：________ 日期：________

名称／地址	电 话	邮 编
松江县水利勘察设计室 松江县松汇路39号	7813583	201600
松江县城乡规划室 松江谷阳北路36号	7811530	201600
松江县乡镇企业建筑设计室 松江松汇路47号	7813646	201600
松江县建筑勘察设计所 松江县人民北路191路	7811442	201600
上海佳欣陶瓷工业有限公司 上海松江仓桥公业开发区玉秀路6号	7825887	201600
青浦县规划建筑设计室 青浦县青浦镇聚星街98号	9712503	201700
青浦县水利规划设计室 青浦城中南路23号	9712898	201700
上海市青浦装璜建筑工程公司 上海市青浦县青山镇盈中西路8号	9269245	201700
上海三江镇建筑设计所 嘉定镇张马路东首16号	9531245	201800
嘉定县城乡规划所 嘉定镇北大街79号	9532491	201800
嘉定县水利工程勘察设计所 嘉定镇博乐路	9534627	201800
上海市嘉定县建筑勘察设计所 嘉定镇张马路16号	9531245	201800
上海宝钢总厂设计研究院 宝山果园13号楼	6649917	201900
上海市宝山水利设计研究所 宝山区密山路10 号	6692754	201900
冶金工业部北京钢铁设计研究总院 宝山果园16号楼	6646825	201900
冶金工业部重庆 钢铁研究院 宝山果园22号楼	6647340	201900
宝山区地质勘探队 宝山区友谊路36号	6692824	201900
宝山区规划设计所 宝山区密山路18号	6691768	201900
冶金工业部武汉钢铁设计研究院 宝山果园15号	6646674	201900
冶金工业部第二十冶金建设公司 宝山盘古路441号	6649500	201900
上海宝山钢铁总厂工程指挥部设计院 宝山富锦路果园17楼	6648191	201900
上海市宝山区农房建筑材料公司 宝山区同济北路1551号	6691674	201900
上海申宝建筑工程公司 上海市漠河路750/100号	6647126	201900
上海申宝建筑设计公司装璜工程部 宝山区联丰路47号	6692632	201900
上海天马建筑装璜工程公司 上海市同济路1116号	6600002	201900
上海利用锁长 上海市宝山区罗店镇	6601935	201908
崇明县城桥镇市政工程公司 崇明县东门路90号	9621005	202150
崇明县水利勘测设计所 崇明县城内东门路9号	9613584	202150
崇明县建筑设计所 崇明县城内人民路84号	9612059	202150
崇明县新河建筑工程公司 崇明县新河镇新河马路123号	9418552	202156
上海市崇明县新河镇市政工程队 崇明县新河镇西首	9613651	202156
崇明县建设局规划设计室 崇明县城桥镇人民路82号	9611183	202157
上海市崇明县港沿建筑工程公司 崇明县港沿镇南首	9418538	202158
崇明县陈家镇建筑工程公司 崇明县陈家镇	9431387	202162

以上资料乃本年鑑编辑部于近半年来从各方面征集所得，在编辑过程中，我们已尽力查询各项资料，务求正确无误。但如当中有少部份资料不幸有所失误、或各单位之地址、邮编、电话在最近有所变更、又或有任何相关单位并未列入其中，务请各读者主动将资料填写于下列表中，注明并寄往以下任何“建筑材料与设备指南年鑑1995编辑部”收，我们定当于再版时马上予以更正。

本编辑部地址如下：

北京总部	上海联络处	广州联络处
中国建筑工业出版社北京百万庄　邮编：100037	上海市龙漕路22号206室　邮编：200233	广州市西华路桃源街33号104室　邮编：510170

单位名称：________________________________ 联络人：________________

地址：____

电话：________________ 邮编：________________ 日期：________________

名称／地址	电 话	邮 编
广州艺成科技开发有限公司 广州天河体育东路33号天盛大厦2107室	7579993	510000
艺高设计工程有限公司 广州市建设三马路5号近海大厦六楼	3822988	510000
广州市城市规划勘测设计研究院 广州市建设大马路10号	3325885	510000
广州市房地产开发设计院 广州市八旗二马路42号	3334494	510000
广东省机械工业设计院 广州市万福路143号	3324516	510000
广东粤海建设开发公司 广州市东山五羊村粤康阁五层	7751198	510000
广州市华侨房屋开发公司 广州市环市东路华侨新村爱国路1号之一	7777557	510000
广东省公路工程机械施工公司 广州市新市大马路57号	6621442	510000
广州市荔湾区鸿新装饰服务部 广州市南岸路2号馆2楼6237室	8839186	510000
广东省四建装工程公司 广州环市中路321号四楼	3832304	510001
广东冷气装饰工程公司 广州东山庙前街30号	7054888	510001
广州市公用事业规划设计院 环市西路158	6675061	510010
广东省第一建筑工程公司 广州市流花路75号	6677507	510010
广州市绿化公司 广州市环市路191号	6678829	510010
广东省建筑设计研究院 广东省广州市流化路97号	6662933	510010
广东省第一建筑工程公司 广州市流花路七十三号	6661715	510010
广从装修公司 白云路永安北街三巷7号	3802814	510010
广东省建筑设计院 流花路97号	6662933	510010
广东省建筑工程公司 广州市流花路85号	6678420	510013
广州市波普广告设计制作有限公司 广州市东方宾馆1348房	6669900	510016
五羊装饰设计公司 人民北路流花宾馆3603-3619房	6678398	510017
广州市住宅建设公司 广大路广大一巷4号	3333815	510030
广州市穗龙建筑装修工程公司 广州市文明路贤思街34号	3346904	510030
广东省城乡规划设计研究 院 广州市东风中路335号	3332353	510030
市城建开发总公司装修公司 盘福路55号	3328853	510030
穗龙建筑装修工程公司 文明路贤思街34号	3346904	510030
穗港利华建筑装修公司 广卫路15号之三	3835817	510030
广东省粮食局设计室 广州市东风中路313号	3327105	510030
广州市建筑材料工业研究所 广州市教育路114号	3335077	510030
广州银建商品房产经营公司 广州市广卫路4号九楼	3345602	510030
南方房产实业有限公司 广州市越华路广中路八号	3347152	510030
广州市房屋经营修建工程公司 广州市广卫路15号之一	3333192	510030
广州市冶金设计所 广州文德路67号	3348154	510030
广州市建筑科学研究设计所 广卫路4号	3343987	510030
广州旅游规划设计研究所 文德北路81	3305839	510030
广州市设计院 广卫路10号	3334644	510030
广州市住宅建筑设计院 越华路43号	3339304	510030
广东省重工业设计院 广州市越华路116号	3331330	510034
广东信誉建筑装修公司 广州下塘童心路5号	3351959	510050
粤华装修工程有限公司 环市路329号粤华大酒店1001室	3333777	510050
广州白云区第五建筑工程公司 麓路景路1号	7706161	510050
穗港装修工程公司 越秀北243号	3328222	510050
广州东建实业公司建筑设计室 广州东风东路466号	3345571	510050
广东省信托房产设计院 广州市童心路5号	3357747	510050
广东广信建筑设计院 广东省广州市童心路5号	3313091	510050
广州市第三建筑工程公司 广州市东风路510号	3334010	510050
广州市电信设计所传输室 较场西路17号	3832662	510050
广东省建设发展装饰工程公司 广州市黄华路十二号二楼	3800709	510050
广东省航运规划设计院 小北路230号	3349746	510050
增城永同与港联装修公司 广州中山三路北横街75号204	3843457	510055

名称／地址	电 话	邮 编
广州市住宅科学研究设计所 豪贤路102号	3326591	510055
中国园林市政建设公司广州分公司 广州市陵园西路2号	3341903	510055
广州市住宅科研设计所 广州市豪贤路102号	3331813	510055
广州市机电建筑工程公司 广州市中山三路福兴街2号	3335517	510055
广州市华侨建筑设计室 广州东风路512号2楼	3802380	510055
广州市环境保護工程设计室 德政北路吉庆西	3316941	510055
广州民用建筑科研设计院 豪贤路102	3370806	510055
市机电建筑工程公司 中山三路福兴街2号	3835517	510055
广州市第一建筑工程公司 广州市建设六马路3号	3333294	510060
广东省建筑技术开发公司 广州市环市中路319号	3326584	510060
广州市能源工程技术开发公司 广州市华乐路53号华乐大厦A座4B	3808504	510060
广州经济技术开发区装璜设计工程公司 广州市东风东路617号粤北大厦917房	3810840	510060
广东省建材城乡建设开发公司 广州环市中路319号二楼	3355607	510060
华侨现代装饰服务有限公司 华侨新村友爱路75号	7765541	510060
广州珠江装修工程公司 华乐路27号	3824534	510060
广州市第一装修公司工程部 广州市建设六马路3号	3839614	510060
广州市白云区第二建筑工程公司 建设六马路青菜岗59号5楼	3822300	510060
广州市白云建筑设计所 建设六马路青菜岗	3821894	510060
广州市能源规划设计所 华乐路53	3808507	510060
广州珠江外资建筑设计院 环市东路360	3353274	510060
广东省邮电设计院 区庄原道路7号	7773390	510060
广州市华侨建筑设计室 东风东路512	3802380	510060
广州市城市规划勘测设计研究院 建设大马路10号	3825885	510060
广州市市政工程设计研究院 环市东路348	3829400	510060
广东省增城第二建筑公司 广东省增城荔城镇挂绿路13号	2752188	510070
广东省建筑工程总公司房地产开发公司 广州市水廕直街西一巷一号	6676519	510073
广州市白云山建筑装修工程公司 广州市环市东路511-513号四楼南	7750279	510075
电白县第三建筑工程公司-工区 广州市环市东路云鹤北十二巷三号	7767642	510075
广东省室内装修装饰联合公司 广州市环市东路420号之一3楼	7754100	510075
广州市新材装饰工程部 广州市执信路152号之11	7770404	510080
广州市东山区艺林修缮装饰社 东风东路780号之一	4417264	510080
广东省金东勘测实业公司 广州市东风东路745号	7751025	510080
荔城建筑装饰设计咨询公司 广州市东风东路536号东4号	9980068	510080
广东省建筑装饰集团公司 广州市中山一路104号东一楼	7787158	510080
广东省华南工程物探技术开发总公司 广州市东风东路739号	7754928	510080
广东省冶金设计院 广州市中山二路35号	7765672	510080
铁道部第二勘测设计院 广州市东山寺右新马路二横路16号15栋二楼	7759242	510080
东山区建筑安装工程 东华东路光东前7号之一八楼	7776057	510080
南方装饰公司 广州市东风东路808号华宫大厦605-608	7656472	510080
广东建雅室内工程设计工有限公司 广州市东风东路737号	7773783	510080
东山实用广告美术设计室 东风东塘罗涌	7780107	510080
实发装璜设计公司 广州市东山区执信南路119号侧自编十八号	9901834	510080
广东省华侨装饰配套工业公司 广州市东山大街光东前七号之一	7753395	510080
广东有色地质测绘队地图制印室 东风东路745号	7662597	510080
广东粤建实业发展公司 广州市东山区庙前西街30号曙前楼六楼	7754888	510080
南方室内设计事务所 广州市东风东路808号华宫大厦605-608室	7763888	510080
荔湾区柏丽时装设计室 下塘西路41	3303580	510091
广州船舶及海洋工程设计院 麓湖路5	3345701	510095
振达建筑装饰工程有限公司 五羊新城东光南3号	7767137	510100
太平洋企业广告环境工程公司 广州市沿江东路418号三楼	3802071	510100

名称／地址	电话	邮编
广州市运输装修工程公司 广州市沿江东路427号	3826489	510100
广东省汽车运输建筑设计室 广九五马路	3805719	510100
威雅美术设计所 越秀南路178	3806187	510100
丰艺设计策划所 越秀南路178	3806171	510100
东山区建筑设计室 东湖新村24栋	7777020	510100
广东省第四建筑工程公司 广州市白云路99号	3332304	510100
广东省机械工业设计院 万福路143	3324514	510110
广州市城市建设开发总公司 中国广州八旗二马路42号	3348088	510110
红日装饰工程材料公司 广州市万福路210号	3336744	510110
广州市白云中侨建筑装饰公司 广州市万福路145号	3303772	510110
新意念美术设计室 德政南路48号	3305004	510110
广州室内装饰配套联合公司 万福路133号四楼	3359456	510110
中港空调电子工程有限公司 文德路26号	3340635	510115
香广建筑装修工程公司 起义路20号	3338256	510115
市建材供销公司装饰工程部 大南路132号	3330700	510115
广州市 装饰工程公司 泰康路28号	8864214	510115
广州建发建筑装修工程公司.广州豪强装饰材料商行 中山六路103号	3349677	510120
市展览装饰工程(穗港)公司 海珠广场广东贸易中心七楼	3346257	510120
市第六建筑工程公司 南堤路28号	3332604	510120
港穗天宝装修工程公司 诗书路78号	8861032	510120
广东省石油化工设计院 沙面大街48号	8868039	510130
广州艺图设计制作公司 广州市杨巷路113号三楼	8879908	510130
华辉装修建筑工程公司 广州市和平西路11号之一	8861651	510130
广东省环境工程装备总公司 广州市光复中路237号	8853070	510140
荔湾区建筑设计室 龙津东路921号	8885838	510140

名称／地址	电话	邮编
白云区第四建筑工程公司 梯云东路224号	6601284	510140
广州市荔湾区建筑工程公司 广州市光复路444号	8884671	510140
荔湾装饰油漆公司 上九路145-147号	8887473	510140
广州市光华建材机械厂 广州市西增路福州路一号	6663647	510160
广州市城镇规划设计研究所 环市西冰厂后街	6679791	510160
广东省建材工业设计所 南岸塘前新街	8812976	510160
广州市时代装饰工程公司 南岸公路20号广东装饰材料市场	8830682	510160
广州墩煌装饰公司 环市西路78号	8822532	510160
珠江建筑装饰集团装饰设计公司 广州市流花路中展里一号	9988228	510160
广东省建筑设计研究院 流花路97	6677463	510160
广州市创意装饰设计公司 广州市流花路中展路68号流花大楼611.612	6688138	510160
思哲设计有限公司 广州市流花路中展里68号流花大楼8楼	6688138	510160
广州市荔湾体育发展总公司奥高装饰工程部 中山七路330号	8833866	510170
广东省水利电力勘测设计院 荔湾路陈家祠道	8810535	510170
广州市财贸工程设计室 荔湾北路133	8861918	510170
飞图装饰材料行.飞图装饰工程部 广州市净慧路51号	3320126	510180
广州越秀区城市建设开发公司 广州海珠北路55号	3348054	510180
轻工业部广州设计院 盘福路医国后街	3333550	510180
丽兴室内配套工程有限公司 中山兴路270号	3323614	510180
广州市城市建设开发总公司装修公司 广州市盘福路55号	3345548	510180
占美室内设计事务所 净慧路76号	3389018	510180
广州珠江建筑装饰集团公司 广州市海珠北路11-15号珠海特区大酒店6楼	3322933	510180
越秀区建筑设计室 海珠北路99 号	3322065	510180
粤港装饰工程公司 海珠北路201号	3344217	510180
市第四建筑装修工程公司 河南纺织路25号	4409674	510220

名称／地址	电 话	邮 编
海珠区中兴装饰公司	4429802	510220
晓港泰沙路21号,同福中327之1		
海珠区房屋修建设计室	4413464	510220
南华中福祥水巷		
海珠区建筑设计室	4420705	510220
同庆路84		
广州化工建筑工程公司	4449845	510220
同福中路315号		
广州城建职业高中	4446816	510220
海珠区小港路119号		
广州市海珠区建筑工程总公司第三建筑公司	4424243	510220
广州海珠区同福中路340号		
广州市海珠区建筑设计室	4413094	510220
广州市同庆路86号		
海珠区赤岗装饰公司	4451589	510230
赤岗路30号		
广州港港口工程设计所	4449223	510235
同福西路40		
广州水运工程设计研究院	4435304	510240
江南西紫山大街		
潢煌装饰设计艺苑	4424094	510240
江南西路紫金大街		
广州市房地产开发设计院	4436743	510240
江南西路42.江南新村紫金大街		
中联实业公司装修公司	4421007	510240
江南西路紫龙大街2号		
广州市珠江装饰空调工程公司	9019660	510250
广州市昌岗中路北平房147号之七		
胜达装饰工程部	4447562	510260
广州河南晓港中马路134之十五		
广州市海珠区装修工程公司	99941332	510300
广州市新港西路34号		
富嘉装饰工程部	4452263	510300
新港西204号西一		
广州市黄埔区建筑工程公司	2279710	510300
广州黄埔大沙东路43号		
南华影视装饰公司	4451015	510310
新港中路1号之34~36		
广州铝材厂装饰工程公司	8892114	510360
芳村大道191号		
芝美达设计装饰工程有限公司	8805418	510360
广州芳村大道231号之二地下		
芳村区建筑设计室	8894154	510360
芳村大道356		
广州永顺装饰工程处	7786688	510370
芳村大道20号之五		
京粤企业形象设计装饰工程公司	6689589	510400
广州市机场路23号京粤电脑大厦2楼211房		
市三元里建筑工程公司	6627845	510410
市北郊新市白云机场北门		

名称／地址	电 话	邮 编
华南建设学院(西院)建筑设计研究所	6673917	510405
广州三元里景泰坑麓景路17号		
广州市白云建筑工程公司	6662070	510405
广州市三元里景太坑大金钟路		
广州市美术公司	7714507	510500
沙河顶水廕横四马路46号		
增城县第三建筑工程公司	7706708	510500
沙河清泉路35号		
华南建设学院东院建筑设计所	7714043	510500
广州市先烈东路131号		
广东省建筑科研设计所	7705353	510500
广州市先烈东路121号		
中国市政工程华北设计院	7709347	510500
沙河军体院干休所		
广东省工程勘测院	7707584	510500
沙河伍仙桥		
广东省公路勘察规划设计院	7713965	510500
沙河兴华路		
广东省林业勘测设计院	7713515	510500
濂泉路41之一		
广东省有色金属装饰工程公司	7708194	510510
广州市沙河梅花园		
广州军区工程科研设计所施工队办事处	7709537	510515
沙河同和		
广州粉末冶金厂穗冶装修公司	8887882	510520
市北京联和 惠福西42号		
深华工贸总公司广州公司	5573788	510600
寺右新马路133号深华大厦		
华达新兴装饰工程公司	7766695	510600
广州市五羊新城A1栋地下		
广东省广州市华美广州公司设计部	7763238	510600
广州市中山一路30号		
广州铁路局勘测设计院	7754500	510600
广州市东山区共和西路6号		
广东省轻工业设计院	7776672	510600
广州市中山一路11号		
轻工业部广州轻工机械设计研究所	7765485	510600
中山一路东郊市场.中山一路17		
粤港艺精装饰设计工程有限公司	7777612	510600
广州东风东路840号9楼		
景虹装饰工程公司	6560843	510600
广州大道杨萁商业街146号		
广东省电力勘测设计院	7756416	510600
东风东路846		
广州市奇美电脑设计有限公司	7675325	510600
广州市东风东路840号艺苑大厦1206		
广东长城建设总公司	7766888	510600
广州市东山区寺右新马路2号长城宾馆		
茂名市建筑工程总公司广州分公司	7768731	510600
广州市东山区寺右新马路122号三楼		

名称／地址	电 话	邮 编
广州市天河装修工程公司 广州市中山一路杨箕七号三楼	7766447	510600
香港装饰工程公司 中山一路49号	7773341	510600
天河装修工程公司 中山一路杨箕村泰兴直街59号	7766447	510600
得应行装饰工程公司.广州开发区得应铝门窗厂 广州市天河区瘦狗岭	5519361	510610
吴川县第三建筑公司广州分公司 广州市开河路28号	7766531	510615
广东省第三建筑工程公司 广州市黄埔大道先村猎德路口	5513453	510620
广州市白云中侨建筑装饰工程公司 广州市天河东路215号之一	7504448	510620
广州市伟业铝质装饰有限工程公司 广州市天河体育西路育 三街108号	7505766	510620
广州三星建筑设计艺术中心 广州天河五山科技新街109号	7586578	510630
广州市新技术研究设计院 石牌西路13	5516138	510630
艺坚建筑模型公司 广州市天河区五山路农科院东侧北楼4号	7576771	510640
天河文高建筑装饰工程部 五山路科技新街182号	7586584	510640
华南理工大学建筑设计研究院 广州五山华南理工大学校园内	5516865	510641
广州有色金属研究院 天河区五山大坑岗	7706117	510651
广州港口工程设计所 广州市黄埔岗前路39号大院内	2278084	510700
广州市黄埔区建筑工程公司 广州市黄埔区大沙东路43号	2279701	510700
黄埔区建筑设计室 黄埔港湾东四街	2270042	510700
武汉钢铁设计研究院.开发区分部 青年路	2215243	510730
广州经济技术开发区建设开发总公司 广州开发区管理大楼五楼	2212300	510730
花县建筑设计室 花县新华镇秀全大道47号四楼	6632730	510800
花县第二建筑工程公司 花县新华镇新华路24号之三	6638013	510800
花县土木建筑工程公司 花县新镇聚贤街16号	6638314	510800
从化县建筑工程公司 从化县街口镇新城东路5号	7922729	510900
从化县第一建筑工程公司 从化县街口镇建设路1号	7922179	510900
从化县第三建筑工程公司 从化县街口镇青云路12号	7922523	510900

名称／地址	电 话	邮 编
从化县建设委员会 从化县街口镇德新成路5号	7922701	510900
从化县第五建筑工程公司 从化县街口镇建设路11号2楼	7922038	510900
从化县第六建筑工程公司 从化县街口镇府前路36号	7922742	510900
从化县第四建筑工程公司 从化县街口镇西宁西路27号	7926365	510900
从化县第二建筑工程公司 从化县街口镇新城东路18号	7926006	510900
从化县房地产管理局 从化县街口镇东城路30号	7926125	510900
广州从化县第六建筑工程公司 从化县街口镇府前路36号	7922742	510900
美芝灵工程有限公司工程部 从化街口镇青云路16号	7926767	510900
广东省增城县建筑工程公司 荔城镇光明西路7号	2741872	511300
增城县永新装饰工程公司 增城县荔城镇和平路37号	2252189	511300
增城住宅建设工程公司 增城县荔城镇光明西4号	2253682	511300
增城县建筑设计院 荔城镇桂绿路12号三楼	2753395	511300
增城县建设物资公司 增城县荔城镇光明西路7号	2252825	511300
增城县建筑工程公司 增城县荔城镇光明西路7号	2252446	511300
番禺县建筑安装工程公司 番禺县市桥镇大西路24号	4838221	511400
番禺县建筑设计院 番禺贤市桥清河东路22号	4822455	511400
博雅艺术装饰(集团)公司 广州番禺大石侨苑六号楼5楼	4785429	511430
清远市建筑设计院 清远市曙光一路东九座	335109	511500
清远市市政工程公司 清远市环城一路	332207	511500
清远市建设工程公司 清远市先锋西路七号	333199	511500
华美洁具有限公司 清远市城郊太和洞	332886	511500
东莞市水泥厂 东莞市莞城镇沙涌口	2222789	511700
东莞市建筑设计院 东莞市广深路创业新村12A号	2222519	511700
东莞东兴装饰工程公司 东莞市运河西路4号	2223186	511700
东莞市第二建筑公司 东莞市莞太路创业新村十一栋四楼	2222843	511700

名称／地址	电 话	邮 编
东莞市桥头镇城建办	3341830	511700
东莞市桥头镇镇府大院		
东莞市长安镇城建办	5531701	511700
东莞市长安镇长中路21号		
东莞市石龙镇城建办	6612281	511700
东莞市石龙镇兴龙东路		
东莞市新洲水泥厂	6612851	511721
广东省东莞市石龙镇新洲		
广东省东莞市黄江村房地产管理所	3362608	511754
广东省东莞市黄江镇黄江大道20号		
东莞市虎门镇城建办	5511695	511761
东莞市虎门镇港口路10号		
韶关市第一建筑工程公司	8774256	512026
韶关市西河惠民路		
广东省第五建筑工程公司.粤北建筑设计室.联合分公司	8772390	512026
韶关市工业东路9号大院二楼		
韶关市房屋建筑设计室	8773086	512026
广东省韶关市西河工业东路二十二号		
韶关市第三建筑工程公司	8760106	512026
韶关市武江区惠民路34号		
曲江县建设委员会	6668233	512100
曲江县马镇		
乐昌县建筑设计室	5553242	512200
乐昌县人民南路27号4楼		
乐昌县房地产建设开发公司	5551027	512200
乐昌县竹林新村第一栋		
仁化县建筑工程公司	6352544	512300
仁化县城五谷村1号		
仁化县建筑设计室	6353240	512300
仁化县新城路37号		
仁化县房地产开发公司	6352818	512300
仁化县城建设路55号		
南雄县建筑安装工程公司	3822354	512400
南雄县雄州镇青云东路31号		
始兴县建筑工程公司	3333369	512500
始兴县城解放路19号		
翁源县城乡建设委员会	2272446	512600
翁源县建委		
梅县房地产开发公司	2231791	514000
梅州市江南学艺路		
梅县第三(畲江)建筑工程公司	2224043	514000
梅州市法政路榕树塘一巷7号		
梅县第二建筑工程公司	2233694	514000
梅州市公园路湾水塘		
梅县第一建筑工程公司	2232479	514000
梅州市赤岌岗二路		
梅县建筑设计室	2233711	514011
梅州市文保路5号		
梅州市市政建设工程公司	2235974	514011
梅州市东山大道		

名称／地址	电 话	邮 编
梅州市建筑工程公司	2232357	514021
梅州市梅新路10号		
梅州市城市建设发展总公司	2242865	514021
梅州市江南梅龙路31号		
梅州市建筑设计院	2243450	514021
梅州市梅江二路74号		
梅县宏业房地产开发公司	2222543	514087
梅县嘉应桥头程江经济开发区B栋综合楼		
蕉岭县建筑设计室	7872845	514100
蕉岭县蕉城镇溪丰路26号		
蕉岭县建筑工程公司	7873787	514100
蕉岭县蕉城镇环城路8号		
汕头市升艺建筑公司	8222287	515021
汕头市潮汕路广播电视中心南侧		
汕头市刀鮀岛建筑工程公司	8221891	515021
汕头经济特区光华路121号		
汕头市建筑设计院	8450207	515031
汕头市海滨路		
汕头市房地产管理局勘探设计室	8286900	515031
汕头市外马路261号五楼		
广东省第二建筑工程公司	8232916	515031
汕头市中山路420号		
汕头市城市建设开发总公司	8275852	515031
汕头市外马路122号		
汕头市金华建设开发总公司	8274922	515031
汕头市博爱路35号		
汕头信托房产公司	8274811	515031
汕头市海滨路		
汕头市豪华装饰工程公司	8545274	515031
广东省汕头市外马路261号四楼		
汕头市豪华装饰工程公司	8545274	515031
广东省汕头市外马路261号四楼		
汕头市建华建筑公司	8271796	515031
汕头市中山路116号		
汕头市南华建筑公司	8559501	515031
汕头市红领巾路35号		
汕头市建筑安装工程总公司	8271202	515031
汕头市公园路2号		
广东省汕头市市政建设公司	8554001	515031
汕头市红领巾路16号		
汕头市高华建筑公司	8284683	515031
汕头市外马路259号		
汕头市旅游住宅建设开发公司	8290183	515031
汕头市跃进路133号		
汕头市青年住宅建设服务公司	8270266	515031
汕头市民权路32号		
汕头市房地产发展公司	8288163	515031
汕头市外马路261号七楼		
汕头市水电基建公司	8297571	515036
汕头市博爱路1号之一		

名称／地址	电话	邮编
汕头市振侨装修工程公司 汕头市华侨新村路一座	8312014	515041
汕头市水利水电勘测设计室 汕头市孔庙旁西	8550140	515041
汕头市育同住宅建设开发公司(育侨房地产开发公司) 汕头市汕樟路22号	8556770	515041
信华美(汕头经济特区)公司 汕头特区迎宾路美艺大厦六楼	8263669	515041
汕头市华侨房地产开发公司 汕头市长平路18号	8541566	515041
汕头市经济特区建设总公司 汕头经济特区龙湖工业区长江路发展大厦五楼	8265777	515041
汕头经济特区房地产开发总公司 汕头特区珠池路南侧	8261129	515041
汕头经济特区海外房地产公司 汕头市龙湖乐园商业街7-2号	8261423	515041
汕头经济特区规划建筑设计室 汕头市龙湖区政府办公大楼8楼	8260721	515041
汕头市住宅建筑工程公司 汕头市长平路26号	8553453	515041
汕头经济特区建发建筑安装工程公司 汕头龙湖区环碧庄金珠园17栋楼下	8260221	515041
潮阳县第二建筑工程公司 潮阳县棉城东山大道西侧	822203	515100
潮阳县建筑设计室 潮阳县棉城镇西环路61号	822506	515100
汕头潮阳建筑工程公司 潮阳县棉城镇中华路55号	822612	515100
普宁县建筑工程公司 普宁县流沙镇河西建委大楼四楼	227800	515300
普宁县建筑设计室 普宁县流沙镇新河西路	222387	515300
揭阳县第二建筑设计室 揭阳县榕城镇新兴东 毓秀路西五座1号	623407	515400
揭阳县第二建筑工程公司 揭阳榕城东环城路6号	622039	515500
揭阳县建筑设计室 揭阳县榕城镇北环城路8号	623217	515500
潮州市建筑设计院 潮州市环城南路14号	231480	515600
潮州市第一建筑安装公司 潮州市太平路125号	731476	515600
潮州市第二建筑安装公司 潮州市环城西路10号-12号	231497	515600
潮州市凤城建设开发公司 潮州市环城南路南濠港6号	224141	515600
潮州市城市建设开发公司 潮州市环城南路14号	225247	515600
潮州市住宅建设开发公司 潮州市环城南路14号	228836	515600

名称／地址	电话	邮编
澄海县建筑设计室 澄海县澄城镇环南路	721940	515800
澄海县城市建设综合开发总公司 澄海澄城中山南路衙前桥东侧	727559	515800
惠州市城市建设综合开发总公司 惠州市南坛东路10号	2225033	516001
惠州市惠隆房地产开发总公司 惠州市南湖横路五号	2223426	516001
惠州市乡镇企业房地产开发公司 惠州市南坛南路地下18号	2227780	516001
惠州市房地产开发公司 惠州市水门路26号	2230466	516001
惠州市华侨住宅公司 惠州市南坛北路9号	2231783	516001
惠阳建筑设计事务所 惠阳县淡水镇南门大街8号	3353112	516001
惠州市建筑工程公司 广东省惠州市环城西二路67号	2225950	516001
惠州市城乡建设开发公司 惠州市麦地华夏居住区第32栋之二	2229801	516001
惠阳县建筑工程公司 惠州市国庆路3号	2230212	516001
惠阳建筑设计事务所 惠阳县淡水镇南门大街82号	3353112	516001
惠州市第三建筑设计室 惠州市五四路11号三楼	2230260	516001
惠阳建筑设计院 惠州市环城西路一路35号	2231974	516001
博罗县建筑设计室 博罗县城北门路108号	662606	516100
博罗县房地产开发公司 博罗县罗阳镇下园路2号	6622845	516100
博罗县第二建筑工程公司 博罗县罗阳镇北门路	6622918	516100
博罗县房地产开发公司 博罗县罗阳镇下园路2号	6622845	516100
惠阳城市建设开发(集团)公司 惠阳县淡水镇南门大街82号	3354654	516211
惠阳县房地产开发总公司 惠阳县淡水镇金华酒店三楼	3352343	516211
惠阳城市建设开发(集团)公司 惠阳县淡水镇南门大街82号	3354654	516211
惠东县房地产综合开发总公司 惠东县城东华路	8822058	516300
惠东城市建设综合开发总公司 惠东县城平深路口21号	8822073	516300
惠东县房地产综合开发公司建筑勘察设计室 惠东县城平山镇东华路	8822331	516300
惠东县建筑设计室 惠东县平山镇解放中路	8823110	516300

名称／地址	电话	邮编
惠东县建筑工程公司	8823804	516300
惠东县平山镇东华路47号		
惠东县第二建筑工程公司	8826498	516300
惠东县县城二和桥头		
惠东县第三建筑工程公司	8824073	516300
惠东县县城建设路12号		
惠东县工程综合承包总公司	8822896	516300
惠东县平山镇大路口		
海丰县建设委员会	823347	516400
海城镇中山南路23号		
海丰县城市建设综合开发公司	822762	516400
海丰县城海银路中段		
海丰县第二建筑工程公司	824864	516400
海十县海城镇中山南路19号		
海丰县第一建筑工程公司	822836	516400
海丰县城海银路34号		
陆丰县城市建设综合开发公司	821001	516500
陆丰县城人民路中段		
陆丰县房地产开发总公司	821935	516500
陆丰县陆城南堤路61号		
陆丰县建设委员会	821612	516500
陆丰县东海镇龙潭路		
陆丰县土石方工程公司	825073	516500
陆丰县东海镇龙潭路		
汕尾市建筑设计室	334351	516600
汕尾市二马路124号		
汕尾市城市建设规划局	320259	516600
汕尾市城区新市厂路		
汕尾市房地产装饰工程公司	328088	516600
广东省汕尾市滨海小区盐务新楼1栋		
汕尾市房地产装饰工程公司	328088	516600
广东省汕尾市滨海小区盐务新楼1栋		
汕尾市城区建设委员会	321324	516600
汕尾市新区蝶花新村七栋		
汕尾市建设委员会	325659	516600
汕尾市二马路124号		
汕尾市建筑安装工程总公司	331473	516600
汕尾市三马路47-51号		
汕尾市城区第二建筑工程公司	333099	516600
汕尾市四马路		
汕尾市城区第三建筑工程	320745	516600
汕尾市新区蝶苑新村五栋		
汕尾市城区三建二分公司	333584	516600
汕尾市城内路高第街36号2楼		
汕尾市城区房地产开发公司	332371	516601
汕尾市通航路		
陆河县自来水公司	528951	516700
陆河县城青龙背		
陆河县房地产开发总公司	528167	516700
陆河县河田镇人民路		

名称／地址	电话	邮编
陆河县建设委员会	528112	516700
陆河县人民路建委综合楼		
陆河县建筑工程公司	528954	516700
陆河县城人民路		
陆河县装饰工程公司	528952	516700
陆河县城人民路		
中国建筑西南设计院深圳院	3365517	518000
深圳市深南中路统建办公楼东三座十三层		
宝安县住宅公司	7800141	518000
宝安县城2区湖滨路		
机电部北方设计研究院深圳裕华设计公司	6691783	518000
深圳蛇口工业六路南玻大厦三楼		
武汉钢铁设计研究院深圳分院	2240284	518000
深圳市红岭南路滨江新村28栋		
深圳市建筑工程公司	2225859	518001
深圳市罗湖区永新街43号		
深圳市宝安建筑设计院	9983476	518101
宝安县湖滨路		
深圳市市政工程设计院	2236097	518001
深圳市人民北路115号之二		
江苏省建筑安装工程公司深圳-公司	2239716	518001
深圳市人民南路兴业大厦14.15楼		
深圳市装饰工程工业总公司	2252367	518001
深圳市南洋大厦B座三楼		
深圳深喜建筑装饰公司	2239696	518001
深圳市金城大厦附楼二楼		
深圳市设计装饰工程公司	5594582	518001
深圳市宝安路松园南九巷四栋13号		
深圳潮阳建筑工程公司	2222503	518001
深圳市东门路翠湖街16-18号		
深港得百利冷气公司	2239938	518001
深南东155号		
特发房产机电安装公司	2239034	518001
人民南路熙龙大夏附二楼		
市设计装饰工程公司	5594582	518001
宝安路松园九巷4栋		
园林设计装饰公司	2236211	518001
童乐路园林一栋101		
深圳粤海铝毗工程公司	2221977	518001
春风卤锦星楼五座一楼		
深圳电梯空调中心	2248743	518001
红岭南路金华街1号		
深圳深镐有色金属公司	5555313	518001
红岭中路29号		
中建三局装饰公司	2224102	518001
人民路熙龙大厦附四楼		
中国建筑第三工程局装饰设计工程公司	2250540	518001
深圳市人民南路熙龙大厦附四楼装饰公司		
百荣铝制品总合有限公司	5531980	518001
田贝一路14号		

名称／地址	电话	邮编
深圳市晶宫设计装饰工程公司 深圳市中兴路一号三楼	2205182	518001
深圳市园林设计装饰工程公司 深圳市童乐路园林一栋	2236211	518001
深圳深喜建筑装饰工程公司 深圳金城大厦附楼二楼	2239696	518001
深圳深港建筑装饰工程公司 深南东路104号远东大酒店七楼	2220205	518002
深圳东峰消防设备工程有限公司 深圳市春风路5号联城工业大厦地区	2238514	518002
深圳合力达装饰配套联合有限公司 深圳东门南路52号金叶大厦九楼	2234230	518002
汕头建华装饰公司 深南东向西村省二建大楼	2229121	518002
深港建筑装饰工程公司 深圳市深南东路104号远东大酒店七楼	2220205	518002
深圳市深港建筑公司 深圳市深南东路104号沿河北路新秀村54栋	5525552	518002
广西综合设计院 文锦南路文锦大厦三楼	2238603	518002
光华中空玻璃有限公司 布心路西侧	5530127	518003
市建筑设计院 深南东路黄贝岭	5530631	518003
深圳市建筑设计总院第一设计院资料室 深圳市罗湖区清平路1号大院	5545292	518003
中国市政工程西南设计院深圳分院 深圳市黄贝路32栋201室	5524543	518003
华辉装饰公司 文锦北路4号建材大厦408	5508808	518003
深圳市设计装饰工程 深圳市宝安路松园南九巷四栋(13号)	5577782	518008
深圳市东方艺术装饰公司 国商北座1315室	2253733	518016
金光永峰装饰公司 东门南金叶大厦9楼	2239218	518016
三昌建筑装饰工程公司 国商北座1712室	2239125	518016
深圳宝兴艺术装饰工程公司 深圳市国商大厦北座1209室	2220822	518016
深圳宝兴艺术装饰工程公司 深圳市南头区红珠岭	6660745	518016
深圳光华中空玻璃工程公司 深圳市水贝工业区布心路1号	5516492	518019
深圳市水利电力勘测设计室 深圳市翠竹路十一号大院4-302	5536446	518020
深圳市水利水电综合发展公司 深圳市翠竹路十一号大院	5531422	518020
深圳百荣铝合金综合制品厂 深圳市田贝一路14号	5531980	518020

名称／地址	电话	邮编
深圳顺昌装饰工程有限公司 深圳市红荔西路彩田建材市场西区	3242962	518026
深圳市建筑装饰总公司 深圳市26-907信箱	3393462	518026
广东建雅装饰公司 深南中荔香芳9号4楼	2240134	518027
达美装饰公司 红岭中路一号	2241877	518028
日立电梯工程有限公司 笋岗路长城大厦B1715	3368757	518028
凯旋化工油漆厂 笋岗路笋岗桥	2261025	518028
新兴防水工程公司 园岭119-102	2261056	518028
深圳美术装饰工程有限公司 深圳市红荔路四川大厦十一楼	3352400	518028
深圳华林装璜工程有限公司 深圳市上步中路白沙岭南天大厦1栋949.950室	3366773	518028
深圳市达美装饰工程公司 深圳市红领中路商场一号二楼	2241877	518028
深圳市赛格装饰工程有限公司 深圳市福田区华发北路赛格高科技工业园6号	3363231	518028
深圳市城市规划设计院 深圳市园岭八角楼	2265131	518028
北京钢铁设计研究总院 深圳市红荔路交行大厦508室	3346456	518028
深圳市洪涛装饰工程公司 广东省深圳市泥岗西路五栋	2264026	518029
洪涛装饰工程公司 泥岗西路五栋	2264026	518029
深圳金华铝毗工程公司 福田街	3331075	518029
金粤铝制品有限公司 八卦岭533栋	2263647	518029
长城家具装饰公司 滨江大酒店2216房	2249406	518030
深圳申深装饰涂料公司 滨江新村18栋102室	2240276	518030
中国建筑东北设计院深渊分院 深圳市福田区滨江新村26栋602	2240235	518030
深圳深申装饰涂料公司 深圳市红岭南路滨江新村18栋102.103室	2273295	518030
广西建委综合设计院深圳分院 深圳市文锦南路文锦大厦三楼A-F	3354725	518031
华艺设计顾问有限公司 深圳市振华路11号中建海外装饰大厦16楼	3365664	518031
深圳市家乐装饰工程有限公司 深圳市燕南路11号	3351573	518031
深圳市科源建筑装饰工程公司 深圳市上步中路2号工会大厦十二楼	3320976	518031

名称／地址	电 话	邮 编	名称／地址	电 话	邮 编
深圳市煤气公司设计室 深圳市福田区松岭路煤气大楼	3361999	518031	深圳天安工业开发有限公司 深圳市深南中路68号格兰云天大酒店1801	3358775	518041
机械电子工业部深圳设计研究院 深圳市深南中路28号华南电力大厦12楼	2241729	518031	深圳南利装饰工程公司设计部 深圳市华富路南光大厦4楼东	3334652	518041
北京市建筑设计研究院金厦建筑设计公司 深圳市深南中路统建办公楼东二座十六层	3365558	518031	南方电子系统工程公司 深南中69号核电大厦606	3345916	518042
中国电子工程设计院深圳分院 广东省深圳市福田区华发北路2号	3345295	518031	深圳市新科特种装饰工程公司 深圳市华发北路2号	3351913	518045
深圳市家乐家私装饰公司 、 燕南路11号	3351573	518031	中国电子工程设计院深圳分院 深圳市上步华发北路2号	3345295	518045
深港新国际装饰工程公司 深南中统建楼东三座17楼	3365643	518031	深圳市南山建筑设计院 深圳市南头南新路	6660864	518051
深圳市新艺装饰公司 华强路上步工业区103栋	3304704	518031	华加日门窗工程公司 南头 虹第二工业区	6669571	518052
深圳市美的家私装饰公司 上步工业区102栋	3365157	518031	深大建筑设计院 深大院内	6660277	518052
深圳国际物业庭园公司 上步中原国际信托大厦4楼	3361284	518031	深圳市南山区宏新建筑工程公司 深圳市南山区南新路建工楼	6665478	518052
深圳工程设计公司 深圳南中卤荔香坊8号	2240110	518031	深圳南山金城房地产开发公司 深圳市南山区南新路物资大厦三楼	6665426	518052
深圳新科特种装饰工程公司 深圳市华发北路2号	3351913	518031	深圳大学建筑系 深圳市南山区	6660577	518060
粤航装饰公司 福田大厦四楼	3353784	518032	深圳蛇口建筑装饰工程公司 深圳蛇口荣村工业区C栋首层	6692993	518065
南昌有色冶金设计研究院深圳分部 深圳市华强南路下步庙南区19栋	3367596	518032	蛇口建筑装饰公司 蛇口荣村工业区C座	6692993	518065
深圳市建筑装饰总公司 深圳市福田区岗夏住宅小区	7746865	518032	广东省深圳市蛇口华森设计公司 广东省深圳市蛇口花果山大厦二楼	6689710	518066
核工业第二研究设计院深圳分院 深圳下步庙北区20栋	2240528	518032	深圳市南山建设开发实业公司 深圳蛇口工业七路沁园大厦二楼	6695106	518067
深圳市建筑装饰总公司 深圳福田区岗夏住宅小区	746865	518032	宏达镜业有限公司 蛇口工业六路	6692618	518067
机械电子工业部工程设计研究院深圳分院 深圳市深南中路福田大厦西部609	3353851	518033	深圳华商建筑装饰工程有限公司 广东省深圳市蛇口招商大厦九楼	6691081	518067
南利装饰工程公司 福田福华路10号四楼	3331397	518033	深圳华耀建材装饰公司 沙头角镇内环城路	5550256	518081
深圳金华铝质工程有限公司 深圳市福田区福田街	3331075	518033	深圳市沙头角建筑工程公司 深圳沙头角宫上路镇委办大楼209-312室	5550480	518090
深圳市茂华装饰工程公司 深圳市香蜜新村市政大厦8楼	3326964	518034	宝安县布吉镇村镇建设办公室 宝安县布吉镇镇政府	8871068	518100
深圳市市政工程公司 深圳市香蜜湖东侧市政大厦	3346971	518034	深圳宝安创意实业有限公司 深圳宝安区龙华镇人民中路市政大厦一楼	7748582	518109
中国核工业总公司华泰企业公司 深圳市深南中路香密湖东侧	7745150	518034	宝安县龙华镇村镇建设办公室 宝安县龙华镇	8847819	518109
深圳市第二建筑工程公司 深圳市深南西路竹子林	7770219	518040	珠海市建设委员会 珠海市海城街88号	2222483	519000
深圳市第三建筑工程公司 深圳市福田区竹子林	7770088	518040	机械电子工业部第四设计研究院珠海分院 珠海市九州大道S楼后	3333582	519000
深圳市第四建筑工程公司 深圳市福田区竹子林	7770204	518040	轻工部南宁设计院珠海分院 珠海九洲大道荔苑小区9栋302室	8888546	519000

名称／地址	电话	邮编
珠海市建筑设计院 珠海香洲区胡湾里5号	2225421	519000
珠海市公路局设计室 珠海市香洲南华路26号101.102室	2227869	519000
轻工部南宁设计院珠海分院 珠海市九洲道荔苑新村9栋302室	8888546	519000
珠海市市政工程公司 珠海市白莲路	3332659	519000
广西第三建筑工程公司珠海分公司 珠海市南山工业区第六栋	3333064	519000
铁道部第四工程局第七工程处 广东省珠海市南山工业区南删六栋	3333128	519000
武汉地质勘察基础工程总公司珠海分公司 珠海市香洲区南香裹23栋	2229418	519000
珠海经济特区住宅公司 珠海经济特区九洲大道南山工业区广场圆楼	3332231	519000
珠海市房产公司 珠海市香洲区翠香路86号	2228010	519000
珠海伟民(港澳)设计装饰工程公司 珠海经济特区拱北水湾路22号	8885416	519000
珠海市沙石土公司 珠海市香洲水库路1号	2222010	519000
广西综合设计院珠海分院 珠海市拱北北岭花园大厦二.三楼	8885437	519000
武汉市建筑设计院珠海分院 珠海市香洲区夏美路山峰街49号1栋	2225501	519000
珠海市第一城市开发公司 珠海吉大工业区海滨南路六号5楼	3332332	519015
珠海经济特区房地产开发总公司 珠海市吉大海滨南路	3335243	519015
机械电子工业部第四设计研究院珠海分院 珠海市九洲大道(东)电视台后二座	3333397	519015
中美工程设计装修有限公司 珠海拱北宾馆蟾华街第十室	8885865	519020
水利电力部中南勘测设计院珠海分部 珠海市拱北北岭民生街128号	8884752	519020
珠海中美工程设计装修有限公司 珠海拱北宾馆蟾华街第10室	8885865	519020
广东省第八建筑工程公司装饰工程公司 广东省湛江市霞山区湖光路1号	225796	524012
湛江市开发区耀华建筑装饰工程公司 广东省湛江市人民大道中56号	380503	524022
茂名市设计院 茂名市迎宾路23号	2284745	525000
茂名市水利水电勘测设计室 茂名市迎宾路100号大院	2281040	525000
茂名市第二设计室 茂名市迎宾路市建委大楼	2282281	525000
茂名市茂南建筑安装工程公司 茂名市人民南路竹园一街10号	2285204	525000

名称／地址	电话	邮编
茂名市建筑安装工程公司 茂名市迎宾路	2288707	525000
茂名市(陶瓷)工业建筑安装工程公司 茂名市油城四路63号	2889078	525000
茂名市茂南第二建筑工程公司 茂名市人民南路143号	2284745	525000
茂名市第三建筑工程公司 茂名市红旗南路297号	2263101	525011
电白县建筑工程公司驻茂名工区 茂名市油城三路152号	2263736	525011
化州县第六建筑工程公司 化州县化州镇河东朝南路18号	222761	525100
化州县建筑设计室 化州镇民主路6号	222637	525100
化州县城郊建筑工程公司 化州县河东东山大院	226230	525100
化州县第四建筑工程公司 化州县教育路95号	222263	525100
化州县第五建筑工程公司 化州县城东风区1号	222666	525100
化州县建筑安装工程公司 化州县化州镇桔城西路	223413	525100
化州县第三建筑工程公司 化州县城河东桥头	222620	525100
化州县第二建筑工程公司 化州县城河东路5号	222640	525100
化州县长岐建筑工程公司 化州县长岐镇化吴路60号	860582	525128
高州县建筑安装工程公司 高州县城西关路	662355	525200
高州县建设工程公司 高州县环城南路47号	663568	525200
高州县第三建筑工程公司 高州县城府前路3号	663742	525200
高州县建筑设计室 高州县城文明路	662836	525200
茂名市高州建筑工程公司 高州县城环城东路40号	664398	525200
信宜县建筑公司 广东省信宜县城人民北路2号	884260	525300
信宜县建筑安装工程公司 信宜县城江堤路121号	882455	525300
信宜县第二建筑工程公司 信宜县梅江路13号	884504	525300
信宜县镇隆建筑工程公司 信宜县镇隆镇环城路13号	882202	525300
信宜县建筑设计室 信宜县信城镇江堤路72号	882049	525300
肇庆市建设委员会 肇庆市城中路49号	2239753	526000

名称／地址	电 话	邮 编
广东省肇庆市建筑工程公司 肇庆市正西路129号	2233160	526040
肇庆市星湖设计室 广东省肇庆市端州四路2号	2224520	526040
肇庆市端州区建委 肇庆市建设四路五号	2232484	526040
肇庆星湖建筑工程公司 肇庆市端州四路木桥头东	2225931	526040
肇庆市城乡建设综合开发公司 肇庆市天宁北路73号	2238142	526040
兴旺发达的罗定建筑业 罗定县罗城镇人民北路150号	722535	527200
广东省云浮水泥厂 云浮县云城镇	822004	527300
广东省第六建筑工程公司装饰分公司 佛山市汾江南路16号	2225346	528000
佛山市建筑艺术设计工程公司 佛山市汾江南路160号伊丹二楼	3355159	528000
佛山市雅图酒店工程公司 佛山大道28号	2210111	528000
佛山市建筑设计研究院 佛山市松风路33号	2287004	528000
佛山公路局公路勘察规划设计所 佛山市金鱼街15号	3327276	528000
佛山市鸿业综合开发公司 佛山市城门头西路2号	2222415	528000
佛山市住宅开发经营公司 佛山市人民路62号	2285738	528000
佛山市第三建筑工程公司 佛山市人民西路4号	2224676	528000
佛山市房屋建筑工程公司 佛山市富民路9号	2281184	528000
佛山市房地产管理局建筑设计室 佛山市富民路九号	2226897	528000
佛山建筑设计院 佛山市人民路50号	2282099	528000
佛山市城乡建设局 佛山市人民路98号	2221113	528000
佛山市建设委员会 佛山市城门头西路4号	2221126	528000
佛山市城乡建设发展公司 佛山市城门头西商业街11号	3359037	528000
佛山市宏达房地产开发公司 佛山市福禄路97号	2298948	528000
佛山市华侨企业总公司 佛山市汾江南路120号	3321982	528000
佛山市石湾置地实业总公司 佛山市汾江西路15号	3322385	528000
佛山市石湾建筑设计室 佛山市石湾宝塔路二号	2272495	528000

名称／地址	电 话	邮 编
佛山市城区建设委员会 佛山市莲花路2号	2226570	528000
广东省第六建筑工程公司 佛山市亲仁路3号	2287342	528000
广东省石湾建筑陶瓷厂 广东省佛山市石湾镇跃进路120号	2272234	528031
佛山市石湾区城乡建设开发总公司 佛山市石湾镇"陶瓷世界"楼上	2271729	528031
佛山市第二建筑工程公司 佛山市石湾镇中一路11号	2272567	528031
三水县建筑设计院 三水县西南镇文锋路	7733740	528100
三水县第一建筑工程公司 三水县西南镇人民二路四号	7732267	528100
三水县第二建筑工程公司 三水西南镇园林路12号	7736636	528100
南海县建设委员会 佛山市佛平路建设大厦	6632365	528200
南海县第二建筑设计院 南海县桂城南兴三路	6337251	528200
南海市建筑设计院 广东省南海市桂城南桂西路26号1座	6332437	528200
南海县建筑设计院 南海县南桂西路16号	6332437	528200
联邦装饰家俬城 南海县黄岐开发区广佛一路93号	5065880	528247
顺德县陈村镇建设开发公司 顺德县陈村镇永宁路	3351762	528300
顺德县建筑设计院 顺德大良新基路96号	2222057	528300
顺德建筑工程公司 顺德县大良埠南路八号	2222264	528300
中山市城乡建设发展总公司 中山市石岐华柏路桂园大街2号	8820693	528400
中山市建筑设计院第三室 中山市孙文中路100号	8823415	528403
中山市建设委员会 中山市孙文中路月华坊	8821551	528403
中山市建筑设计院第一室 中山市华柏路华柏新村10号	8823047	528403
中山市建筑工程公司 中山市石岐 孙文东路40号	8823218	528403
中山市第二建筑公司 中山市石岐桂大街2号	8822443	528403
江门市房产住宅总公司 江门市江会路3号	3332932	529000
江门市城建局 江门市象溪路79号	3352062	529000
江门市鸿兴装饰工程公司 江门市竹排街72号	3373883	529000

名称／地址	电话	邮编
江门市建设委员会 江门市农林路14号	3352619	529000
江门市建筑设计院 江门市象溪路67号	3351424	529000
广东省第七建筑工程公司 江门市江会路17号	3332351	529000
江门市郊区建筑工程设计室 江门市水南路176号2楼	3357452	529031
江门市水利电力局勘测设计室 江门市农林路9号	3335355	529031
新会县建筑设计室 新会县知政北路13号	6662717	529100
新会县会城建筑工程公司 新会县会城镇环城二路60号	6669718	529100
新会县华侨住宅建设公司 新会县会城镇惠民东路26号	6664698	529100
新会县房地产实业集团公司 新会县会城镇古榕路38号	6663839	529100
台山县建筑设计室 台山县台城双亭街8号之一	5524577	529200
开平县土木工程公司 开平县三 埠镇长沙沿江东路120号	28892	529300
恩平县建筑设计室 恩平县恩城镇沿江路46号	7726504	529400
恩平县房产住宅开发公司 恩平县恩城镇沿江路48号	7727578	529400
恩平南方 地砖有限公司 恩平县恩城镇北郊工业区	7727911	529400
恩平县第二建筑工程公司 恩平县恩城镇东门路12号之一	7725446	529400
恩平县君堂建筑工程公司 恩平县恩城镇新平北路41号	7724612	529400
阳江市建筑设计院 阳江市万福路6号	227752	529500
阳江市建筑工程公司 江城区南恩路117号	222659	529500
阳江市第二建筑工程公司 阳江市区环城北路30号	226659	529500
阳江市建筑安装工程公司 阳江市江 城区万福路5号	223673	529500
阳江市江城房地产开发公司 阳江市东风路24号	225680	529500
阳江市城市开发建设总公司 阳江市区二环北路三号	226341	529500
阳江市房产建设住宅公司 阳江市甘泉路市房管局内	222123	529500
鹤山县建筑设计院 鹤山县沙坪镇前进路	883860	529700
南宁市建筑设计院珠海分院 南宁市共和路159号	2227627	530012
海南启海贸易有限公司 海口市和平北路新桥头	221235	570003

以上资料乃本年鉴编辑部于近半年来从各方面征集所得，在编辑过程中，我们已尽力查询各项资料，务求正确无误。但如当中有少部份资料不幸有所失误、或各单位之地址、邮编、电话在最近有所变更、又或有任何相关单位并未列入其中，务请各读者主动将资料填写于下列表中，注明并寄往以下任何“建筑材料与设备指南年鉴1995编辑部”收，我们定当于再版时马上予以更正。

本编辑部地址如下：

北京总部

中国建筑工业出版社北京百万庄
邮编：100037

上海联络处

上海市龙漕路22号206室
邮编：200233

广州联络处

广州市西华路桃源街33号104室
邮编：510170

单位名称：＿＿＿＿＿＿＿＿ 联络人：＿＿＿＿＿＿＿＿

地址：＿＿＿＿＿＿＿＿＿＿＿＿＿＿＿＿

电话：＿＿＿＿＿＿＿＿ 邮编：＿＿＿＿＿＿＿＿

日期：＿＿＿＿＿＿＿＿

1995年度全国各地建筑、建材展览会

日期	名称	主办单位	地点	会场
22~25/2/95	第二届全国建筑装饰行业订货会	中国建筑装饰协会	北京	国贸中心
28/2~2/3/95	中国建筑装饰材料展	浙江省建材供销公司	杭州	浙江展览馆
1~4/3/95	第二届中华建筑装饰材料、酒店设备博览会	中国建筑业协会	广州	中央酒店
7~10/3/95	第三届华南地区国际建筑及室内装饰展览会	中国国际贸易促进会	广州	交易会
13~17/3/95	'95第二届全国建材及装饰材料博览会	浙江企业公关事务所	杭州	浙江展览馆
16~19/3/95	第一届中国国际傢俬展览会	精英国际	广州	交易会
20~24/3/95	第三届国际建筑装饰材料装备器材精品展览会	国家科委	上海	国际展览中心
21~24/3/95	全国建筑、建材与设备展销会	中国建筑展览会馆	无锡	无锡展览馆
27~31/3/95	'95全国新型建筑装饰装修装璜材料博览会	全国建材工业设计学会	西安	陕西工业展览会
28~30/3/95	全国建筑装饰材料展销订货会， '95全国建材与装饰精品博览会	华东装饰材料公司	杭州	浙江展览馆
28~31/3/95	第三届中国新型建材、装饰 装修与民居用品展览交易会	中国企业经营咨询公司	成都	四川省展览馆
28~31/3/95	'95南京国际建筑装饰材料及 工程配套用品订货会	中国建筑装饰协会	南京	南京装饰城
30/3~2/4/95	第四届上海国际酒店用品博览会	上海市旅游事业管理局	上海	上海国际展览中心
7~11/4/95	国际建设及城市设施展览会	中国建筑展览馆	北京	北京展览馆
9~12/4/95	全国建筑装饰、装修材料、建筑机械及酒店设备展览会	中国建筑展览馆	成都	四川工业展览馆
18~20/4/95	第一届国际室内设计装饰展	香港贸易发展局	香港	香港会展中心
18~21/4/95	'95全国建筑装饰材料沈阳订货会	中国建筑装饰协会	沈阳	辽宁工业展览馆
18~21/4/95	中国建筑装饰及酒店设备展览会	中国建筑展览馆	桂林	国贸展览中心
19~23/4/95	第二届北京国际花岗石、大理石加工 机械及设备展览会	中国贸促会建筑材料行业分会	北京	国际展览中心
28/4~2/5/95	国际傢俱、灯饰及建筑装饰展览会	上海市建筑装饰协会	上海	展览中心
95年5月	全国建材与设备订货会	中国建筑展览馆	杭州	浙江展览馆
3~6/5/95	中国建材及装饰展览会	郑州市外经委	郑州	中原国际展览中心
5~9/5/95	1995台北国际灯饰大展	台湾区照明公会	台北	世贸中心
11~15/5/95	第三届中国国际建筑、装饰及酒店设备展览会	中国建筑展览馆	上海	展览中心
16~19/5/95	全国建筑设备与建筑装饰材料展销会	中国建筑展览馆	昆明	云南科技馆
16~20/5/95	第五届国际城市建设展	中国国际贸易促进会	北京	农业展览馆
18~22/5/95	'95南京或际建筑机械、材料及新技术展览会	江苏省计划经济委员会	南京	江苏展览会
23~26/5/95	'95合肥全国建筑装饰装修材料与设备展销订货会	中国建筑技术研究院	合肥	安徽省博物馆
24~28/5/95	台北国际营造暨建材展览会	外贸协会	台北	世贸中心
95年6月	全国建筑材料与装饰产品博览会	中国建筑展览馆	沈阳	辽宁省工业展

1995年度全国各地建筑、建材展览会

日期	名称	主办单位	地点	会场
8~12/6/95	'95中国天津国际建材及建筑装饰装修材料精品展示会	国家建材局	天津	天津体育馆
14~18/6/95	第七届建筑暨产品展	建筑师公会，大展	台北	世贸中心
21~24/6/95	第十二届国际建筑材料及设备展览会	励展博览	香港	香港会展中心
20~23/6/95	中国国际建筑、建材及配套设备展览会	中国建筑展览馆	福州	福建省工业展览大厅
16~21/7/95	第六届中华建筑装饰博览会	中国建筑装饰协会	广州	交易会
18~21/7/95	"北方香港"大连沿海开放城市—— 国际建筑装饰材料设备展览会	中国建筑展览馆	大连	大连国际博览中心
21~24/7/95	1995第七届台湾国际家具家饰建材系列大展	展昭公司	台北	世贸中心
29/7~1/8/95	国际傢具、灯饰及建筑装饰展览会	中国国际贸易促进会	广州	交易会
95年8月	青岛·沿海开放城市——全国建筑、 建材、市政、环保产品交流交易会	中国建筑展览馆	青岛	山东省国际贸易中心
95年9月	环渤海经济开发建筑展览会	中国建筑展览馆	烟台	国际展览中心
1~5/9/95	'95北京国际建筑装饰材料及设备展销	中国建筑装饰协会	北京	北京农展馆
19~22/9/95	'95厦门特区·海峡两岸建筑装饰材料 与设备展览会	中国建筑展览馆	厦门	富山国际展览馆城
26~30/9/95	台北国际设计展览会	外贸协会设计中心	台北	世贸中心
7~11/10/95	上海国际建筑材料、服务及室内装璜展览会	上海国际展览中心	上海	国际展览中心
10~14/10/95	第八届国际建筑机械及材料展	上海展览中心	上海	展览中心
16~19/10/95	中国国际建材产品展销会	国家国内贸易部	天津	国际展览中心
95年11月	全国建筑装饰、装修材料、建筑机械及 酒店设备展览会	中国建筑展览馆	西安	陕西省工业展览馆
95年11月	全国建筑材料与装饰产品及酒店设备展览会 ——暨九六年度全国建材与机械设备成都订货会	中国建筑展览馆	成都	四川省工业展览馆
95年11月	第二届中国国际装璜产品及建筑材料展览会	上海市室内装饰行业协会	上海	国际展览中心
3~6/11/95	第十二届国际家俬及灯饰展	精英国际	香港	香港会展中心
15~18/11/95	'95中国国际建筑及建设展览会（CHINABEX'95）	中国建筑展览馆	北京	中国国际展览中心
95年12月初	'95第五届深圳·国际建筑装饰材料、 建筑机械和酒店设备展览会	中国建筑展览馆	深圳	深圳国际展览中心
95年12月	'95哈尔滨'全国建筑设备与装饰材料展销会 '95哈尔滨'全国环境保护与给排水设备展销会	中国建筑展览馆	哈尔滨	黑龙江省展览馆
5~9/12/95	第六届国际城市建设展	中国贸易促进会	上海	国际展览中心
15~19/12/95	第七届美居博会	香港贸易发展局	香港	香港会展中心
16~19/12/95	'96年台北国际建材暨家具大展	经济日报	台北	世贸中心

1995年度世界各国主要建筑、建材展览会

日期	名称	地点	联络电话	传真
2~12/3/95	国际建筑、改建及装璜展	BRUSSELS，比利时	322-6608934	322-6604713
3~5/3/95	能源、建筑材料及工程展	WEIS，奥地利	4312-3341312	
3~5/3/95	室内设计及布料展	STUTTGART，德国	49711-25890	49711-2589440
6~10/3/95	国际及东协国傢俱展	新加坡	65-5682626	65-5682922
7~11/3/95	国际磁砖、玻璃、云石及卫浴用品展	VALENCIA，西班牙	346-3861100	346-3636111
11~19/3/95	国际建筑及室内设计展	维也纳，奥地利	431-5212220	431-52120290
22~25/3/95	莫斯科国际建筑及营造展	莫斯科，俄罗斯	71-2869720	71-2860177
23~26/3/95	国际建筑、建造及建设展	CRACOW，波兰	4812-219755	4812-217379
29/3~1/4/95	国际建筑重建及翻新展	巴黎，法国	33707-275641	33707-275544
95年4月	国际建造、装璜技术、设备及材料展	曼谷，泰国	662-2156555	662-2802034
3~8/4/95	国际建筑展	BARCELONA，西班牙	343-4233101	343-4238651
4~7/4/95	中东国际傢俱展	MANAMA，巴林	973-214933	973-213808
7~11/4/95	国际傢俱展	米兰，意大利	392-48008716	392-4813580
7~11/4/95	国际优质室内产品展	东京，日本	813-38148655	813-38148687
5~9/4/95	国际墙纸、地板、云石及木材展	LISBON，葡萄牙	3511-3620130	3511-3639048
23~27/4/95	国际灯俱、照明技术展	RIYADH，沙特阿拉伯	9661-4541448	9661-454846
23~26/4/95	欧洲傢俱展	卢森堡	352-443435	352-440992
26~27/4/95	卫浴及能源展	ODENSE，丹麦	45-66155535	45-66155070
26~29/4/95	国际磁砖及石材展	迈亚美，美国	1407-7479400	1407-7479466
27~29/4/95	窗户建设展	GDANSK，波兰	4858-524932	4858-522168
27~30/4/95	欧洲室内建设及建筑维修展	NUREMBERG，德国	49911-86060	49911-8606228
95年5月	国际建筑展	圣彼得堡，俄国	31-641032	
10~12/5/95	巴西电脑化室内设计及建筑展	圣保禄，巴西	1215-4449690	1215-4449583
14~16/5/95	澳大利亚国际傢俱展	悉尼，澳大利亚	612-4133322	612-413303
15~19/5/95	国际傢俱、厨俱及装璜展	莫斯科，俄罗斯	49221-694011	49221-695865
17~20/5/95	东南亚国际建筑、建设展	新加坡	65-2711013	65-2744666
19~23/5/95	国际家俱展	科隆，德国	49221-8210	49221-82112574
21~24/5/95	国际现代傢俱展	纽约，美国	1914-4213200	1914-9486180
23~25/5/95	建筑物维修、改建产品及服务展	伯明翰，美国	4481-5041661	4481-5054336
24~27/5/95	国际天花板、墙身及隔热技术展	汉堡，德国	4940-35690	4940-35692180
28/5~1/6/95	沙特亚拉伯国际家俱及室内设计展	RIYADH，沙特阿拉伯	9661-4541448	9661-454846
95年6月	国际灯饰展	多伦多，加拿大	1905-89101846	1905-8905769
2~6/6/95	韩国国际磁砖业展	汉城，韩国	822-7395272	822-7381048
3~11/6/95	傢俱、室内装璜及家电产品展	BRAGA，葡萄牙	53-616788	53-24672
4~7/6/95	国际建筑材料及设备展	悉尼，澳大利亚	613-8674500	613-8677981

1995年度世界各国主要建筑、建材展览会

日期	名称	地点	联络电话	传真
12~/14/6/95	世界设计、空间策划及管理展	芝加哥，美国	1312-5277947	1312-5277782
15~17/6/95	国际窗户业展览会	STUTTGART，德国	49711-464010	49711-461055
25~27/6/95	国际建筑及设备展	渥克兰，新西兰	649-3003950	649-3793358
15~18/7/95	国际地毡展	亚特兰大，美国	1404-2202220	1404-220 3030
29/7~7/8/95	室内设计及装璜展	新德里，印度	9111-3319754	9111-3318142
95年9月	欧洲建筑创作展	柏林，德国	49611-527017	49611-527010
95年9月	国际灯饰及配备展	VELENCIA，西班牙	346-3861100	346-3636111
1~5/9/95	国际室内设计展	巴黎，法国	331-47565000	331-47313315
2~10/9/95	园林、户外建筑产品展	REID，奥地利	437752-840110	43772-8401144
10~13/9/95	国际傢俬布料展	BRUSSELS，比利时	329-2235911	329-2236642
6~9/9/95	印尼国际建筑建设展	椰加达，印尼	6221-325560	6221-331223
15~17/9/95	建筑、能源及环境展	WIESELBURG，奥地利	437416-526900	437416-53941
20~24/9/95	国际室内装璜展	LISBON，葡萄牙	3511-3620130	3511-3639048
22~24/9/95	德国室内装璜展	DORTMUND，德国	49231-1204521	49231-1204678
22~26/9/95	经典室内设计展	VERONA，意大利	3945-8298111	3945-8298288
25~28/9/95	室内装璜及设计师展	伦敦，英国	4471-8333373	4471-8333379
27/9~1/10/95	国际傢俱及室内设计展	杜拜，阿拉伯联合酋长国	932-845551	932-847301
95年10月	傢俱及现代生活展	米兰，意大利	392-4815541	392-4980330
7~14/10/95	建筑及修维展	GENK，比利时	3289-380329	3289-841581
11~14/10/95	国际灯饰及配备展	新加坡	65-2998611	65-2998633
19~22/10/95	泰国国际建筑及建设展	曼谷，泰国	662-2607103	662-2607109
22~25/10/95	国际建筑展	科隆，意大利	3951-282111	3951-282332
29/10~2/11/95	建筑、建设、维修及室内设计展	RIYADH，沙特阿拉伯	9661-4541448	9661-4544846
95年11月	高科技窗户保护展	米兰，意大利	392-2871515	392-2610923
6~11/11/95	国际建筑展	巴黎，法国	331-47565000	331-47560818
7~11/11/95	酒店、建筑及装璜材料展	胡志明市，越南	848-25117427	848-5119692
10~15/11/95	国际建筑、室内装璜材料及设备展	孟买，印度	49211-456002	49211-4560740
19~24/11/95	国际建筑及建设展	伯明翰，英国	4471-4861951	4471-4138209
22~25/11/95	办公室、商店及住宅室内设计展	GDANSK，波兰	4858-524932	4858-522168
25~29/11/95	汉城国际建筑及建设展	汉城，韩国	822-5514412	822-5575784
29/11/~1/12/95	加拿大室内设计与建筑电脑化管理展	多伦多，加拿大	1215-4449690	1215-4449583

注：以上各个展览的名称乃本年鉴编辑部依据原文翻译，并未征求各主办单位同意。

各读者如欲知道各个展览会原来名称，请向有关单位联络。

分类索引

硬面材料

展示牌切割系统、绘图机及展示牌陈列系统

展览会设备

桑拿、蒸气浴设备

浴、厕设备及配件

浴门系列

浴缸系列

酒店设备

酒店傢俱

高尔夫球专门店

高尔夫球场配套设备

高尔夫球模拟器

停车场设备

健身器材

帐篷

货仓储存系统

傢俱—办公室，商用，家用

游泳池及设备

窗帘及窗饰配件／傢俬布

溜冰场

人造沙岩

运动场表层涂料

戏院及户外场馆

运动场设备、施工

资料查询

本人/本单位对以下产品资料感到兴趣，希望与有关单位洽谈业务，请联系有关单位将资料传真或邮寄给我。

本人名称：__________ 单位名称：__________

联系地址：__________

电话：__________ 传真：__________ 邮编：__________

本人/本单位有兴趣的资料如下：

第____页，公司名称__________	第____页，公司名称__________
第____页，公司名称__________	第____页，公司名称__________
第____页，公司名称__________	第____页，公司名称__________
第____页，公司名称__________	第____页，公司名称__________
第____页，公司名称__________	第____页，公司名称__________
第____页，公司名称__________	第____页，公司名称__________
第____页，公司名称__________	第____页，公司名称__________
第____页，公司名称__________	第____页，公司名称__________

「年鑑」编辑部如收到　阁下传真或邮寄来的以上表格，当会尽快转达有关单位，但本编辑部并不保证有关单位会将资料送出。

「建筑材料及设备指南年鑑1995」编辑部于各地联络处：

北京
北京市西城区文兴街3号
邮政编码：100044
电话／传真：01—8333676

上海
上海市龙漕路22号206室
邮政编码：200233
电话／传真：021—4364575

广州
广州市西华路桃源街33号104室
邮政编码：510170
电话：020—8090916
传真：020—8887487

Outdoor Furniture

戶外傢俱

意大利“Grand Soleil”戶外傢俱用品系列以"DURARESINA"制造，能抵受室外溫度的變化更不怕日晒雨淋，“Grand Soleil”系列更著重設計、顏色的配襯，是真正完美的戶外傢俱。

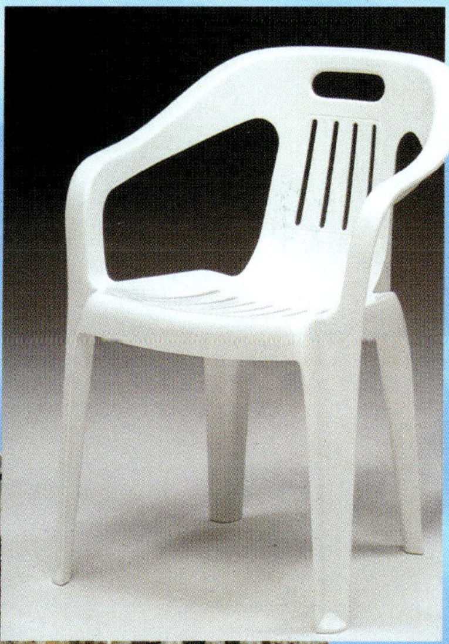

雅快

Steam Bath
蒸氣浴室

芬蘭″哈麗雅″蒸氣房採用一級玻璃纖維製造，玻璃纖維內混有專利耐用高溫防爆裂化學劑，令‘哈麗雅’蒸氣房堅固耐用，歷久常新。

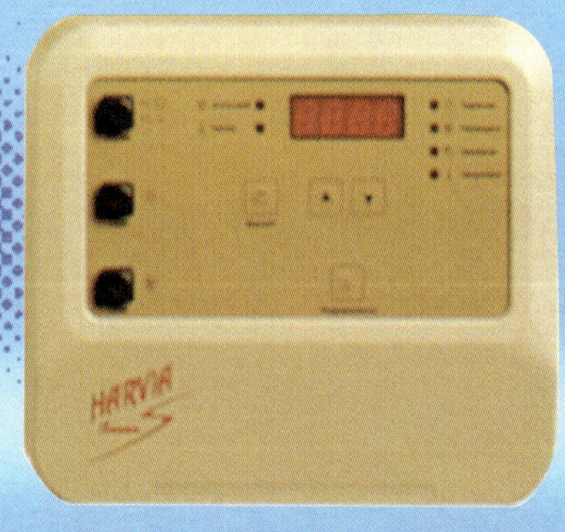

Swimming Pool Equipment

游泳池設備

雅快代理世界各國名牌泳池設備，並有專業用泳池池磚及安裝材料如UPVC高壓管，閘閥等，為顧客提供一系列完整配套服務。

香港總公司：灣仔譚臣道105-111號豪富大廈九樓B、D座　電話：(852) 832 9880 傳真：(852) 838 2163
番禺分公司：中國番禺祈福新邨23鋪　電話：(020) 477 4542　傳真：(020) 477 4546

Spa
按摩浴缸

澳洲"施德麗"STYLUS 按摩浴缸，採用耐磨損的"ACRYLIC & GLASS REINFORCED RESIN" 鑄造，缸面明亮如鏡，富有光澤，配備專利註冊的MAXXUM 漩渦按摩噴咀，令您真正體會水力按摩的舒泰感受，"施德麗"還配備原廠過濾，消毒及按摩機組、安裝簡易，效果出息。